稼轩律师
JIAXUAN LAWYER

ANALYSIS OF THE JUDGMENT RULES OF TYPICAL CASES OF LEGAL DISPUTES IN COAL NONFERROUS METAL INDUSTRY

煤炭有色金属行业
法律纠纷典型案例裁判规则解析

陕西稼轩律师事务所能源中心 | 主编

法律出版社 | LAW PRESS

图书在版编目(CIP)数据

煤炭有色金属行业法律纠纷典型案例裁判规则解析 / 陕西稼轩律师事务所能源中心主编. -- 北京 : 法律出版社, 2021

ISBN 978-7-5197-5512-6

Ⅰ. ①煤… Ⅱ. ①陕… Ⅲ. ①煤炭企业-经济纠纷-审判-案例-中国②有色金属企业-经济纠纷-审判-案例-中国 Ⅳ. ①D922.292.5

中国版本图书馆 CIP 数据核字(2021)第062980号

煤炭有色金属行业法律纠纷典型案例裁判规则解析
MEITAN YOUSE JINSHU HANGYE FALÜ JIUFEN DIANXING ANLI CAIPAN GUIZE JIEXI

陕西稼轩律师事务所能源中心 主编

责任编辑 李 群 翁潇潇
装帧设计 鲍龙卉

出版 法律出版社
总发行 中国法律图书有限公司
经销 新华书店
印刷 天津嘉恒印务有限公司
责任校对 董 昱
责任印制 张建伟

编辑统筹 法规出版分社
开本 710毫米×1000毫米 1/16
印张 22
字数 340千
版本 2021年5月第1版
印次 2021年5月第1次印刷

法律出版社/北京市丰台区莲花池西里7号(100073)
网址/www.lawpress.com.cn
投稿邮箱/info@lawpress.com.cn
举报维权邮箱/jbwq@lawpress.com.cn
销售热线/400-660-8393
咨询电话/010-63939796

中国法律图书有限公司/北京市丰台区莲花池西里7号(100073)
全国各地中法图分、子公司销售电话:
统一销售客服/400-660-8393/6393
第一法律书店/010-83938432/8433 西安分公司/029-85330678 重庆分公司/023-67453036
上海分公司/021-62071639/1636 深圳分公司/0755-83072995

书号:ISBN 978-7-5197-5512-6 **定价**:68.00元

前言

2020年10月，稼轩能源中心主编的《油气行业纠纷裁判规则解读与法律风险防控指引》如期由法律出版社出版发行。这是我们能源中心团队从事能源与矿产资源法律服务十余年后第一次以主编出书的方式分享工作心得，能否得到行业认可，心中着实忐忑。幸运的是，这本书不仅得到我们顾问单位的高度认可，石油行业其他单位也向我们送来了祝贺和鼓励。一些律师同行与我们交流写作经验，探讨能源行业法律问题。稼轩所管委会顺势推出环境诉讼、国资监管、房地产投融资的编著计划。第一本书获得的正面积极反馈远超预期。这种情况坚定了我们之前的判断：作为国民经济的重要产业部门，能源与矿产资源行业在经过数十年的高速发展后，产业规模、经济体量已成规模，在国家供给侧结构性改革、中国特色社会主义法治建设的宏观背景下，能源与矿产资源行业发展的主要矛盾转为规范化高质量发展，对法律服务的要求相应提升。熟悉能源与矿产资源行业特性，可以让提供针对性综合化服务的专业能源律师更加能够得到这个行业的信赖。

其实，在第一本书发行之前，能源中心便已经着手准备《煤炭有色金属行业法律纠纷典型案例裁判规则解析》的编写工作。在得到市场和同行的鼓励后，又于2021年3月启动编写《以案说法：能源化工行业环境诉讼实务指引》。虽然有了一本书的经验，理论上写作进程应该顺利一些，但实际上，后续编写工作仍面临不少困难，比如时间。参与写作的青年律师都是矿产资源收购、建设工程诉讼、商事纠纷等领域的中坚力量，原本工作任务就不轻，编写计划连续启动，繁重的写作研究对写作组律师的体力精力、知识储备都提出了巨大挑战。欣慰的是，上下同欲者胜，我们的青年律师们以高度负责的工作态度、精益求精的专业能力完成了“不可能完成”的工作。2021年2月《煤炭有色金属行业法律纠纷典型案例裁判规则解析》定稿后,我们立即进入了第三本书的写作阶段。

《煤炭有色金属行业法律纠纷典型案例裁判规则解析》是《油气行业纠纷裁判规则解读与法律风险防控指引》的姊妹篇。全书共收录最高人民法院24个裁判文书,分别归入矿业权纠纷、安全生产纠纷、建设运营纠纷三种类型,代表煤炭有色金属行业三大板块的典型纠纷。内容层面,每个案例都以最高人民法院裁判文书为基础,提炼行业关注焦点并形成裁判规则,再从相关法学理论、法规政策、同类案例等角度阐释解读裁判规则。本书附录收录的两篇文章,一篇是能源中心环境诉讼团队对某环境公益诉讼案件代理过程的总结思考,一篇是中国建设工程论坛法律评论2018年度优秀论文,是能源中心建工团队的获奖成果。

本书由蒋瑞雪、刘杨主编,参与写作工作的成员包括:杨丽娜、翟嘉、墨龙、刘敏、刘媛、刘佳莹、张琪琪、张瀚文、杨欣欣、杨兰、韩娜娜、党靖、曹莉、王珊、卓越、李静、任艺琛、田锋、尚聪、李伟锋(陕西长实建设工程有限公司)。

本书能付梓出版,是稼轩律师事务所与能源中心全体伙伴齐心协力的奋斗成果。但限于经验与学识,本书仍难免有不足之处,恳请各位同行批评指正。

能源中心编写组

2021年4月

目录

第一部分 矿业权纠纷

第二部分 安全生产纠纷

第三部分 建设运营纠纷

附　录

第一部分

矿业权纠纷

矿产资源压覆案件的适格权利人与责任承担

【裁判规则】

依法取得的矿业权受法律保护，建设项目压覆已设置矿业权的矿产资源的，应当按照法律规定进行行政审批、评估及与矿业权人签订补偿协议，协议应包括矿业权人同意放弃被压覆矿区范围及相关补偿内容。补偿的范围原则上应包括：(1)矿业权人被压覆资源储量在当前市场条件下所应缴的价款(无偿取得的除外)；(2)所压覆的矿产资源分担的勘查投资、已建的开采设施投入和搬迁相应设施等直接损失。

【典型案例】

丰宁长阁矿业有限公司与北京铁路局物权保护纠纷案［(2017)最高法民终 724 号］

【案情简介】

上诉人(一审原告)：丰宁长阁矿业有限公司

上诉人(一审被告)：北京铁路局

法定代表人：郭竹学

一审法院查明：

1. 关于北京铁路局是否为本案适格被告的相关事实。2010 年 10 月 30 日，案外人蒙冀公司作为委托方与北京铁路局签订《新建张家口至唐山铁路委托代建协议书》一份，委托代建的内容是：新建张唐铁路全部建设管理工作。2010 年 11 月 10 日，北京铁路局机构编制委员会下发《关于成立张家口至唐山铁路工程建设指挥部的通知》，据此成立了北京铁路局张家口至唐山铁路工程建设指挥部(以下简称张唐指挥部),具体负责张唐铁路项目的建设管理工作。2013年2月5日、2014年9月1日,张唐指挥部与承德市铁指先后签订《新建张家口至唐山铁路(承德段)工程压矿补偿实施协议》和《新建张家口至唐山铁路(承德段)工程征地拆迁框架协议(四)》,约定张唐指挥部委托承德市铁指具体负责实施张唐铁路项目承德地区的压覆矿产资源评估及补偿工作。在张唐铁路项目拆迁补偿工作实施过程中,承德市铁指下设的丰宁拆迁办就压覆案涉梨树沟铁矿补偿事宜与丰宁长阁矿业有限公司(以下简称长阁矿业公司)进行过协商,并于2014年5月27日形成《协商纪要》,确认了双方认可的压覆事实、无争议的补偿项目和主要分歧。2014年9月4日,丰宁拆迁办与长阁矿业公司签订《协议书》,约定丰宁拆迁办代北京铁路局预付压覆矿产资源补偿款500万元,根据法院判决结果多退少补,该500万元补偿款已实际给付。另,在项目建设过程中,北京铁路局曾向承德市人民政府致函,反映张唐铁路项目拆迁工作中遇到的主要问题,请求协助解决。

2.关于北京铁路局是否存在侵权行为的相关事实。2009年9月9日,河北省国土资源厅针对蒙冀公司提交的《调查评估报告》出具冀国土资储评〔2009〕119号《评审意见书》,结论是同意该报告通过评审,可以作为建设项目申请压覆矿产资源审批的依据。2009年9月23日,河北省国土资源厅对蒙冀公司提出的张唐铁路建设用地压覆矿产资源的申请,作出《关于"新建张家口至唐山铁路建设项目"压覆矿产资源的批复》,同意该建设项目范围内压覆已查明的重要矿产煤矿(2S21)70.88万吨,铁矿(121B)14.76万吨,铜(金属量)(333)1979吨及部分建材非金属矿,建议建设单位处理好与矿业权人的利益补偿关系,并按规定做好压覆矿产资源的储量登记。因双方就探矿权损失评估范围和探矿权赔偿范围等问题存在重大分歧,一直未能签署正式的压覆补偿协议,由此发生诉讼。

3.关于应赔偿(补偿)项目的相关事实。2013年6月3日,丰宁拆迁办向承德市铁指提交了《关于对丰宁吉源矿业有限公司和丰宁长阁矿业有限公司铁选厂给予补偿的报告》,该报告提及:"长阁矿业公司于2003年经丰宁满族自治县经济贸易局批准,投资500万元建设铁选厂。2009年长阁矿业公司已具备办理探矿权转采矿权的条件,在办理过程中,因修建张唐铁路压覆采区被迫终止,建议建设单位尊重事实,对选矿厂资产给予合理补偿。"2013年6月28

日，经项目指挥部、县指挥部、乡镇政府、村委会、产权人、建设单位、设计单位、施工单位、监理单位代表和现场登录人十方见证并签字，对长阁矿业公司选矿厂资产进行了清点和登记，形成《张唐铁路（承德段）征占厂矿企事业单位资产登记表》。根据2014年5月27日丰宁拆迁办与长阁矿业公司签订的《协商纪要》，双方同意的赔偿项目包括探矿权价值和固定资产投入、尾矿库建库闭库损失、停产停业等损失（赔偿具体数额以具有相应评估资质的评估机构作出的评估报告为准），存在的分歧一是探矿权损失评估范围，是铁路中心线360米内还是全部被压覆矿区；二是探矿权价值评估的标准，是《国土资源部关于进一步做好建设项目压覆重要矿产资源审批管理工作的通知》（以下简称国土资源部137号文），还是《中国矿业权评估准则》。另，关于第一个分歧点，诉讼中，北京铁路局表示，因2015年河北省人民政府办公厅发布了《关于张唐铁路压覆矿评估补偿工作的通知》，故同意长阁矿业公司主张的铁路中心线1000米的评估范围。2014年4月10日，承德燕峰资产评估有限公司根据承德市铁指的委托，针对长阁矿业公司选矿厂的资产公允值出具《资产评估报告书》，结论是以2011年1月6日为基准日，长阁矿业公司被拆迁的资产价值为1,983,100元。2014年8月1日，本案诉讼发生后，长阁矿业公司主张因探矿权被压覆，北京铁路局应赔偿的侵权损失包括探矿权损失、资产损失和停产停业损失。北京铁路局则主张，其不存在侵权行为，即使承担责任，也应该是因探矿权被国家征收所承担的补偿责任。同时，长阁矿业公司拥有的是探矿权，被实际压覆的也仅是探矿权采区，故赔偿项目仅应涉及探矿权损失补偿。2014年9月3日，丰宁拆迁办作出《会议纪要》，主要内容是因长阁矿业公司阻工事件，决定先预付长阁矿业公司梨树沟铁矿补偿款500万元（其中停产损失400万元，办证费加评估费100万元），最终补偿金额以法院判决为准，多退少补。

4.关于探矿权损失赔偿（补偿）金额问题的相关事实。2012年12月30日，河北兰德矿业权评估咨询有限公司根据承德市铁指的委托，以2011年1月16日为基准日，参考《河北省矿业权价款缴纳办法（试行）》中价款计算方法，作出《河北省丰宁县南关乡长阁村梨树沟铁矿普查探矿权评估咨询报告书》，结论是案涉探矿权价值为19,267,200元，前期勘查投入为4,816,800元（按采矿权价款的20%确定）。诉讼中，北京铁路局始终坚持应以该评估报告（或按照该报告的评估方法作出的司法鉴定意见）作为补偿金额的依据。2013年5

月15日，受长阁矿业公司委托，北京岳海鑫源矿业咨询有限公司以2013年4月30日为基准日，采用现金流量法，作出《河北省丰宁县南关乡长阁村梨树沟铁矿普查探矿权（铁路压覆及影响区）评估咨询报告书》，结论为案涉探矿权价值为115,913,500元。诉讼中，因双方就该问题不能协商一致，亦互不认可诉前单方委托评估结论，故一审法院根据长阁矿业公司的申请，委托河北矿业资产评估有限责任公司对案涉探矿权的价值进行评估（原委托鉴定事项为对探矿权压覆补偿金额进行评估，但鉴定单位提出只能对探矿权价值进行评估，故修改了委托鉴定事项）。河北矿业资产评估有限责任公司于2016年12月14日作出《河北省丰宁县南关乡长阁村梨树沟铁矿普查探矿权评估报告》，基准日为2011年1月16日，评估方法为折现现金流量法，评估结论为探矿权价值为76,637,300元。该司法鉴定意见送达双方后，双方均提出书面异议，长阁矿业公司的异议主要针对三个问题：一是销售价格，二是折现率的取值，三是报告估值中908.03万吨压覆区的价值问题。北京铁路局提出的异议主要有三项：一是评估不应采用现金流量法，二是长阁矿业公司提交的开发利用方案不能作为评估依据，三是评估采用的铁矿销售价格明显偏高，未考虑2011年以来市场行情下行的趋势。河北矿业资产评估有限责任公司针对书面异议进行了鉴定复核，并于2017年3月15日出具书面异议答复，对双方提出的异议均未采纳。鉴定单位于2017年3月16日出庭接受了质询。

5. 关于资产损失赔偿（补偿）金额问题的相关事实。因诉讼中双方不能协商一致，一审法院根据长阁矿业公司的申请，委托河北立信安侨资产评估有限公司对长阁矿业公司主张的资产损失进行评估。河北立信安侨资产评估有限公司根据长阁矿业公司提交的检材（北京铁路局从根本上否定该赔偿项目，故对长阁矿业公司提交的检材均不认可），于2016年12月22日作出《8066号资产评估报告》，以2011年1月16日为基准日，以成本法为评估方法，评估结论为资产评估值3,407,800元，其中道路修建评估值119,700元，房屋、构建物、设备、树木资产评估值2,648,100元，封闭尾矿库所需费用为640,000元。《8066号资产评估报告》送达双方后，双方均提出书面异议。长阁矿业公司的主要异议是鉴定估值偏低。北京铁路局的主要异议是不认可该司法鉴定事项，同时相关损失依据的检材系长阁矿业公司单方制作提交，不能作为鉴定依据。2017年3月10日，河北立信安侨资产评估有限公司针对双方书面异议作出答复,对双方提出的异议均未采纳。鉴定单位于2017年3月16日出庭接受了双方质询。另,《8066号资产评估报告》作出后,一审法院依长阁矿业公司申请调取的证据包括前述《张唐铁路(承德段)征占厂矿企事业单位资产登记表》,因该登记表经过多方确认,故一审法院告知鉴定单位依据该登记表对选矿厂的资产价值进行复核。河北立信安侨资产评估有限公司于2017年3月29日出具《8066号资产评估补充报告》,结论为《张唐铁路(承德段)征占厂矿企事业单位资产登记表》记载的资产评估值为1,491,900元,该数额未包括树木评估值12,608元,道路延长部分增加值83,730元,场地平整费458,710元,尾矿库建库费用718,130元,尾矿库闭库费用640,000元。《8066号资产评估补充报告》送达双方当事人后,长阁矿业公司表示相关异议以庭审中提出的异议为准,北京铁路局对该鉴定事项仍持根本否定态度。

6.关于停产停业损失赔偿(补偿)金额问题的相关事实。根据长阁矿业公司的申请,一审法院委托河北立信会计师事务有限责任公司对长阁矿业公司主张的停工损失进行鉴定。河北立信会计师事务有限责任公司依据长阁矿业公司提交的检材(北京铁路局对该赔偿项目也予以根本否定,故对长阁矿业公司提交的检材均不认可),于2016年12月16日作出《关于原告长阁矿业有限公司与北京铁路局物权保护纠纷案鉴定报告》,结论是停产停业期间即2011年5月9日至2016年5月31日,经营费用共计3,012,035.71元。该鉴定报告送达双方后,长阁矿业公司提出的异议是鉴定结果偏低,未计算利息。北京铁路局提出的异议是,该项目不应列入补偿范围,且依据的检材系长阁矿业公司单方制作提交。2017年3月16日,河北立信会计师事务有限责任公司出庭接受了双方质询。庭审过程中,双方当事人对承德市人民政府于2010年11月22日印发的《张唐铁路承德段征地拆迁办法》合法性和有效性均予以认可,该办法第二十条第六点规定,对经营性企业增补下列费用:“(一)由于受搬迁影响,造成企业停产、停业的,按照企业实有职工人数和拆迁所在地统计部门发布的拆迁前本行政区域六个月职工人均工资执行,计发期限为6个月,职工人数以社保部门提供的社会保险缴纳证明为准。(二)对于搬迁企业在迁建过程中因停产、停业造成的损失,按搬迁时前六个月的平均利润补偿六个月……”诉讼中,长阁矿业公司自称因未办理探矿转采矿手续,未进行矿石开采和实际经营。一审法院告知鉴定单位,根据上述办法规定的补偿标准进行补充鉴定,以供法院判决时参考。河北立信会计师事务有限责任公司于 2017 年 3 月 29 日出具《关于原告长阁矿业有限公司与北京铁路局物权保护纠纷案鉴定报告(补充说明)》,按照河北省统计局发布的数据,长阁矿业公司 10 人半年期员工工资为 162,005 元。对于该补充说明,长阁矿业公司表示不认可,北京铁路局对该赔偿项目整体仍持根本否定态度。

一审法院认为,该案争议的焦点问题主要有三个:一是北京铁路局是否为本案适格被告;二是北京铁路局是否存在侵权行为,应承担赔偿责任还是补偿责任;三是北京铁路局应赔偿(补偿)的项目以及相应的金额,利息应如何计算。

关于北京铁路局是否为该案适格被告的问题。《合同法》[①][②]第四百零三条第二款规定:"受托人因委托人的原因对第三人不履行义务,受托人应当向第三人披露委托人,第三人因此可以选择受托人或者委托人作为相对人主张其权利,但第三人不得变更选定的相对人。"具体到本案,根据案外人蒙冀公司(委托方)与北京铁路局签订的《新建张家口至唐山铁路委托代建协议书》,案涉张唐铁路项目的建设单位系蒙冀公司,北京铁路局作为受托人负责全部建设管理工作,双方系委托关系。北京铁路局接受委托后,组建了张唐项目部,张唐项目部又与承德市铁指签订承德路段的压覆补偿框架协议,承德市铁指下设机构丰宁拆迁办又以北京铁路局名义与长阁矿业公司就压覆补偿问题多次协商,签署书面协商纪要,并以北京铁路局名义预付 500 万元补偿费用,故长阁矿业公司有权选择向北京铁路局或者蒙冀公司主张权利。在本案诉讼发生后,北京铁路局披露了其与蒙冀公司的委托关系,并主张追加蒙冀公司为本案被告,但长阁矿业公司明确表示不同意进行追加。故北京铁路局是本案适格被告,应承担相应的赔偿或补偿责任。

关于北京铁路局是否存在侵权行为,应承担赔偿责任还是补偿责任的问题。庭审过程中,北京铁路局明确认可长阁矿业公司系梨树沟铁矿的探矿权人,具备原告主体资格。根据《物权法》第一百二十三条的规定,探矿权属于用益物权,依法应受保护。对于长阁矿业公司拥有的探矿权已被实际压覆的事

---

① 为方便阅读,本书中法律法规名称均使用简称。

② 《民法典》实施后,《婚姻法》《继承法》《民法通则》《收养法》《担保法》《合同法》《物权法》《侵权责任法》《民法总则》废止,引用案例尊重原判决书,不作修改。下文不再赘述。

实,2014 年 5 月 27 日的《协商纪要》已进行了确认。双方争议的核心是该压覆行为是否合法,即北京铁路局是否构成侵权。根据已查明的事实,2009 年 9 月 23 日,河北省国土资源厅对蒙冀公司提出的张唐铁路建设用地压覆矿产资源的申请,已作出《关于“新建张家口至唐山铁路建设项目”压覆矿产资源的批复》,同意该建设项目范围内压覆包括案涉探矿权在内的矿产资源,因此,北京铁路局不构成侵权。《物权法》第一百二十一条规定:“因不动产或者动产被征收、征用致使用益物权消灭或者影响用益物权行使的,用益物权人有权依照本法第四十二条、第四十四条的规定获得相应补偿。”北京铁路局应对长阁矿业公司因探矿权压覆受到的经济损失进行补偿。

关于北京铁路局应补偿项目的问题。北京铁路局应依法承担补偿责任,对于应补偿的项目,诉讼中北京铁路局认可对探矿权损失进行补偿,一审法院予以确认。对于长阁矿业公司主张的资产损失和停产停业损失,虽然张唐铁路只压覆了案涉探矿权采区,未直接压覆长阁矿业公司投资建设的选矿厂,但案涉探矿权当时正处于探转采手续办理阶段,长阁矿业公司预先投资建设配套选矿厂经过行政主管部门审批,也办理了尾矿库安全生产许可证,探转采的手续不能继续办理直接导致配套选矿厂无法直接经营,故资产损失和停产停业损失应纳入补偿范围。同时,丰宁拆迁办与长阁矿业公司签订的《协商纪要》已明确认可对上述两项损失进行赔偿,虽然北京铁路局在诉讼中称丰宁拆迁办的行为超越职权,对此其不知情也不认可,但丰宁拆迁办系承德市铁指的下设单位,承德市铁指与张唐指挥部签订有委托协议,而张唐指挥部又系北京铁路局组建,故四方在张唐铁路拆迁补偿日常工作中应存在密切联系,北京铁路局称对丰宁拆迁办进行的协商、提交报告以及承德市铁指委托承德燕峰资产评估有限公司对选矿厂资产进行评估等事实均不知情不符合常理,且一审法院依法调取的《张唐铁路(承德段)征占厂矿企事业单位资产登记表》有项目指挥部、县指挥部、乡镇政府、村委会、产权人、建设单位、设计单位、施工单位、监理单位代表和现场登录人十方见证并签字,故对北京铁路局的抗辩不予支持。

关于探矿权损失应补偿金额的问题。根据河北矿业资产评估有限责任公司作出的鉴定意见,以 2011 年 1 月 16 日为基准日,以折现现金流量法为评估方法,案涉探矿权价值为 76,637,300 元。根据诉前承德市铁指委托河北兰德矿业权评估咨询有限公司作出的评估报告，以2011年1月16日为基准日，参考《河北省矿业权价款缴纳办法（试行）》中价款计算方法，案涉探矿权价值为19,267,200元，前期勘查投入为4,816,800元（按采矿权价款的20%确定）。两份鉴定结论采用的基准日相同，认定的压覆矿产资源储量相同，唯一的区别是评估方法。对于压覆矿产资源补偿标准问题，《物权法》未作出明确规定，国土资源部137号文第四条第三项规定："（三）建设项目压覆已设置矿业权矿产资源的，新的土地使用权人还应同时与矿业权人签订协议，协议应包括矿业权人同意放弃被压覆矿区范围及相关补偿内容。补偿的范围原则上应包括：（1）矿业权人被压覆资源储量在当前市场条件下所应缴的价款（无偿取得的除外）；（2）所压覆的矿产资源分担的勘查投资、已建的开采设施投入和搬迁相应设施等直接损失。"上述规定首先强调双方需经协商签订具体补偿协议，所列补偿范围也是"原则上应包括"，故应为指导性规定，而非强制性规定。在双方不能自行协商一致的情况下，河北矿业资产评估有限责任公司作出的鉴定意见，程序合法，也符合公平原则，应作为定案依据。

关于资产损失的问题。根据河北立信安侨资产评估有限公司2017年3月29日出具的《8066号资产评估补充报告》，十方签字的《张唐铁路（承德段）征占厂矿企事业单位资产登记表》记载的资产评估值为1,491,900元（该数额未包括树木评估值12,608元，道路延长部分增加值83,730元，场地平整费458,710元，尾矿库建库费用718,130元，尾矿库闭库费用640,000元）。因《张唐铁路（承德段）征占厂矿企事业单位资产登记表》系各方经核对签署的原始文件，比长阁矿业公司单方提交的检材更具客观性，《8066号资产评估补充报告》应作为定案依据，选矿厂的资产损失金额为1,491,900元。另，根据丰宁拆迁办与长阁矿业公司签署的《协商纪要》，尾矿库建设投入和闭库费用属于补偿项目，同时该尾矿库也取得了合法手续，故尾矿库建库费用718,130元和尾矿库闭库费用640,000元应纳入补偿范围，总的资产损失金额为2,850,030元。

关于停产停业损失补偿金额问题。庭审过程中，双方对承德市人民政府于2010年11月22日印发的《张唐铁路承德段征地拆迁办法》的合法性和有效性均予以认可。根据该办法，河北立信会计师事务有限责任公司于2017年3月29日出具补充说明，按照河北省统计局发布的数据，长阁矿业公司10人半年期员工工资为162,005元，应作为长阁矿业公司的停产停业损失补偿金额。

综上,北京铁路局应给付长阁矿业公司压覆补偿款总金额为76,637,300元(探矿权损失)+2,850,030元(资产损失)+162,005元(停产停业损失)=79,649,335元,减去北京铁路局已实际给付的500万元,尚需支付补偿款74,649,335元。另,自2011年1月16日实际压覆矿产资源之日,双方因补偿标准问题一直未能协商一致,一审法院酌定利息按中国人民银行同期贷款利率,自长阁矿业公司起诉之日即2014年8月1日起算。

一审法院判决:北京铁路局于判决生效后15日内给付长阁矿业公司压覆矿产资源补偿款74,649,335元及利息(利息以74,649,335元为基数,自2014年8月1日起计算至实际履行完毕之日止,按中国人民银行同期贷款利率计算)。

二审期间,当事人围绕上诉请求依法提交了证据。二审法院组织当事人进行了证据交换和质证。(略)另查明:2015年年底,张唐铁路已建成并正式开通运营。长阁矿业公司为案涉探矿权办理了探矿权保留手续,案涉探矿权仍登记在长阁矿业公司名下。

二审法院对一审判决认定的事实予以确认。

二审法院认为,该案二审争议焦点为:一是北京铁路局是否为本案适格被告;二是北京铁路局是否存在侵权行为,应承担赔偿责任还是补偿责任;三是北京铁路局应赔偿或补偿的项目、数额,以及利息如何计算。

一、关于北京铁路局是否为本案适格被告的问题

张唐铁路项目的投资建设单位为蒙冀公司。蒙冀公司与北京铁路局签署《新建张家口至唐山铁路委托代建协议书》约定,蒙冀公司委托北京铁路局负责张唐铁路项目的全部建设管理工作,包括负责建设过程中所涉征地拆迁、压覆矿产资源补偿等相关工作并列支建设项目管理费等其他费用。为履行代建协议,北京铁路局成立了张唐指挥部,并授权张唐指挥部具体实施代建协议项下北京铁路局所应承担的全部工作。随后,张唐指挥部与承德市铁指签订《新建张家口至唐山铁路(承德段)工程压矿补偿实施协议》和《新建张家口至唐山铁路(承德段)工程征地拆迁框架协议(四)》,约定张唐指挥部委托承德市铁指具体负责实施张唐铁路项目承德地区的压覆矿产资源评估及补偿工作。丰宁拆迁办作为承德市铁指的下属单位,负责丰宁县地区的压覆矿产资源评估及补偿工作。事实上,长阁矿业公司在诉讼前一直向丰宁拆迁办主张进行压覆矿产资源评估及补偿,丰宁拆迁办也一直与长阁矿业公司就相关补偿问题进行协商处理。二审庭审中,北京铁路局亦认可丰宁拆迁办与其他矿业权人所签订的压覆矿产资源补偿协议。因此,北京铁路局应对压覆矿产资源补偿实施单位在其委托授权范围内实施的压覆矿产资源补偿行为的后果承担法律责任。北京铁路局主张其不是本案适格被告的上诉理由不能成立,该院不予支持。

二、关于北京铁路局是否存在侵权行为,应承担赔偿责任还是补偿责任的问题

《物权法》第一百二十三条规定:"依法取得的探矿权、采矿权、取水权和使用水域、滩涂从事养殖、捕捞的权利受法律保护。"长阁矿业公司依法取得的矿业权受法律保护。根据《侵权责任法》第六条第一款的规定:"行为人因过错侵害他人民事权益,应当承担侵权责任。"长阁矿业公司主张北京铁路局构成侵权,其应当证明北京铁路局实施压覆矿产资源的行为存在过错。根据本案查明事实,蒙冀公司与腾达公司于2009年8月8日签订的《拟建张唐铁路压覆矿业权补偿意向书》明确约定:"为保证国家重点项目的实施,经矿业权人与建设单位友好协商,同意压覆矿业权。双方同意,项目正式立项后,依据省国土资源厅批复的压覆矿产资源评估报告、国家政策及有关规定,双方协商,签订补偿协议。"2009年9月23日,河北省国土资源厅对蒙冀公司提出的张唐铁路建设用地压覆矿产资源的申请,作出《关于"新建张家口至唐山铁路建设项目"压覆矿产资源的批复》,同意在该建设项目范围内压覆已查明重要矿产资源。该案双方当事人中,北京铁路局系接受蒙冀公司委托负责张唐铁路项目建设;长阁矿业公司系从案外人腾达公司处受让案涉矿业权,且长阁矿业公司与腾达公司的法定代表人均系丁连茂。蒙冀公司在与腾达公司达成压覆补偿意向后,已按照相关法律法规履行压覆重要矿产资源的报批手续,故北京铁路局在张唐铁路项目建设期间压覆长阁矿业公司名下探矿权的行为不具违法性,主观上亦不存在过错,不构成侵权。因此,长阁矿业公司关于北京铁路局构成侵权的上诉理由不能成立,长阁矿业公司的探矿权因北京铁路局的压覆行为所受损失依法应得到补偿。

三、关于北京铁路局应补偿项目、数额及利息问题

关于应补偿项目问题。一是探矿权损失。一审期间,北京铁路局认可对案涉探矿权损失进行补偿,但上诉时其以长阁矿业公司系无偿取得为由主张不应补偿探矿权损失。原国土资源部《探矿权采矿权招标拍卖挂牌管理办法(试行)》及财政部、原国土资源部《关于深化探矿权采矿权有偿取得制度改革有关问题的通知》规定,探矿权全面实行有偿取得制度。根据丰宁满族自治县国土资源局于2015年5月25日出具的《关于河北省丰宁县南关乡长阁村梨树沟铁矿普查探矿权保留的情况说明》,“河北省丰宁县南关乡长阁村梨树沟铁矿普查”探矿权于2005年6月以挂牌方式取得。北京铁路局主张长阁矿业公司系无偿取得探矿权,不应获得补偿,但未提供充分证据证明,其此项上诉理由不能成立。二是资产损失和停产停业损失。虽然张唐铁路只压覆了案涉探矿权矿区,但案涉探矿权已处于探转采手续办理阶段,长阁矿业公司预先投资建设配套选矿厂经过行政主管部门的审批,也办理了尾矿库安全生产许可证,探转采的手续不能继续办理直接导致配套选矿厂无法开展生产经营活动,故选矿厂资产损失和停产停业损失客观存在。同时,丰宁拆迁办与长阁矿业公司于2014年5月27日签订的《协商纪要》已明确认可上述两项损失,一审法院依法调取的《张唐铁路(承德段)征占厂矿企事业单位资产登记表》有项目指挥部、县指挥部、乡镇政府、村委会、产权人、建设单位、设计单位、施工单位、监理单位代表和现场登录人十方见证并签字,故北京铁路局关于不应补偿长阁矿业公司资产损失及停产停业损失的上诉理由不能成立。

关于补偿数额问题。该案双方当事人对于应就铁路中心线左右各1000米范围内的探矿权进行补偿以及被压覆矿产资源储量已无争议。法院认为,压覆矿产资源的补偿范围,应限于矿业权人被压覆资源储量在当前市场条件下所应缴的价款,以及所压覆的矿区分担的勘查投资、已建的开采设施投入和搬迁相应设施等直接损失。特别是对于探矿权而言,能否转换为采矿权尚具不确定性;即便由探矿权转为采矿权,探矿权人亦需为采矿权的实现向国家缴纳必要的使用费以及投入大量的建设和生产经营成本;从市场风险的角度而言,投资采矿权还面临矿产品市场价格变动的风险,采矿权人的预期利润未必能够实现。对于仅拥有探矿权的长阁矿业公司而言,依据前述标准予以补偿,已经能够较好地保护其合法权益,也与其他已达成补偿协议的矿业权人所取得的补偿基本持平。河北兰德矿业权评估咨询有限公司根据承德市铁指的委托,参考《河北省矿业权价款缴纳办法(试行)》中价款计算方式,对被压覆的矿业权价值作出评估，其结论具有合理性，可以作为确定补偿金额的依据。据此，案涉探矿权价值为19,267,200元，前期勘查投入为4,816,800元。对于资产损失和停产停业损失，《8066号资产评估补充报告》及《关于原告长阁矿业有限公司与北京铁路局物权保护纠纷案鉴定报告（补充说明）》的作出程序合法，依据充分，法院予以采信。据此，长阁矿业公司的资产损失为2,850,030元，停产停业损失为162,005元。

北京铁路局应向长阁矿业公司支付补偿款总金额为19,267,200元（探矿权损失）+4,816,800元（前期勘查投入）+2,850,030元（资产损失）+162,005元（停产停业损失）=27,096,035元，减去北京铁路局已实际给付的500万元，尚需支付22,096,035元。

关于利息问题。考虑到本案探矿权纠纷历时数年，双方当事人未就补偿数额达成一致无法实际履行，双方对此均有责任，利息从本案起诉之日即2014年8月1日起按中国人民银行同期同类贷款利率计算较为合理。

二审法院判决：北京铁路局于该判决生效后15日内给付丰宁长阁矿业有限公司补偿款22,096,035元（利息以22,096,035元为基数，按中国人民银行同期同类贷款利率，自2014年8月1日起计算至实际履行完毕之日止）。

【规则解读】

一、压覆矿产资源概述

《矿产资源法》第三十三条规定："在建设铁路、工厂、水库、输油管道、输电线路和各种大型建筑物或者建筑群之前，建设单位必须向所在省、自治区、直辖市地质矿产主管部门了解拟建工程所在地区的矿产资源分布和开采情况。非经国务院授权的部门批准，不得压覆重要矿床。"国土资源部137号文规定，凡建设项目实施后，导致其压覆区内已查明的重要矿产资源不能开发利用的，都应按本通知规定报批。未经批准，不得压覆重要矿产资源。建设项目压覆区与勘查区块范围或矿区范围重叠但不影响矿产资源正常勘查开采的，不作压覆处理。

根据前述规定，矿产资源压覆是指在现有的技术经济条件下，因建设项目实施后导致压覆区内已查明的矿产资源不能开发利用。压覆矿产资源最核心的影响为导致矿业权人无法勘查或开采矿产资源。

二、被压覆矿产资源的适格权利人问题

矿业权人能否作为主张压覆矿产资源赔偿或补偿的适格主体，司法实践中主要审查以下几个方面：

1. 矿业权人的矿业权证的颁发时间应在自然资源部门同意矿产资源压覆批复之前。按照国土资源部 137 号文，已批准建设项目压覆的矿产资源，各级国土资源行政主管部门不得设立矿业权。

2. 矿业权人被压覆的矿产资源应是合法存续期间的矿业权，矿业权证在有效期内。办理矿业权延续登记，如延续登记获得批准，则延续登记期间，采矿权人的权利仍受法律保护。由于办理延续登记客观上需要合理时间完成登记程序，要求原采矿证期限届满时延续登记即办理完毕不合常理，也非采矿权人可以做到，故如果延续登记获得批准，那么延续登记期间采矿权人虽不能从事矿山开采，但仍然享有采矿权人的相关权益。

3. 被压覆的矿产资源矿种系采矿权许可证载明的矿种。采矿权人只对被许可开采的矿种享有开采、收益的权益，对没有批准开采的矿种，即使存在压覆事实，因该矿种的采矿权不属于采矿权人，其也不能主张关于该矿产资源的损失。

4. 建设项目与矿区范围重叠并对矿产资源正常勘查开采构成影响。矿业权人主张建设项目压覆了矿产资源，进而要求建设单位补偿经济损失，必须证明建设项目压覆了矿区，且确有造成损失，否则补偿或赔偿没有事实依据，难以获得法律支持。

（2018）吉 0602 民初 2003 号白山市大通矿业有限责任公司与吉林省高速公路集团有限公司侵权责任纠纷中，吉林省发改委于 2011 年 5 月 4 日批复同意建设辉南至白山高速公路。2014 年 9 月，地勘吉林总队出具了《辉南至白山高速公路工程建设项目压覆矿产资源调查报告》，报告载明："白山市大通矿业集团有限责任公司赵家沟铁矿矿区范围位于该项目压覆矿产资源调查区内，拟建公路中心线距矿区边界最近距离 122m。经查阅吉林省地质资料馆馆藏资料，该区由吉林省通化地质矿产勘察开发院于 2008 年 3 月提交了《吉林省白山市赵家沟铁矿详查报告》，参照该详查报告，区内主要由 7 条矿体组成，其中距离公路最近的可采矿体为 6 号矿体，赋存标高 518m ~ 659m，总体走向 80°，倾向北西，倾角 70° ~ 80°。根据《建筑物、水体、铁路及主要井巷煤柱留设

与压煤开采规程》,结合吉林省采矿经验,在赋存518m处,上山角及下山角为70°,计算6号矿体最大塌陷半径为56m。目前该矿山的采矿方式为地下开采,所以矿山的开采活动对拟建公路没有影响,故不做压覆矿产资源处理”,法院据此驳回原告压覆赔偿的诉讼请求。

三、矿产资源压覆的责任主体

根据国土资源部137号文的规定,建设项目压覆已设置矿业权矿产资源的,新的土地使用权人应向矿业权人补偿。也就是说,项目的业主方应当承担补偿或赔偿责任。然而,现实中,尤其是公路、铁路建设项目中,通常会涉及建设项目单位、指挥部、政府等多方主体参与,各方主体分别应当对压覆矿产资源承担何种责任,以下进行讨论。

(一)经营者

《民法典》第一千二百四十条规定:“从事高空、高压、地下挖掘活动或者使用高速轨道运输工具造成他人损害的,经营者应当承担侵权责任;但是,能够证明损害是因受害人故意或者不可抗力造成的,不承担责任。被侵权人对损害的发生有重大过失的,可以减轻经营者的责任。”

首先,此处的“经营者”应当理解为对高空、高压、地下挖掘活动或者高速轨道运输工具享有运行支配和运行利益的人,即对高度危险作业的设备拥有支配权并享受运行利益的人。其次,矿产资源压覆根据该压覆是否按照法律规定履行申报审批分为合法压覆和非法压覆,对合法压覆,相关主体与矿业权人协商签订补偿协议进行补偿;对非法压覆的,相关主体向矿业权人承担侵权赔偿责任。此处,“经营者”承担的应是非法压覆的情形下的侵权赔偿责任。

(二)项目所有权人

根据国土资源部137号文的规定,建设项目压覆已设置矿业权矿产资源的,新的土地使用权人应向矿业权人进行补偿,也就是项目的所有权人应当承担补偿责任。项目所有权人作为对矿产资源压覆项目的所有人和实际管理运行人,对项目享有建设管理权,享有项目利益,因此对项目压覆矿产资源产生的法律责任当然应当予以承担。具体到本案,案涉张家口至唐山铁路项目的建设单位系蒙冀铁路有限责任公司,北京铁路局也主张追加蒙冀公司为本案被告,但长阁矿业公司明确表示不同意进行追加,基于对原告诉权的尊重,法院未追加蒙冀公司,蒙冀公司未在本案中承担责任。但如果长阁矿业公司向蒙冀公司主张承担责任,蒙冀公司作为项目建设单位、所有权人应当承担补偿责任。

例如,在本项目的另一矿产压覆补偿纠纷案件中,北京市高级人民法院在(2015)高民初字第4248号判决书中认为:关于承担责任的主体,蒙冀铁路公司为张唐铁路的所有权人和项目建设主体,应当承担补偿责任。

(三)指挥部、政府等其他主体

项目建设单位为实施项目建设管理,通常会成立项目指挥部,具体实施负责项目的建设管理;在项目建设过程中,可能因为项目涉及公共利益,部分地方政府也会参与征收土地、房屋或压覆矿产资源的补偿协商。但无论指挥部还是政府,其关于项目的实施建设或压覆矿产资源的协商补偿都是基于项目建设单位的委托授权进行的。根据《民法典》第九百二十六条第二款的规定:"受托人因委托人的原因对第三人不履行义务,受托人应当向第三人披露委托人,第三人因此可以选择受托人或者委托人作为相对人主张其权利,但是第三人不得变更选定的相对人。"因此,如果项目建设单位未对矿业权人进行压覆矿产资源补偿的,矿业权人可以选择向建设单位或受建设单位委托的指挥部或政府主张权利。但应当注意,如果项目部、指挥部没有依法登记,则根据《最高人民法院关于适用〈中华人民共和国民事诉讼法〉的解释》第五十三条"法人非依法设立的分支机构,或者虽依法设立,但没有领取营业执照的分支机构,以设立该分支机构的法人为当事人"之规定,其不是适格的责任承担主体,在诉讼阶段,不能向其主张损失。

具体到本案,根据案外人蒙冀公司(委托方)与北京铁路局签订的《新建张家口至唐山铁路委托代建协议书》,案涉张唐铁路项目的建设单位系蒙冀公司,北京铁路局作为受托人负责全部建设管理工作,双方系委托关系。北京铁路局接受委托后,组建了张唐项目部,张唐项目部又与承德市铁指签订承德路段的压覆补偿框架协议,承德市铁指下设机构丰宁拆迁办又以北京铁路局名义与长阁矿业公司就压覆补偿问题多次协商,签署书面协商纪要,并以北京铁路局名义预付500万元补偿费用,故长阁矿业公司有权选择向北京铁路局或者蒙冀公司主张权利。在本案诉讼发生后,北京铁路局披露了其与蒙冀公司的委托关系,并主张追加蒙冀公司为本案被告,但长阁矿业公司明确表示不同意进行追加。故北京铁路局是本案适格被告,应承担相应的赔偿或补偿责任。

需要注意的是,为项目建设而临时组建的项目指挥办公室、征拆办以及政府职能部门等往往是压覆补偿的具体实施部门,尽管其与矿业权人签署压覆补偿协议,但并不是真正的压覆补偿主体,应注意鉴别。此外,该类主体因不是法律意义上承担责任的主体,仅是由于接受项目单位的委托,负责压覆补偿事宜,因此行为的后果应当由委托人建设单位来承担。所以,与指挥部等签署的压覆补偿协议也具有法律效力,但是矿业权人在协商补偿过程中,应当注意核查该类受托主体的受委托范围、代理权限等。

四、矿产资源压覆的责任承担方式——赔偿还是补偿

建设项目压覆矿产资源的,须经相关行政主管部门批准。根据压覆行为是否履行审批程序,压覆可以被区分为合法压覆和非法压覆,其所对应的压覆责任承担方式也分别为,合法压覆应当对矿业权人进行补偿,非法压覆构成侵权的应当对矿业权人承担侵权赔偿责任。

本案的一个争议焦点即为北京铁路局是否存在侵权行为,应承担赔偿责任还是补偿责任的问题。根据《民法典》第三百二十九条的规定:"依法取得的探矿权、采矿权、取水权和使用水域、滩涂从事养殖、捕捞的权利受法律保护。"探矿权属于用益物权,依法应受保护。双方对长阁矿业公司拥有的探矿权已被实际压覆的事实确认。争议的核心是该压覆行为是否合法,即北京铁路局是否构成侵权。根据已查明的事实,河北省国土资源厅对蒙冀公司提出的张唐铁路建设用地压覆矿产资源的申请,已作出《关于"新建张家口至唐山铁路建设项目"压覆矿产资源的批复》,同意该建设项目范围内压覆包括案涉探矿权在内的矿产资源,因此,北京铁路局不构成侵权。《民法典》第三百二十七条规定:"因不动产或者动产被征收、征用致使用益物权消灭或者影响用益物权行使的,用益物权人有权依据本法第二百四十三条、第二百四十五条的规定获得相应补偿。"北京铁路局应对长阁矿业公司因探矿权压覆受到的经济损失进行补偿。

五、矿产资源压覆赔偿范围

(一)压覆赔偿范围不限于国土资源部137号文的指导性规定

国土资源部137号文第四条第三项规定:"建设项目压覆已设置矿业权矿产资源的,新的土地使用权人还应同时与矿业权人签订协议,协议应包括矿业权人同意放弃被压覆矿区范围及相关补偿内容。补偿的范围原则上应包括：(1)矿业权人被压覆资源储量在当前市场条件下所应缴的价款(无偿取得的除外);(2)所压覆的矿产资源分担的勘查投资、已建的开采设施投入和搬迁相应设施等直接损失。”但由于国土资源部137号文的性质是部门规章,不是司法审判的直接依据,只可供参考,所以该文件效力有限。同时该文件本身对补偿范围的规定也仅是“原则上应包括”,应为指导性规定,而非强制性规定。

司法实践中,补偿范围是否仅限于直接损失？经对法院案例的查询分析,以下损失项目可能获得法院支持：

1. 所压覆资源储量在当前市场条件下所应缴的价款(探矿权、采矿权收益)。

2. 所压覆的矿产资源分担的勘查投资、已建的开采设施投入和搬迁相应设施等直接损失。已建的开采设施投入包括井巷系统、工业场地、房屋建筑物、公路、电力系统、供水系统、采矿选矿设备等。

3. 因压覆而导致开采方式或位置发生变更,而需重新编制有关报告而产生的报告编制和评审等费用。

4. 因压覆导致的企业停产停业损失。

5. 停产停业期间应支付的员工工资及补偿金等费用。

6. 因压覆导致的闭坑及其治理等需支付的费用。

7. 因压覆导致矿产资源权益丧失的,其合理的可得利益损失(包括矿产品预期销售利润)。

8. 因压覆导致的其他合理损失。

相关案例如(2016)湘民终760号湘西自治州炼兴矿业有限责任公司与湖南省高速公路建设开发总公司侵权责任纠纷案件,该案二审民事判决书认为,“关于矿产资源的压覆补偿标准,法律法规并未有明确规定,而国土资源部137号文通知仅就补偿范围原则上应当包括的内容予以明确,并未将其他补偿费用排除在外。《民法典》第一千一百八十四条规定,侵害他人财产的,财产损失按照损失发生时的市场价格或者其他合理方式计算。故高速公路建设开发公司称赔偿应以投入资金等直接损失为限的辩解与前述法律规定不符,本院不予支持。《湖南省国土资源厅关于建设项目压覆矿产资源补偿有关问题的通知》(湘国土资发〔2013〕17号)、《湖南省人民政府办公厅关于做好压覆矿产资源补偿工作的通知》(湘政办发〔2015〕17 号)等相关文件规定,压覆矿业权应当赔偿的损失主要包括所压覆矿产资源应分摊的已缴采矿权价款、被压覆范围矿业权的取得成本、压覆范围的直接损失、被压覆采矿权开采投资及同类开采矿山行业投资平均利润减已获投资回报、被压覆范围探矿权的勘查投资和行业投资平均利润。"

(二)探矿权人不能主张采矿权预期利润

本案原告的探矿权已处于探转采阶段,有合理理由预期采矿权带来的经济效益。探矿权人能否主张将采矿权预期收益纳入赔偿范围?这是矿业权人关心的话题之一。

本案裁判规则表明,按照国土资源部 137 号文要求,被压覆矿产资源的储量价值是在侵权发生时市场条件下所应缴的价款,而探矿权能否转为采矿权具有不确定性,"即便由探矿权转为采矿权,探矿权人亦需为采矿权的实现向国家缴纳必要的使用费以及投入大量的建设和生产经营成本;从市场风险的角度而言,投资采矿权还面临矿产品市场价格变动的风险,采矿权人的预期利润未必能够实现",因此,探矿权人对被压覆储量仅能主张探矿权收益。

【风险提示】

1. 建设项目压覆矿产资源的,应当按照法律规定进行行政审批、评估及与矿业权人签订补偿协议。对建设项目未按上述流程处理矿产资源压覆的,因建设项目受损失的矿业权人可以向相关权利方主张赔偿或补偿。主张权利,矿业权人应当首先审查自己所享有的矿业权是否合法存续。对自身权利完整的,应当及时向建设项目的业主、建设单位主张权利,受建设单位委托的其他主体,也可成为矿业权人主张权利的对象,但在与非建设单位的主体协商、签订协议过程中,应当注意审查该主体受委托范围、代理权限,同时,达成的协议中的赔偿主体仍应是授权方项目建设单位。

2. 对不能通过协商达成一致的赔偿或补偿,矿业权人可以通过诉讼维护自身权益。因审判实践中,法院对矿业权人损失支持范围存在直接损失与间接损失的不同处理方式,矿业权人应在与相关主体协商处理时即考虑到诉讼可能存在的风险,此外,在诉讼中,应尽量提供地方政府关于压覆矿产资源补偿的相关规定,争取法院对自身的支持。最后,法院对具体数额的认定通常参考司法鉴定意见,因此,矿业权人应当自始对司法鉴定程序予以重视,从证据的提供到与鉴定人员的案情沟通都充分参与,尽力维护自身合法权益。

【相关法律法规】

《中华人民共和国矿产资源法》(2009 年 8 月 27 日修正)

第三十三条 在建设铁路、工厂、水库、输油管道、输电线路和各种大型建筑物或者建筑群之前,建设单位必须向所在省、自治区、直辖市地质矿产主管部门了解拟建工程所在地区的矿产资源分布和开采情况。非经国务院授权的部门批准,不得压覆重要矿床。

《最高人民法院关于适用〈中华人民共和国民事诉讼法〉的解释》(2020 年 12 月 29 日修正)

第五十三条 法人非依法设立的分支机构,或者虽依法设立,但没有领取营业执照的分支机构,以设立该分支机构的法人为当事人。

《国土资源部关于进一步做好建设项目压覆重要矿产资源审批管理工作的通知》(2010 年 9 月 8 日)

二、严格管理范围

凡建设项目实施后,导致其压覆区内已查明的重要矿产资源不能开发利用的,都应按本通知规定报批。未经批准,不得压覆重要矿产资源。

建设项目压覆区与勘查区块范围或矿区范围重叠但不影响矿产资源正常勘查开采的,不作压覆处理。矿山企业在本矿区范围内的建设项目压覆矿产资源不需审批。

……

四、规范报批要求

按本通知规定由国土资源部负责审批的,建设单位应履行以下手续:

(一)建设项目选址前,建设单位应向省级国土资源行政主管部门查询拟建项目所在地区的矿产资源规划、矿产资源分布和矿业权设置情况,各级国土资源行政主管部门应为建设单位查询提供便利条件。不压覆重要矿产资源的,由省级国土资源行政主管部门出具未压覆重要矿产资源的证明;确需压覆重要矿产资源的,建设单位应根据有关工程建设规范确定建设项目压覆重要矿产资源的范围,委托具有相应地质勘查资质的单位编制建设项目压覆重要矿产资源评估报告。

……

（三）建设项目压覆已设置矿业权矿产资源的，新的土地使用权人还应同时与矿业权人签订协议，协议应包括矿业权人同意放弃被压覆矿区范围及相关补偿内容。补偿的范围原则上应包括：

1. 矿业权人被压覆资源储量在当前市场条件下所应缴的价款（无偿取得的除外）；

2. 所压覆的矿产资源分担的勘查投资、已建的开采设施投入和搬迁相应设施等直接损失。

矿产资源压覆纠纷的案由与适格原告

【裁判规则】

建设项目压覆矿产资源的案由为物权纠纷(财产损害赔偿纠纷)和侵权纠纷。除采矿权证载明的主体外,整合矿的实际采矿权人也可作为适格原告提起诉请。

【典型案例】

巫溪县远大水利电力产业有限责任公司与巫溪县合发煤业有限责任公司、鹤溪煤矿、冉茂轩、冉茂林、许科武财产损害赔偿纠纷案[(2019)最高法民申 6913 号]

【案情简介】

再审申请人(一审被告、二审上诉人):巫溪县远大水利电力产业有限责任公司

被申请人(一审原告、二审被上诉人):巫溪县合发煤业有限责任公司

被申请人(一审原告、二审被上诉人):巫溪县合发煤业有限责任公司鹤溪煤矿

被申请人(一审被告、二审被上诉人):冉茂轩

被申请人(一审被告、二审被上诉人):冉茂林

被申请人(一审被告、二审被上诉人):许科武

一审法院查明:2005 年 4 月,重庆市发改委以渝发改能〔2005〕246 号文核准中梁水电站可研报告,同意建设中梁水电站,中梁水电站属单一的发电工程,由中梁一级、二级、三级三个梯级电站组成。2006 年 10 月,中梁水电站主

体工程由重庆水利投资(集团)有限公司开工建设。2007 年 10 月,中梁水电站一级电站引水隧洞工程开工建设,2012 年 9 月完工,经鉴定工程质量合格,具备验收条件,同意验收。2015 年 8 月,中梁水电站枢纽工程通过验收。2010 年,中梁水电站的业主由重庆水利投资(集团)有限公司变更为远大公司。

2007 年,根据《重庆市人民政府关于实施煤矿整合的通知》(渝府发〔2007〕128 号)和《重庆市人民政府关于进一步加快煤矿整合工作的通知》(渝府〔2009〕2 号)的规定,原白鹤煤矿(始建于 1984 年)和原半溪煤矿(始建于 1980 年)整合为合发煤业公司鹤溪煤矿,整合前原白鹤煤矿和原半溪煤矿的生产能力均为 1 万吨/年,整合后鹤溪煤矿规划生产能力为 6 万吨/年。2010 年 8 月 25 日,鹤溪煤矿委托重庆华地工程勘察设计院编制鹤溪煤矿整合初步设计。

由于中梁水电站一级电站引水隧洞穿越了白鹤煤矿矿区。2008 年开始,重庆水利投资(集团)有限公司与白鹤煤矿为施工和运行安全产生纠纷。2013 年 6 月 13 日,巫溪县人民政府《关于巫溪县合发煤业有限责任公司鹤溪煤矿停产情况说明的函》指出,因中梁水电站工程隧洞穿越鹤溪煤矿矿区范围,存在重大安全隐患,鹤溪煤矿从 2010 年 4 月停工停产至今。

2013 年 11 月 8 日,中共巫溪县委、巫溪县人民政府《关于鹤溪煤矿信访事项专题会议纪要》(巫溪信办纪要〔2013〕3 号)议定:(1)鹤溪煤矿压覆资源损失赔偿的受偿主体是白鹤煤矿;(2)由远大公司暂时先期垫付白鹤煤矿压覆资源损失 300 万元(以最终鉴定结论确认额为准)。远大公司已向白鹤煤矿支付了 300 万元。

2014 年 1 月 14 日,远大公司、白鹤煤矿共同委托 208 地质队进行矿井情况调查。2014 年 4 月 9 日,巫溪县煤炭工业管理局印发《关于落实巫溪信联纪要〔2013〕7 号工作专题会纪要》,企业双方协商同意 208 地质队在现有条件及已有资料前提下客观公正、实事求是开展评估及鉴定工作。

关于采矿权的取得及延续。2010 年 7 月 15 日合发煤业公司与重庆市国土资源和房屋管理局签订了《重庆市采矿权出让合同》,采矿权位于巫溪县下堡镇,矿区面积 1.0588 平方公里,出让矿种为煤矿,占用储量 50.6 万吨,合发煤业公司取得了《采矿许可证》,采矿权人为合发煤业公司,矿山名称为鹤溪煤矿,有效期限 3 年,自 2010 年 7 月 15 日至 2013 年 7 月 15 日。

2015年5月6日，重庆煤矿安全监察局渝东监察分局现场处理决定书认定：鹤溪煤矿采矿许可证已于2014年7月15日到期，责令该矿继续停止生产。2015年6月29日，合发煤业公司采矿权延续申请登记书记载原采矿权有效期限为2014年6月30日至2015年6月30日，巫溪县国土资源和房屋管理局采矿权延续、变更登记调查意见书的调查意见记载：该矿采矿许可证有效期至2015年6月30日止，因白鹤煤矿同中梁电站压履纠纷还在处理之中，压履资源量还未确定，该矿编制的《储量核实报告》还未通过评审。

2015年8月24日，136地质队出具《关于重庆市巫溪县合发煤业有限责任公司鹤溪煤矿煤炭资源储量核实报告编制情况说明》，指出白鹤煤矿采掘系统由于巫溪县人民政府2010年4月封闭井口，无法进行实地测量，评审专家认为白鹤煤矿井下巷道、煤层、采空区范围等未进行实测，储量核实报告编制依据不充分，评审未予通过。重庆市地质矿业协会在此情况说明中批注意见，未通过评审情况属实。

2018年5月28日，一审法院依法委托的国能司法鉴定所出具渝国能司法鉴定所〔2017〕矿鉴字第10号司法鉴定意见书，鉴定意见为：鹤溪煤矿技改完成后2014年1月1日至2015年6月30日的可得利润为1226.49万元；2015年7月1日至2016年11月30日的可得利润为590.03万元。2018年7月23日，针对远大公司对鉴定意见提出的质疑意见，国能司法鉴定所作了关于《巫溪县远大水利电力产业有限责任公司关于渝国能司法鉴定所〔2017〕矿鉴字第10号司法鉴定意见书的质疑意见》的回复意见。

一审法院认为：该案系财产损害赔偿纠纷，根据原告起诉请求及理由以及被告的答辩意见，该案的争议焦点有三个：一是诉讼主体是否适格；二是中梁水电站一级引水隧洞是否给合发煤业公司造成了损害；三是若存在损害，赔偿范围如何确定。

关于争议焦点一，诉讼主体是否适格与原告的诉讼请求密切相关。本案原告主张被告远大公司一级引水隧洞穿越其矿区导致煤矿不能开采，冉茂轩、冉茂林、许科武作为白鹤煤矿实际出资人存在过错，要求四被告连带赔偿其整合技改完成后至被关闭期间可得利润的损失。经查，鹤溪煤矿系合发煤业公司依法设立并领取营业执照的法人分支机构，故依法可以作为原告参加诉讼。合发煤业公司系整合后成立的具有独立企业法人资格的有限责任公司，也系该案实际采矿权人,因此,合发煤业公司及其分公司鹤溪煤矿同意由合发煤业公司作为权利主体参加诉讼并由其享有实体权利符合法律规定,主体资格适格。远大公司系中梁水电站一级引水隧洞的项目业主,故远大公司系该案适格被告。冉茂轩、冉茂林、许科武作为白鹤煤矿的实际出资人,原告认为其也存在过错,原告将其列为该案被告亦无不当。关于争议焦点二……

一审法院判决:巫溪县远大水利电力产业有限责任公司应在本判决生效后15日内赔偿巫溪县合发煤业有限责任公司1106.5202万元。驳回巫溪县合发煤业有限责任公司和巫溪县合发煤业有限责任公司鹤溪煤矿的其他诉讼请求。

二审法院对一审判决认定事实予以确认。

二审法院认为:该案的争议焦点有三个:一是合发煤业公司是否具备提起本案诉讼的主体资格;二是合发煤业公司的案涉损失与案涉引水隧洞穿越白鹤煤矿矿区是否具有因果关系;三是合发煤业公司主张的损失如何确定。

关于第一个争议焦点。该案中,白鹤煤矿与半溪煤矿整合为鹤溪煤矿,鹤溪煤矿为合发煤业公司领取了营业执照的分支机构,合发煤业公司系具有独立企业法人资格的有限责任公司,亦系案涉煤矿的采矿权人,远大水电公司为案涉中梁水电站引水隧洞的项目业主。现合发煤业公司主张案涉引水隧洞穿越白鹤煤矿矿区导致该公司产生的技改完成后至煤矿关闭期间的损失,合发煤业公司系实际采矿权人,其有权提起本案诉讼。虽然白鹤煤矿为领取了营业执照的个人独资企业,且在另案中以自己的名义提起了对远大水电公司的诉讼,但该案合发煤业公司主张的系案涉引水隧道穿越白鹤煤矿矿区导致其公司技改完成后无法正常生产的损失,该损失与白鹤煤矿另案主张的损失并不完全相同,因此一审法院认定并无不当,该院对此予以确认。

二审法院驳回上诉,维持原判。

再审法院经审查认为,本案再审审查的重点是:一是合发煤业公司损失是否因案涉引水隧洞穿越白鹤煤矿矿区导致;二是如导致损失,损失范围应如何确定。

关于再审审查重点一,再审法院认为,远大水电公司及白鹤煤矿在巫溪县人民政府等相关部门协调下共同委托208地质队调查白鹤煤矿矿井情况。208地质队业务范围包括地质灾害的勘查、设计、治理、监测、评价,且“基于继续深入煤矿井下安全隐患不可控,排危难度大,井下探测投资巨大,企业双方协商同意208地质队在现有条件及已有资料前提下客观公正、实事求是开展评估及鉴定工作”。208地质队在对白鹤煤矿现状实地调查基础上,编制《地质情况调查报告》,认为引水隧洞主体面上分布有带状裂缝,局部地区有圆孔塌陷,存在一定问题,极易造成白鹤煤矿现有生产系统中巷道漏水、突水情况的发生,对井下作业人员安全隐患大,建议对白鹤煤矿进行关闭。该报告客观反映了案涉引水隧洞穿越白鹤煤矿的实际情况,具有一定证明力。《地质情况调查报告》未经主管部门审查系无法下井实测导致,不影响其作为证据的效力。同时,根据《关于巫溪县白鹤煤矿和半溪煤矿影响中梁工程施工和运行安全有关问题的复函》《关于巫溪县合发煤业有限责任公司鹤溪煤矿停产情况说明的函》《关于鹤溪煤矿和中梁电站相关情况的调查报告》及合发煤业公司采矿权延续申请登记书和《关于重庆市巫溪县合发煤业有限责任公司鹤溪煤矿煤炭资源储量核实报告编制情况说明》等相关证据,均能够证明案涉引水隧洞工程在未按规定办理压覆登记手续的情况下穿越白鹤煤矿,对煤矿开采形成安全隐患,导致煤矿于2010年4月被有关部门关闭停产,无法下井实测,无法延续采矿许可证,造成合发煤业公司煤矿整合完成后无法开采。故案涉引水隧洞穿越白鹤煤矿与合发煤业公司损失具有因果关系。远大水电公司依据《质量检测报告》及《情况说明复函》主张案涉引水隧洞工程质量合格,不存在《地质情况调查报告》所述问题。该院认为,《质量检测报告》系经远大水电公司单方委托作出,合发煤业公司及其他当事人均未认可,故不予采信。《情况说明复函》虽载明案涉引水隧洞工程运行良好、质量合格,但无其他有效证据予以印证,亦与该案其他公文书证内容矛盾,故不予采信。此外,案涉引水隧洞工程至今未就穿越白鹤煤矿矿区范围办理矿产资源压覆登记,该穿越行为本身即具有违法性。远大水电公司作为该隧洞工程业主方,应承担侵权损害赔偿责任。远大水电公司依据《重庆市巫溪县中梁水电工程一级引水隧道穿越原巫溪县白鹤煤矿矿区情况调查报告》等证据主张白鹤煤矿存在越界开采行为,导致案涉引水隧洞运行存在安全隐患。经该院查明,白鹤煤矿确有部分风井井口未位于矿区范围内,但并不在因案涉引水隧洞穿越煤矿圈定的禁采区内,亦无证据证明该井口作业造成隧洞运行安全隐患。故远大水电公司关于案涉引水隧洞无质量问题及与合发煤业公司损失不存在因果关系的主张依据不足,不予支持。

关于再审审查重点二，针对合发煤业公司主张的案涉煤矿技改完成后至被关闭期间的损失，一审法院依法委托具有相应司法鉴定资质的鉴定机构，依照法定程序，按照委托事项和要求，参照《矿业权评估指南》及《矿业权评估收益途径评估方法修改方案》，结合鉴定对象具体情况，采用直接法原理进行评估鉴定。该鉴定方法符合双方协商的鉴定事项和要求。原判决在采信该鉴定意见基础上，自鹤溪煤矿技改完成后即 2014 年 1 月 1 日起计算，扣除另案生效民事判决所确认的远大水电公司赔偿白鹤煤矿的新增资源损失，认定该案中合发煤业公司损失为 1106.5202 万元，有相关事实佐证，并无不当。远大水电公司主张应依据《国土资源部关于进一步做好建设项目压覆重要矿产资源审批管理工作的通知》相关规定计算损失。该院认为，该规定系针对建设项目压覆已设置矿业权矿产资源时各方协商补偿范围的原则性规定，对该案中认定远大水电公司侵权损害赔偿责任范围并不适用。远大水电公司该项主张不能成立。另，远大水电公司主张合发煤业公司已获得当地政府部门支付的补偿金及退还的剩余已缴纳采矿权价款，相关损失已获得弥补，不应在该案中再行主张。该院认为，上述款项主要是当地政府部门因政策性关闭案涉煤矿而对合发煤业公司在煤矿关闭之后损失的补偿，并不影响合发煤业公司在本案中主张煤矿关闭之前的损失赔偿，故对远大水电公司该项主张亦不予支持。

再审法院判决维持二审判决。

【规则解读】

矿产资源属于国家所有，所有权包括矿产资源的占有、使用、收益、处分的权能。压覆矿产资源是指因建设项目实施后导致的矿产资源不能开发利用的情况。《矿产资源法》第三十三条明确规定："在建设铁路、工厂、水库、输油管道、输电线路和各种大型建筑物或者建筑群之前，建设单位必须向所在省、自治区、直辖市地质矿产主管部门了解拟建工程所在地区的矿产资源分布和开采情况。非经国务院授权的部门批准，不得压覆重要矿床。"为加强压覆矿产资源方面的管理，原国土资源部先后制定发布《关于规范建设项目压覆矿产资源审批工作的通知》（国土资发〔2000〕386 号）、《关于进一步做好建设项目压覆重要矿产资源审批管理工作的通知》（国土资发〔2010〕137 号）等文件，规定压覆矿产资源的管理权限、处理程序等内容,用以指导全国压覆矿产资源审批工作。但项目建设方未履行压覆审批程序,或与矿业权人无法就补偿金额达成一致而引发纠纷,仍是矿业权纠纷的主要类型之一。

一、矿产资源压覆纠纷的案由

案由是确定案件基本法律关系的重要基础,并直接影响到诉讼争议焦点归纳、举证责任分配,对案件审理具有重要意义。建设项目压覆矿产资源同时损害矿业权人用益物权和国家矿山管理制度,有民事诉讼或行政诉讼两种救济途径。根据《民事诉讼法》第一百二十四条第三项的规定,依照法律规定,应当由其他机关处理的争议,告知原告向有关机关申请解决,如有法定行政前置程序,当事人应先提起行政诉讼。而我国矿产资源管理法律体系并无矿产资源压覆补偿纠纷应以行政处理作为前置程序或者直接属于其他机关处理范围的相关规定,所以,压覆纠纷当事人可直接提起民事诉讼。

值得关注的是,2019 年 12 月 17 日自然资源部发布的《矿产资源法(修订草案)》(征求意见稿)第十四条第三款规定:“压覆已设置矿业权范围内的矿产资源,对行使矿业权造成直接影响的,建设单位应当与矿业权人协商,并给予合理补偿;协商不成的,由有关省、自治区、直辖市人民政府处理。建设单位或者矿业权人对处理决定不服的,可以依法提起行政复议或者行政诉讼。”该条款在理论界以及实务界引起了广泛争议,说明关于压覆赔偿或补偿纠纷的处理程序,行政主管部门有不同思路。根据国土资源部 137 号文等相关政策,当前体制下,建设单位当与矿业权人协商并达成矿产资源补偿协议,如果不能达成协议,自然资源主管部门不办理压覆备案手续,暂停建设单位后续建设项目用地手续或矿业权储量评审备案手续的办理。主管部门原则上不成为纠纷的裁决主体。如果主管部门有权对矿产资源压覆纠纷作出处理决定,纠纷当事人的救济程序会否相应变更,需拭目以待。

根据现行有效法律规定,如国土资源部 137 号文,建设项目压覆重要矿产资源的审批争议属于行政纠纷。建设单位与矿业权人之间因压覆赔偿产生争议的,依据《民事诉讼法》第三条:“人民法院受理公民之间、法人之间、其他组织之间以及他们相互之间因财产关系和人身关系提起的民事诉讼,适用本法的规定”的规定属于民事纠纷。

《民事案件案由规定》没有就矿产资源压覆纠纷设定专门案由,根据《民法典》第二百三十三条规定:“物权受到侵害的,权利人可以通过和解、调解、仲裁、诉讼等途径解决。”第二百三十六条规定:“妨害物权或者可能妨害物权的,权利人可以请求排除妨害或者消除危险。”第二百三十八条规定:“侵害物权,造成权利人损害的,权利人可以依法请求损害赔偿,也可以依法请求承担其他民事责任。”矿产资源压覆纠纷可以“物权纠纷(财产损害赔偿纠纷)”或一般侵权案由立案,要求侵权人承担民事赔偿责任。

二、诉讼主体之原告的确定

建设项目压覆纠纷案件中,常见的争议焦点之一为原告是否适格,即矿业权人作为原告是否具备提起诉讼主张的权利,即原告“适格性”审核。对与本案没有直接利害关系,或不具备起诉条件,或其民事权益并未受到侵犯、发生争议的当事人,法院应当及时让原告退出诉讼,如原告不愿意退出诉讼,人民法院应当以裁定驳回起诉。

该案中,原告合发煤业公司是否为适格主体是争议焦点之一。2007 年,根据《重庆市人民政府关于实施煤矿整合的通知》(渝府发〔2007〕128 号)和《重庆市人民政府关于进一步加快煤矿整合工作的通知》(渝府〔2009〕2 号)的规定,原白鹤煤矿(始建于 1984 年)和原半溪煤矿(始建于 1980 年)整合为合发煤业公司鹤溪煤矿。启动整合时,被压覆矿产资源的矿业权证人为白鹤煤矿,该煤矿因 2010 年 4 月被有关部门关闭停产,无法下井实测,无法延续采矿许可证。2010 年,整合后的合发煤业公司鹤溪煤矿取得《采矿许可证》,有效期 3 年。但是当合发煤业公司煤矿整合完成后,白鹤煤矿被压覆资源纠纷未能解决被关停,整合矿因储量不能无法办理采矿权证延续手续。这就导致,被压覆矿产资源虽然实际上已经整合到合发煤业公司,由合发煤业公司实际控制,但采矿权证的原始主体和实际控制人是白鹤煤矿。该案明确,矿产资源压覆争议中,原告不限于采矿权证载明主体,还包括整合矿的实际采矿权人。

与本案案情相似的(2014)鄂民监二再字第 00002 号湖北省宜昌至巴东高速公路建设指挥部与兴山县峡口镇堰塘湾煤炭有限公司用益物权纠纷案中,法院查明,原李家沟煤矿于 2000 年 11 月 7 日、2005 年 10 月 12 日(有限期限至 2007 年 10 月)取得开矿许可证;2006 年 11 月 23 日湖北省安全生产委员会《关于宜昌市煤矿整顿关闭和煤矿资源整合规划方案的批复》(鄂安〔2006〕23 号)要求李家沟煤矿与堰塘湾煤炭公司整合为 6 万吨/年规模的煤炭企业,整合后拟用名称为“兴山县峡口镇堰塘湾煤炭有限公司”。2011 年 3 月 19 日,兴山县峡口镇泗湘溪村民委员会(以下简称泗湘溪村委会)与堰塘湾煤炭公司签订《合并协议书》,达成如下协议:将泗湘溪村委会开办的李家沟煤矿整体并入堰塘湾煤炭公司,并注销原李家沟煤矿的登记;原李家沟煤矿的债权债务由堰塘湾煤炭公司处理,一切遗留问题均与泗湘溪村委会无关等。2011 年 11 月 1 日,原李家沟煤矿经湖北省宜昌市工商行政管理局办理注销登记。2005 年 9 月,湖北省地质调查院出具的《上海至成都高速公路湖北省宜昌—巴东段压覆矿产资源补充调查评价报告》载明:宜巴高速公路压覆李家沟煤矿全矿区储量 19.76 万吨(111b + 122b),按每吨 120 元价格,经济价值为 2371.2 万元。现因宜巴高速公路指挥部建设宜巴高速公路,压覆了堰塘湾煤炭公司北部矿区李家沟煤矿的大部分煤炭资源,致使该公司前期投入和建设部分已丧失利用价值。

最高人民法院认为,该案争议的焦点之一始终围绕堰塘湾煤炭公司是不是该案的适格原告、是否有权对诉争的矿产资源损失主张权利、是否对宜巴高速公路压覆范围内的矿产资源享有用益物权?由于李家沟煤矿注销后,被堰塘湾煤炭公司吸收合并,其权利义务由堰塘湾煤炭公司依法承继,依法取得的采矿权受法律保护。现由于宜巴高速公路指挥部在修建宜昌至巴东高速公路在原李家沟煤矿矿区所在地段产生煤矿资源压覆纠纷,堰塘湾煤炭公司据此向该院提起用益物权诉讼,其作为本案的适格原告,并无不当。同时,堰塘湾煤炭公司与原李家沟煤矿依据湖北省安全生产委员会作出的鄂安〔2006〕23 号《关于宜昌市煤矿整顿关闭和煤矿资源整合规划方案的批复》要求进行整合,组成堰塘湾煤炭公司,并经湖北省国土资源厅审核颁发《采矿许可证》,证实堰塘湾煤炭公司已经取得原兴山县峡口镇李家沟煤矿所享有的采矿权。因宜巴高速公路指挥部修建宜昌至巴东高速公路在原李家沟煤矿矿区所在地段产生煤矿资源压覆,导致堰塘湾煤炭公司对该部分煤炭资源无法开采而遭受经济损失,堰塘湾煤炭公司作为采矿权人向宜巴高速公路指挥部主张权利具有事实和法律依据。最高人民法院据此判决堰塘湾煤炭公司享有的采矿权合法有效,宜巴高速公路指挥部应当就其压覆行为对该公司进行补偿。

综上所述,原采矿权人享有压覆范围内矿产资源的采矿权,后因资源整合与新采矿权人合并,原采矿权人的关停与新采矿权人的兼并行为是相互衔接的过程,新采矿权人获得压覆区域采矿权及其相应收益权具有延续性,则新采矿权人对压覆区域的采矿权应受法律保护。法院审理此类案件时应以物的实质性归属关系来判决物权纠纷的权利主体,即在矿产资源被压覆,采矿权证已灭失的情况下,如其项下的权益已经归于新的采矿权人,新的采矿权人具备提起诉讼主张的权利。

【风险提示】

矿产资源压覆赔偿案件中,当事人一般是矿业权人和项目建设单位。有鉴于此,律师建议,在实践中发生此类纠纷时,涉诉企业应:

1. 合理设计诉讼思路,在对案件纠纷起因、矛盾争议焦点、利益诉请等进行充分论证的基础上,选择民事或行政途径维权;若属于民事纠纷,需进一步确定具体的案由是属于物权纠纷还是侵权纠纷,并围绕案由设计诉讼请求,组织相关证据材料,有效排除或降低败诉法律风险。

2. 做好诉前尽职调查工作,审核当事人尤其是原告的主体资格是否适格,是否能够引起矿产资源压覆法律关系的产生及变更,避免因诉讼主体不适格导致的败诉法律风险。

【相关法律法规】

《中华人民共和国民法典》(2020 年 5 月 28 日)

第二百三十三条　物权受到侵害的,权利人可以通过和解、调解、仲裁、诉讼等途径解决。

第二百三十六条　妨害物权或者可能妨害物权的,权利人可以请求排除妨害或者消除危险。

第二百三十八条　侵害物权,造成权利人损害的,权利人可以依法请求损害赔偿,也可以依法请求承担其他民事责任。

第三百二十三条　用益物权人对他人所有的不动产或者动产,依法享有占有、使用和收益的权利。

第三百二十六条　用益物权人行使权利,应当遵守法律有关保护和合理开发利用资源、保护生态环境的规定。所有权人不得干涉用益物权人行使权利。

《中华人民共和国民事诉讼法》(2017 年 6 月 27 日修正)

第一百二十四条　人民法院对下列起诉,分别情形,予以处理:

(一)依照行政诉讼法的规定,属于行政诉讼受案范围的,告知原告提起行政诉讼;

(二)依照法律规定,双方当事人达成书面仲裁协议申请仲裁、不得向人民法院起诉的,告知原告向仲裁机构申请仲裁;

(三)依照法律规定,应当由其他机关处理的争议,告知原告向有关机关申请解决;

(四)对不属于本院管辖的案件,告知原告向有管辖权的人民法院起诉;

(五)对判决、裁定、调解书已经发生法律效力的案件,当事人又起诉的,告知原告申请再审,但人民法院准许撤诉的裁定除外;

(六)依照法律规定,在一定期限内不得起诉的案件,在不得起诉的期限内起诉的,不予受理;

(七)判决不准离婚和调解和好的离婚案件,判决、调解维持收养关系的案件,没有新情况、新理由,原告在六个月内又起诉的,不予受理。

《中华人民共和国矿产资源法》(2009 年 8 月 27 日修正)

第三十三条　在建设铁路、工厂、水库、输油管道、输电线路和各种大型建筑物或者建筑群之前,建设单位必须向所在省、自治区、直辖市地质矿产主管部门了解拟建工程所在地区的矿产资源分布和开采情况。非经国务院授权的部门批准,不得压覆重要矿床。

越界开采的损失认定

【裁判规则】

自然资源管理部门、公安机关及相关国家机关在职权范围内制作的关于非法采掘矿石量的认定报告，虽然可以推定为事实，但人民法院仍有权进行证据能力和证明力审查，并决定是否采纳为认定越界开采侵权事实和损失价值的依据；持续性侵权的财产损失一般应以被侵权人知道或应当知道损失发生时的市场价格或其他方式确定，但持续性侵权期间根据平均市场价格或其他方式计算的侵权人所获收益高于上述一般情形的除外。

【典型案例】

白银有色金属公司破产清算组与张保安、坚公平等采矿权纠纷案[(2017)最高法民终 80 号]

【案情简介】

上诉人(原审原告):白银有色金属公司破产清算组

住所地:甘肃省白银市友好路 96 号

被上诉人(原审被告):张保安

被上诉人(原审被告):坚公平

被上诉人(原审被告):李春兰

一审法院认定事实:1998 年 9 月 2 日,白银公司取得国土资源部颁发的证号为 1000009820009 的《采矿许可证》,矿山名称为白银有色金属公司李家沟铅锌矿;2000 年 1 月 21 日,释安公司取得甘肃省国土资源厅颁发的证号为 6200000010004 的《采矿许可证》,矿山名称为释安公司徽县闫家沟铅锌矿,该许可证 2005 年 1 月 22 日办理续期。经采矿许可证拐点坐标比对，上述两矿区并不相交和重叠。

2002 年 12 月 29 日，天水润生公司整体收购释安公司闫家沟铅锌矿，该矿的债权债务由收购方天水润生公司承继，之后，释安公司被注销。在此之前，即 2002 年 12 月 20 日，董永春作为甲方，释安公司作为乙方签订了《矿硐承包协议书》，该承包协议约定闫家沟铅锌矿由董永春承包，自行负责矿洞投资和施工、出矿后的生产经营和承包期内的债权债务及相关民事责任；释安公司提供合法手续、负责协调地方关系、提供机械设备，偿还承包前的债务；双方按投资额确定利润分配比例，见矿后先偿还前期投资；承包期为 2002 年 12 月 20 日至 2006 年 12 月 19 日止，到期后同等条件优先承包。天水润生公司的法定代表人张保安代表释安公司负责人签字。

2006 年 3 月 18 日，白银公司发现李家沟铅锌矿被盗采问题（以下简称 3·18盗采事件）后，2006 年 3 月 30 日至 4 月 3 日，甘肃省国土资源厅与陇南市国土资源局、成县、徽县国土资源局组成联合调查组对盗采矿区进行了调查。经对盗采现场实地勘查，调查组于 2006 年 4 月 5 日作出《技术鉴定报告》和《工作情况汇报》，同年 4 月 7 日作出《事件调查报告》。上述文件所涉内容如下：略。

2006 年 4 月 29 日，省国土资源厅对释安公司作出《矿产资源行政处罚决定书》[甘国土资罚字（2006）第 4 号]，依法吊销其采矿许可证。

2006 年 9 月 20 日，陇南市国土资源局对闫家沟铅锌矿作出《矿产资源行政处罚决定书》[陇国土资罚（2006）2 号]，内容为：（1）没收越界开采的铅锌矿 45,356 吨（折合价值 3894 万元人民币）；（2）处以违法所得 10% 的罚款（罚款额 389 万元人民币）。

此后，陇南市国土资源局将相关证据材料移送陇南市公安局立案侦查。陇南市公安局在侦查时，向徽县矿产品管理办公室（以下简称矿管办）调取了闫家沟铅锌矿采矿期间的矿石总量，该办出具证明称：闫家沟铅锌矿 2005 年度共领矿票（准运卡）计 6000 吨，经统计该矿 2005 年度从大岭检查站共出境矿石计 5530 吨。陇南市公安局还向徽县国税局江洛分局调取了闫家沟铅锌矿的税款书，该局出具证明称：闫家沟铅锌矿 2005 年度累计销售铅锌矿石 5538 吨，实现销售收入 3,657,285.04 元，应缴增值税 219,437.10 元，实际入库增值税

219,437.10元。陇南市公安局根据上述两份证明认定闫家沟铅锌矿自2002年12月20日至2006年3月25日，非法采矿5530吨，销售价款3,657,285.04元，其余部分难以查证属实。据此，该局作出的意见为3·18盗采事件不构成刑事案件，建议由国土部门依法进行行政处罚，对尚未查证属实的部分继续查证。

2007年1月5日，闫家沟铅锌矿向陇南市中级人民法院提起行政诉讼，请求依法撤销陇南市国土资源局作出的陇国土资罚（2006）2号《矿产资源行政处罚决定书》。陇南中院受理该案后于2008年6月26日向陇南市国土资源局发出陇中法行（建）字（2007）第12号《司法建议书》，建议撤销上述处罚决定，重新作出具体行政行为。根据该司法建议书，陇南市国土资源局于2008年8月6日重新作出《矿产资源行政处罚决定书》[陇国土资罚（2008）1号]，认定闫家沟铅锌矿越界非法采矿5530吨，销售价款3,657,285.04元，向国家缴纳税费219,437.10元，违法所得3,437,847.94元，并作出没收违法所得3,437,847.94元及罚款343,784.79元的处罚。陇南市国土资源局作出上述行政处罚决定后，对闫家沟铅锌矿的设备经评估后予以了变卖执行，执行金额为50万元。

一审法院另查明，1. 2007年5月21日，白银市中级人民法院作出（2007）白中民破字第2号民事裁定，裁定宣告白银有色金属公司破产还债。同年11月20日，该院裁定白银有色金属公司的破产还债程序终结，由白银公司清算组继续履行法定职责。该清算组目前由甘肃省国资委代管。2. 略。

一审期间，一审法院依职权对闫家沟铅锌矿出矿量问题向矿管办进行了调查，该矿管办主任郇旺强陈述的主要内容如下：略。

一审法院认为，案件的争议焦点是：一是张保安等应否作为本案的被告及应否承担民事赔偿责任问题；二是联合调查组作出的事件调查报告等能否作为认定侵权事实和计算损失数额的依据问题；三是张保安等对侵权民事责任的承担问题。

一、关于张保安等应否作为本案的被告及应否承担民事赔偿责任的问题

略。

二、关于联合调查组作出的事件调查报告等能否作为认定本案侵权事实和侵权损失的确认问题

关于侵权事实是否成立及张保安等应否承担民事责任的问题。一审法院认为,根据查明的事实,3·18盗采事件发生后,联合调查组在实地勘测的基础上形成和作出的《事件调查报告》《技术鉴定报告》《工作情况汇报》及陇南市国土资源局作出的《矿产资源行政处罚决定书》,均认定3·18盗采事件为非法越界开采国有矿藏。审理中,张保安等对闫家沟铅锌矿盗采侵权事实的真实性,也不持异议。因此,本案作为侵权损害赔偿纠纷,侵权事实客观存在。张保安等虽抗辩闫家沟铅锌矿盗采事件已经当地行政主管部门即陇南市国土资源局处罚,根据一事不二罚的原则,白银公司清算组无权再提出民事赔偿的意见,但根据《行政处罚法》第七条的规定,一事不二罚是《行政处罚法》的基本原则,即指行政机关不能对同一行政违法事实处罚两次,而本案白银公司清算组提出的是民事侵权赔偿诉讼,与行政处罚是两个不同的法律关系,根据《侵权责任法》第四条第一款规定,侵权人因同一行为应当承担行政责任或者刑事责任的,不影响依法承担侵权责任。行政责任适用的主要目的是惩罚违法的相对人,维护行政管理秩序,同时对类似违法行为起到威慑作用;而侵权责任适用的主要目的是补偿受害人所受的损害,通过赔偿的方法使已经遭受侵害的财产关系和人身关系得到恢复和补救。行政责任与侵权责任的施加所要实现的目的,所能恢复的被破坏的秩序和社会关系均有不同,故对同一侵权行为,行政责任与侵权责任并存并不矛盾。据此,张保安等虽已受到行政处罚但不能代替其应当承担的其他法律责任;白银公司清算组向张保安等提出民事侵权赔偿之诉符合法律的规定。

关于侵权损失的确认问题。民事赔偿数额的大小取决于侵权损失的大小。一审法院认为,本案侵权损失的确认包括以下两个问题:第一,关于盗采矿石量的确认。张保安等提出陇南市国土资源局是依据陇南市公安局查证的盗采数量5530吨作出的行政处罚决定,故被盗采矿量也应以此数量为准。对此,一审法院予以了支持,主要理由……虽然陇南市国土资源局作出的行政处罚决定依据的也是陇南市公安局从徽县矿管办调取的数据,但该行政处罚已发生法律效力并执行完毕,根据《最高人民法院关于民事诉讼证据的若干规定》第七十七条第一项规定,人民法院就数个证据对同一事实的证明力,可以依以下原则认定,即国家机关、社会团体依职权制作的公文书证的证明力一般大于其他书证。故该行政处罚作为一种国家行政机关的有效公文书证,其证明力大于联合调查组未经专业鉴定机构对相关数据进行复测复检的三份调查报告。第二,关于盗采矿石的价格确认问题。本案中,盗采矿石的价格确认存在三种情形:一是联合调查组作出的根据盗采矿石量和当地铅精粉、锌精粉价格计算的损失价值3894.08万元。二是白银公司清算组自行提交的根据联合调查认定的盗采矿石量和盗采事件发生当期与案外人进行的铅锌精矿交易的平均价格计算的损失价值5694.57万元。三是陇南市公安局根据矿管办证明认定的销售矿石量及销售收入3,657,285.73元。

一审法院认为,上述三种价格集中反映了对盗采矿石价格的确认是以原矿石的价格计价还是应以铅精矿和锌精矿的价格计价的问题。《侵权责任法》第十九条规定:"侵害他人财产的,财产损失按照损失发生时的市场价格或者其他方式计算。"鉴于闫家沟铅锌矿盗采的是铅锌矿原矿石,故在计算损失具体数额时应当采用原矿石的市场价格而不应按经过一定加工提炼的精矿的市场价格。一审法院在无铅锌矿原矿石指导性价格的情况下,认为应采信矿管办的证明记载的销售收入作为损失价值。

三、关于张保安等对侵权民事责任的承担问题

略。

一审法院判决:张保安等于判决生效后十五日内连带赔偿白银公司清算组3,657,285.04元;驳回白银公司清算组的其他诉讼请求。

二审期间查明的其他事实与一审查明的事实一致。

二审法院认为,该案的争议焦点:一是侵权事实的认定问题,主要是非法采掘矿石量的认定问题;二是侵权损失价值的认定及损失赔偿问题。

一、关于侵权事实的认定问题

一、二审期间,张保安等对闫家沟铅锌矿越界开采并已出卖采掘矿石并无异议,但非法采掘矿石量是双方争议的焦点之一,也是本案需要认定的关键事实。对此,张保安等认为应以陇南市公安局3·18案件查证情况报告、陇南市国土资源局重新作出的行政处罚决定及其提供的其他证据认定实际的采掘矿石量;白银公司清算组则认为本案的非法采掘矿石量已经甘肃省国土资源部门联合调查并为调查中形成的《技术鉴定报告》《工作情况汇报》《事件调查报告》等文件所证实,其中的《技术鉴定报告》还最终通过甘肃省国土资源厅所属价值鉴定委员会的审查,对非法采掘的矿石量已作出认定,故应据此确定侵权的矿石量。

该院认为,本案的非法采掘矿石量应综合各方举示证据、证据证明力及矿产侵权的特殊性等予以认定。

(一)关于非法采掘矿石量的有关证据分析

一审法院认定采掘矿石量主要依据矿管办的出境矿石量证明、陇南市公安局的查证结论、陇南市国土资源局的矿产资源行政处罚决定、联合调查组所作的调查结论及当事人举示的相关证据材料等。对上述证据,评析如下:

关于矿管办的出境矿石量证明能否作为认定依据的问题。经查,该矿管办仅是矿石出境的管理机构,按其管理程序,是由采矿运销企业购买矿票,在出境时进行检查登记,因存在部分企业在矿点出售矿石并不购买矿票或借用他人名义出境的情形,故该矿管办对相关企业出境矿石量的记录仅是该企业持矿票出境的矿石量记录,不能作为矿点出矿量的直接证据,也即从证据性质看,记录出境的矿石量数据仅是间接证据,必须与其他证据相互印证,才能证明有关事实。从二审查明的事实看,3·18 盗采事件发生后,联合调查组在对董永春的询问中,董永春自认承包闫家沟铅锌矿后,自 2003 年春一直生产,但其仅于 2005 年有购买矿票并运输出境的记录,且其自认的非法采掘矿石量已有 8000 吨至 9000 吨;同时,董永春作为闫家沟铅锌矿的承包人也自认其所售矿石是在矿点销售、现金交易。故该矿管办的矿石出境量证明虽能反映闫家沟铅锌矿 2005 年 1 月至 7 月的矿石出境记录,但并不能证明 2003 年至 2006 年的非法采掘矿石量。

关于陇南市公安局的查证结论能否作为认定依据的问题。本案盗采事件发生后,当地国土资源部门在联合调查组调查后,于 2006 年 7 月 22 日,即对该案所涉犯罪的线索向陇南市公安局予以移送。但该局并未对盗采矿石量予以侦查或委托相关部门予以鉴定,而是径行认定该案件不属刑事案件而退回国土部门处理。经查,该局认定能否成立刑事案件的根据是闫家沟铅锌矿在微县国土资源局责令其停止开采后是否已停止非法采矿行为,而不是非法采掘矿石的数量,即公安机关认为国土部门发现越界开采后,只要责令其停止开采即予以停止的,不论非法开采量是多是少,均不作为犯罪处理。从公安机关的处理原则看,其刑事查证的重点不是盗采量而是责令后是否继续开采,故其对非法采掘矿石量有关事实的查证,仅是对矿管办有关数据的调取和形式审查,并非经侦查或鉴定后的事实认定,不具有专业性、权威性;同时因其查证结论未经司法程序确认,该院对此不予采信。

关于陇南市国土资源局作出的矿产资源行政处罚决定记载的有关事项能否作为认定依据的问题。经查,该处罚决定认为……该院认为,该行政处罚决定虽属国家机关在其职权范围内制作文书所记载的事实,但该事实认定存在重大瑕疵,不能作为本案采信的根据。主要理由:一是,该处罚决定虽综合考虑了各方的事实因素,但无论公安机关的查证还是矿管办的出境矿石量记录、闫家沟铅锌矿销售记录等,其来源均是矿管办所记载的闫家沟铅锌矿销售记录,而该销售记录已如前述,只是闫家沟铅锌矿 2005 年 1 月至 7 月的销售记录,该销售记录已被董永春的最初陈述所否定,也与其自认的矿井一直生产相矛盾。二是,董永春虽在公安机关的陈述中自认仅非法采掘了5000 余吨,但考虑到其在公安机关的陈述是在 3・18 事件之后,有避重就轻的嫌疑,故其之前对自己不利的陈述与后来陈述比较更有可信性,故董永春对公安机关的陈述,不能作为确定事实的依据。三是,有关法院在行政诉讼过程中出具的司法建议并非司法裁判文书,不属人民法院生效裁判所确认的事实,不能作为认定事实的根据。四是,从行政执法与民事司法的比较看,行政处罚作出决定的程序、认定事实的原则与民事司法裁判认定事实和作出裁判的程序和原则有较大差异,不能直接作为民事案件裁判的依据。总之,国家机关在职权范围内制作文书所记载的事实虽可以推定为真实,但有相反证据的,亦可予以推翻。根据本案的具体情况,上述行政处罚决定所涉事实,该院依法不予采信。

关于刘保安等提供的证据材料能否支持闫家沟铅锌矿实际采矿量为 5530 吨的问题。二审中,张保安等认为闫家沟铅锌矿的实际盗采量为 5530 吨有多个证据支持,这些证据包括:当事人原始生产记录、原始销售记录、当事人向调查组提交的《关于误入成县李家沟矿区的情况汇报》材料、调查组向董永春所作的询问笔录、矿管办给闫家沟铅锌矿出具的矿票和矿石出境证明、闫家沟铅锌矿的纳税税票及税务机关出具的当事人销售矿石证明、陇南市公安局有关 3・18案件查证情况报告、陇南市中级人民法院出具的司法建议、陇南市国土资源局撤销行政处罚决定和重新出具的处罚决定、一审法院调取的 3・18 案件部分原调查人员的陈述、一审法院调取的甘肃省国土资源厅等人员参加的座谈会记录及一审法院对采矿量的认定。针对上述证据材料,该院认为,第一,上述有的证据材料的证明力上文已作分析,不能作为确定盗采量的证据……第二，上述证据材料，有的虽属案件相关材料，但因属当事人陈述或案外人陈述，且陈述本身存在矛盾，难以作为认定矿石量的依据……第三，闫家沟铅锌矿的原始生产记录和销售记录亦因存在重大瑕疵，不能作为非法采掘矿石量的根据……

关于联合调查组所作的调查结论应否采信的问题……该院认为，第一，联合调查组虽属临时组建，但属履行国家的行政管理职权，其形成或制作的有关文书及记载的事项具有公信力，没有相反事实不能予以推翻。从本案看，该调查组履行的是甘肃省国土资源主管部门的行政管理职责，是根据省国土资源主管部门的职责要求成立并作出的有关职权行为，其作出的技术鉴定报告、调查报告等，也属依据职权制作的文书，依法具有公信力。第二，调查组的组成和调查中，既有管理部门的行政管理人员参加，也有专门的技术人员参加，而且参加的人员范围包括省、市、县三级，其进行的是第一时间的调查和勘察，因此，调查活动具有中立性、及时性和权威性。调查组在现场踏勘的基础上，虽由白银公司提供和绘制了盗采区图纸，但调查组的技术人员根据实地勘察对之予以了核对，认为白银公司使用的图件基本准确和可信，实测数据基本真实；同时，对采空区总体积、矿石体重、品位等不合理的数据予以了重新计算。因此，鉴定结论具有客观性。第三，调查结论，尤其是非法盗采矿石量经过专业审查机构，即价值鉴定委员会的审查认定，具有权威性。该鉴定机构是依法成立、针对非法采矿、破坏性采矿进行价值鉴定的省内唯一专门性机构，其可接受公安、司法机关的请求进行有关鉴定，其鉴定结论可以作为涉嫌犯罪的证据材料，故调查结论中有关矿石量的认定具有权威性、可信性，可以作为司法机关认定事实的根据，根据国土资源部有关文件规定所辖区域内的省级以下国土资源主管部门对非法和破坏性采矿的价值不得自行作出认定，也无权否定省级国土资源主管部门已依法定程序得出的有关结论。第四，甘肃省国土资源主管部门依职权作出的技术鉴定报告虽不等于司法过程中形成的司法鉴定意见，但属于书证，在审查后可以作为证据使用。据此，该院对联合调查组调查和经价值鉴定委员会审查认定的非法采掘矿石量，依法采信。

综上，从证据的形式、内容及证据的关联性、合法性、客观性等分析，联合调查组所作的调查结论所反映的盗采矿石量具有可信性；张保安等所举盗采矿石量为5530吨的证据，有的不具有合法性、有的不具有客观性、有的不具有关联性,证据内部也相互矛盾,依法不能支持其抗辩主张。

(二)关于侵权事实的举证责任分析

《民事诉讼法》第六十四条,《最高人民法院关于适用〈中华人民共和国民事诉讼法〉的解释》第九十条、第九十一条、第一百零八条规定,当事人对自己提出的主张,有责任提供证据。一般情况下,当事人对自己提出的诉讼请求所依据的事实或反驳对方诉讼请求所依据的事实,应当提供证据加以证明,也即当事人双方均有举证责任。人民法院分配举证责任的一般原则是,凡主张法律关系存在、变更、消灭或权利受到妨害的当事人,应当对该法律关系的存在、变更、消灭或权利受到妨害的基本事实承担举证责任,而否认法律关系存在、变更、消灭或权利受到妨害的当事人也应对否定依据的基本事实承担举证责任;同时,除法律另有规定外,双方所负举证责任的证明程度依法均需达到高度盖然性的程度。

具体到本案,白银公司清算组作为矿业权侵权损害赔偿的权利主张方,基于盗采侵权案件的侵权主体的不确定性、侵权行为的非即时性、侵权所得物的不可追及性及侵权主体的非配合性等特点,其举证的基本事实应为本身是否具有合法的矿业权、对方是不是侵权人和存在侵权行为、权利是否受到损害、矿业权价值是否贬损、丧失、侵权行为和损害后果有无因果关系等,而不需要举证对方是否唯一侵权主体、有关损失是否单一侵权行为造成、侵权范围是否能够区分、实际盗采量、实际侵权所得等事实,后者依法应由主张权利未受到妨害的一方举证,也即张保安等主张其不是唯一侵权人,有关损害不是其一方造成、盗采范围不确定、实际盗采量或实际侵权所得均远少于白银公司清算组请求等,并应对此承担举证责任,否则即应承担举证不力的责任。

根据一、二审查明事实,张保安等对非法侵入白银公司矿业权所属主矿带进行盗采之事实并无异议,对此,联合调查组的调查及闫家沟铅锌矿负责人的陈述均可予以证实,但对采空区是闫家沟铅锌矿残采还是自采,即是否存在其他盗采主体已经盗采的问题,成为案件的争议焦点和处理案件的关键。经查,联合调查组的调查结论对部分采空区的盗采主体并未认定,目前矿场因多年损毁也早已丧失勘查、鉴定条件。对此,该院认为,张保安等提出采空区为闫家沟铅锌矿残采抗辩的实质是主张存在其他盗采主体、其盗采量与调查数量不符等,但并未就该主张提供充分的证据支持。第一,关于侵权行为。闫家沟铅锌矿的生产经营人董永春从未否定案涉主巷道为其开掘，最初调查中也承认一级斜井以下的工程均为其所打。对上述自认事实，张保安等并未提供证据予以推翻。第二，关于侵权主体。闫家沟铅锌矿的主生产巷道与调查发现的五个采空区直接连接，主巷道内生产设备、通风、输电、照明设备齐全，调查中只发现闫家沟铅锌矿一个出口。联合调查组在现场勘查时虽发现866米中段以下确实存在一个采空区，因条件限制未认定是闫家沟铅锌矿所采，但该采空区是通过放矿溜井与上面采空区相连。该放矿溜井仅容一人通过，没有通风、通电及运矿设备、无行人进出通道、运矿出口不明，仅有溜井难以形成由下向上的逆采。审理中，张保安等虽抗辩第六采空区与已勘查的五个采空区相连，可能存在其他出口，但并未对此举证，也未举证存在其他主体参与非法采掘。据此，其抗辩不能成立，应认定闫家沟铅锌矿为盗采主体。第三，关于侵权范围。董永春陈述中虽称遇到过采空区，但其并未就采空区的体积、外运通道等提供证据，所称采空区部分与其非法采掘部分难以区分，张保安等主张其侵权范围与勘查范围不符，没有证据支持。第四，关于侵权的矿石品位和矿石量。张保安等主张联合调查组认定的非法采掘矿石量中并非均属矿石，尚有围石等未排除的问题。经查，因案涉采空区为李家沟矿一号矿体866标高主矿带，且有原勘察单位甘肃省有色地质勘查局106地质队的原始资料予以佐证，故张保安否认矿石品位和矿石量，但并未提供相应的证据证明，应对此承担举证不能的法律后果。

综上，白银公司清算组根据联合调查组认定的采空区矿石量主张损害赔偿，有事实和法律依据，该院予以支持；张保安等抗辩应免于或减少其承担赔偿损失的责任，事实和法律根据不足，该院不予支持。

二、关于侵权损失的认定及赔偿问题

（一）侵权损失价值的认定

《侵权责任法》第十九条规定："侵害他人财产的，财产损失按照损失发生时的市场价格或者其他方式计算。"该条对财产侵权损失的一般规则予以了规定，即基于侵权和损害发生的同时性，按损失发生时的市场价格或其他方式计算，一般能够对被侵权人的损失予以弥补。该案的特殊性在于，侵权行为和损害后果均有持续性，如何确定损失发生的时间和市场价格，关系到能否补偿被侵权人和惩罚侵权人。该院认为，持续性侵权的财产损失一般应以被侵权人知道或应该知道损失发生时的市场价格或其他方式确定,但持续性侵权期间根据平均市场价格或其他方式计算的侵权人所获收益高于上述一般情形的除外。主要理由如下:一是侵权损害赔偿的目的是弥补被侵权人所受损害,而从被侵权人角度看,知道和应当知道损害发生时,才有所谓损害补偿,被侵权人才能够得出确定的财产损失价值;二是基于侵权人不能因非法行为获益的原则,如果其持续侵权期间根据平均市场价格或其他方式计算的所获收益高于以被侵权人知道或应该知道损失发生时的市场价格或其他方式确定的损失时,则侵权人不能取得该部分非法获益,而应补偿给被侵权人;三是采用持续性侵权期间最高市场价或其他方式计算的最大损失,虽有利于对被侵权人的保护,但对侵权人可能难谓公平,故采用持续性侵权期间的平均市场价或其他方式计算损失价值,更为公允。

具体到本案的侵权损失计算,虽然联合调查组以 2005 年 4 月至 2006 年 3 月铅锌精粉平均价格的方法计算出了损失价值,但该计算方法并未得到白银公司清算组的认可,且该计算方式实际上认为侵权行为发生时即为损失发生时,难以弥补白银公司清算组的损失,也与法律规定的精神不符,该院不予采信。鉴于本案侵权发现时间为 2006 年 3 月,故应以该时间作为损失发生的时间。关于价格标准的问题。根据原审查明的事实,铅锌矿原矿石并无统一的市场价格和国家指导性价格(由市场自行调控),那么,确定损失价值依据闫家沟铅锌矿自行出售的原矿石价格(根据行政处罚认定的非法采矿量与销售价款,可以得出平均销售价格)还是按白银公司发现侵权当期购入的铅锌矿精粉予以计算,是本案需要解决的问题。该院认为,一方面,闫家沟铅锌矿作为盗采侵权方,其出售原矿石的价格受盗采主体非法取得、尽快出售不留证据等主客观因素的影响,其出卖价格难以客观反映原矿石的价格,故其出售价格不宜作为认定损失价值的依据;另一方面,白银公司作为合法采矿权人在发现侵权时的合法购买铅锌矿精粉的价格有统一市场价格,具有客观性;同时,铅锌矿精粉也提炼自原矿石,虽然提炼加工过程需要一定成本,但考虑到侵权人恶意侵害国有资产,性质恶劣,严重破坏合理开采,白银公司的开采投资损失也较为巨大,对该种成本予以剔除,不足以体现侵权赔偿的补偿性和惩罚性,对白银公司有失公平。据此,该院认为,宜采信白银公司清算组提供的 2006 年3 月其当期购入铅锌矿精粉的平均价认定损失价值,张保安等抗辩上述证据与本案没有关联性,法律依据不足,该院不予支持。综上,本案依法采用其他方式计算损失价值,即根据矿石盗采量×铅锌矿平均品位=铅锌精粉,然后再根据铅锌精粉损失发生时的当期平均市场价格予以确定。具体损失价值计算如下:铅精矿损失488.06万元(45,356吨×1.29%矿石品位×8341.552元/吨)+5206.51万元(45,356吨×8%矿石品位×14,349.024元/吨),计5694.57万元。白银公司清算组一审主张的损失价值确定方式与上述损失价值的确定方式一致,该院予以支持。一审法院依据陇南市公安局调取的闫家沟铅锌矿的税款书及有关证明所涉销售价款认定损失价值,事实和法律依据不足,该院予以纠正。

(二)关于行政处罚和民事赔偿的冲突问题

根据2008年8月6日陇南市国土资源局作出的《矿产资源行政处罚决定书》[陇国土资罚(2008)1号],闫家沟铅锌矿因越界非法采矿被没收非法所得3,437,847.94元并被罚款343,784.79元。上述行政处罚后再行进行民事赔偿,实际涉及对同一侵权行为的行政追责与民事追责的冲突问题,即承担行政责任是否影响承担民事责任的问题。该院认为,因损害行为的核心是侵权,故从民事责任体系看,民事责任应是法律责任体系的基础。具体到本案的矿产资源损害,虽然国家作为矿产资源的名义所有权人和管理者,从维护矿产资源的开发利用等社会公共利益方面,依法具有对被管理者进行行政管理包括行政处罚的职能,但我国《物权法》等民事法律亦承认矿业权作为用益物权的权利属性,矿产资源的侵权虽在损害事实上对矿产资源所有权人和矿业权人具有重合性,但一旦发生矿产资源损害,对已支付对价并承担风险的矿业权主体予以优先保护,应是立法和司法的必然选择。对此,《民法总则》第一百八十七条、《侵权责任法》第四条以及《行政处罚法》第七条均体现如下原则:公民、法人或其他组织即使因违法受到行政处罚,但因违法对他人造成损害的,也应承担民事责任;也即因同一行为应当承担民事责任、行政责任和刑事责任的,承担行政责任或者刑事责任不影响承担民事责任;而且,更进一步,有关主体的财产不足以支付行政责任、刑事责任的,优先用于承担民事责任。据此,虽有行政处罚在先,但本案民事赔偿仍应确定为5694.57万元;有关行政处罚部分应从相应损失价值中减除及进行了没收、罚款等行政处罚后不应再进行民事赔偿的观点,因民事责任与行政责任在责任原则、责任目的、责任认定方法、责任判断标准等方面存在明显的差异,该院不予采纳。

二审法院判决:撤销甘肃省高级人民法院(2014)甘民一初字第3号民事判决;张保安、坚公平、李春兰于该判决生效后15日内共同赔偿白银有色金属公司破产清算组5694.57万元;如果未按该判决指定的期间履行金钱给付义务,应当依照《民事诉讼法》第二百五十三条的规定,加倍支付迟延履行期间的债务利息。

【规则解读】

一、越界开采的法律规定

(一)越界开采

现行矿产资源管理体制中与越界开采有关的相关规定,主要见诸行政法和刑法领域。

行政法范畴中,《国土资源违法行为查处工作规程》(国土资发〔2014〕117号)明确,越界开采和无证采矿、破坏性采矿,属于违法开采的三种情形。越界开采为超出《采矿许可证》载明的矿区范围(含平面范围和开采深度)开采矿产资源的行为。客观上表现为进入尚未取得矿业权证的范围进行勘查开采,如越界进入矿业空白区范围开采矿产资源,越界进入他人探矿区范围开采矿产资源,越界进入他人采矿区范围开采矿产资源。

刑法范畴中,越界开采为非法采矿罪的客观表现之一。《最高人民法院、最高人民检察院关于办理非法采矿、破坏性采矿刑事案件适用法律若干问题的解释》(以下简称《办理非法采矿解释》)规定,非法采矿罪中未取得采矿许可证的情形是指:(1)无采矿许可证的;(2)采矿许可证被注销、吊销、撤销的;(3)超越采矿许可证规定的矿区范围或者开采范围的;(4)超出采矿许可证规定的矿种的(共生、伴生矿种除外);(5)其他未取得采矿许可证的情形,包括了无证开采、越界开采的行为。

(二)法律后果

1. 民事责任

《民法典》第三百二十九条规定:"依法取得的探矿权、采矿权、取水权和使用水域、滩涂从事养殖、捕捞的权利受法律保护。"越界开采系侵犯矿业权人用益物权的侵权行为,矿业权人有权要求侵权人承担停止侵害、排除妨碍、返还财产、赔偿损失等民事责任。

值得注意的是,探矿权人无法请求侵权人返还越界开采的矿产品及收益。根据《矿产资源法》,探矿权人仅享有按照勘查许可证规定的区域、期限、工作对象进行勘查以及优先取得勘查作业区内矿产资源的采矿权等权利,并不具有勘查区内的采矿权,也不能获得开采的矿产品,至多可自行销售勘查中按照批准的工程设计施工回收的矿产品。探矿权人在取得采矿权之前,侵权人越界开采的矿产品及其收益仍应归属国家所有,因此探矿权人对此无权要求返还。

2. 行政责任

《矿产资源法》第四十条规定,超越批准的矿区范围采矿的,责令退回本矿区范围内开采、赔偿损失,没收越界开采的矿产品和违法所得,可以并处罚款;拒不退回本矿区范围内开采,造成矿产资源破坏的,吊销采矿许可证,依照刑法有关规定对直接责任人员追究刑事责任。结合《中华人民共和国矿产资源法实施细则》《国土资源违法行为查处工作规程》等相关规定,越界开采的行政处罚包括:(1)警告,责令退回本矿区范围开采;(2)没收越界开采的矿产品和违法所得;(3)处以违法所得30%以下的罚款;(4)吊销采矿许可证。

3. 刑事责任

根据《刑法》第三百四十三条第一款非法采矿罪之规定,越界开采,情节严重的,处三年以下有期徒刑、拘役或者管制,并处或者单处罚金;情节特别严重的,处三年以上七年以下有期徒刑,并处罚金。

4. 不能因缴纳行政罚款而减免民事、行政责任

本案中,越界开采侵权人以已经承担行政处罚为由,要求减免相应的民事赔偿金额。最高人民法院裁判规则明确,该主张不能得到法院支持。关于行政责任和民事责任、刑事责任的相互独立,我国现行法律有明确规定。如《行政处罚法》第七条规定:"公民、法人或者其他组织因违法受到行政处罚,其违法行为对他人造成损害的,应当依法承担民事责任。违法行为构成犯罪,应当依法追究刑事责任,不得以行政处罚代替刑事处罚。"《民法典》第一百八十七条规定,"民事主体因同一行为应当承担民事责任、行政责任和刑事责任的,承担行政责任或者刑事责任不影响承担民事责任;民事主体的财产不足以支付的,优先用于承担民事责任。"

二、越界开采的价值认定

(一)非法开采量的认定

2005年,原国土资源部印发《非法采矿、破坏性采矿造成矿产资源破坏价值鉴定程序的规定》(国土资发〔2005〕175号,以下简称国土资源部175号文),规定越界开采等非法采矿的非法开采量为采出的矿产品价值和按照科学合理的开采方法应该采出但因矿床破坏已难以采出的矿产资源折算的价值,破坏性采矿造成矿产资源严重破坏的价值,是由于没有按照国土资源主管部门审查认可的矿产资源开发利用方案采矿,导致应该采出但因矿床破坏已难以采出的矿产资源折算的价值。此后,部分地方政府还设定了具体计算方法,如陕西省自然资源厅规定非法采矿的计算公式为:破坏量=采动区内采动的资源储量×规定的开采回采率。破坏性采矿的计算公式为:破坏量=(按照开发利用方案或者开采设计应当回收的资源储量-实际回收的资源储量)×以破坏性采矿时间段为基准日时的矿产品单价。

(二)非法开采矿产品的价值认定

2016年,《办理非法采矿解释》,在价值认定方法上,对国土资源部175号文进行了补充。根据该解释第十三条、第十四条,非法开采的矿产品价值,根据销赃数额认定;无销赃数额,销赃数额难以查证,或者根据销赃数额认定明显不合理的,根据矿产品价格和数量认定;难以认定的,依据价格认证机构出具的报告,或省级以上人民政府国土资源、水行政、海洋等主管部门出具的报告,或国务院水行政主管部门在国家确定的重要江河、湖泊设立的流域管理机构出具的报告,结合其他证据作出认定。认定中涉及的专门性问题,可依据下列机构出具的鉴定意见或者报告,结合其他证据作出认定:(1)司法鉴定机构就生态环境损害出具的鉴定意见;(2)省级以上人民政府国土资源主管部门就造成矿产资源破坏的价值、是否属于破坏性开采方法出具的报告;(3)省级以上人民政府水行政主管部门或者国务院水行政主管部门在国家确定的重要江河、湖泊设立的流域管理机构就是否危害防洪安全出具的报告;(4)省级以上人民政府海洋主管部门就是否造成海岸线严重破坏出具的报告。

综上,越界开采中非法开采量的认定方法可归纳为:(1)按照销赃数额认定;(2)委托省级以上自然资源主管部门出具鉴定报告,根据“采动区内采动的资源储量×规定的开采回采率”确定;(3)按照矿产品价格和数量认定。

（三）非法开采赔偿中合理损失的认定

越界开采的侵权赔偿适用我国民法一般规制，《民法典》第一千一百八十四条规定："侵害他人财产的，财产损失按照损失发生时的市场价格或者其他合理方式计算。"关于"其他合理方式"的理解，国内学者普遍认为，应以达到"损害填平"为标准。如果侵权行为和损失同时发生，按照市场价格或许足以弥补受害人损失，但如果两者不在同一时空，市场价格不足以补偿损失时，应以是否能补偿受害人损失为要旨选择损失计算方式，即能填平受害人损失的计算方式是"合理方式"。

以本案为代表的越界开采侵权行为往往在较长时间段内连续发生，所造成的损害后果具有典型的持续特征，如何确定计算损失的合理方式，关系到能否补偿被侵权人和惩罚侵权人。本案裁判规则明确，持续性侵权赔偿应以满足"损害填平"为价值目标，一般应以被侵权人知道或应该知道损失发生时的市场价格或其他方式确定，但如持续性侵权期间根据平均市场价格或其他方式计算的侵权人所获收益高于上述一般情形的，应以其他方式计算。

该裁判规制在最高人民法院其他案例中亦有体现，如大连泰安房地产开发有限公司与被申请人辽宁华侨集团公司财产损害赔偿纠纷案[（2017）最高法民申1251号民事裁定书]中，最高人民法院再审审查认为："泰安公司擅自拆除华侨公司房产，并且一直未向华侨公司支付相应补偿，其侵权行为产生的后果持续存在。因此，鉴定机构根据重置成本法对涉案房产现值作出的鉴定意见符合上述法律规定，应当作为认定华侨公司财产损失数额依据。泰安公司主张应当以房屋拆迁时的价值为准认定损害赔偿数额，与本案事实不符，不能成立。"

【风险提示】

1. 基于盗采侵权案件的侵权主体的不确定性、侵权行为的非即时性、侵权所得物的不可追及性及侵权主体的非配合性等特点，矿山企业若出现此类事件后，其举证的基本事实应为本身矿业权的合法性，对方是否为侵权人和存在侵权行为，权利是否受到损害，矿业权价值是否贬损、丧失，侵权行为和损害后果有无因果关系等，而不需要举证对方是否为唯一侵权主体、有关损失是否为单一侵权行为造成、侵权范围是否能够区分、实际盗采量、实际侵权所得等事实,后者依法应由主张权利未受到妨害的一方举证。因此,在发现此类盗采行为后,应第一时间收集侵权主体的详细信息、提供的图纸及相关资料数据进行现场实测认定相应的盗采矿量、同时期的矿产价值、矿产出入量、证人证言等固定证据。

2. 越界开采纠纷案件的损失认定中,法院一般会首先考虑委托中介机构鉴定出被盗采的矿石数量和矿石单价后认定损失数额;若不具备鉴定条件或证据充分无须鉴定,法院则利用现有证据,根据证据规则直接确定损失金额。在损失认定与金额计算过程中,法院通常在判决中表明惩罚恶意侵权行为的倾向性。

【相关法律法规】

《中华人民共和国公司法》(2018 年 10 月 26 日修正)

第一百八十四条　清算组在清算期间行使下列职权:

(一)清理公司财产,分别编制资产负债表和财产清单;

(二)通知、公告债权人;

(三)处理与清算有关的公司未了结的业务;

(四)清缴所欠税款以及清算过程中产生的税款;

(五)清理债权、债务;

(六)处理公司清偿债务后的剩余财产;

(七)代表公司参与民事诉讼活动。

《最高人民法院关于适用〈中华人民共和国公司法〉若干问题的规定(二)》(2020 年 12 月 29 日修正)

第十条　公司依法清算结束并办理注销登记前,有关公司的民事诉讼,应当以公司的名义进行。

公司成立清算组的,由清算组负责人代表公司参加诉讼;尚未成立清算组的,由原法定代表人代表公司参加诉讼。

《最高人民法院关于审理矿业权纠纷案件适用法律若干问题的解释》(2020 年 12 月 29 日修正)

第十九条　因越界勘查开采矿产资源引发的侵权责任纠纷,涉及自然资源主管部门批准的勘查开采范围重复或者界限不清的,人民法院应告知当事人先向自然资源主管部门申请解决。

第二十条　因他人越界勘查开采矿产资源,矿业权人请求侵权人承担停止侵害、排除妨碍、返还财产、赔偿损失等侵权责任的,人民法院应予支持,但探矿权人请求侵权人返还越界开采的矿产品及收益的除外。

矿山企业股权转让与矿业权转让的区别及相关合同效力认定

【裁判规则】

矿业公司股权转让合同性质应认定为矿业权转让还是股权转让，主要应取决于矿业权人更名与否的事实以及合同约定的内容是否涉及探矿权转让等因素；非矿业权转让的股权转让合同，未变更矿业权主体的，并不属于法律、行政法规规定应当办理批准、登记等手续生效的情形，合同成立时即生效。

【典型案例】

伊金霍洛斯新庙阿会沟致富煤矿有限公司与刘志宏、裴美保、熊益金、甘高剑股权转让纠纷案[（2016）最高法民终512号]

【案情简介】

上诉人（一审被告、反诉原告）：伊金霍洛旗新庙阿会沟致富煤矿有限公司

法定代表人：温永琳，该公司总经理

上诉人（一审原告、反诉被告）：刘志宏

被上诉人（一审第三人）：裴美保

被上诉人（一审第三人）：熊益金

被上诉人（一审第三人）：甘高剑

一审法院查明：2011年6月3日，致富公司作为甲方，后阴塔煤矿投资人刘志宏作为乙方签订《重组协议》，约定：1. 整合重组标的：后阴塔煤矿全部资产，包括但不限于该煤矿的煤炭资源、井上井下构筑物与建筑物、机器设备、配套设施以及与该煤矿有关的一切权利（采矿许可、煤炭生产许可、安全生产许

可)。2.整合重组方式:(1)乙方单独出资设立后阴塔矿业公司,该公司注册资本1000万元人民币。矿业公司成立后,乙方或其授权代表应将目标资产无偿划转至矿业公司名下,划转后目标资产全部归矿业公司所有和享有。(2)目标资产合法、有效地归属于矿业公司后,甲方出资收购矿业公司全部股权,乙方同意将其所持有的矿业公司全部股权转让给甲方。3.转让价款:根据中环松德(北京)资产评估有限公司出具的松德评字(2010)第084号《资产评估报告书》的评估结果,双方协商确定,拥有目标资产的矿业公司全部股权的转让价款为人民币41,000万元。4.价款支付:(1)乙方办理完成后阴塔煤矿采矿权以外资产的抵押登记之日起3个工作日内,甲方将75%的转让价款即人民币30,750万元支付给乙方。(2)待目标资产全部划转至矿业公司名下且乙方将其持有的矿业公司全部股权转让给甲方之日起5个工作日内,甲方将剩余的25%的转让价款即10,250万元支付给乙方。乙方同意甲方将按本协议约定支付的转让价款打入下列账户:开户行:中国工商银行,户名:裴美保,卡号:95×××74。5.后阴塔煤矿的接管:(1)接管日期:甲方将75%的转让价款支付给乙方之日,乙方即应将后阴塔煤矿交由甲方接管。(2)接管范围:甲方接管后阴塔煤矿后,该煤矿生产、销售、财务、安全等生产经营全部由甲方负责,并由甲方委派各部门负责人及其他工作人员。同时,该煤矿全部资料、证照、印章、土地房产、设备设施等也均应全部交付甲方使用和管理。(3)接管后人员安置。(4)接管后乙方对甲方工作的配合。(5)接管后收益的享有及义务:甲方接管后阴塔煤矿后,该煤矿的所有收益及义务均归甲方享有和承担。6.后阴塔煤矿的注销和矿业公司的设立:本协议签订之日起90日内,乙方应负责依法完成后阴塔煤矿的清算注销工作,同时负责依法完成矿业公司的设立登记工作。7.目标资产的划转:(1)矿业公司成立之日起,目标资产中无须办理权属变更登记的所有财产,全部自动归矿业公司所有。(2)矿业公司成立后,乙方应当负责将目标资产中需要办理权属变更登记的财产及采矿许可证、煤炭生产许可证、安全生产许可证等相关证照办理至矿业公司名下,甲方应当积极配合乙方工作……

2011年6月14日,致富公司支付刘志宏30,750万元。2011年6月15日,刘志宏将后阴塔煤矿的机电设备管理资料、档案袋装资料等移交致富公司。2011年6月16日,刘志宏将后阴塔煤矿的公章、合同专用章、矿上生产用车及磅房钥匙、电脑等移交致富公司。2011 年 6 月 17 日，刘志宏将后阴塔煤矿安全生产责任制主体、后阴塔煤矿资质证照、全部土地厂房、机电设备、井下及土建工程等移交致富公司。2011 年 7 月 2 日，刘志宏将仓库、宿舍及办公室电视机、饮水机等移交致富公司。

2012 年 1 月 16 日刘志宏设立后阴塔矿业公司，法定代表人刘才小（刘志宏），注册资本 1000 万元由致富公司支付。目前涉案煤矿的采矿权仍在后阴塔煤矿名下，后阴塔矿业公司股权全部在刘才小名下。2013 年 3 月 20 日、2013 年 4 月 17 日刘志宏向致富公司发出《通知函》，2015 年 3 月 2 日，刘志宏分别向致富公司、内蒙古峰峰投资有限公司发出《通知函》，催促致富公司积极配合办理重组所涉手续。

一审法院认为，本案双方当事人的争议焦点为：一是，双方签订的《重组协议》《补充协议》的性质及效力。二是，如上述协议有效，合同应解除，还是继续履行。刘志宏诉请的剩余款项 10,250 万元及滞纳金 100,673,478.08 元，致富公司应否给付。致富公司反诉请求刘志宏返还转让价款 30,750 万元及利息 8232.39 万元，注册资本金 1000 万元、采矿权价款 1215.2 万元、采矿权使用费 11,208 元、采矿权资金占用费 437.6239 万元、环境治理保证金 14.76 万元，共计 41,651.0947 万元应否得到支持。三是，裴美保等三人应否与刘志宏承担连带责任。

1. 关于《重组协议》《补充协议》的性质及效力问题。双方签订《重组协议》《补充协议》约定，后阴塔煤矿投资人刘志宏同意将后阴塔煤矿全部资产转让。整合重组标的为后阴塔煤矿全部资产，整合重组方式是刘志宏设立后阴塔矿业公司，将后阴塔煤矿全部资产无偿划转至后阴塔矿业公司名下后，致富公司出资收购后阴塔矿业公司全部股权。且双方协商确定，拥有后阴塔煤矿全部资产的后阴塔矿业公司全部股权的转让价款为 41,000 万元。因双方约定的是后阴塔矿业公司股权转让事宜，故双方签订了应属股权转让协议，该两份合同不违反国家法律法规规定，不损害他人合法权益，应认定合法有效。致富公司辩称按照《合同法》《矿产资源法》《探矿权采矿权转让管理办法》等规定，《重组协议》《补充协议》应为未生效合同。因本案双方当事人刘志宏与致富公司之间法律关系涉及变动的是后阴塔矿业公司的股权，而采矿权等资产变动是在后阴塔煤矿与后阴塔矿业公司之间，并不是刘志宏与致富公司之间，上述法律规定对企业股权变动并没有限制性规定,致富公司该主张不能成立,不予支持。

2. 关于《重组协议》《补充协议》应解除,还是继续履行的问题。法院认为……按合同约定,将后阴塔煤矿全部资产转移至后阴塔矿业公司名下是刘志宏应尽的合同义务,致富公司依约应当积极配合,并承担相关税费。刘志宏完成该项合同义务需向有关部门提交后阴塔煤矿和后阴塔矿业公司的相关手续,而双方均认可后阴塔煤矿的相关手续已于 2011 年 6 ~7 月移交给致富公司,设立后阴塔矿业公司的注册资本金 1000 万元由致富公司支付,且致富公司当庭提交了后阴塔矿业公司的工商档案登记资料。以上表明,刘志宏单独完成该合同义务不具客观条件,而致富公司在掌控后阴塔煤矿和后阴塔矿业公司相关手续的情况下,经刘志宏多次发《通知函》催促其配合办理重组手续,致富公司未予配合,系属致富公司怠于履行配合义务。

双方在《重组协议》第十条约定:"乙方承诺:3. 本人及其授权代表将负责积极办理目标资产划转至矿业公司的全部工作,并保证自本协议签订之日起 8 个月内完成目标资产的划转工作和完成与甲方之间的股权转让工作。"第十三条约定:"协议的解除:1. 甲乙双方协商一致,可以解除本协议。2. 在本协议约定期限内,目标资产未划转至矿业公司名下的或矿业公司股权未全部转让给甲方的,甲方有权单方解除本协议。甲方解除本协议的,乙方应在甲方通知确定的期限内无条件返还甲方已支付的全部款项(包括甲方支付的采矿权价款与其相应利息、有关税费、矿业公司的出资等)。"依上述合同约定,自《重组协议》签订之日 2011 年 6 月 3 日起 8 个月内,至 2012 年 2 月 2 日止,刘志宏应完成目标资产的划转工作及与致富公司之间的股权转让工作,但该项义务没有致富公司的配合无法完成。《合同法》第四十五条规定:"当事人对合同的效力可以约定附条件。附生效条件的合同,自条件成就时生效。附解除条件的合同,自条件成就时失效。当事人为自己的利益不正当地阻止条件成就的,视为条件已成就;不正当地促成条件成就的,视为条件不成就。"虽然双方对合同解除条件有明确的约定,但刘志宏将后阴塔煤矿全部资产转移至后阴塔矿业公司名下需致富公司积极配合,而致富公司怠于履行其配合义务,应视为解除条件不成就。在本案诉讼之前,致富公司并未主动行使过合同解除权,且致富公司已经实际接管后阴塔煤矿近四年。另,本案不属于《合同法》第九十四条规定可以行使法定解除权的情形，故涉案合同未予解除，双方当事人应当继续履行。

关于刘志宏诉请的剩余款项 10,250 万元及滞纳金 100,673,478.08 元，致富公司应否给付的问题。涉案合同并未解除，双方当事人应继续履行。《重组协议》第四条约定“价款的支付：2. 待目标资产全部划转至矿业公司名下且乙方将其持有的矿业公司全部股权转让给甲方之日起 5 个工作日内，甲方将剩余的 25% 的转让价款即 10,250 万元支付乙方”。故刘志宏应当完成目标资产划转至后阴塔矿业公司名下，并将该公司的全部股权转让给致富公司，致富公司予以配合，该义务完成之日起 5 个工作日内，致富公司才应依约支付剩余股权转让款 10,250 万元。目前付款条件尚未成就，刘志宏关于剩余股权转让款及滞纳金的主张，不予支持。

关于致富公司反诉请求刘志宏返还转让价款 30,750 万元及利息 8232.39 万元，注册资本金 1000 万元、采矿权价款 1215.2 万元、采矿权使用费 11,208 元、采矿权资金占用费 437.6239 万元、环境治理保证金 14.76 万元，共计 41,651.0947万元应否得到支持的问题。因本案所涉合同未解除，且合同履行中税费问题双方约定由致富公司负担，故其反诉请求，不予支持。

3. 关于裴美保等三人应否与刘志宏承担连带责任的问题。（略）

一审法院判决刘志宏与致富公司于 2011 年 6 月 3 日签订的《重组协议》《补充协议》继续履行。

二审中，当事人没有提交新证据，二审法院对一审法院认定事实予以确认。

二审法院认为，本案的争议焦点为：一是案涉《重组协议》《补充协议》的性质和效力应如何认定。二是《重组协议》《补充协议》应继续履行还是应予解除。三是如果继续履行，剩余价款的付款条件是否成就；如果应予解除，已付款项是否应予返还，裴美保等三人应否承担连带责任。

关于争议焦点一。合同的性质应根据合同的主要权利义务内容予以确认。根据本案已查明事实，《重组协议》《补充协议》的签订主体为致富公司和后阴塔煤矿的投资人刘志宏，标的包括但不限于后阴塔煤矿的煤炭资源、井上井下构筑物与建筑物、机器设备、配套设施以及与该煤矿有关的一切权利在内的全部资产。刘志宏的主要义务为设立后阴塔矿业公司、将后阴塔煤矿全部资产划转至后阴塔矿业公司名下、将后阴塔矿业公司全部股权转让给致富公司;致富公司的主要义务为支付转让价款、承担资产划转和股权转让所产生的税费。其中后阴塔煤矿全部资产划转至后阴塔矿业公司名下虽包括后阴塔煤矿的采矿权转让事宜,但该采矿权转让系发生在后阴塔煤矿和后阴塔矿业公司之间而非致富公司与刘志宏之间。根据合同相对性原则,致富公司和刘志宏之间系后阴塔矿业公司股权转让的法律关系,一审判决关于《重组协议》《补充协议》的性质应为股权转让合同的认定,并无不当。

矿山法人企业的股权转让和作为公司法人财产的采矿权转让在交易主体、交易标的、审批程序、适用法律等方面均有不同。虽因股权转让可能会产生矿山法人企业的股权结构重构、法人治理结构调整等,但在未变更矿业权主体、不发生采矿权权属变更的情况下,不宜将矿山法人企业股权转让径行视为变相的采矿权转让;亦不宜直接适用《探矿权采矿权转让管理办法》第十条的规定,以未经国土资源主管部门批准为由,认定股权转让合同具有效力瑕疵。本案中,虽《重组协议》中涉及后阴塔煤矿的采矿权转让事宜,但采矿权转让报批义务的履行以及转让能否获得审批管理机关的批准,属《重组协议》《补充协议》能否实际履行的问题,不应因此影响对其合同效力的法律评价。故致富公司上诉主张,《重组协议》《补充协议》因未经国土资源主管部门批准而处于未生效状态,缺乏事实和法律依据,该院不予支持。

关于争议焦点二。《合同法》第八条规定:“依法成立的合同,对当事人具有法律约束力。当事人应当按照约定履行自己的义务,不得擅自变更或者解除合同。”《重组协议》《补充协议》合法有效,非经双方当事人协商一致或者符合法定情形的,不得擅自解除。致富公司上诉主张其享有合同的法定解除权,但刘志宏既已起诉请求继续履行《重组协议》《补充协议》,难谓其“明确表示或者以自己行为表明不履行主要债务”,致富公司亦未提供其曾向刘志宏发出履行债务催告的任何证据,所谓后阴塔煤矿资源储量不实的主张,亦无充分证据证明,不符合《合同法》第九十四条关于合同法定解除条件的规定。

《探矿权采矿权转让管理办法》第八条第一款规定:“探矿权人或者采矿权人在申请转让探矿权或者采矿权时,应当向审批管理机关提交下列资料:(一)转让申请书;(二)转让人与受让人签订的转让合同;(三)受让人资质条件的证明文件;(四)转让人具备本办法第五条或者第六条规定的转让条件的证明;(五)矿产资源勘查或者开采情况的报告;(六)审批管理机关要求提交的其他有关资料。”根据上述规定，案涉采矿权转让中，后阴塔煤矿作为采矿权人，负有报批义务。结合后阴塔煤矿的个人独资企业性质，以及《重组协议》第十条第三款“乙方承诺，本人及其授权代表将负责积极办理目标资产划转至矿业公司的全部工作”的约定，应由后阴塔煤矿及其投资人刘志宏以后阴塔煤矿的名义具体办理采矿权转让的报批手续。根据《重组协议》第七条约定：“矿业公司成立后，乙方应当负责将目标资产中需要办理权属变更登记的财产及采矿许可证、煤炭生产许可证、安全生产许可证等相关证照办理至矿业公司名下，甲方应当积极配合乙方工作。”结合后阴塔煤矿证照、印章已依约移交致富公司接管的事实，致富公司对采矿权转让等事宜负有加盖印章、提供证照等配合义务。前述报批义务、配合义务的履行，是《重组协议》《补充协议》继续履行的基础，各方当事人应诚实守信，积极履约。当事人一方如有充分证据证明对方无正当理由拒不履行的，可就报批义务、配合义务的履行另行主张权利。根据本案现有查明事实，刘志宏未依照法律规定和《重组协议》约定办理后阴塔煤矿采矿权转让等资产划转事宜；致富公司掌控后阴塔煤矿和后阴塔矿业公司相关手续后未积极促使《重组协议》《补充协议》继续履行，收到刘志宏发出的《通知函》后亦未积极配合，双方对在合同约定期限内未完成资产划转、股权转让等手续均有过错。基于致富公司对合同解除条件的成就亦具有过错，解除条件成就后仍继续对后阴塔煤矿进行生产经营，长期未行使解除权等事实，一审判决认定《重组协议》《补充协议》未予解除，双方当事人应继续履行，合法有据，该院予以维持。

关于争议焦点三。《重组协议》及其《补充协议》合法有效，亦未予解除，双方当事人应继续履行。故致富公司请求刘志宏返还已支付款项、裴美保等三人承担连带责任的上诉请求，缺乏事实和法律依据，该院不予支持。《重组协议》第四条约定：“2. 待目标资产全部划转至矿业公司名下且乙方将其持有的矿业公司全部股权转让给甲方之日起 5 个工作日内，甲方将剩余的 25% 的转让价款即人民币 10,250 万元（壹亿零贰佰伍拾万元整）支付乙方。”根据本案已查明事实，后阴塔煤矿资产尚未划转至后阴塔矿业公司，后阴塔矿业公司股权亦未转让给致富公司，前述约定的付款条件尚未成就。故一审判决未支持刘志宏请求致富公司支付剩余转让价款及滞纳金的主张，并无不当。

二审法院判决：驳回上诉，维持原判。

【规则解读】

近年来,我国矿业经济的发展与资本的联系日益紧密,矿业公司股权转让已成为公司融资的重要途径之一。我国现行《矿产资源法》及其他相关法律法规的规定相对滞后,对矿业权转让设置了种种限制,导致实践中出现了以转让矿业公司股权形式来转让矿业权的现象。由于矿业权与股权是分属于不同民事主体的权利,两者在交易主体、交易标的、交易审批程序、适用法律和产生的法律效果等方面均不同,但股权受让方确实可通过受让矿业公司的股权获得矿业权的经济收益。区分真实的股权转让和明为股权转让实为矿业权转让,直接关系到交易法律效力认定,是矿山企业融资的关注焦点之一。

一、股权与矿业权的概念区分

股权是指投资人(股东)以一定份额的货币以及实物、知识产权或不动产物权等可以用货币估价并可以依法转让的非货币资产出资,依照国家法律规定和公司章程依法组建设立企业法人,并按照各自的份额享有相应的支配、收益和处分权,承担相应的义务和有限责任的民事权利。

矿业权作为国土资源(地质矿产)主管部门特别许可某个具备相应资质的矿山企业从事矿产资源开采活动的一项权利,包括采矿权、探矿权等,具有行政特许权和不动产物权的双重特征。非经行政主管机关特许,任何企业都无权从事矿产资源的开采、勘探活动,如某个企业擅自进入矿区进行开采、勘探活动,则构成无证非法采矿、探矿行为,依法应予以查处并追究当事人的法律责任。另外,行政主管机关在依法实施监督管理的同时,不得随意动用行政权力干预矿山企业正常的开采行为和经营活动,即矿山企业对依法取得的采矿权享有占有、使用、收益和依法处分的权利。

二、矿山企业股权转让与矿业权转让的区别

公司法人人格的独立性,以及股东股权和公司法人财产权的二元区分,使矿山企业的股权转让和矿业权转让具有明显不同:

(一)交易标的不同

股权转让中,作为转让标的的是目标公司的股权,由股东个人享有,其性质上存在所有权、债权抑或社员权之争;在矿业权转让中,转让标的则是矿业权,由矿山企业享有,属法人财产权。

（二）交易主体不同

股权转让是股权受让人与矿山企业股东之间的交易；而矿业权转让则是矿业权受让人与享有矿业权的矿山企业之间的交易。

（三）交易的审批程序不同

股权转让无须自然资源主管部门的审查批准；矿业权转让则需自然资源主管部门的审查批准，尤其在未经批准的矿业权转让合同的效力认定上目前还存在较为复杂的理论认识和实践处理。

（四）适用的法律不同

股权转让适用《公司法》《公司登记管理条例》等法律法规，除受发起人股权转让年限，竞业禁止，国有企业、外商投资企业、上市公司股权转让的特殊审批监管程序等限制外，采取股权转让自由原则；矿业权转让则适用《民法典》、《矿产资源法》和国务院《探矿权采矿权转让管理办法》等法律法规，在转让方式、转让条件以及受让主体的资质条件等方面多有限制。

（五）产生的法律后果不同

股权转让中，矿山企业的主体地位未发生变化，其所享有的矿业权及其他财产的权属不发生转移或者变更；矿业权转让则以矿业权主体变更为实质表征，外观上亦需将矿业权权属变更登记至受让人名下。

三、矿山企业股权转让合同的效力认定

就其合同效力而言，矿山企业股东成员和股权结构的变更并不必然导致矿业权权利主体的变更，股权转让亦不应当然被视为矿业权转让。根据《最高人民法院关于审理买卖合同纠纷案件适用法律问题的解释》第四十五条第一款的规定，矿山法人企业的股权转让合同，未变更矿业权主体的，可参照适用买卖合同的相关规定，自成立之日起生效，不应受国务院《探矿权采矿权转让管理办法》第十条第三款的限制，不因未经自然资源主管部门批准而产生效力瑕疵。

但值得注意的是，矿山企业的股权转让，虽对矿山企业的原有法人地位或者矿山法人企业享有的矿业权权属在外观上不产生影响，但多导致矿山企业的股权结构重构、法人治理结构调整，甚至出现企业控制权的变化或者转移。为规避矿业权转让需经行政主管部门审批、需缴纳相当数额税费等交易成本，实践中大量存在当事人通过签订股权转让合同的方式变相转让矿业权的情形,处理上多有争议。目前主要存在两种观点:一种观点认为转让公司控股股权或者全部股权的,属于变相转让矿业权,依据《民法典》第一百四十六条“行为人与相对人以虚假的意思表示实施的民事法律行为无效”的规定,应为无效;另一种观点认为股权转让并不必然涉及矿业权主体的变更,基于民商法上“法无禁止即自由”的原则,应为有效。

实践中大多赞同第二种观点。理由如下:

第一,此类合同中,股权转让是现实的、真实发生的,与“以合法形式掩盖非法目的”中合同形式是虚拟的不同。传统民法将此种规避行为界定为脱法行为,并不等同于对应给予否定性评价的违法行为,应予以尊重。尤其是,在探求当事人是否具备“非法目的”的过程中,因客观标准难以建立,有以法官“自由裁量”取代当事人意思自治的危险。

第二,任何股权变动都会伴随资产控制效应的变化,不能因股权转让对特定资产的控制权变化而认定股权转让的效力。尤其是企业控制权的变更和转移,除可以通过股权结构调整实现以外,设定实际控制人、关联企业以及其他安排均可以实现,相当复杂,单纯依据股权转让比例规范转让合同效力,难度很大。

第三,从司法权和行政权的界限角度来说,矿业权转让中的税费征收,和矿业权权利行使过程中的实际勘查、开采行为,属行政机关的事后监管对象,不应因此影响司法权对二级交易市场中合同效力的法律评价。

第四,从诚实信用原则来看,司法实践中当事人主张矿山法人企业股权转让无效的诉讼动机,多数是基于政策环境或者市场行情发生变化,希望通过诉讼来转移风险,如果认定股权转让无效实际就是纵容了此种有悖诚信的行为。就实际做法来说,各地法院,尤其是最高人民法院近年来的民商事审判中,对矿山法人企业的股权转让合同多数按照有效来认定。

司法实践中,对矿山法人企业股权转让合同的效力审查,除考虑当事人缔约过程中明确表达的主观意图、转让股权的比例、矿业权在目标公司占有的资产份额等因素综合判断外,法院还会就矿山法人企业的股权变化是否违反国家产业政策,是否违反关于特定矿种勘查、开采主体资格限制,是否违反关于外商投资的禁止性规定等进行审慎检视。

四、相关司法观点与典型案例

(一)仅转让公司股权而不导致矿业权主体的变更,则不属于矿业权转让

王能新与徐春勤、青海南部矿业有限公司与西北有色地质勘查局物化探总队、中国冶金地质总局西北地质勘查院的股权转让纠纷申请再审民事裁定书[(2014)民申字第1421号]认为:由于法人的财产独立于股东,股东不能直接支配矿业权,仅股权的变化不能认定为矿业权人的变化,一、二审判决查明的事实以及王能新自己提交的证据均能证明在本案股权转让前后,矿业权人没有发生变化,故涉案合同属于股权转让合同而非矿业权转让合同。法律并未禁止民事主体通过转让股权的形式,成为享有矿业权的法人的股东。当事人通过股权转让间接变更对矿业权的实际经营,在股权转让不影响矿业权归属的情况下,一方当事人以合同双方真实意思是变更矿业权人,进而主张合同无效,不能予以支持。

(二)矿业权主体发生变更的转让合同,未经审批,不生效力

井成华与准格尔旗景富煤炭有限责任公司、卓杏生买卖合同纠纷二审民事判决书[(2013)民一终字第156号]认为:案涉《经营权合同》明确约定讼争煤田股权转让总价格88,502.36万元,当井成华支付转让费达到50%时,井成华派两人到煤矿协助财务经营管理;当井成华支付转让费达到80%时,景富公司需将经全体股东签字同意的其公司的煤田股权、经营权等,以及公司合法有效证件(采矿许可证、组织机构代码证、安全生产许可证、煤炭生产许可证、法人资格证、公司营业证、税务证)转办至井成华名下;剩余款项在办理完上述证件后,三个月内付清全部煤田股权转让费;……上述合同约定的内容表明,双方的真实意思并不是约定转让景富公司的股权,而是约定转让景富公司所有的下属煤矿采矿权和经营权。当井成华付清全部转让款后,双方并未约定办理景富公司的股权变更登记手续,而是约定景富公司将相关采矿许可证、组织机构代码证、安全生产许可证、煤炭生产许可证、法人资格证、公司营业证、税务证转办在井成华名下并将案涉煤矿整体移交给井成华,由井成华直接控制煤矿。因此,案涉《经营权合同》应为采矿权转让合同。

(三)矿业权主体为合伙企业,合伙份额整体转让导致矿业权权利证书发生变更的,转让合同需要进行审批,未经审批不生效

贵州肥矿光大能源有限公司与柳振金、马敏奎采矿权纠纷二审民事判决

书[(2015)民一终字第159号]认为:关于合同性质的认定,原则上应根据合同的名称予以判断,但如果合同名称与该合同约定的权利义务内容不一致的,则应以该合同约定的权利义务内容确定。除此之外,尚需考察签约双方的真实意思表示。本案中,2011年1月10日,柳振金、马敏奎作为转让方与作为受让方的肥矿光大公司签订的《协议》,名称规范、明确,如该协议约定的权利义务内容与名称一致,则该协议即应定性为股权转让协议。经审查,尽管该协议约定转让的是股权,但由于大宏山煤矿属于合伙企业,并没有改制为有限责任公司,作为投资人的柳振金、马敏奎转让的只能是大宏山煤矿的合伙财产份额,且属于全部转让。根据《合伙企业法》的规定,合伙人有权向合伙人以外的人转让其在合伙企业中的财产份额。一般合伙企业财产份额转让并没有行政审批的要求,但案涉合伙企业属于矿山企业,而矿山合伙企业全部财产份额的转让将导致原投资合伙人全部退出该企业,原登记在"威宁县大宏山煤矿(柳振金)"名下的采矿许可证亦需要进行相应变更,而采矿权的变更必须经由地质矿产主管部门的行政审批。因此,在矿山合伙企业投资人转让其全部财产份额、采矿权主体发生变更的情况下,应按照采矿权转让的规定对案涉《协议》的效力进行审查。根据《矿产资源法》第六条第一款第二项"已取得采矿权的矿山企业,因企业合并、分立,与他人合资、合作经营,或者因企业资产出售以及有其他变更企业资产产权的情形而需要变更采矿权主体的,经依法批准可以将采矿权转让他人采矿"的规定,案涉采矿权的转让应报请地质矿产主管部门批准,未经批准不发生法律效力。鉴于本案一审法庭辩论终结前,采矿权转让并未办理审批手续,一审判决根据《探矿权采矿权转让管理办法》第十条第三款、《最高人民法院关于适用〈中华人民共和国合同法〉若干问题的解释(一)》(已失效)第九条之规定,将案涉协议认定为未生效并无不当。

【风险提示】

在矿业权与股权纠纷杂糅的案件中,需注意以下几点:

1. 严格区分矿业权转让与股权转让。应主要考虑矿业权人更名与否的事实以及合同约定的内容是否涉及探矿权转让等因素,矿业权转让相当于公司转让自己的一项资产,一旦转让完毕,矿业权证上的所有权人就会发生变更;而股权转让是公司股东在转让股权,股权转让完毕后,矿业权证上的所有权人并没有发生变更。

2. 在收购拥有矿业权的公司时，受让方务必要做好法律尽职调查、设计科学的公司收购合同，不但需要在国家层面的法律、行政法规的方面调查对收购矿业权公司股权或资产的规定，还需在地方层面上调查规范性文件等对前述事项是否作出更细化更严格的规定。例如，在该案中，西藏政府就有即使转让矿业权公司股权也需审批的规定，该规定虽不必然导致合同无效，但地方政府可能会因未经审批而不予办理股权变更登记；再如，山东省国土厅下发的《关于转发〈国土资源部关于进一步完善采矿权登记管理有关问题的通知〉的通知》规定："采矿权人以出售、作价出资，引进他人资金、技术、管理等合作经营，企业重组改制等原因，只要采矿权人的股东、股比发生变化，均属采矿权转让行为，必须办理采矿权转让手续。"湖北省国土资源厅下发的《关于进一步规范探矿权采矿权管理的暂行规定》要求："凡两个不同的企业（事业）法人之间发生探矿权、采矿权全部或部分转移的，矿业企业投资主体（控股人）发生变化的，应依法申请探矿权、采矿权转让，并逐级报经原审批登记机关批准。"以上均是对此类以股权转让方式取得矿业权情况的细化规定。

综上，在矿业公司的股权纠纷案件中，不能仅仅以股权转让未经行政机关审批而认定转让合同无效，还需通过审查合同的目的、合同的标的、合同履行等进行多角度判断。

【相关法律法规】

《中华人民共和国矿产资源法》（2009 年 8 月 27 日修正）

第六条　除按下列规定可以转让外，探矿权、采矿权不得转让：

（一）探矿权人有权在划定的勘查作业区内进行规定的勘查作业，有权优先取得勘查作业区内矿产资源的采矿权。探矿权人在完成规定的最低勘查投入后，经依法批准，可以将探矿权转让他人。

（二）已取得采矿权的矿山企业，因企业合并、分立，与他人合资、合作经营，或者因企业资产出售以及有其他变更企业资产产权的情形而需要变更采矿权主体的，经依法批准可以将采矿权转让他人采矿。

前款规定的具体办法和实施步骤由国务院规定。

禁止将探矿权、采矿权倒卖牟利。

《探矿权采矿权转让管理办法》(2014 年 7 月 29 日修订)

第十条　申请转让探矿权、采矿权的，审批管理机关应当自收到转让申请之日起 40 日内，作出准予转让或者不准转让的决定，并通知转让人和受让人。

准予转让的，转让人和受让人应当自收到批准转让通知之日起 60 日内，到原发证机关办理变更登记手续；受让人按照国家规定缴纳有关费用后，领取勘查许可证或者采矿许可证，成为探矿权人或者采矿权人。

批准转让的，转让合同自批准之日起生效。

不准转让的，审批管理机关应当说明理由。

矿业权转让合同的效力及相似合同界分

【裁判规则】

矿业权承包是法律认可的矿业权流转方式，此类合同合法有效。但应注意区分"名为承包，实为转让矿业权"的"变相的矿业权转让"，"名为承包，实为转让"的矿业权合同违反法律强制性规定，合同无效。区分两者，应从合同的主要内容、承包人是否享有矿产品的权属和收益、发包人是否放弃对发包人的管理义务、矿产品处置的主体、承包人是否享有对矿山企业的处分权等方面判断采矿权是否发生了实质性流转。

【典型案例】

山西蓝宝能源有限责任公司、山西临汾晋华拾亩煤业有限公司等与山西蓝宝能源有限责任公司、山西临汾晋华拾亩煤业有限公司等合同纠纷案［(2014)民申字第2059号］

【案情简介】

再审申请人(一审被告、反诉原告，二审上诉人)：山西蓝宝能源有限责任公司

再审申请人(一审被告、二审上诉人)：山西临汾晋华拾亩煤业有限公司

被申请人(一审原告、反诉被告，二审被上诉人)：山西鸿熙矿业科技管理有限责任公司

蓝宝公司、拾亩公司申请再审称：

1. 二审判决适用法律错误。(1)蓝宝公司、拾亩公司并非合同当事人。《煤矿安全生产承包托管合同》甲方为山西临汾蓝宝煤业有限公司(以下简称

蓝宝煤业)。合同约定:本合同经甲、乙双方签字盖章后生效。而甲方蓝宝煤业并未签字盖章,因此该合同并未生效。蓝宝公司、拾亩公司提交2014年7月18日《山西临汾金殿煤矿有限公司股东会决议》作为新证据,欲证明蓝宝煤业未能取得工商登记是洪熙公司法定代表人阻挠。蓝宝公司作为政府批准的兼并重组整合主体企业及蓝宝煤业主要发起人股东,拾亩公司作为必须关停注销整合入蓝宝煤业的矿井公司之一,在合同尾部盖章,仅表示其将在蓝宝煤业依法设立后依照《公司法》及公司章程的规定与程序,促成蓝宝煤业依法设立后与其依法签字盖章、签订合同,并非本合同一方当事人,也并不承担任何担保责任。(2)涉案合同违反法律、行政法规强制性规定,依法应认定无效。《矿产资源法》第六条,国务院《探矿权采矿权转让管理办法》第三条、第十条均对采矿权的转让作出限制。国土资源部《矿业权出让转让管理暂行规定》第三十八条规定:采矿权人不得将采矿权以承包等方式转给他人开采经营。上述法律法规及部门规章,均明确规定采矿权的取得和转让(包括承包)均应严格履行审批程序,获得批准才能生效。本案中,《煤矿安全生产承包托管合同》系以承包托管方式转让采矿权,违反了法律法规及部门规章中采矿权不得擅自转让或发包的规定,且没有履行法律法规强制规定的审批手续。因此,应当依法确认该合同无效。(3)涉案合同掩盖非法目的,损害国家利益和社会公共利益。洪熙公司超越经营范围订立违反国家限制、特许经营规定的合同,依法应当认定无效。洪熙公司作为咨询服务类公司自始不具有开采、经营煤炭资质,不可能取得采矿权,且不具有建设施工资质,却擅自订立违反法律规定的合同,并且在未取得建设开工许可情形下擅自恶意施工。洪熙公司以签订《煤矿安全生产承包托管合同》的形式规避国家法律法规的强制性规定,掩盖其非法目的,严重损害了国家利益与社会公共利益,应当依法确认无效。

2. 二审判决认定蓝宝公司、拾亩公司违约错误。略

3. 二审判决错误认定洪熙公司实际履行内容,错误认定其实际损失。略

4. 二审判决错误适用法律,认定违约金过高。根据《最高人民法院关于适用〈中华人民共和国合同法〉若干问题的解释(二)》(已失效)第二十九条第二款的规定:"当事人约定的违约金超过造成损失的百分之三十的,一般可以认定为合同法第一百一十四条第二款规定的'过分高于造成的损失'。"即使在合同有效、洪熙公司完全支付3000万元保证金,蓝宝公司、拾亩公司根本违约的

情况下,也应当调整减少违约金数额至实际损失的130%以下,且不再赔偿实际损失。蓝宝公司、拾亩公司依据《民事诉讼法》第二百条第一项、第二项、第三项、第六项和第十一项的规定申请再审。

最高人民法院认为:1.关于本案新证据的问题。

(1)蓝宝公司、拾亩公司提交蓝宝煤业与温州公司的《施工合同》,认为该合同总价款1650万元,已完成工程总价款3,627,423.42元,但洪熙公司却垫付工程款及违约金1300万元,不符合常理;且温州公司确认双方因国家政策调整协商一致解除合同,并非一方违约,不存在违约金。首先,蓝宝公司、拾亩公司在补充申请理由中陈述,蓝宝公司属于外商独资公司,由于股东间对控制权有争议,原股东未能移交公司整体资料,导致2014年11月才取得合同复印件,因此该合同属于新证据。但蓝宝公司内部股东之间争议导致不能在诉讼中提交相关证据不构成逾期提供该证据的合理理由。该合同内容仅证明洪熙公司接手涉案工程,继续施工建设,蓝宝公司、拾亩公司与温州公司款项已经结清,但不涉及洪熙公司施工等内容,与该案没有直接关系。且该案工程量经过鉴定,鉴定内容仅表明温州公司在撤出拾亩煤矿之前完成部分工程量,与所涉合同并无直接联系。其次,蓝宝公司、拾亩公司提交该份合同为了证明温州公司完成的部分经鉴定仅为3,627,423.42元,洪熙公司垫付工程款及违约金1300万元违背常理,不应予以认定。但蓝宝公司提交的合同并非原件,不能确认合同的真实性。本案中,洪熙矿业直接支付温州公司垫付的工程款及合同违约金300万元,其余1000万元分两次各500万元支付给温州公司,拾亩公司给洪熙矿业出具收据写明洪熙矿业代为支付温州公司工程款抵保证金。洪熙矿业与洪熙公司是同一法定代表人控制的关联公司,洪熙公司指示洪熙矿业将款项支付给温州公司,拾亩公司在收据上加盖公章,表明其认可洪熙矿业的付款。同时,温州公司也给洪熙公司出具了两张各500万元的收款凭证,摘要部分写明款项系"部分工程款"。虽然上述款项没有直接支付给蓝宝公司,但是拾亩公司作为《煤矿安全生产承包托管合同》的当事人之一,在合同并未约定具体支付给哪个账户的情况下,洪熙公司支付给拾亩公司并无不当。且蓝宝公司财务人员张波在洪熙公司、洪熙矿业给蓝宝公司、拾亩公司代为垫付款项的报告上签字:"蓝宝公司与金殿煤矿同意上述内容,原件已提交蓝宝财务",表明其认可洪熙公司代为垫付款项的行为。因此,蓝宝煤业与温州公司的《施工合同》不能证明二审判决认定基本事实错误,该证据不符合《最高人民法院关于适用〈中华人民共和国民事诉讼法〉的解释》第三百八十七条的规定,不属于再审审查阶段的新证据,亦不足以推翻二审判决。

(2)蓝宝公司、拾亩公司提交2014年7月18日《山西临汾金殿煤矿有限公司股东会决议》,欲证明蓝宝公司未能取得工商登记是洪熙公司法定代表人阻挠。但蓝宝公司是否取得工商登记不影响其作为本案当事人,其在合同上加盖印章的行为即表明其作为商主体愿意承担合同义务,享有合同权利的意思表示。金殿煤矿股东会决定仅反映蓝宝公司有金殿煤矿90%股权,孟建军有10%股权,双方召开股东会,作出了办理蓝宝煤业工商登记,注销金殿煤矿的决议,与本案没有关系,该证据不能证明二审判决认定的基本事实或者裁判结果错误,不符合《最高人民法院关于适用〈中华人民共和国民事诉讼法〉的解释》第三百八十七条的规定,不属于再审审查阶段的新证据,不足以推翻二审判决。

2. 关于二审判决是否存在法律适用错误的问题。蓝宝公司、拾亩公司主张《煤矿安全生产承包托管合同》违反《矿产资源法》、国务院《探矿权采矿权转让管理办法》、国土资源部《矿业权出让转让管理暂行规定》等法律法规的强制性规定,应认定为无效;鸿熙公司并不具有签署和履行《煤矿安全生产承包托管合同》的主体资格。蓝宝公司、拾亩公司与鸿熙公司签订的《煤矿安全生产承包托管合同》虽然名为托管合同,但从合同内容看,蓝宝公司、拾亩公司将拾亩煤矿的开采、矿山的管理、煤矿销售等交给洪熙公司负责,洪熙公司每年向蓝宝公司、拾亩公司上缴税后利润,实质系矿业权人蓝宝公司、拾亩公司将矿山交由洪熙公司承包开采,洪熙公司作为承包人缴纳承包费用,合同的性质应为矿业权承包合同。在本案承包关系中,洪熙公司享有原煤销售权,将销售利润上缴蓝宝公司、拾亩公司。蓝宝公司、拾亩公司作为发包人要提供6000万元资金用于煤矿的整合设计、办证、设备采购等;销售收入必须进入蓝宝公司、拾亩公司账户。上述合同约定表明,蓝宝公司、拾亩公司对矿山有一定投入和监督管理,并不是仅收取承包费,矿业权人并未丧失对矿山的管理,对销售矿产品所得账户的管理,并未将矿山完全转交无资质的其他主体开采、建设和经营管理,且该矿一直具备采矿权许可证。因此,案涉合同并未违反法律、行政法规的效力性强制性规定,应认定为合法有效。

3. 关于蓝宝公司、拾亩公司以及洪熙公司是否违约的问题。

(1)关于洪熙公司是否足额支付3000万元保证金的问题。根据前述对新证据的分析可知,拾亩公司加盖公章表示认可洪熙公司支付保证金的款项为1500万元,温州公司加盖公章表示收到垫付款项为300万元。此外,2011年8月5日,洪熙公司与洪熙矿业书面告知蓝宝煤业与金殿公司,两公司同意在采煤劳务费中核减1200万元作为洪熙公司应向蓝宝煤业提供的1200万元合同违约保证金。2011年9月10日,张波在该文件上签字"蓝宝公司与金殿煤矿同意上述内容,与原件已提交蓝宝财务。特此证明。张波10/9/2011"。综上,洪熙公司已依约足额支付了3000万元保证金,不存在违约行为。

(2)蓝宝公司、拾亩公司在二审时提交新证据,即与其他公司签订的买卖合同费用清单,表明其在合同签订后有投入,已经履行了合同。蓝宝公司、拾亩公司申请再审认为其在二审中提交的为履行合同的投入已达4200万元,且后续仍支付余款,资金总量远超6000万元。首先,是否依约足额履行投入资金的义务,要看在合同履行过程中的行为,而非目前的状况。洪熙公司起诉时,蓝宝公司、拾亩公司并无充分证据证明其足额支付投资款。蓝宝公司、拾亩公司在二审庭审中亦明确表示未足额支付合同约定的投资款数额,"但事实上通过我们提交的新证据足以证明我们已投入了4200万元,虽然没有达到6000万元的投入,但这不构成违约"。其次,在洪熙公司足额支付保证金,并已经履行其在《煤矿安全生产承包托管合同》中的义务的情况下,经催促,蓝宝公司、拾亩公司仍未依约履行投资义务,且在收到解除合同通知之后亦未提出异议,未提交充分证据证明其在签订合同后足额支付6000万元资金。因此,二审判决认定洪熙公司支付了3000万元保证金,蓝宝公司、拾亩公司未依约履行支付6000万元投资,导致合同不能继续履行,构成根本违约,并无不当。

4. 关于二审判决认定洪熙公司实际损失是否错误的问题。《煤矿安全生产承包托管合同》第一章第一条明确约定:"由于一方根本性违约,造成合同无法履行,违约方按乙方(洪熙公司)担保金额赔付违约金并承担相应损失,合同终止。"由于蓝宝公司、拾亩公司根本性违约,合同无法继续履行,在洪熙公司足额支付3000万元保证金的前提下,蓝宝公司、拾亩公司应该按照合同约定赔付3000万元违约金,并承担相应损失。洪熙公司主张的工程损失以鉴定为准,即7,414,953.9元;工伤保险、人员培训、办公费用共计824,312元。二审法院考虑到洪熙公司融资的合理成本，认定该违约金足以弥补洪熙公司借款损失和工程款损失，不再支付工程款损失7,414,953.9元，已经减少部分款项，也符合本案实际，对蓝宝公司和拾亩公司调低违约金的请求未予支持，并无不当。

综上，蓝宝公司、拾亩公司的再审申请不符合《民事诉讼法》第二百条第一项、第二项、第三项、第六项和第十一项规定的情形。依照《民事诉讼法》第二百零四条第一款之规定，裁定如下：

驳回山西蓝宝能源有限责任公司、山西临汾晋华拾亩煤业有限公司的再审申请。

【规则解读】

一、矿业权承包合同的效力

我国曾经对矿业权的流转进行严格的限制。但随着经济的发展，对矿业权流转的严格限制不能满足矿产资源勘探开采以及市场流通的需求，国家对矿业权流转逐渐从严格走向相对开放。矿业权承包是常见的流转方式之一，自然资源部门对矿业权承包的态度可归纳为：鼓励合法承包、严厉打击非法承包。根据《矿产资源法》《探矿权采矿权转让管理办法》等相关法律规定，完成最低勘查投入的探矿权人、已取得采矿权的矿山企业，因企业合并、分立，与他人合资、合作经营，或者因企业资产出售以及有其他变更企业资产产权的情形而需要变更采矿权主体的，经依法批准可以将采矿权转让他人采矿，但禁止以承包等方式擅自将采矿权转给他人进行采矿。《探矿权采矿权转让管理办法》第十五条规定，以承包方式擅自将采矿权转给他人采矿的，由县级以上人民政府负责地质矿产管理工作的部门按照国务院地质矿产主管部门规定的权限，责令改正，没收违法所得，处10万元以下的罚款；情节严重的，由原发证机关吊销采矿许可证。

（一）合法的承包合同受法律保护

2017年7月27日起施行的《最高人民法院关于审理矿业权纠纷案件适用法律若干问题的解释》（以下简称《矿业权纠纷司法解释》）第十二条第一款规定："当事人请求确认矿业权租赁、承包合同自依法成立之日起生效的，人民法院应予支持。"据此，在现行法律法规并未对矿业权承包合同作出禁止性强制性规定的情况下，矿业权承包合同是一种合法有效的矿业权合作、流转方式。

该条司法解释中正当的矿业权承包、租赁可分为两大类情形：一是矿业权经营权人以租赁或承包形式授权他人与之共同进行采掘活动或者将采矿权中所包含的经营管理权赋予他人，承包方及租赁方可以有条件地获得对矿产品的所有权、处分权及收益权，但采矿经营权在法律上的权利主体并不发生变更。此时，发包人作为采矿权人或合法的生产经营权人亦不退出矿山管理，而是继续履行其法定主体义务，对矿业生产经营行为依然承担法律责任。因此，在不违反法律、行政法规其他强制性规定的情况下，应依法确认该类承包、租赁法律行为的合法效力。二是以“劳务承包”的形式，仅仅将矿产品的生产工作任务发包给第三方，承包人不享有矿产品的所有权或处置权，其所获取利益的性质属于劳务报酬，此类合同性质应属矿业生产经营环节的“局部承包”形态。在上述生产经营权部分承包或局部承包的两种形式下，矿产资源开采行为不发生采矿权人主体的实质性变更，不属于以承包形式转让采矿权，不受合同须经自然资源行政主管部门批准始生效的法律规制，租赁及承包合同应确认合法有效。①

(二)“名为承包，实为转让矿业权”的合同无效

应注意，法律予以认可的是纯粹的“矿业权承包合同”，“名为承包，实为转让矿业权”的“变相的矿业权转让”仍被法律所禁止。具体而言，即矿业权承包后，承包人以自己的名义直接实施勘查、开采，勘查成果或开采的矿产品归承包人所有并自主支配，矿业权人放弃对矿山的管理，即以承包的方式转让全部或部分矿业权的行为。

在实践中，主要表现为以下几种形式：(1)已取得矿业权的矿业权人将矿区范围内的矿产资源分为几块，分别承包给多个单位或个人勘查、开采，即所谓的“多头承包”。(2)矿山企业取得矿业权后，自己不直接从事勘查、开采活动，而多次更换主人，连续转包，变相买卖矿业权，即所谓的“多级转包”。(3)矿业权人投资建矿后，不负责矿山的管理和生产经营，而是采取以包代管的形式，由承包人独自进行管理、组织生产经营、销售勘查成果或矿产品，并承担法定义务，矿业权人只收取承包费或分享矿山收益，承包人已实际成为矿业

---

① 师安宁：《审理矿业权纠纷案件〈解释〉综合性解析(二十六)》，载《人民法院报》2018年4月23日，第7版。

权主体。(4)矿业权人在办理矿业权证后,既不投资建矿,也不按规定进行勘查、开采活动,而是承包给他人投资勘查、开采或以劳务合同形式允许他人投资勘查、开采,矿业权人则分享矿山收益或低价收购矿石牟利。(5)承包期限明显超过了矿业权证的有效期限,并约定矿业权的延续费用由承包人负责,或者承包期限约定为永久或直到矿种采完为止等。①

对"名为承包,实为转让"合同的效力,《矿业权纠纷司法解释》第十二条第二款规定,"矿业权租赁、承包合同约定矿业权人仅收取租金、承包费,放弃矿山管理,不履行安全生产、生态环境修复等法定义务,不承担相应法律责任的,人民法院应依法认定合同无效"。

本案中,蓝宝公司、拾亩公司与鸿熙公司签订的《煤矿安全生产承包托管合同》虽然名为托管合同,但从合同实质内容看应为承包合同,同时合同约定,洪熙公司享有原煤销售权,将销售利润上缴蓝宝公司、拾亩公司。蓝宝公司、拾亩公司作为发包人要提供6000万元资金用于煤矿的整合设计、办证、设备采购等;销售收入必须进入蓝宝公司、拾亩公司账户。上述合同约定表明,蓝宝公司、拾亩公司对矿山有一定投入和监督管理,并不是仅收取承包费,矿业权人并未丧失对矿山的管理,对销售矿产品所得账户的管理,并未将矿山完全转交无资质的其他主体开采、建设和经营管理,且该矿一直具备采矿权许可证。因此,案涉合同仍系纯粹意义的矿业权承包合同,并未违反法律、行政法规的效力性强制性规定,应认定为合法有效。

二、以承包方式转让矿业权的合同与矿业权承包合同的区分

(一)理论层面的区分

以承包方式转让矿业权的合同实质上仍是矿业权转让合同。矿业权转让合同和矿业权承包合同在合同内容、合同目的等方面存在以下区别:

(1)矿业权主体。矿业权转让与矿业权承包相比,最大的区别在于矿业权主体是否发生变更。矿业权转让,矿业权人由转让人变更为受让人;而矿业权承包,矿业权人仍是发包人,并不发生矿业权主体的变更。

(2)合同目的。矿业权转让的目的,对转让人来说,在于出让矿业权,获得矿业权的对价——转让款;对受让人来说,则在于以支付转让款的方式取得矿

---

① 陈坚:《矿产资源纠纷裁判精要》,人民法院出版社2013年版,第186页。

业权,并进而获得矿业权相对应的矿产资源。而矿业权承包的目的,对发包人来说,是通过承包的合作经营方式,分摊成本,降低风险,实现矿产资源利益的最大化;对承包人来说,则是通过向发包人支付承包费,获得矿山的部分经营权,实现矿山的部分收益。

(3)合同期限。矿业权转让即一次性的永久性转让,转让期限一般为矿业权证的剩余期限,受让人在矿业权证的剩余期限内成为矿业权人,原矿业权人不再享有矿业权。矿业权承包一般来说承包期限短于或等于矿业权证的有效剩余期限,且并不发生矿业权主体的变更,承包期满后,承包人要退出矿山。

(4)合同审批。我国法律法规对矿业权转让作了较为严格的限制,矿业权转让必须报经行政主管部门审批,矿业权转让合同自行政主管部门批准之日起生效。而矿业权承包合同无须审批,自成立之日起生效。

(5)勘查成果和开采的矿产品所有权。矿业权转让后,受让人为新的矿业权人,转让人即原矿业权人的权利、义务一并转移给受让人,因此,勘查成果和开采的矿产品归新的矿业权人所有。而矿业权承包中,勘查成果和开采的矿产品归发包人所有,承包人对此并不享有所有权,仅根据双方合同约定,承包人可能对勘察成果和开采的矿产品享有部分收益。

(6)对矿山的管理及责任承担。矿业权转让后,转让人退出矿山,其对矿山无权再经营管理,对矿山不再承担任何法律责任。而矿业权承包中,发包人仍要以自己的名义参与矿山企业的日常管理,负责矿产品的生产、经营、销售、货款结算等生产经营活动,承担安全生产、生态环境修复的法律责任。

通过以上矿业权转让和矿业权承包的比较也可以看出,“名为承包,实为转让”与典型的矿业权承包的区别在于,“名为承包,实为转让”系当事人签订采矿权承包合同,约定发包人放弃对矿山的管理,除收取固定费用或者收益外不再履行作为采矿权人的全部法定义务,亦不再承担任何法律责任;典型矿业权承包则系当事人签订采矿权承包合同,同意他人与之共同进行采掘活动或者将开采权中所包含的经营管理权属赋予他人,但采矿权的权利主体不发生变更,发包人作为采矿权人不退出矿山管理,继续履行采矿权人的法定义务、承担相应法律责任。

(二)实践层面的区分

司法实践中,人民法院可能从以下几个方面审查认定承包合同是否“名为承包，实为转让”：

(1)合同的主要内容：合同主要内容是否是对采矿任务或部分采矿经营权的承包。

(2)承包人是否享有矿产品的权属和收益：承包人对矿产品不得享有不受发包人控制的所有权及处分权。承包人所获利益应包括劳务收益和矿产品销售分成，不得在矿产品的占有、处分中直接获得利益。

(3)发包人是否放弃对发包人的管理义务。发包人的管理义务包括矿山管理、安全管理义务、水土保持、生态环境修复等。发包人在法律上仍然是矿山企业的安全生产责任主体，其不得在收取承包费后即放弃对矿山企业的管理义务。

(4)矿产品处置的主体是否为发包人。矿产品的经营、销售、调运、过磅、货款结算应当以发包人名义进行实际控制，不能以承包人名义直接实施上述法律行为。

(5)承包人是否享有对矿山企业的处分权。发包人不得授予承包人对矿山企业的另行转包、分包、转让、抵押、合伙、合股、转投资或对企业的股权结构进行变更等处分权。

(6)矿山企业法定代表是否由承包人担任。如承包人担任法定代表人，将造成发包人与承包人主体资格的实质性混同，违反了承包法律关系的基本原理。

(7)承包期限是否为永久性状态。承包期限不得设定为“无限期”或“直至矿产资源开采完毕”等永久性状态，而应当受采矿许可证期限的限制。

上述情形的共同特征是矿山承包人已经取代原矿权人成为行使采矿权主要权能的主体，对于包含以上一项或多项情形，可以基本判定采矿权发生了实质性流转的，人民法院可能认定承包合同“名为承包，实为转让”，合同无效。

【风险提示】

因矿业权承包被法律许可，但“名为承包，实为转让矿业权”的“变相的矿业权转让”被法律所禁止，因此，矿业权人与承包人订立、履行承包合同的过程中，应注意严守承包与转让的界限。具体而言，首先，矿山运营中的“安全生产”“生态环境修复”是矿业权人的法定义务，不得约定由承包人承担。其次，因矿山对外承担责任的主体仍为矿业权人，因此矿业权人应注意约定因承包人导致的责任的内部承担事宜，并在承包人承包过程中做好监督监管。最后，关于延长矿业权费用的缴纳及手续办理，变更开采方式与矿种，仍应由矿业权人办理，不得由矿业权承包人代为办理。

【相关法律法规】

《中华人民共和国矿产资源法》(2009 年 8 月 27 日修正)

第六条　除按下列规定可以转让外，探矿权、采矿权不得转让：

(一)探矿权人有权在划定的勘查作业区内进行规定的勘查作业，有权优先取得勘查作业区内矿产资源的采矿权。探矿权人在完成规定的最低勘查投入后，经依法批准，可以将探矿权转让他人。

(二)已取得采矿权的矿山企业，因企业合并、分立，与他人合资、合作经营，或者因企业资产出售以及有其他变更企业资产产权的情形而需要变更采矿权主体的，经依法批准可以将采矿权转让他人采矿。

前款规定的具体办法和实施步骤由国务院规定。

禁止将探矿权、采矿权倒卖牟利。

《最高人民法院关于审理矿业权纠纷案件适用法律若干问题的解释》(2020 年 12 月 29 日修正)

第十二条　当事人请求确认矿业权租赁、承包合同自依法成立之日起生效的，人民法院应予支持。

矿业权租赁、承包合同约定矿业权人仅收取租金、承包费，放弃矿山管理，不履行安全生产、生态环境修复等法定义务，不承担相应法律责任的，人民法院应依法认定合同无效。

《探矿权采矿权转让管理办法》(2014 年 7 月 29 日修订)

第三条　除按照下列规定可以转让外，探矿权、采矿权不得转让：

(一)探矿权人有权在划定的勘查作业区内进行规定的勘查作业，有权优先取得勘查作业区内矿产资源的采矿权。探矿权人在完成规定的最低勘查投入后，经依法批准，可以将探矿权转让他人。

(二)已经取得采矿权的矿山企业，因企业合并、分立，与他人合资、合作经营，或者因企业资产出售以及有其他变更企业资产产权的情形，需要变更采矿权主体的，经依法批准，可以将采矿权转让他人采矿。

第五条　转让探矿权，应当具备下列条件：

（一）自颁发勘查许可证之日起满 2 年，或者在勘查作业区内发现可供进一步勘查或者开采的矿产资源；

（二）完成规定的最低勘查投入；

（三）探矿权属无争议；

（四）按照国家有关规定已经缴纳探矿权使用费、探矿权价款；

（五）国务院地质矿产主管部门规定的其他条件。

第六条　转让采矿权，应当具备下列条件：

（一）矿山企业投入采矿生产满 1 年；

（二）采矿权属无争议；

（三）按照国家有关规定已经缴纳采矿权使用费、采矿权价款、矿产资源补偿费和资源税；

（四）国务院地质矿产主管部门规定的其他条件。

国有矿山企业在申请转让采矿权前，应当征得矿山企业主管部门的同意。

第十四条　未经审批管理机关批准，擅自转让探矿权、采矿权的，由登记管理机关责令改正，没收违法所得，处 10 万元以下的罚款；情节严重的，由原发证机关吊销勘查许可证、采矿许可证。

第十五条　违反本办法第三条第（二）项的规定，以承包等方式擅自将采矿权转给他人进行采矿的，由县级以上人民政府负责地质矿产管理工作的部门按照国务院地质矿产主管部门规定的权限，责令改正，没收违法所得，处 10 万元以下的罚款；情节严重的，由原发证机关吊销采矿许可证。

矿业权转让合同报批义务的强制履行

【裁判规则】

未经行政机关审批的矿业权转让合同,依法成立但未完全生效,但合同中促成合同生效报批义务条款应当自合同成立时即生效。附有报批义务的一方当事人不完全履行报批义务时,当事人可就办理矿业权转让手续申请强制执行,但执行法院发出的协助办理矿业权转让手续通知书只能启动主管机关审批矿业权转让程序,主管机关有权依法决定矿业权能否转让。

【典型案例】

于红岩与锡林郭勒盟隆兴矿业有限责任公司执行监督案[(2017)最高法执监136号]

【案情简介】

申诉人(申请执行人):于红岩

被执行人:锡林郭勒盟隆兴矿业有限责任公司

一审法院内蒙古自治区锡林郭勒盟中级人民法院(以下简称锡盟中院)查明:2008年8月1日,隆兴矿业作为甲方与乙方于红岩签订《矿权转让合同》一份,约定:1. 甲方将阿巴嘎旗巴彦图嘎三队李瑛萤石矿的采矿权有偿转让给乙方。2. 转让费用为150万元人民币。3. 给付时间为两次,第一次在本合同签订时给付75万元,剩余价款在2008年12月31日前给付完毕。4. 甲方在将巴彦图嘎三队李瑛萤石矿转让给乙方后,由乙方自主经营,甲方不得非法干涉,但甲方拥有该矿30%的红利股权,即甲方只享有该矿30%股权税后利润分红,不参加经营管理,不具有表决权。5. 本合同签订后三日内,甲方将采矿权交付给乙方，并经锡盟公证处公证矿权转移，矿权转让手续由甲方负责办理。6.该矿在签订本转让合同前所产生的债权债务、税费及其他费用由甲方单独承担，在合同签订后所产生的债权债务关系由乙方承担。7.违约责任。若因一方违约导致转让无法进行，违约方应向另一方支付违约金100万元。8.未经甲乙双方协商一致，任何一方不得单独对第三方转让该矿权，否则转让方除承担由此给另一方造成的全部经济损失外，另赔偿权利受损方人民币200万元，并承担相关的法律责任。合同签订后，于红岩支付了采矿权转让费150万元，并在接收采矿区后对矿区进行了初步设计以及采矿工作。而隆兴矿业未按照《矿权转让合同》第五条的约定，为于红岩办理矿权转让手续。2012年10月双方当事人发生纠纷诉至锡盟中院。

一审法院认为：隆兴矿业与于红岩签订的《矿权转让合同》，系双方当事人真实意思表示，该合同已经依法成立，但根据相关法律规定，该合同系行政机关履行行政审批手续后生效的合同，对于矿权受让人的资格审查，属行政机关的审批权力，非法院职权范围，故隆兴矿业主张于红岩不符合法律规定的采矿权人的申请条件，请求法院确认《矿权转让合同》无效并给付违约金的诉讼请求，该院不予支持。对于于红岩反诉请求判令隆兴矿业继续履行办理采矿权转让的各种批准手续的请求，因双方在《矿权转让合同》中明确约定，矿权转让手续由隆兴矿业负责办理，故该院予以支持。对于于红岩主张由隆兴矿业承担给付违约金的请求，因《矿权转让合同》虽然依法成立，但处于待审批尚未生效的状态，而违约责任以合同有效成立为前提，故不予支持。

一审法院判决：隆兴矿业于判决生效后十五日内，按照《矿权转让合同》的约定为于红岩办理矿权转让手续。

隆兴矿业不服，上诉至内蒙古自治区高级人民法院（以下简称内蒙高院）。

二审内蒙高院认为，《矿权转让合同》系隆兴矿业与于红岩的真实意思表示，该合同自双方签字盖章时成立。根据《合同法》第四十四条的规定，依法成立的合同，自成立时生效。法律、行政法规规定应当办理批准、登记等手续生效的，依照其规定。《探矿权采矿权转让管理办法》第十条规定，申请转让探矿权、采矿权的，审批管理机关应当自收到转让申请之日起40日内，作出准予转让或者不准转让的决定，并通知转让人和受让人；批准转让的，转让合同自批准之日起生效；不准转让的，审批管理机关应当说明理由。《最高人民法院关于适用〈中华人民共和国合同法〉若干问题的解释(一)》第九条第一款规定,依照《合同法》第四十四条第二款的规定,法律、行政法规规定合同应当办理批准手续,或者办理批准、登记手续才生效,在一审法庭辩论终结前当事人仍未办理登记手续的,或者仍未办理批准、登记等手续的,人民法院应当认定该合同未生效。双方签订的《矿权转让合同》尚未办理批准、登记手续,故《矿权转让合同》依法成立,但未生效,该合同的效力属效力待定。于红岩是否符合采矿权受让人条件,《矿权转让合同》能否经相关部门批准,并非法院审理范围。原审法院认定《矿权转让合同》成立,隆兴矿业按照合同继续履行办理矿权转让手续并无不当。如审批管理机关不予批准《矿权转让合同》,双方当事人可依据《合同法》的相关规定另行主张权利。

二审内蒙高院于2013年11月11日作出(2013)内民一终字第281号民事判决,维持原判。

锡盟中院根据于红岩的申请,于2014年3月17日立案执行,3月19日向被执行人隆兴矿业发出执行通知,要求其自动履行生效法律文书确定的义务。因隆兴矿业未自动履行,该院于2014年5月7日和6月4日向锡林郭勒盟国土资源局(以下简称锡盟国土局)发出(2014)锡中法执字第11号协助执行通知书,请其根据(2012)锡中法民一初字第42号民事判决的内容,协助为本案申请执行人于红岩按照《矿权转让合同》的约定办理矿权过户转让手续。锡盟国土局答复称,隆兴矿业与于红岩签订《矿权转让合同》后,未向其提交转让申请,且该合同是一个企业法人与自然人之间签订的矿权转让合同。依据法律、行政法规及地方法规的规定,对锡盟中院要求其协助执行的内容,按实际情况属协助不能,无法完成该协助通知书中的内容。

锡盟中院查明,2014年5月19日,于红岩成立自然人独资的有限责任公司锡林郭勒盟辉澜萤石销售有限公司(以下简称辉澜萤石公司),并于2015年6月17日向锡盟中院申请将申请执行人变更为辉澜萤石公司,同时提交了辉澜萤石公司的营业执照、组织机构代码证、税务登记证复印件等证据材料。

锡盟中院认为,本案执行依据确定的权利人是于红岩个人,并不是其独资成立的辉澜萤石公司,于红岩请求将申请执行人变更为辉澜萤石公司没有法律依据。且内蒙高院二审判决中释明,如审批管理机关不予批准《矿权转让合同》,双方当事人可依据《合同法》的相关规定另行主张权利。据此,锡盟中院于2016年12月14日作出(2014)锡中法执字第11号执行裁定,驳回于红岩申请将申请执行人变更为辉澜萤石公司的请求。

于红岩不服,向内蒙高院申请复议。内蒙高院查明的事实与锡盟中院一致。

内蒙高院认为,根据《最高人民法院关于人民法院执行工作若干问题的规定(试行)》第十八条的规定,申请人只要提交生效法律文书、承受权利的证明等,即具备申请执行人资格;该条第一款规定"人民法院受理执行案件应当符合下列条件……(2)申请执行人是生效法律文书规定的权利人或其继承人、权利承受人……"该条中的"权利承受人",包含通过债权转让、受让、继承等方式承受债权的人。《最高人民法院关于民事执行中变更、追加当事人若干问题的规定》第九条规定:"申请执行人将生效法律文书确定的债权依法转让给第三人,且书面认可第三人取得该债权,该第三人申请变更、追加其为申请执行人的,人民法院应予支持。"本案中于红岩并未向法院提交任何有关辉澜萤石公司承受其权利的证据材料,现有证据无法证明辉澜萤石公司已取得了于红岩在本案生效判决中确认的权利。本案生效判决已确认《矿权转让合同》成立,效力待定,虽然转让合同未生效,但不影响当事人设定的履行报批义务条款的效力,该合同中有关履行报批义务的条款具有法律效力。生效法律文书确定的权利人是于红岩,于红岩应是本案的申请执行主体。审批机关根据《国土资源部关于进一步完善采矿权登记管理有关问题的通知》(国土发〔2011〕14号)第十三条"申请采矿权应具有独立企业法人资格"的规定,认为生效判决确认的权利人于红岩为自然人,锡盟中院要求协助执行的事项也是按照《矿权转让合同》约定为于红岩办理矿权过户转让手续,而自然人不能成为采矿权的主体,故审批机关明确答复无法完成该协助事项。根据国土资源部《矿业权出让转让管理暂行规定》(2014年7月16日停止执行)第十九条第二款的规定:"采矿权申请人应为企业法人,个体采矿的应依法设立个人独资企业。"2014年5月19日于红岩成立了个人独资企业辉澜萤石公司,并申请法院将该案的申请执行人变更为辉澜萤石公司。依据《合同法》第七十九条规定,债权人可以将合同的权利全部或者部分转让给第三人,但有下列情形之一的除外:(1)根据合同性质不得转让;(2)按照当事人约定不得转让;(3)依照法律规定不得转让。依据本案双方当事人签订的《矿权转让合同》第八条"未经甲乙双方协商一致,任何一方不得单独对第三方转让该矿权,否则转让方除承担由此给另一方造成的全部经济损失外,另赔偿权利受损方人民币200万元,并承担相关的法律责任”的约定,本案的债权系当事人约定的不可转让的债权。故内蒙高院于2017年3月15日作出(2017)内执复4号执行裁定,认为于红岩申请变更辉澜萤石公司为申请执行人的复议理由不能成立,裁定驳回其复议申请。

于红岩不服内蒙高院复议裁定,向最高人民法院申诉。

最高人民法院认为:本案的焦点问题是,锡盟中院和内蒙高院裁定不予变更于红岩独资设立的有限责任公司为本案申请执行人是否违反法律规定。

本案执行依据的判项为,隆兴矿业按照《矿权转让合同》的约定为于红岩办理矿权转让手续。根据现行法律法规的规定,申请转让探矿权、采矿权的,须经审批管理机关审批,其批准转让的,转让合同自批准之日起生效。本案中,一、二审法院均认为对于矿权受让人的资格审查,属行政机关的审批权力,于红岩是否符合采矿权受让人条件、《矿权转让合同》能否经相关部门批准,并非法院审理范围,因该合同尚未经审批机关批准,因此认定该合同依法成立,但尚未生效。二审判决也认定,如审批管理机关不予批准该合同,双方当事人对于合同的法律后果、权利义务,可另行主张权利。鉴于转让合同因未经批准而未生效的,不影响合同中关于履行报批义务的条款的效力,结合判决理由部分,本案生效判决所称的隆兴矿业按照《矿权转让合同》的约定为于红岩办理矿权转让手续,并非对矿业权权属的认定,而首先应是指履行促成合同生效的合同报批义务,合同经过审批管理机关批准后,才涉及办理矿权转让过户登记。因此,锡盟中院向锡盟国土局发出协助办理矿权转让手续的通知,只是相当于完成了隆兴矿业向主管机关申请办理矿权转让手续的行为,启动了行政机关审批的程序,且在当前阶段,只能理解为要求锡盟国土局依法履行转让合同审批的职能。

矿业权因涉及行政机关的审批和许可问题,不同于一般的民事权利,未经审批的矿权转让合同的权利承受问题,与普通的民事裁判中的权利承受及债权转让问题有较大差别,通过执行程序中的申请执行主体变更的方式,并不能最终解决。本案于红岩主张以其成立的辉澜萤石公司名义办理矿业权转让手续问题,本质上仍属于矿业权受让人主体资格是否符合法定条件的行政审批范围,应由行政机关根据矿权管理的相关规定作出判断。于红岩认为,其在履行生效判决确定的权利义务过程中，成立辉澜萤石公司，是在按照行政机关的行政管理性规定完善办理矿权转让的相关手续，并非将《矿权转让合同》的权利向第三方转让，亦未损害国家利益和任何当事人的利益，其申请将采矿权转让手续办至辉澜萤石公司名下，完全符合《矿产资源法》《矿业权出让转让管理暂行规定》《矿产资源开采登记管理办法》《关于规范探矿权采矿权管理有关问题的补充通知》等行政机关在自然人签署矿权转让合同情况下办理矿权转让手续的行政管理规定，此观点应向相关行政审批机关主张。锡盟中院和内蒙高院裁定驳回于红岩变更主体的申请，符合本案生效判决就矿业权转让合同审批问题所表达的意见，亦不违反执行程序的相关法律和司法解释的规定。

最高人民法院裁定驳回于红岩的申诉请求。

【规则解读】

一、当事人不能以不符合转让条件为由主张矿业权转让合同无效

矿业权转让是矿业权人依据矿业权相关法律规定，按照法律规定的程序将矿业权人转让给受让人，由受让人享有矿业权的行为。由于矿业权涉及国家利益和社会公共利益，我国立法对矿业权转让条件进行了较为严格的规定，如《矿产资源法》《探矿权采矿权转让管理办法》《矿产资源勘查区块登记管理办法》《矿产资源开采登记管理办法》等。

对于上述矿业权转让规定的性质，以及能否依据上述规定主张矿业权转让合同无效，主要有两种观点：第一种观点认为，上述关于矿业权转让条件的规定属于行政法规中的效力性强制性规定，违反该规定的矿业权转让合同应为无效；第二种观点认为，上述关于矿业权转让的规定属于行政主管机关审查是否批准矿业权转让的依据，属于行政法规中的管理性强制性规定，不能以此认定矿业权转让合同无效。在锡林郭勒盟隆兴矿业有限责任公司与于红岩采矿权纠纷案件中，一、二审、执行复议、复议审判监督法院均采纳了第二种观点。根据《探矿权采矿权转让管理办法》第八条的规定，探矿权人或者采矿权人在申请转让探矿权或者采矿权时，要向审批管理机关提交具备该办法规定的转让条件的证明。故对于矿业权转让是否符合转让条件、受让人是否符合受让条件的审查属于法律和行政法规赋予行政机关的权利，是行政机关在作出行政许可时的审查事项，属于行政权的范围，司法权应当尊重行政机关的行

政管理权。据此,《探矿权采矿权转让管理办法》关于转让条件、受让人是否符合受让条件的规定系矿产主管部门的审批转让合同的依据,其立法目的在于行政管理需要和维护矿产资源开采和采矿权转让秩序,对采矿权倒卖牟利的行为进行限制,避免国家利益的流失,减少交易纠纷,保护采矿权的转让人和受让人的合法权益,而并非对转让合同效力做出评价的依据,应当属于行政法规中的管理性强制性规定。

二、未经行政机关审批的矿业权转让合同成立未生效,但转让合同报批义务及相关违约条款独立生效

对于未经行政机关审批的矿业权转让合同的效力问题,存在合同无效说、合同有效说、合同成立未生效说、合同部分未生效部分生效说等多种观点。《民法典》第五百零二条第一款规定:"依法成立的合同,自成立时生效,但是法律另有规定或者当事人另有约定的除外。"《探矿权采矿权转让管理办法》第十条规定,转让合同自批准之日起生效。据此,未经批准的矿业权转让合同属于成立未生效。矿业权转让合同虽未生效,但促成合同生效报批义务条款能否生效,我国立法在《民法典》中给予肯定答案。

《民法典》生效前,矿业权转让报批义务法律效力的权威解释来自《矿业权纠纷司法解释》第七条:"矿业权转让合同依法成立后,在不具有法定无效情形下,受让人请求转让人履行报批义务或者转让人请求受让人履行协助报批义务的,人民法院应予支持,但法律上或者事实上不具备履行条件的除外。人民法院可以依据案件事实和受让人的请求,判决受让人代为办理报批手续,转让人应当履行协助义务,并承担由此产生的费用。"关于报批义务强制履行的法理依据是合同义务还是先合同义务,最高人民法院认为"本条解释采纳了第二种观点",①即"此类合同尽管由于转让申请尚未经过批准,合同尚未完全生效,但已经依法成立,对当事人即具有法律约束力,受让人有权请求转让人强制履行报批义务"。②

《民法典》生效后,其第五百零二条第二款规定:"……未办理批准等手续

① 杜万华主编:《最高人民法院审理矿业权纠纷司法解释理解与适用》,中国法制出版社2017年版,第117页。

② 杜万华主编:《最高人民法院审理矿业权纠纷司法解释理解与适用》,中国法制出版社2017年版,第117页。

影响合同生效的，不影响合同中履行报批等义务条款以及相关条款的效力……”即“报批义务及相关违约条款独立生效”。[①]

报批义务独立生效的法理依据在于，如果认定合同约定的报批义务条款未生效，则会陷入悖论：合同未经审批，当事人就不应履行报批义务，而不履行报批义务，合同就无生效的可能。同时，具有报批义务的一方违约不履行报批义务，另一方也无法请求违约方履行，合同效力将长期处于不确定状态，不利于市场秩序的稳定和市场秩序的诚信。确定报批条款成立即生效，报批条款对报批义务人具有法律拘束力，如果义务人不履行，合同相对人有权要求义务人履行报批义务，人民法院可以依法支持相对人的主张，判令义务人履行报批文务。在报批义务人履行报批义务的情况下，将根据是否得到行政部门的批准及时确定合同的效力及合同后续履行问题，稳定合同双方的其他权利义务。

因此，《民法典》施行后，司法实践将严格区分矿业权转让的“审批职能”和“报批义务”：

(1)对未经审批的矿业权转让合同，当事人以未办理审批手续而请求法院确认转让合同无效的，人民法院不予支持；当事人请求法院确认合同有效的，因未办理审批手续，合同尚处于未生效状态，人民法院也不予支持。

(2)当事人依据合同约定请求报批义务人履行报批义务的，因报批条款有效，为促进合同效力的及时明确及合同的继续履行，人民法院综合案情审查可以予以支持。

(3)对当事人依据合同直接诉请转让方办理矿业权变更登记的，因行政机关才是矿业权变更登记的实际权力方和实施者，矿业权转让方不是变更登记的适格义务人，因此人民法院将不予支持。

(4)对当事人依据合同直接要求法院对矿业权权属确权给受让人的，因矿业权的取得须经自然资源主管部门许可，对矿业权权属确权超出人民法院审理范围，因此人民法院将不予支持。

三、协助执行通知只启动主管机关审批矿业权转让程序

如前所述，未经审批的矿业权转让合同，鉴于转让合同因未经批准而未生

---

① 最高人民法院民法典贯彻实施领导小组主编：《中华人民共和国民法典合同编理解与适用(一)》，人民法院出版社2020年版，第288页。

效的,不影响合同中关于履行报批义务的条款的效力,因此,当事人依据合同约定诉请法院要求报批义务人履行报批义务的,人民法院予以支持。而此后,执行法院依据生效判决向相关主管部门发出协助办理矿权转让手续的通知,只是相当于完成了报批义务人向审批管理机关申请办理矿权转让手续的行为,启动了行政机关审批的程序,只能理解为要求行政机关依法履行转让合同审批的职能。如本案中,隆兴矿业向于红岩转让采矿权,于红岩有权基于合同约定要求隆兴矿业办理矿权转让手续,此时,法院对其该项诉请的支持尚仅限于对其合同之债的支持,所涉合同效力的审查亦属于司法权的行使范围。至于隆兴矿业办理矿权转让手续时能否经过相关部门批准,并非法院审理范围。但当于红岩申请将申请执行人变更为辉澜萤石公司,即要求隆兴矿业将矿权过户至辉澜萤石公司名下时,实际为矿业权的物权变动,该项申请超出司法权限,能否变更应由行政机关予以审批。

矿业权是《民法典》规定的用益物权的一种,受《民法典》保护。但与其他普通物权相比,矿业权的设立、变更、灭失须经行政机关的审批和许可,其物权层面的变动不仅应当符合物权相关法律的规定,还应符合国家行政管理的要求。关于矿业权民事纠纷案件中行政权和司法权的界限问题,最高人民法院已经在过往众多案件中予以明确。最高人民法院(2015)民申字第464号案件中,孙素贤等三人委托玄正军为其办理探矿证,在办理过程中玄正军篡改孙素贤等三人提供的资金及办证所需资料,将探矿权证办理至自己名下。孙素贤等三人诉至法院请求确认探矿权证归孙素贤等三人所有。最高人民法院认为,根据《行政许可法》第六十九条第二款的规定,“被许可人以欺骗、贿赂等不正当手段取得行政许可的,应当予以撤销。”……法律针对不同性质的纠纷规定了不同形式的救济渠道。当事人亦须依法妥当行使诉讼权利,才能及时维护其合法权益。尤其是在探矿权须经行政许可方能设立、变更或者撤销的情况下,孙素贤等三人直接提起民事诉讼,请求对案涉探矿权进行确权,不符合《民事诉讼法》第一百一十九条第四项规定的民事诉讼受案范围。

此外,就本案个案而言,于红岩申请变更执行申请人应当符合变更申请执行人的相关法律规定。《最高人民法院关于人民法院执行工作若干问题的规定(试行)》第十八条第一款规定:“人民法院受理执行案件应当符合下列条件:……(2)申请执行人是生效法律文书确定的权利人或其继承人、权利承受人……”该条中的“权利承受人”,包含通过债权转让、受让、继承等方式承受债权的人。由此可见,申请人只要提交生效法律文书、承受权利的证明等,即具备申请执行人资格。《最高人民法院关于民事执行中变更、追加当事人若干问题的规定》第九条规定:“申请执行人将生效法律文书确定的债权依法转让给第三人,且书面认可第三人取得该债权,该第三人申请变更、追加其为申请执行人的,人民法院应予支持。”本案中于红岩并未向法院提交任何有关辉澜萤石公司承受其权利的证据材料,现有证据无法证明辉澜萤石公司已取得了于红岩在本案生效判决中确认的权利。

故此,就矿业权转让手续的办理,执行法院向相关主管机关发出协助办理矿业权转让手续通知书,只具有启动主管机关审批矿业权转让手续的作用,矿业权能否转让应由相关主管机关依法决定;申请执行人的变更本质上仍属于矿业权受让人主体资格是否符合法定条件的行政审批范围,应由行政机关根据矿权管理的相关规定作出判断。

四、主管机关对矿业权转让审批未通过的法律救济

如前所述,执行法院向相关主管机关发出协助办理矿业权转让手续通知书,只具有启动主管机关审批矿业权转让手续的作用,矿业权能否转让应由相关主管机关依法决定,因此如果主管机关对矿业权转让审批通过,则合同生效,矿业权发生变更,由出让方转让至受让方。如果主管机关对矿业权转让审批未通过,转让合同确定不生效,采矿权仍然属于隆兴矿业,根据双方对合同不生效的后果的过失情况认定双方缔约过失责任,责任方对受损方的损失予以赔偿。但无论上述何种情形,都应在审批机关明确审批通过或不通过后再另行主张权利。

五、经强制执行仍不履行报批义务的处理

根据《民法典》精神,报批义务是私法义务,经人民法院判决强制执行后,报批义务人仍拒绝履行的,受让人可“另行起诉,请求解除合同,同时要求报批义务人赔偿包括差价损失、合理收益以及其他损失在内的预期利益损失,其中损害性质上属于违约责任”。[①]《矿业权纠纷司法解释》第八条规定:“矿业权

① 最高人民法院民法典贯彻实施领导小组主编:《中华人民共和国民法典合同编理解与适用(一)》,人民法院出版社 2020 年版,第 307 页。

转让合同依法成立后,转让人无正当理由拒不履行报批义务,受让人请求解除合同、返还已付转让款及利息,并由转让人承担违约责任的,人民法院应予支持。”

【风险提示】

1. 矿业权转让合同经行政机关审批通过才发生法律效力,合同中关于矿业权转让的报批义务,仅为合同层面义务。法院按照合同约定要求当事人履行报批义务或要求相关主管机关协助办理矿业权转让手续的,只具有启动主管机关审批矿业权转让手续的作用,矿业权能否转让应由相关主管机关依法决定。因此,矿业权的转让,双方当事人应当关注行政机关关于矿业权转让的行政管理规定,只有实质性满足行政机关审批条件时,才能实现矿业权转让的目的。

2. 因行政机关对矿业权转让合同的审批存在通过和不通过的两种可能,如果不通过,转让合同本身不生效,矿业权转让的目的不能实现。因此,双方当事人签订矿业权转让合同时不但应当明确矿业权转让的报批义务,还应当约定审批不通过时的相关法律责任。该法律责任的具体设置应当综合考虑为履行合同、促使合同被审批的投入,合同不能被审批通过时的损失和影响,以及合同不能被审批通过时出让方、受让方的收益、受损情况等。

【相关法律法规】

《中华人民共和国民法典》(2020 年 5 月 28 日)

第五百零二条　依法成立的合同,自成立时生效,但是法律另有规定或者当事人另有约定的除外。

依照法律、行政法规的规定,合同应当办理批准等手续的,依照其规定。未办理批准等手续影响合同生效的,不影响合同中履行报批等义务条款以及相关条款的效力。应当办理申请批准等手续的当事人未履行义务的,对方可以请求其承担违反该义务的责任。

依照法律、行政法规的规定,合同的变更、转让、解除等情形应当办理批准等手续的,适用前款规定。

《中华人民共和国矿产资源法》(2009 年 8 月 27 日修正)

第六条　除按下列规定可以转让外,探矿权、采矿权不得转让:

(一)探矿权人有权在划定的勘查作业区内进行规定的勘查作业,有权优先取得勘查作业区内矿产资源的采矿权。探矿权人在完成规定的最低勘查投入后,经依法批准,可以将探矿权转让他人。

(二)已取得采矿权的矿山企业,因企业合并、分立,与他人合资、合作经营,或者因企业资产出售以及有其他变更企业资产产权的情形而需要变更采矿权主体的,经依法批准可以将采矿权转让他人采矿。

前款规定的具体办法和实施步骤由国务院规定。

禁止将探矿权、采矿权倒卖牟利。

《探矿权采矿权转让管理办法》(2014 年 7 月 29 日修订)

第六条　转让采矿权,应当具备下列条件:

(一)矿山企业投入采矿生产满 1 年;

(二)采矿权属无争议;

(三)按照国家有关规定已经缴纳采矿权使用费、采矿权价款、矿产资源补偿费和资源税;

(四)国务院地质矿产主管部门规定的其他条件。国有矿山企业在申请转让采矿权前,应当征得矿山企业主管部门的同意。

第七条　探矿权或者采矿权转让的受让人,应当符合《矿产资源勘查区块登记管理办法》或者《矿产资源开采登记管理办法》规定的有关探矿权申请人或者采矿权申请人的条件。

第八条　探矿权人或者采矿权人在申请转让探矿权或者采矿权时,应当向审批管理机关提交下列资料:

……

(四)转让人具备本办法第五条或者第六条规定的转让条件的证明

……

第十条第三款　批准转让的,转让合同自批准之日起生效。

采矿权未完成转让变更登记时的强制执行

【裁判规则】

采矿权人与受让人签订合同将采矿权转让给受让人，该采矿权虽未办理审批及过户登记至受让人名下，人民法院仍可因受让人涉案被保全或被强制执行等原因对该采矿权进行查封，若采矿权转让合同签订后，受让人向采矿权人支付了绝大部分的转让款，采矿权人已将采矿许可证范围内的矿藏交付受让人开采经营，受让人事实上享有该采矿权的占有、使用、收益等全部权能，则采矿权人不能享有排除强制执行的民事权益。另外，案外人在被查封的采矿权上新取得的探矿权不能排除法院对该采矿权的强制执行。

【典型案例】

再审申请人袁凤友与被申请人白山市利源矿业有限责任公司及一审第三人白山市江源区神龙矿业集团有限公司、白山市江源区金泽煤炭有限责任公司、彭修文、白山市江源区神龙煤矸石烧结空心砖有限责任公司、白山市利鑫五交化有限责任公司案外人执行异议之诉案[（2018）最高法民再4号]

【案情简介】

再审申请人（一审被告、申请执行人，二审被上诉人）：袁凤友

被申请人（一审原告、执行案外人，二审上诉人）：白山市利源矿业有限责任公司

一审第三人：白山市江源区神龙矿业集团有限公司

一审第三人：白山市江源区金泽煤炭有限责任公司

一审第三人：彭修文

一审第三人:白山市江源区神龙煤矸石烧结空心砖有限责任公司

一审第三人:白山市利鑫五交化有限责任公司

一审吉林省白山市中级人民法院经审理查明:2013 年 11 月 5 日,利源公司(甲方)与神龙公司(乙方)签订《采矿权及资产转让合同》约定:利源公司将其拥有的合法采矿权的矿山企业的采矿权(采矿权证号为 C2200002013094130131400)及全部财产一次性转让给神龙公司,转让款为 5000 万元。此次买卖所发生的税金由利源公司承担 300 万元,其他所有税金及其他费用都由神龙公司承担。同时,利源公司负责提供 2000 万元固定资产账目,如果不能提供,利源公司仍要承担 2000 万元固定资产所产生的税金,利源公司承担的税金由神龙公司从合同总价款中预留并由神龙公司代缴。神龙公司应在 2013 年 10 月 30 日上午支付合同价款 3000 万元,剩余合同价款必须在 2013 年 12 月 15 日前付清。利源公司应于神龙公司支付 3000 万元后 3 日内将转让标的物交付给神龙公司,利源公司仍派人在矿上,神龙公司只能维护,不能生产,待神龙公司全部付款后,该采矿权才归神龙公司所有。利源公司应积极协助神龙公司办理采矿权的转让变更手续。同日,利源公司与神龙公司签订《补充协议书》约定:《采矿权及资产转让合同》的签订时间为 2013 年 10 月 24 日。采矿权及资产转让合同标的物还包括大阳岔金矿废弃的全部资产。同时将该合同 1 ~ 6 项变更为在利源公司所有的大石棚金矿中利源公司持有 51% 的股份,转让后由神龙公司经营原利源公司大石棚金矿及选矿厂。采矿权及资产转让合同中付款时间与数额变更为第一期股份转让款 2000 万元,付款时间为 2013 年 11 月 5 日上午 10 时之前,第二期股份转让款 1000 万元,付款时间为 2013 年 11 月 15 日前,第三期股份转让款 2000 万元,付款时间为 2013 年 12 月 20 日前。利源公司付款 2000 万元后可以按采矿权及资产转让合同约定执行,即"利源公司应于神龙公司支付 3000 万元后 3 日内将转让标的物交付给神龙公司,利源公司仍派人在矿上,神龙公司只能维护,不能生产,待神龙公司全部付款后,该采矿权才归神龙公司所有。利源公司应积极协助神龙公司办理采矿权的转让变更手续。"但是,利源公司必须在神龙公司付清全额价款后 6 个月内完成采矿权变更登记事宜。合同签订后,神龙公司共支付利源公司转让款 4360 万元,并由神龙公司管理、经营、生产销售。大石棚金矿的资产设备亦全部由神龙公司占有使用。

另查明,袁凤友诉彭修文、神龙公司、白山市江源区神龙煤矸石烧结空心砖有限责任公司、江源县金泽煤炭有限责任公司、白山市利鑫五交化有限责任公司借款合同纠纷案,经一审法院审理后于2015年8月14日作出(2015)白山民二初字第48号民事判决:(1)彭修文于判决生效时立即付清所欠袁凤友4000万元。(2)彭修文承担4000万元利息(2014年12月15日前利息为20,475,123元;自2014年12月15日起,至付清日止,以本金4000万元为基数,按照月息1.5%计算),于判决生效时立即付清给袁凤友。(3)神龙公司、白山市江源区神龙煤矸石烧结空心砖有限责任公司、江源县金泽煤炭有限责任公司、白山市利鑫五交化有限责任公司对上述债务承担连带清偿责任。

袁凤友向一审法院申请强制执行。一审法院于2016年3月30日作出(2016)吉06执16号执行裁定:拍卖神龙公司所有的登记所有权人为利源公司的采矿权及大石棚金矿应评估的资产。利源公司对此于2016年9月19日向一审法院提出执行异议,请求中止对利源公司所有的采矿权及大石棚金矿其他应评估资产的强制执行。一审法院审查后于2016年11月7日作出(2016)吉06执异48号执行裁定:驳回利源公司的异议请求。利源公司不服,向一审法院提起案外人执行异议之诉。

再查明,本案争议的C2200002013094130131400号采矿许可证登记的采矿权人为利源公司,采矿许可证有效期限为2013年9月22日至2017年5月22日。

一审法院认为:利源公司与神龙公司签订《采矿权及资产转让合同》及《补充协议书》,约定将利源公司拥有的合法的采矿权及全部财产转让给神龙公司,系双方当事人真实意思表示,虽然未经审批未生效,但符合《矿产资源法》第六条第一款的规定,合法成立。双方当事人理应积极履行各自的义务,促成合同生效,以实现双方的转让目的。即利源公司获得转让款,神龙公司获得采矿权及资产。本案中,合同约定转让款为5000万元,神龙公司已实际支付4360万元,已支付了大部分款项。虽然合同约定神龙公司全部支付转让款后,采矿权归神龙公司所有,但尚欠转让款已超过双方约定的给付期(2013年12月),利源公司没有提供证据证明其向神龙公司主张支付欠款,且神龙公司已全部占有大石棚金矿的资产设备,并进行生产、经营、销售。神龙公司尚欠利源公司少部分转让款,双方之间存在债权债务关系,利源公司应当向神龙公司主张要求支付尚欠款项。现利源公司以合同未生效为由阻止执行,有违诚实信用原则，一审法院不予支持。综上，该院依照《民事诉讼法》第二百二十七条、《最高人民法院关于适用〈中华人民共和国民事诉讼法〉的解释》第三百一十二条的规定，判决：驳回利源公司的诉讼请求。案件受理费109,452元，由利源公司负担。

利源公司不服一审判决，上诉请求：(1)改判停止对采矿许可证号C2200002013094130131400的大石棚金矿采矿权的执行。(2)上诉费由袁凤友负担。

二审吉林省高级人民法院对一审法院查明的事实予以确认。

二审吉林省高级人民法院认为，本案双方当事人的争议焦点是利源公司对采矿许可证号为C2200002013094130131400的大石棚金矿的采矿权是否享有足以排除强制执行的民事权益，针对这一焦点问题评判如下：

《矿产资源法》第六条规定："除按下列规定可以转让外，探矿权、采矿权不得转让……(二)已取得采矿权的矿山企业，因企业合并、分立，与他人合资、合作经营，或者因企业资产出售以及有其他变更企业资产产权的情形而需要变更采矿权主体的，经依法批准可以将采矿权转让他人采矿……"《探矿权采矿权转让管理办法》第十条第三款规定："批准转让的，转让合同自批准之日起生效。"《合同法》第四十四条规定："依法成立的合同，自成立时生效。法律、行政法规规定应当办理批准、登记等手续生效的，依照其规定。"按照上述法律、行政法规的规定，"经依法批准"是采矿权转让合同的生效要件，本案利源公司与神龙公司的采矿权转让合同因未经国土资源主管部门审批，虽已成立但未生效，因此无论神龙公司部分还是全部履行付款义务，都不能仅依据采矿权转让合同的约定取得采矿权，更不能当然成为采矿权人。本案大石棚金矿的采矿权仍登记在利源公司名下，合法采矿权人仍为利源公司，利源公司对采矿许可证号为C2200002013094130131400的大石棚金矿的采矿权依法享有足以排除强制执行的民事权益。根据《最高人民法院关于适用〈中华人民共和国民事诉讼法〉的解释》第三百一十二条第一款第一项关于"案外人就执行标的享有足以排除强制执行的民事权益的，判决不得执行该执行标的"的规定，利源公司的上诉请求成立，应予支持。综上所述，一审判决认定事实清楚，但适用法律不当。二审法院依照《合同法》第四十四条、《矿产资源法》第六条、《探矿权采矿权转让管理办法》第十条第三款、《民事诉讼法》第一百七十条第一款第二项、《最高人民法院关于适用〈中华人民共和国民事诉讼法〉的解释》第三百一十二条第一款第一项之规定,判决:(1)撤销一审判决;(2)不得执行大石棚金矿的采矿权(采矿许可证号为C2200002013094130131400)。一、二审案件受理费126,072元,由利源公司负担92,832元,由袁凤友负担33,240元。

最高人民法院再审查明:本案一审法院查封的登记在利源公司名下的尾号为1400的采矿许可证有效期为2013年9月22日至2017年5月22日,本案二审判决作出时间是2017年6月6日,亦即在本案二审审理期间,案涉采矿许可证已经到期。该采矿许可证载明的矿山名称为利源公司大石棚金矿,地址:吉林省白山市江源区石人镇天桥村,矿区面积:1.2777平方公里,生产规模3万吨/年,开采方式为地下开采。

另查明,吉林省国土资源厅于2017年4月19日向利源公司颁发了矿产资源勘查许可证,授予利源公司探矿权,勘查项目名称:吉林省白山市利源金矿深部(568米标高以下)金矿详查,地理位置:吉林省白山市江源区,图幅号:K52E013003,勘查面积:1.19平方公里,有效期:2017年4月19日至2019年4月19日。

再查明,本案再审庭审中,神龙公司委托诉讼代理人陈述,神龙公司法定代表人彭修文向申请执行人袁凤友所借的4000万元款项用于对案涉大石棚金矿的开采经营。袁凤友的委托诉讼代理人对神龙公司借款的用途予以确认。同时,神龙公司、利源公司共同确认转让的矿山资产主要是机器设备,已经交付神龙公司占有、使用。

最高人民法院对二审判决查明的其他事实予以确认。

最高人民法院再审认为,本案系利源公司提起的案外人执行异议之诉,争议焦点为利源公司对大石棚金矿的采矿权及矿山资产是否享有足以排除强制执行的民事权益。对该争议焦点,最高人民法院认为:利源公司将其拥有合法采矿权的大石棚金矿的采矿权及矿山资产转让给神龙公司,不违反《矿产资源法》第六条规定的禁止转让情形,双方之间依法成立采矿权及资产转让合同关系,依法成立的合同对双方当事人具有法律约束力。利源公司、神龙公司共同确认转让的矿山资产主要为机器设备,故案涉《采矿权及资产转让合同》属于用益物权与动产的概括转让,而非单纯的采矿权转让。因法律、行政法规对动产转让和用益物权转让的合同生效条件、物权变动要件有不同规定,故应区别认定：

1. 关于机器设备等矿山资产的转让。机器设备等矿山资产的转让属于动产买卖，系双方当事人之间的真实意思表示，不违反法律、行政法规的强制性规定，依据《合同法》第四十四条第一款关于“依法成立的合同，自成立时生效”的规定，神龙公司与利源公司达成矿山资产转让的合意，则动产买卖合同成立并生效。案涉转让合同未办理报批手续，不影响矿山资产转让部分的合同效力，该部分合同依法应认定为有效。神龙公司、利源公司均认可案涉矿山资产已交付神龙公司占有、使用，《采矿权及资产转让合同》也没有关于矿山资产所有权转移的特殊约定，依据《物权法》第二十三条“动产物权的设立和转让，自交付时发生效力，但法律另有规定的除外”的规定，以及《合同法》第一百三十三条“标的物的所有权自标的物交付时起转移，但法律另有规定或者当事人另有约定的除外”的规定，应认定大石棚金矿的资产因交付而发生所有权的移转，神龙公司成为矿山资产的所有权人，利源公司对一审法院查封的大石棚金矿的资产不享有排除强制执行的民事权利，该公司起诉请求停止对“大石棚金矿资产”的执行，依法不应支持。需要说明的是，利源公司第二项诉讼请求既包括停止执行采矿权的请求，也包括停止执行大石棚金矿资产的请求，一审法院判决驳回利源公司全部诉讼请求后，利源公司并未针对大石棚金矿资产的执行问题提出上诉，仅上诉请求改判停止对尾号为1400的采矿权的执行，但二审判决撤销了一审判决，改判不得执行大石棚金矿的采矿权，未对应否执行大石棚金矿资产的诉讼请求作出裁判（要么判决驳回利源公司其他诉讼请求，要么判决停止执行大石棚金矿的资产），存在不当，最高人民法院依法予以纠正。

2. 关于采矿权的转让。《合同法》第四十四条规定：“依法成立的合同，自成立时生效。法律、行政法规规定应当办理批准、登记等手续生效的，依照其规定。”《探矿权采矿权转让管理办法》第十条第三款规定采矿权的转让应报经审批管理机关批准，“批准转让的，转让合同自批准之日起生效”。据此，在《矿业权纠纷司法解释》于2017年7月27日施行之前，审判实践中通常将未办理批准手续的采矿权转让合同认定为未生效合同。案涉采矿权转让合同虽未办理批准手续而未生效，但已依法成立对双方当事人具有法律约束力，双方当事人理应积极履行各自义务，促成合同生效，以实现合同目的。合同签订后，受让方神龙公司向利源公司支付了4360万元转让款，加上合同约定应由利源公司承担而由神龙公司代缴的300万元税金,实际上神龙公司仅欠利源公司转让款340万元,履行了绝大部分合同义务。在此基础上,利源公司将大石棚金矿交付神龙公司开采经营达4年之久,神龙公司已事实上享有案涉采矿权的占有、使用、收益等全部权能,直至该采矿权证有效期届满,案涉矿山仍处于神龙公司占有状态。另外,并无证据证明利源公司向神龙公司催要过转让尾款,或者在催款不能的情况下行使合同解除权以维护自身权利,故没有充分理由认定利源公司不办理采矿权转让合同的报批手续和采矿权的过户登记系对神龙公司欠付尾款的抗辩。结合转让合同关于利源公司承担买卖的300万元税金、其余税金由神龙公司承担的合同约定,不排除双方基于免交税金、合同目的已基本实现的考量,对双方剩余合同义务的免除达成了默契。同时,并无证据证明当地行政主管部门对神龙公司长达4年之久开采经营大石棚金矿的行为提出过异议,或者该公司的经营行为损害社会公共利益、案涉采矿权转让合同存在报批和过户障碍等问题。鉴于案涉采矿权转让合同已实际履行,利源公司和神龙公司的合同目的基本实现,现离合同约定的付款截止时间早已超过1年,利源公司丧失合同解除权,其不能通过解除合同回复到合同签订之前的状态,依法成立的案涉采矿权转让合同对双方当事人依然具有拘束力,从维护交易秩序的角度,利源公司和神龙公司应继续履行转让合同约定义务。根据利源公司提交的再审新证据,可以认定大石棚金矿仍有开采价值,合同仍有履行利益;根据神龙公司委托诉讼代理人在再审庭审中的陈述,神龙公司法定代表人彭修文将其对申请执行人袁凤友的借款投入了大石棚金矿的生产经营,但袁凤友经生效裁判确认的借款债权尚未得到履行。综合上述情况,本案一审法院按照债的关系认定利源公司的权利为尾款请求权,并认定该公司以合同未生效为由阻止袁凤友债权的执行违反诚实信用原则,此种认定符合本案实际以及公平、诚信原则,不违反法律、行政法规的禁止性规定,符合《物权法》第十五条物权变动的原因行为与结果行为的区分原则,且未损害神龙公司、利源公司的利益和社会公共利益,并无不当,最高人民法院对一审判决予以维持。二审判决仅以采矿权仍登记在利源公司名下为由,认定利源公司享有排除采矿权强制执行的民事权利,不符合采矿权的事实权利状况,更不符合公平、诚信原则,易助长神龙公司和利源公司手拉手逃避债务的歪风。退一步讲,在本案二审期间案涉采矿权证已到期,即便依据采矿权证记载的权利人认定采矿权的权利归属，利源公司也已丧失采矿权，不享有排除强制执行的民事权利，故最高人民法院对二审判决予以撤销。

对于利源公司新取得的探矿权能否排除案涉采矿权证的强制执行的问题，最高人民法院认为，其一，利源公司再审提交的探矿权证所记载的勘查项目名称、地理位置、矿区面积均与案涉采矿权证记载事项不完全一致，无法据此认定该探矿权与案涉采矿权系同一金矿上的用益物权；其二，探矿权与采矿权是两种权利内容并不相同的用益物权，探矿权人只有勘探权，没有开采权，依据《矿产资源法》第六条第一款第一项的规定，探矿权人并不当然取得采矿权，人民法院对采矿权的执行并不必然影响探矿权的行使。综上，利源公司新取得的探矿权不能排除人民法院对案涉采矿权及矿山资产的强制执行。至于案涉采矿权证在人民法院查封期间已到期应如何执行的问题，则不属于执行异议之诉审理范围，应通过执行程序以及合同继续履行予以解决。

综上，袁凤友的再审请求成立，最高人民法院予以支持，判决撤销吉林省高级人民法院(2017)吉民终325号民事判决；维持吉林省白山市中级人民法院(2017)吉06民初16号民事判决。

【规则解读】

一、未经国土资源主管部门批准的采矿权转让合同属于已成立但未生效合同

《民法典》第五百零二条规定："依法成立的合同，自成立时生效，但是法律另有规定或者当事人另有约定的除外。依照法律、行政法规的规定，合同应当办理批准等手续的，依照其规定。未办理批准等手续影响合同生效的，不影响合同中履行报批等义务条款以及相关条款的效力。应当办理申请批准等手续的当事人未履行义务的，对方可以请求其承担违反该义务的责任。依照法律、行政法规的规定，合同的变更、转让、解除等情形应当办理批准等手续的，适用前款规定。"

《探矿权采矿权转让管理办法》第十条规定："申请转让探矿权、采矿权的，审批管理机关应当自收到转让申请之日起40日内，作出准予转让或者不准转让的决定，并通知转让人和受让人。准予转让的，转让人和受让人应当自收到批准转让通知之日起60日内，到原发证机关办理变更登记手续；受让人按照国家规定缴纳有关费用后，领取勘查许可证或者采矿许可证，成为探矿权人或

者采矿权人。批准转让的，转让合同自批准之日起生效。不准转让的，审批管理机关应当说明理由。”

《矿业权纠纷司法解释》第六条规定：“矿业权转让合同自依法成立之日起具有法律约束力。矿业权转让申请未经国土资源主管部门批准，受让人请求转让人办理矿业权变更登记手续的，人民法院不予支持。当事人仅以矿业权转让申请未经国土资源主管部门批准为由请求确认转让合同无效的，人民法院不予支持。”

《全国法院民商事审判工作会议纪要》第三十七条规定：“法律、行政法规规定某类合同应当办理批准手续生效的，如商业银行法、证券法、保险法等法律规定购买商业银行、证券公司、保险公司5%以上股权须经相关主管部门批准，依据《合同法》第44条第2款的规定，批准是合同的法定生效条件，未经批准的合同因欠缺法律规定的特别生效条件而未生效。实践中的一个突出问题是，把未生效合同认定为无效合同，或者虽认定为未生效，却按无效合同处理。无效合同从本质上来说是欠缺合同的有效要件，或者具有合同无效的法定事由，自始不发生法律效力。而未生效合同已具备合同的有效要件，对双方具有一定的拘束力，任何一方不得擅自撤回、解除、变更，但因欠缺法律、行政法规规定或当事人约定的特别生效条件，在该生效条件成就前，不能产生请求对方履行合同主要权利义务的法律效力。”

根据上述规定，结合最高人民法院发布的指导案例即案号为(2017)最高法执监136号于红岩与锡林郭勒盟隆兴矿业有限责任公司执行监督案，未经审批管理机关批准的采矿权转让合同应当认定为已成立但未生效的合同，而已经成立的采矿权转让合同对出让采矿权及受让采矿权一方均有约束力，并且未办理批准等手续不影响采矿权转让合同中履行报批等义务条款以及相关条款的效力。应当办理申请批准等手续的一方未履行义务的，对方还可以请求其承担违反该义务的责任。

二、法院可对已签订转让合同但尚未过户登记在受让人名下的采矿权予以查封

《最高人民法院关于人民法院民事执行中查封、扣押、冻结财产的规定》第二条规定：“人民法院可以查封、扣押、冻结被执行人占有的动产、登记在被执行人名下的不动产、特定动产及其他财产权。未登记的建筑物和土地使用权，依据土地使用权的审批文件和其他相关证据确定权属。对于第三人占有的动产或者登记在第三人名下的不动产、特定动产及其他财产权，第三人书面确认该财产属于被执行人的，人民法院可以查封、扣押、冻结。”

《最高人民法院、国土资源部、建设部关于依法规范人民法院执行和国土资源房地产管理部门协助执行若干问题的通知》第十五条规定：“下列房屋虽未进行房屋所有权登记，人民法院也可以进行预查封……（二）被执行人购买的已由房地产开发企业办理了房屋权属初始登记的房屋；（三）被执行人购买的办理了商品房预售合同登记备案手续或者商品房预告登记的房屋。”第十八条规定：“预查封的效力等同于正式查封。预查封期限届满之日，人民法院未办理预查封续封手续的，预查封的效力消灭。”

被执行人购买了登记在案外人名下的采矿权，该转让合同未经颁发采矿许可证的地质矿产主管部门批准，采矿权也并未登记在被执行人名下，人民法院是否能够查封该采矿权，禁止该采矿权在查封或预查封期间办理抵押、转让等权属变更、转移登记手续，有两种不同意见。一种意见认为，根据《最高人民法院关于人民法院办理执行异议和复议案件若干问题的规定》（以下简称《执行异议和复议规定》）第二十五条第一款规定：“对案外人的异议，人民法院应当按照下列标准判断其是否系权利人……（五）其他财产和权利，有登记的，按照登记机构的登记判断；无登记的，按照合同等证明财产权属或者权利人的证据判断。”采矿许可证属于有登记的财产性权利，未登记在被执行人名下，人民法院未经登记的权利人书面认可，不得查封。另一种意见认为，比照《最高人民法院、国土资源部、建设部关于依法规范人民法院执行和国土资源房地产管理部门协助执行若干问题的通知》第十五条的规定，被执行人购买的房地产开发企业的房屋，虽然该房屋产权登记在房地产开发企业名下尚未办理登记过户至被执行人名下，人民法院依然可以对该房屋产权进行预查封。故，被执行人购买了登记在案外人名下的采矿权，该采矿权虽未办理登记过户至被执行人名下，人民法院依然可以对该采矿权进行预查封，以防止其抵押、转让该财产。

根据最高人民法院公布的相关案例及执行实务，笔者认为，已签订转让合同未经地质矿产主管部门批准及过户登记在受让人名下的采矿权，人民法院仍可因受让人涉案被保全或被强制执行等原因对该采矿权进行查封。

三、采矿权转让给被执行人但尚未办理过户登记，期间该采矿权被查封，特定情形下的采矿权人不享有足以排除强制执行的民事权益

结合最高人民法院的相关判决，采矿权人将采矿权转让给被执行人尚未办理过户登记，在以下情形，采矿权人不足以排除强制执行（法院对该采矿权的查封、拍卖、变卖等强制执行措施）：

1. 采矿权人与被执行人签订采矿权转让合同；

2. 采矿权转让合同签订后，被执行人向采矿权人支付了绝大部分的转让款；

3. 采矿权人已将采矿许可证范围内的矿藏交付被执行人开采经营，被执行人实际上享有案涉采矿权的占有、使用、收益等全部权能。

笔者认为，《全国法院民商事审判工作会议纪要》（法〔2019〕254 号）第一百二十四条第二款规定："应予注意的是，在金钱债权执行中，如果案外人提出执行异议之诉依据的生效裁判认定以转移所有权为目的的合同（如买卖合同）无效或应当解除，进而判令向案外人返还执行标的物的，此时案外人享有的是物权性质的返还请求权，本可排除金钱债权的执行，但在双务合同无效的情况下，双方互负返还义务，在案外人未返还价款的情况下，如果允许其排除金钱债权的执行，将会使申请执行人既执行不到被执行人名下的财产，又执行不到本应返还给被执行人的价款，显然有失公允。为平衡各方当事人的利益，只有在案外人已经返还价款的情况下，才能排除普通债权人的执行。反之，案外人未返还价款的，不能排除执行。"在上述经典案例中，采矿权证登记权利人利源公司并未主张或诉请其与被执行人神龙公司签订的采矿权转让合同解除或合同无效，更未将收到的转让款退还或交由法院执行，也是其不能排除执行的原因之一。

四、案外人在被法院查封的采矿权上新取得的探矿权不能排除法院对该采矿权的强制执行

最高人民法院认为，因以下原因，案外人在被查封的采矿权上新取得的探矿权不能排除对采矿权证的强制执行，其一，案外人新取得的探矿权证所记载的勘查项目名称、地理位置、矿区面积与被查封的采矿权证记载事项一般不完全一致，无法据此认定该探矿权与被查封采矿权系同一矿藏上的用益物权；其二，即使案外人新取得的探矿权证所记载的勘查项目名称、地理位置、矿区面积与被查封的采矿权证记载事项均一致，但探矿权与采矿权是两种权利内容并不相同的用益物权，探矿权人只有勘探权，没有开采权，依据《矿产资源法》第六条第一款第一项的规定，探矿权人并不当然取得采矿权，人民法院对采矿权的执行并不必然影响探矿权的行使。故案外人在被查封的探矿权证上新取得的探矿权不能排除对采矿权证的强制执行。

【风险提示】

1. 采矿权人在转让采矿权时，应当对受让方的资信情况进行基础性核查。采矿权人拟将采矿权转让给受让方时，应当在与受让方接洽、谈判过程中，对受让方资信情况进行基础性核查，若经查，受让方无支付转让款能力或受让方有涉诉案件被列为被告或受让方在中国执行信息公开网上被列为被执行人，则采矿权人一旦与被列为被告、被执行人的受让人签订采矿权转让合同，法院可以依据该采矿权转让合同系在采矿权尚未办理审批及过户登记至受让人名下的情况下签订，查封仍登记在采矿权人名下的采矿权。

2. 采矿权人将采矿权转让给受让人，尚未办理过户登记期间，该受让人因负债被其他债权人起诉申请法院保全或强制执行，受让人购买的采矿权尚未经矿产资源管理部门批准及办理采矿权登记过户手续，仍可能被法院查封。即使采矿权人作为案外人依据《民事诉讼法》第二百二十七条规定向法院提起执行异议及执行异议之诉，若经法院查明采矿权人与受让人签订采矿权转让合同、受让人向采矿权人支付了绝大部分的转让款、采矿权人已将采矿许可证范围内的矿藏交付受让人开采经营，受让人实际上享有案涉采矿权的占有、使用、收益等全部权能，则采矿权人作为案外人的执行异议及执行异议之诉不能排除法院对登记在其名下采矿权的查封、拍卖及变卖等强制执行措施。

3. 案外人在被查封的采矿权上新取得的探矿权不能排除法院对采矿权的强制执行。故拟获得探矿权的权利人应当在申请、竞买、购买探矿权时，核查探矿范围内是否已经设立采矿权，该采矿权是否因案件被法院查封、拍卖、变卖，以免获得探矿权后，因设立在探矿权范围内的采矿权被法院强制执行影响自身获得的探矿权的价值。

【相关法律法规】

《中华人民共和国民法典》(2020 年 5 月 28 日)

第五百零二条　依法成立的合同,自成立时生效,但是法律另有规定或者当事人另有约定的除外。

依照法律、行政法规的规定,合同应当办理批准等手续的,依照其规定。未办理批准等手续影响合同生效的,不影响合同中履行报批等义务条款以及相关条款的效力。应当办理申请批准等手续的当事人未履行义务的,对方可以请求其承担违反该义务的责任。

依照法律、行政法规的规定,合同的变更、转让、解除等情形应当办理批准等手续的,适用前款规定。

《探矿权采矿权转让管理办法》(2014 年 7 月 29 日修订)

第十条　申请转让探矿权、采矿权的,审批管理机关应当自收到转让申请之日起 40 日内,作出准予转让或者不准转让的决定,并通知转让人和受让人。

准予转让的,转让人和受让人应当自收到批准转让通知之日起 60 日内,到原发证机关办理变更登记手续;受让人按照国家规定缴纳有关费用后,领取勘查许可证或者采矿许可证,成为探矿权人或者采矿权人。

批准转让的,转让合同自批准之日起生效。

不准转让的,审批管理机关应当说明理由。

执行程序中采矿权价值变化的处理

【裁判规则】

评估报告虽对采矿权许可有效期内价值进行了评估,但经过司法拍卖流拍后以物抵债前该采矿权已经延期使价值发生较大变化的,应当重新评估。查封矿业权的首封法院启动评估程序后经司法拍卖流拍,首封案件申请执人拒绝用该矿业权以物抵债,轮候查封法院可以将该矿业权以首封法院的流拍价以物抵债给轮候查封案件的其他债权人。

【典型案例】

山西海姿焦化有限公司与山西汇基有色金属有限公司执行复议案[(2016)最高法执监191号]

【案情简介】

申诉人(申请执行人、申请复议人):山西海姿焦化有限公司

被申诉人(被执行人、异议人):山西汇基有色金属有限公司

一审法院查明:临汾中院在执行申请执行人海姿公司与被执行人汇基公司担保追偿权纠纷案中,汇基公司于2015年9月29日提出书面异议称评估报告因评估程序违法,评估资产已发生较大变化而不能作为执行依据,要求撤销临汾中院(2011)临执字第00041-8号执行裁定。

一审法院认为:2013年7月2日法院委托评估机构对四川省会东县江川矿业有限责任公司(以下简称江川矿业公司)的全部权益进行了评估,该评估报告中未包括采矿权权益。2015年5月,江川矿业公司已取得采矿权,并领取了采矿权证,2015年9月,临汾中院依据该评估报告作出执行裁定时,江川矿

业公司的资产已发生了较大变化，汇基公司认为原评估报告不能作为执行依据的理由成立，应当予以支持。

一审法院裁定撤销临汾中院（2011）临执字第00041－8号执行裁定。海姿公司不服上述裁定，向山西高院申请复议，请求撤销临汾中院（2015）临执异字第00030号执行裁定，维持临汾中院（2011）临执字第00041－8号执行裁定。

二审法院查明：临汾中院在执行海姿公司与汇基公司担保追偿权纠纷案中，轮候冻结了汇基公司在江川矿业公司的股权。首封法院山西省襄汾县人民法院（以下简称襄汾县法院）在执行襄汾县富邦经济发展服务有限公司（以下简称富邦公司）与汇基公司、山西锌业集团有限公司借款纠纷案过程中，对汇基公司投资成立的江川矿业公司全部权益进行评估，评估咨询报告日是2013年7月2日，经两次拍卖均流拍，保留价1840.968万元。因富邦公司不同意接受该财产，襄汾县法院作出（2008）襄民执字第218－19号执行裁定，依法解除对汇基公司拥有的江川矿业公司全部财产的查封。临汾中院征询海姿公司，海姿公司同意以1840.968万元的价格接受汇基公司在江川矿业公司的全部权益。临汾中院于2015年9月6日作出（2011）临执字第00041－8号执行裁定：（1）将被执行人汇基公司投资成立的江川矿业公司全部权益以1840.968万元的价格交付申请人海姿公司抵偿债权；（2）将江川矿业公司100%的股权由汇基公司变更为海姿公司。

二审法院认为：襄汾县法院在执行富邦公司与汇基公司、山西锌业集团有限公司借款纠纷案过程中，对汇基公司投资成立的江川矿业公司全部权益进行评估，评估咨询报告日是2013年7月2日，经两次拍卖均流拍，保留价1840.968万元。因富邦公司不同意接受该财产，襄汾县法院作出（2008）襄民执字第218－19号执行裁定，依法解除对汇基公司拥有的江川矿业公司全部财产的查封。至此，襄汾县法院对汇基公司投资成立的江川矿业公司财产处分行为全部完成。临汾中院作为轮候查封法院对江川矿业公司财产查封行为生效，2015年9月6日临汾中院根据海姿公司的申请裁定将江川矿业公司的全部财产以襄汾县法院拍卖保留价抵偿给海姿公司于法无据。临汾中院处置被执行人的财产应当启动评估拍卖程序。故临汾中院撤销自己作出的以物抵债裁定是正确的，应予以支持。海姿公司的复议理由不能成立。

二审法院裁定驳回海姿公司的复议申请，维持原裁定。

最高人民法院经审查,除认定山西高院查明的事实外,另查明:临汾信誉资产评估有限公司作出的《会东县江川矿业有限责任公司涉及司法鉴定股东全部权益价值评估咨询报告》(临汾信誉评咨〔2013〕0006号)载明:评估基准日为2013年3月31日;江川矿业公司股东全部权益价值在评估基准日的评估结果为2301.21万元;"无形资产——采矿权的评估:根据《探矿权采矿权评估管理暂行办法》和《矿业权评估指南》,鉴于评估基准日在矿山的正常生产期内,矿山经过历次勘察和几年实际生产,已详细探明了矿山的地质条件和资源条件,储量具有很高的可靠性,且矿山尚剩余有丰富的储量。矿山目前生产经营正常,矿山的资源、技术、经营和销售等技术经济参数都可以充分获得。"且依据的采矿权证处于合法有效期内,最终认定评估价值为349.94万元。

最高人民法院认为,该案的焦点问题为临汾中院撤销将本案所涉股权交付海姿公司抵债的裁定是否错误。

首先,关于临汾中院是否有权裁定以物抵债的问题。《最高人民法院关于人民法院民事执行中拍卖、变卖财产的规定》(以下简称《执行拍卖、变卖规定》)第十九条第一款规定:"拍卖时无人竞买或者竞买人的最高应价低于保留价,到场的申请执行人或者其他执行债权人申请或者同意以该次拍卖所定的保留价接受拍卖财产的,应当将该财产交其抵债。"第二十八条第一款规定:"对于第二次拍卖仍流拍的不动产或者其他财产权,人民法院可以依照本规定第十九条的规定将其作价交申请执行人或者其他执行债权人抵债。申请执行人或者其他执行债权人拒绝接受或者依法不能交付其抵债的,应当在六十日内进行第三次拍卖。"本案中,襄汾县法院为涉案股权的首查封法院,对该股权启动了评估、拍卖程序,流拍后法院可以将该股权交付申请执行人或其他执行债权人抵债。鉴于富邦公司拒绝接受该股权抵债,海姿公司作为执行债权人,有权接受该财产抵债。法律与司法解释中并未要求启动评估、拍卖程序的法院与裁定以物抵债的法院必须是同一法院。襄汾县法院裁定解除对上述股权的查封后,临汾中院查封生效,依法有权对涉案股权进行处分,可以裁定以涉案股权抵偿生效法律文书确定的债权。因此,(2015)晋执复字第46号执行裁定关于临汾中院未启动评估拍卖程序因而以物抵债裁定应予撤销的认定不当,最高人民法院予以纠正。

其次,关于以最后一次拍卖所定的保留价作为抵债价格的问题。拍卖过程是对标的物市场价值的检验，一般而言，标的物流拍表示此次拍卖所定的保留价原则上高于标的物的市场价值。因此，如果执行债权人愿意以该价格接受拍卖财产折抵相应数额的债权，既有利于债权的实现，也不会损害被执行人的利益，且最大限度地节省了后期拍卖费用和时间成本。因此司法解释中设立了流拍后裁定以物抵债的制度。执行实践中，评估后的标的物市场价值发生较大变化的可能性确实存在。如果标的物的市场价值变化发生于拍卖之前，则该标的物的市场价值可以经过拍卖的充分竞价程序得到检验；如果标的物的市场价值变化发生于流拍之后，不存在通过竞价程序校验标的物市场价值的可能性，再以最后一次拍卖时所定的保留价裁定以物抵债则会显失公平，此时就属于《执行拍卖、变卖规定》中所谓依法不能交付执行债权人抵债的情形。本案中，自第二次拍卖流拍日至作出以物抵债裁定之日间隔较长，超出了合理期间。被执行人汇基公司主张在此期间江川矿业公司于 2015 年 5 月取得采矿权，其股权市场价值较最后一次拍卖流拍时产生较大变化。海姿公司虽然主张该采矿权只是原有采矿权的延续，但是附期限的财产性权利到期后权利即丧失，权利延期与新取得权利并无本质不同，均会导致财产价值的增加。临汾中院撤销以最后一次拍卖所定的保留价作为抵债价格的以物抵债裁定并无不当。山西省高级人民法院的复议裁定对这一决定予以维持，虽然理由存在瑕疵，但处理结果并无不当。

最后，关于临汾中院在异议审查程序中是否存在程序违法的问题。《执行异议和复议规定》第二条第一款要求执行异议“立案后三日内通知异议人和相关当事人”，但现有法律、司法解释中并未规定通知的具体方式及内容，只要相关当事人知晓执行异议立案即达到通知的目的。因此，海姿公司关于临汾中院受理异议案件未正式通知海姿公司，没有将汇基公司的异议书送达海姿公司，使海姿公司丧失了陈述和申辩的机会的申诉理由，没有事实和法律依据，最高人民法院不予支持。《执行异议和复议规定》第十二条规定：“人民法院对执行异议和复议案件实行书面审查。案情复杂、争议较大的，应当进行听证。”异议案件审查以书面审查为原则，听证为例外。是否进行听证审查不以案件执行时间长短为唯一标准。因此，海姿公司关于临汾中院在异议审查程序中应进行听证而没有组织听证，程序违法的主张没有事实和法律依据，最高人民法院不予支持。

最高人民法院裁定：驳回山西海姿焦化有限公司的申诉请求。

【规则解读】

一、司法拍卖中矿业权委托评估及选定评估机构的流程

（一）现阶段矿业权价值评估一般采取委托评估方式确定处置参考价

根据《最高人民法院关于人民法院确定财产处置参考价若干问题的规定》第二条、第五条、第十四条的规定，人民法院确定财产处置参考价，可以采取当事人议价、定向询价、网络询价、委托评估等方式。当事人议价不能或者不成，且财产有计税基准价、政府定价或者政府指导价的，人民法院应当向确定参考价时财产所在地的有关机构进行定向询价；定向询价不能或者不成，财产无须由专业人员现场勘验或者鉴定，且具备网络询价条件的，人民法院应当通过司法网络询价平台进行网络询价；法律、行政法规规定必须委托评估、双方当事人要求委托评估或者网络询价不能或不成的，人民法院应当委托评估机构进行评估。

司法实践中，被执行人名下登记的探矿权、采矿权的价值尚不具备网络询价、定向询价的条件，若申请执行人与被执行人对被司法拍卖的矿业权价值无法达成一致，法院一般是委托有资质的评估机构进行委托评估。

（二）由当事人在司法评估机构单库中选择有资质的评估机构

1. 通过中国执行信息公开网查询入库评估机构的名单

当事人可以通过网络查询在中国执行信息公开网上财产处置中询价评估一栏里人民法院司法评估机构评估名单库中的矿业权分库项下的评估机构名单，该名单公布了评估机构的公司名称、注册地址、所属协会、评估专业人员、收费标准等内容。

2. 通过协商或摇号选定评估机构

根据《最高人民法院关于人民法院确定财产处置参考价若干问题的规定》第十六条的规定，人民法院作出对涉案矿业权进行评估、拍卖的《执行裁定书》后，会书面送达并通知当事人在指定期限内去特定地点（一般为设在当地中级人民法院的司法鉴定中心或委托评估科室等地）从人民法院司法评估机构评估名单库中选定三家评估机构及其顺序，法院会向顺序在先的评估机构出具评估委托书，根据委托书的要求，由收到委托书的评估机构对涉案矿业权进行

评估。

3. 经当事人质证后向评估机构提交评估资料

根据《最高人民法院关于人民法院确定财产处置参考价若干问题的规定》第十二条的规定，人民法院应当按照该规范附件第三条中列明的各项内容向评估机构提供矿业权评估需要的各类材料如表 1 所示。

表 1　矿业权评估所需资料

	探矿权类评估	采矿权类评估
必需材料	(1)权属材料，包括：勘查许可证及其批准的区块范围图、探矿权出让收益(价款)缴纳情况说明及相关材料、探矿权人营业执照或事业单位法人证书； (2)地质、储量及采矿、选矿类技术类材料，包括：地质勘查全过程所取得各种地勘成果(历次地质勘查报告及有关资料以及相关评审意见书与评审备案证明)、综合性地质矿产平面图(标注勘查区范围的地形地质图)、矿区勘查工程布置图、典型剖面图(包括孔、坑道等内容)、物化探成果图、主要矿体(层)储量计算图、矿山建设可行性研究报告或初步设计或开发利用方案； (3)财务统计类材料，包括：地质勘查工作期间的历年投入的地勘费统计报表、地质勘查工作期间主要、大额的地勘费发票、历年完成的勘查实物工作量统计(包括地形地质测量物探、化探、钻探、坑探、浅井、槽探工程等)； (4)抵押等他项权证明。	(1)权属材料，包括：采矿权人及矿山法人营业执照、采矿许可证副本或划定矿区范围批复、采矿权出让收益(价款)缴纳情况说明及相关文件材料； (2)地质材料，包括：与本次评估基准日最接近的矿产资源储量报告及其储量评审意见及备案证明、储量核实基准日至评估基准日各年储量动态报表、矿区范围地质图、典型剖面图、主要矿体(层)储量计算图； (3)采、选材料，包括：矿山开发利用方案或可行性研究报告或初步设计及其审查意见、矿山近 3 年来生产报表或主要技术经济指标统计表(包括设计损失、采矿损失率及矿石贫化率、采选冶原矿矿石量及原矿品位、选矿回收率、冶炼回收率、精矿品位、产品方案及产量与销量)、开拓系统平面示意图、采选工艺流程图； (4)财务统计类材料，包括：按矿山采、选(冶)分列的近三年度财务决算报告和评估基准日会计表(含辅助报表)、近五年度和评估基准日当年产品销售统计(含年度主要产品的销售数量、价格、收入等)、近五年度和评估估基准日当年有代表性的销售合同增值税发票复印件(按不同产品、不同年度分别提供)、截至评估基准日经营性固定资产分类汇总表(按单位或部门分别提供或汇总提供)； (5)抵押等他项权证明； (6)法院查明的财产权属、质量瑕疵等材料，以及关于财产的特殊情况说明。

续表

	探矿权类评估	采矿权类评估
一般材料	(1)综合材料,包括:勘查许可证的历史沿革(含最初设立、延续及变更、变更原因等)、以往矿业权评估史(包括评估时间、目的、范围、评估机构和评估结果)、探矿权人简介(包括历史沿革、人员构成、生产经营现状、企业发展过程中的重大事件、内部机构设置及隶属关系、资产等经营管理核算模式); (2)财务统计类材料,包括:地质勘查工作"出资证明"等。	(1)综合材料,包括:以往矿业权评估史(含评估时间、目的、范围、评估机构和评估结果)、产品销售说明等、采矿权人及矿山简介(历史沿革、人员构成、生产经营现状、企业发展过程中的重大事件、企业内部机构设置及隶属关系、采、选、冶、加工、运输、销售、资产等经营、管理、核算模式); (2)地质材料,包括:矿区开发现状、矿产资源开采情况、下一步开采计划等; (3)财务统计类材料,包括:企业缴纳的税(费)种、税费率及免税事项说明及相关文件,土地使用权证或土地租赁协议等。

二、对矿业权评估报告结果提出异议的程序

根据《最高人民法院关于人民法院确定财产处置参考价若干问题的规定》第二十三条的规定,当事人、利害关系人可在收到评估报告后5日内对评估报告的参照标准、计算方法或者评估结果等提出书面异议,人民法院应当在3日内交评估机构予以书面说明。评估机构在5日内未作说明或者当事人、利害关系人对作出的说明仍有异议的,人民法院应当交由相关行业协会在指定期限内组织专业技术评审,并根据专业技术评审出具的结论认定评估结果或者责令原评估机构予以补正。

根据《人民法院委托评估工作规范》第二十四条至第二十七条的规定,当事人、利害关系人对评估报告有异议的,可因以下原因向人民法院提出书面异议,人民法院认为异议成立的分别作出处理,见表2:

表2 人民法院对异议的处理方式

序号	异议内容	提出时限	异议成立
1	(1)财产基本信息错误; (2)超出财产范围或者遗漏财产;	收到报告后5日内	人民法院应当在3日内交评估机构予以书面说明或者补正。评估机构未在期限内按照人民法院的要求进行说明或者补正的,人民法院应当撤回对该评估机构的委托,告知其在3日内退回委托评估的材料,并另行委托下一顺序的评估机构重新进行评估。
2	(3)评估机构或者评估人员不具备相应评估资质; (4)评估程序严重违法;		人民法院应当通知该评估机构在3日内退回委托评估的材料,并另行委托下一顺序的评估机构进行评估。
3	(5)评估报告的参照标准、计算方法或者评估结果异议。		人民法院应当在3日内交评估机构予以书面说明。评估机构在5日内未作说明或者当事人、利害关系人对作出的说明仍有异议的,人民法院应当交该评估机构所属全国性评估行业协会组织进行专业技术评审。全国性评估行业协会可以根据实际情况,指定省级评估行业协会进行专业技术评审。 省级评估行业协会或者全国性行业协会应当在人民法院指定的期限内出具评审意见。

三、评估报告虽对采矿权在许可有效期内价值进行评估,但经过司法拍卖流拍后以物抵债时该采矿权已经延期使价值发生较大变化的,应当重新评估

根据《矿业权评估管理办法(试行)》第二条的规定,矿业权评估是指具有矿业权评估师执业资格的人员和矿业权评估资质的机构基于委托关系,对约定矿业权的价值进行评价、估算,并通过评估报告的形式提供咨询意见的市场服务行为。

首先,评估机构应当依据《确定评估基准日指导意见(CMVS30200－2008)》确定被评估的矿业权的评估基准日,评估基准日是判断矿业权价值的基准时间点。其次,评估机构应依据《矿业权评估方法规范》(CMVS206－

2017)规定的折现现金流量法、折现现金流量风险系数调整法、收入权益法、交易案例比较调整法、单位面积倍数法、资源价值比例法、基准价因素调整法、勘查成本效用法、地质要素评序法等九种评估方法之一,对被评估的矿业权进行评估。矿业权评估报告中,评估机构需要对被评估矿业权的设立、登记、延续情况予以明确,根据《矿产资源勘查区块登记管理办法》第十条、《矿产资源开采登记管理办法》第七条的规定,勘查许可证、采矿许可证有效期限见表3。

表3 采矿许可证的有效期

序号	矿业权证	期限	法规依据
1	勘查许可证	一般为3年	《矿产资源勘查区块登记管理办法》第十条
		石油、天然气勘查许可证有效期最长为7年,滚动勘探开发的采矿许可证有效期最长为15年	
2	采矿许可证	大型以上的最长为30年	《矿产资源开采登记管理办法》第七条
		中型的最长为20年	
		小型的最长为10年	
注:关于大、中、小型矿山建设规模的划分标准,依据《关于调整部分矿种矿山生产建设规模标准的通知》(国土资发〔2004〕208号),该通知附件《矿山生产建设规模分类一览表》中根据矿种类别及矿山生产建设规模级别的不同,明确了大、中、小型矿山建设规模区分标准。			

经典案例中,2013年7月2日,临汾信誉资产评估有限公司作出了《会东县江川矿业有限责任公司涉及司法鉴定股东全部权益价值评估咨询报告》,该报告载明的评估基准日为2013年3月31日,该评估报告对江川矿业公司所有的采矿权(有效期延续至2013年10月31日)进行评估,并认定采矿权评估价值为349.94万元。但2015年5月,江川矿业公司已办理了上述采矿权延续手续,临汾中院于2015年9月6日作出(2011)临执字第00041-8号执行裁定:(1)将被执行人汇基公司投资成立的江川矿业公司全部权益以1840.968万元的价格交付申请人海姿公司抵偿债权;(2)将江川矿业公司100%的股权由汇基公司变更为海姿公司。最高人民法院在该经典案例中认为:“本案中,自第二次拍卖流拍日至作出以物抵债裁定之日间隔较长,超出了合理期间。被执行人汇基公司主张在此期间江川矿业公司于2015年5月取得采矿权,其股权

市场价值较最后一次拍卖流拍时产生较大变化。海姿公司虽然主张该采矿权只是原有采矿权的延续,但是附期限的财产性权利到期后权利即丧失,权利延期与新取得权利并无本质不同,均会导致财产价值的增加。”从该部分内容可以看出,评估机构出具的评估报告虽对采矿权在许可有效期内价值进行评估,但经过司法拍卖流拍后以物抵债时,该采矿权已经延期使价值发生较大变化的,人民法院应当重新进行评估。

四、查封矿业权的首封法院启动评估程序后经司法拍卖流拍,首封案件申请执行人拒绝用该矿业权以物抵债,轮候查封法院可以将该矿业权以首封法院的流拍价以物抵债给轮候查封案件的申请执行人

民事诉讼及民事执行程序中,被告可能因负债过多,其名下财产被不同法院甚至同一法院受理的不同案件予以查封、扣押、冻结。第一个作出相应案号的《民事裁定书》或《执行裁定书》,对被告名下财产采取查封、扣押、冻结措施的法院为首封法院,该案也即首封案件。第二个、第三个及后续对被告名下财产采取查封、扣押、冻结措施的法院为轮候查封法院,后续案件也即轮候案件。若申请执行人对被执行人财产享有抵押权、质押权、留置权等优先受偿权,执行法院对被执行人的财产采取查封、扣押、冻结措施的案件为优先权案件,该法院为优先债权执行法院。

依据《最高人民法院关于首先查封法院与优先债权执行法院处分查封财产有关问题的批复》第一条的规定,执行过程中,应当由首先查封、扣押、冻结法院负责处分查封财产。但实践中,确实有一些案件,虽然首封法院对被执行人的财产采取评估、第一次司法拍卖、第二次司法拍卖、第三次司法拍卖、变卖强制执行财产变价处置措施,但该财产因无人竞买而流拍,申请执行人又因企业性质或监管政策等(不得持有、投资非自用不动产,不得持有、投资非主营业务有关资产等)原因,拒绝将该流拍财产以流拍价以物抵债至其名下。此时,根据《执行拍卖、变卖规定》第二十八条的规定,其他执行债权人仍不表示接受该财产抵债的,应当解除查封、冻结,将该财产退还被执行人。故,若首封法院的申请执行人拒绝以流拍价接受以物抵债财产的,其他执行债权人(包括轮候查封法院申请执行人)可以表示接受该财产以物抵债,但其他执行债权人是向首封法院提出以物抵债申请,还是向轮候查封法院提出以物抵债申请,实践中一直存在不同争议,一种意见认为应当向首封法院提出,另一种意见认为应向受理自身案件的其他轮候查封法院提出。（当首封案件申请执行人与其他执行债权人案件均由同一法院受理的除外）经典案例中，对被执行人持有股权采取查封措施的首封法院为山西省襄汾县人民法院，海姿公司作为非首封案件的其他债权人，其案件执行法院为轮候查封法院即临汾市中级人民法院，在首封襄汾县人民法院受理的首封案件申请执行人富邦公司不同意接受流拍财产以物抵债的情况下，由对该财产采取轮候查封措施的临汾市中级人民法院以首封法院司法拍卖的二拍流拍价作出以物抵债裁定，将该财产以物抵债给海姿公司。

上述经典案例中，最高人民法院认为："法律与司法解释中并未要求启动评估、拍卖程序的法院与裁定以物抵债的法院必须是同一法院。"故被查封财产的首封法院启动评估程序后经司法拍卖、变卖仍流拍，首封案件申请执人拒绝用该流拍财产以物抵债的，轮候查封法院可以以该财产在首封法院进行司法拍卖后的流拍价以物抵债给轮候查封案件的其他债权人。

【风险提示】

1. 债务产生后，债权人应及时向法院申请保全查封债务人名下登记的矿业权，首先对债务人名下矿业权采取执行措施，特别是当债务人为企业时，根据《最高人民法院关于人民法院执行工作若干问题的规定（试行）》第八十八条、第八十九条的规定可知，当债务人因多个案件成为被执行人，各债权人对其所有的矿业权均无抵押等担保物权情况下，该矿业权被司法拍卖后的变价款由首先对该矿业权采取执行措施的案件优先受偿，实践中，哪个债权人先向法院申请且该案法院最先查封了债务人企业名下登记的矿业权，当此矿业权被拍卖后的变价款就由这个首先查封案件的债权人优先分配。

2. 案件执行过程中，债权人在申请法院对债务人名下登记的矿业权进行司法拍卖时应当注意，该矿业权登记的有效期是否即将到期，到期后能否延续，并与评估公司沟通是否应将该矿业权延期后的价值进行评估。若被执行的矿业权经过评估、第一次拍卖、第二次拍卖、第三次司法拍卖、变卖等变价处置流程，被拍卖的矿业权登记（勘查许可证、采矿许可证）有效期延期使该矿业权价值与评估报告认定价值相比发生较大变化的，一旦债务人提出执行异议，人民法院可能会对该矿业权价值重新进行评估，导致债权人债务获得清偿的时间拉长，成本提高。

【相关法律法规】

《最高人民法院关于人民法院确定财产处置参考价若干问题的规定》(2018 年 8 月 28 日)

第二条　人民法院确定财产处置参考价，可以采取当事人议价、定向询价、网络询价、委托评估等方式。

第十四条　法律、行政法规规定必须委托评估、双方当事人要求委托评估或者网络询价不能或不成的，人民法院应当委托评估机构进行评估。

第二十二条　当事人、利害关系人认为网络询价报告或者评估报告具有下列情形之一的，可以在收到报告后五日内提出书面异议：

(一)财产基本信息错误；

(二)超出财产范围或者遗漏财产；

(三)评估机构或者评估人员不具备相应评估资质；

(四)评估程序严重违法。

对当事人、利害关系人依据前款规定提出的书面异议，人民法院应当参照民事诉讼法第二百二十五条的规定处理。

《最高人民法院关于人民法院民事执行中拍卖、变卖财产的规定》(2020 年 12 月 29 日)

第十六条　拍卖时无人竞买或者竞买人的最高应价低于保留价，到场的申请执行人或者其他执行债权人申请或者同意以该次拍卖所定的保留价接受拍卖财产的，应当将该财产交其抵债。

有两个以上执行债权人申请以拍卖财产抵债的，由法定受偿顺位在先的债权人优先承受；受偿顺位相同的，以抽签方式决定承受人。承受人应受清偿的债权额低于抵债财产的价额的，人民法院应当责令其在指定的期间内补交差额。

第二十五条　对于第二次拍卖仍流拍的不动产或者其他财产权，人民法院可以依照本规定第十六条的规定将其作价交申请执行人或者其他执行债权人抵债。申请执行人或者其他执行债权人拒绝接受或者依法不能交付其抵债的，应当在六十日内进行第三次拍卖。

第三次拍卖流拍且申请执行人或者其他执行债权人拒绝接受或者依法不能接受该不动产或者其他财产权抵债的，人民法院应当于第三次拍卖终结之日起七日内发出变卖公告。自公告之日起六十日内没有买受人愿意以第三次拍卖的保留价买受该财产，且申请执行人、其他执行债权人仍不表示接受该财产抵债的，应当解除查封、冻结，将该财产退还被执行人，但对该财产可以采取其他执行措施的除外。

《最高人民法院关于首先查封法院与优先债权执行法院处分查封财产有关问题的批复》(2016 年 4 月 12 日)

……执行过程中，应当由首先查封、扣押、冻结(以下简称查封)法院负责处分查封财产。但已进入其他法院执行程序的债权对查封财产有顺位在先的担保物权、优先权(该债权以下简称优先债权)，自首先查封之日起已超过 60 日，且首先查封法院就该查封财产尚未发布拍卖公告或者进入变卖程序的，优先债权执行法院可以要求将该查封财产移送执行……

矿业权价值降低后作价出资行为的法律效力

【裁判规则】

矿业权作价出资时,虽然评估报告存在虚假成分,但评估报告载明矿产资源储量低于自然资源主管部门评审备案的矿产资源储量,评估报告反映的矿业权价值未严重低于公司章程所定金额、未对公司造成实质损害的,不视为虚假出资或出资不足。

【典型案例】

江西省煤炭集团云南矿业有限责任公司与福建双林农业开发有限责任公司等股东出资纠纷案[(2019)最高法民终1391号]

【案情简介】

上诉人(一审原告):江西省煤炭集团云南矿业有限责任公司

被上诉人(一审被告):福建双林农业开发有限责任公司

被上诉人(一审被告):云南恒达华星矿业有限公司

被上诉人(一审被告):云南广丰矿业有限公司

被上诉人(一审被告):林毅

一审第三人:江西省能源集团有限公司

一审法院认定事实:2010年5月7日,江煤集团与广丰公司、恒达华星公司、永灿经营部签订了关于江煤云南公司的《出资人协议》。约定各方同意通过资源、资本、技术的有机结合,共同出资组建合资公司,开发红丫口煤矿、永思安煤矿、永乐顺煤矿、顺通煤矿、云南省富源县营上镇平稳煤矿煤炭资源。江煤云南公司注册资本为1亿元,江煤集团占51%,广丰公司占9%,恒达华星公司占 34%,永灿经营部占 6%。江煤集团以货币 5100 万元出资;广丰公司以拥有的红丫口煤矿勘探权作价出资 900 万元;恒达华星公司以其拥有的顺通煤矿探矿权作价出资 3400 万元;永灿经营部以其拥有的永乐顺煤矿精查探矿权、永思安煤矿探矿权作价出资。协议各方同意,广丰公司、恒达华星公司、永灿经营部拥有的探矿权聘请具有资质的评估机构进行评估,并以评估为依据,协商作价,由各方共同签署《探矿权出资作价协议》。同时,协议约定探矿权协议作价超过股权出资部分,作为合资公司对恒达华星公司、广丰公司等的负债处理,如评估价值低于作价出资,恒达华星公司、广丰公司等同意以现金补足。根据合资公司发展需要,各方同意按照持股比例对合资公司增资,恒达华星公司、广丰公司等可用拥有的上述债权或者现金对合资公司增资;任何一方不能增资到位,则应同意稀释其持有的合资公司股权。

2010 年 2 月 10 日,山连山公司根据委托人丰龙公司的委托,出具了山连山矿权评报字(2009)128 号、129 号、130 号、133 号评估报告。结论为:红丫口煤矿勘探探矿权于评估基准日 2009 年 11 月 30 日所表现的评估价值为 2179.89万元;永乐顺煤矿精查探矿权评估基准日 2009 年 11 月 30 日所表现的评估价值为 1155.69 万元;永思安煤矿探矿权于评估基准日 2009 年 11 月 30 日所表现的评估价值为 375.82 万元;顺通煤矿勘探探矿权于评估基准日 2009 年 11 月 30 日所表现的评估价值为 8848.32 万元。

2010 年 5 月 7 日,江煤集团作为甲方与广丰公司(乙方)、恒达华星公司(丙方)、永灿经营部(丁方)签订了《探矿权出资作价协议》。各方确认前述山连山公司对案涉拟出资探矿权的评估结果。并对拟出资的探矿权作价如下:乙方拥有的红丫口煤矿探矿权协商作价 1965 万元,股权出资作价 900 万元,占注册资本 9%;丙方拥有顺通煤矿探矿权协商作价 7508 万元,股权出资作价 3400 万元,占注册资本 34%;丁方拥有的永乐顺煤矿、永思安煤矿探矿权协商作价 1045 万元、339 万元,股权出资作价共 600 万元,占注册资本 6%。

2010 年 5 月,江煤云南公司章程中记载:公司注册资本为 10,000 万元。江煤集团认缴出资额 5100 万元,占比 51%;广丰公司以探矿权作价出资,认缴出资额 900 万元,占比 9%;恒达华星公司以探矿权作价出资,认缴出资额 3400 万元,占比 34%;永灿经营部以探矿权作价出资,认缴出资额 600 万元,占比 6%。以上合计认缴出资额 10,000 万元。

2011年2月1日，江煤云南公司各股东通过股东会决议，一致确认，江煤云南公司注册资本增加到22,157万元，其中：江煤集团认缴出资额11,300万元，占比51%，出资方式为货币；广丰公司认缴出资额1965万元，占比8.87%；恒达华星公司认缴出资额7508万元，占比33.88%；永灿经营部认缴出资额1384万元，占比6.25%。广丰公司、恒达华星公司、永灿经营部出资方式均为探矿权。同日，江煤云南公司出具章程修改说明，载明：公司章程修改为，公司的注册资本为22,157万元，由全体股东分期于2012年6月12日之前缴足。并对上述股东会决议内容进行确认。各股东在该修改说明上签章。在2011年2月江煤云南公司章程中对上述事项进行了记载。2011年7月19日，江煤集团向江煤云南公司转款6200万元。此后，按照上述修改公司章程事项，江煤云南公司完成相应工商变更登记。

2011年3月2日，云南省矿业权交易中心出具的云南省矿业权交易鉴证书云矿交探转鉴证(2011)38号记载：恒达华星公司将顺通煤矿精查项目探矿权以3400万元转让给江煤云南公司；2011年3月8日，云南省矿业权交易鉴证书云矿交探转鉴证(2011)40号记载：广丰公司将红丫口煤矿勘探项目探矿权以900万元转让给江煤云南公司；2011年1月24日，云南省矿业权交易鉴证书云矿交探转鉴证(2011)12号记载：永灿经营部将永思安煤矿普查项目探矿权以200万元转让给江煤云南公司；2011年1月24日，云南省矿业权交易鉴证书云矿交探转鉴证(2011)11号记载：永灿经营部将永乐顺煤矿精查项目探矿权以400万元转让给江煤云南公司。

2011年10月26日，恒达华星公司与双林公司签订股权转让协议，恒达华星公司将其持有的江煤云南公司33.88%的股份按出资额7508万元转让给双林公司。2011年10月20日，广丰公司与双林公司签订股权转让协议，广丰公司将其持有的江煤云南公司8.87%的股份按出资额1965万元转让给双林公司。2011年10月26日，永灿经营部与双林公司签订股权转让协议，永灿经营部将其持有的江煤云南公司6.25%的股份按出资额1384万元转让给双林公司。

2012年3月26日，江煤集团发出《关于无偿划转江西省煤炭集团云南矿业有限责任公司股权的通知》，决定以2012年1月1日为基准日，将江煤集团所持有江煤云南公司51%的股权，无偿划转给江西省煤炭集团贵州矿业有限责任公司持有。

2017年9月27日,曲靖市人民检察院向江煤云南公司发出曲检民(行)行政违监〔2017〕53030000001号《检察建议书》。认定江煤云南公司股东双林公司以虚假地质资料获取探矿权,并以该探矿权作价出资成为国有控股公司股东,损害了国家利益。恒达华星公司持有的顺通煤矿探矿权、广丰公司持有的红丫口煤矿探矿权、永灿经营部持有的永乐顺煤矿和永思安煤矿的探矿权在评估作价时地质资料虚假,山连山公司基于虚假地质资料作出的价值评估报告没有参考价值,且不能作为产权交易、投资、融资使用,而经实际开采,也无利用价值,造成了国有资产损失。双林公司以该案探矿权作价出资应视为没有全面履行出资义务,应当依公司章程按期足额缴纳出资,并承担相应的民事责任。为切实保护国有资产,避免国有资产损失,建议江煤云南公司积极履行职责,依法及时提起诉讼,请求双林公司承担民事责任。

另查明,双林公司成立于2010年8月5日,原法定代表人为林毅,现任法定代表人为林中秀,股东为林毅、林中秀。恒达华星公司成立于2005年7月14日,原法定代表人为林毅,现任法定代表人为林碧英,股东为林碧英、饶秋英。广丰公司成立于2008年7月28日,法定代表人为林毅,股东为林毅、饶秋英。永灿经营部成立于2008年5月27日,系林毅为经营者的个体经营组织。2013年10月24日,永灿经营部经核准注销。

一审法院认为:首先,关于本案的案由问题。江煤云南公司提起本案诉讼系围绕恒达华星公司、广丰公司、永灿经营部、双林公司作为其前后股东期间,尤其是江煤云南公司成立之初原始股东因未履行全面出资义务,请求各股东补足出资并承担相应责任而发生的纠纷。故,本案的案由应定为股东出资纠纷。

其次,关于本案当事人的问题。《公司法》第三十条规定:"有限责任公司成立后,发现作为设立公司出资的非货币财产的实际价额显著低于公司章程所定价额的,应当由交付该出资的股东补足其差额;公司设立时的其他股东承担连带责任。"《最高人民法院关于适用〈中华人民共和国公司法〉若干问题的规定(三)》第十三条规定:"股东未履行或者未全面履行出资义务,公司或者其他股东请求其向公司依法全面履行出资义务的,人民法院应予支持……股东在公司设立时未履行或者未全面履行出资义务,依照本条第一款或者第二款提起诉讼的原告，请求公司的发起人与被告股东承担连带责任的，人民法院应予支持……”第十八条规定：“有限责任公司股东未履行或者未全面履行出资义务即转让股权，受让人对此知道或者应当知道，公司请求该股东履行出资义务、受让人对此承担连带责任的，人民法院应予以支持……”

依上述规定，江煤云南公司认为，恒达华星公司、广丰公司、永灿经营部系未履行出资义务的股东，此后将所持江煤云南公司股份转让给双林公司。永灿经营部系林毅为经营者的个体经营组织，其注销后应由林毅作为责任承继主体。依江煤云南公司的诉讼逻辑，本案系目标公司作为原告，起诉未向其履行全面出资义务的原始股东，要求补足出资，同时，受让股东承担连带责任。恒达华星公司、广丰公司、双林公司、林毅提出，江煤云南公司设立时的另一发起人股东，即江煤集团应共同作为本案被告，承担连带责任。对此，江煤云南公司明确表示，江煤集团系足额出资股东，本案终局的责任承担主体应是未足额出资的各股东，在本案中其不要求江煤集团承担连带责任。一审法院认为，虽然资本充实责任是公司法上的法定责任，不以公司设立者的约定为必要，亦不能以公司章程或股东大会的决议来免除，但就本案股东出资纠纷的具体情形而言，江煤云南公司明确表示不需要出资到位的发起人股东承担责任。同时，案涉《出资人协议》《探矿权出资作价协议》系江煤集团与林毅方代表的系列被告股东共同签订，委托评估行为系江煤集团下属关联公司丰龙公司进行。在尊重江煤云南公司诉权的整体考量下，为查明本案事实，一审法院依法追加江煤云南公司原股东江煤集团作为第三人参加本案诉讼。

一审法院认为，本案的争议焦点如下：一是江煤云南公司要求恒达华星公司、广丰公司、双林公司、林毅补足出资的诉请能否成立；二是江煤云南公司要求恒达华星公司、广丰公司、双林公司、林毅承担损失责任的诉请能否支持。

……如前所述，基于探矿权权利属性的特殊性，对于永乐顺煤矿、永思安煤矿，在设立江煤云南公司之初，无论是原股东江煤集团还是评估机构山连山公司，均已注意到其缺乏翔实的地质资料及充分的勘察工作，对其价值的考量已作相应调整。虽然江煤云南公司一再强调，该两矿的地质报告系未作实际勘查而人为加盖印章形成，但该两矿所拥有的权证为真实，并已经转移至江煤云南公司名下，作为勘查许可证的权利人，江煤云南公司拥有进一步采取行动的排他权利。换言之，即便探矿权勘查成果是考量探矿权价值的核心因素，该两矿地质报告存在问题，但就本案查明的客观事实，也不能以此推定用于出资的永乐顺煤矿、永思安煤矿探矿权价值为零。江煤云南公司提交的相关证据不能充分证实其上述主张。

此外，就江煤云南公司和江煤集团关于本案诉讼背景的陈述意见，即恒达华星公司、广丰公司、双林公司原法定代表人林毅与江煤云南公司原董事长张慎勇之间行贿、受贿犯罪问题。虽江煤云南公司提交了大量另案刑事诉讼中的证据材料，但目前生效的裁判文书中并未认定张慎勇与林毅之间的犯罪行为与本案设立江煤云南公司以及江煤云南公司股东出资纠纷具有因果关系，也没有证据证实各方设立江煤云南公司、以探矿权出资系张慎勇与林毅之间恶意串通的结果，亦缺乏证据证实以上主体与评估机构山连山公司之间恶意串通出具虚假评估结果。

一审法院判决：驳回江煤云南公司的诉讼请求。

二审中，各方当事人对一审查明的事实无异议且均未提交新证据，本院对一审查明的事实予以确认。

二审法院认为，综合各方当事人的上诉请求和答辩意见，本案的二审争议焦点是：一是恒达华星公司、广丰公司、永灿经营部以案涉四煤矿探矿权作价出资组建江煤云南公司时是否出资不实；二是若存在虚假出资，恒达华星公司、广丰公司、双林公司、林毅是否应当连带履行10,857万元的出资义务，恒达华星公司、广丰公司、双林公司、林毅是否应当连带赔偿经济损失32,400,698.54元。根据本案查明的事实和相关法律规定，本院分析评判如下：

关于第一个争议焦点，根据江西省国有资产监督管理委员会赣国资规划〔2010〕157号文件，江煤云南公司的成立经过了江西省国资委的事前合规性审查。案涉四个探矿权由江煤集团下属企业丰龙公司出具了《云南煤矿项目尽职调查报告》，且丰龙公司委托山连山公司出具了《矿权价值评估报告》。根据上述报告，江煤集团已知晓四个煤矿，特别是永思安煤矿、永乐顺煤矿缺乏翔实的地质资料及充分的勘察工作，且四个煤矿的储量都依据地质资料预估的资源储量按照评估规范进行了调整。再从四个煤矿现查明的实际储量看，2010年2月，云南省国土资源厅出具评审备案证明顺通煤矿的探明储量（6962万吨）已经得到国土部门的评审备案；2014年9月，红丫口煤矿的资源储量（3668万吨）通过云南省国土资源厅评审备案。也即四个煤矿目前已经探明的资源总量超过了评估时所预测的资源总量。故即便按照江西省煤矿司法鉴定中心《司法鉴定报告》的认定,在江煤云南公司设立时恒达华星公司、广丰公司、永灿经营部提交的评估资料存在虚假的成分,也未对江煤云南公司造成实质性损害,更不足以证实江煤云南公司关于其设立时四煤矿探矿权出资价值为零的主张。而恒达华星公司、广丰公司、双林公司原法定代表人林毅与江煤云南公司原董事长张慎勇之间行贿、受贿案中,目前未有生效裁判文书认定张慎勇与林毅之间的犯罪行为与本案江煤云南公司股东出资问题具有因果关系,亦不能据此认定恒达华星公司、广丰公司、永灿经营部出资不实。退一步讲,且不说探矿权高风险的属性致使其价值衡量难有统一标准,即便恒达华星公司、广丰公司、永灿经营部按照《探矿权出资作价协议》约定的评估价值低于作价出资应以现金补足,因江煤云南公司未提供证据证明案涉四煤矿实际价值,也应承担未尽举证责任的败诉后果。

鉴于现有证据不能证明恒达华星公司、广丰公司、永灿经营部出资不实,本院对第二个争议焦点不再予以评判。需要释明的是,既然各方当事人在本院庭审中均认为设立江煤云南公司开采案涉四个煤矿的目的目前难以实现,那么尽快依法解决公司存续问题后各自取回其投资并按照合同约定和法律规定分担公司的损失,才是彻底解决各方争议并将损失降到更低程度的最佳路径。

此外,一审判决在查明事实部分已经列明了曲靖市人民检察院出具的《检察建议书》,并认为"其内容能否直接证实原告主张,仍然需要在综合认定诉辩双方观点及证据的基础上进一步判断",一审法院对《检察建议书》的性质认定正确。一审判决未列明法院对其他证据的认证过程确有不当,但鉴于各方当事人对一审认定的事实并无异议,该院对此不再处理。

二审法院判决:驳回上诉,维持原判。

【规则解读】

按照我国矿产资源管理制度,矿业权的探矿权、采矿权是两项独立的用益物权,均可以作为矿业权作价出资的对象。相对于采矿权已经明确了矿产资源储量,探矿权还在寻找矿产资源,一般分为预查、普查、详查、勘探四个阶段,各阶段循次渐进,矿业权人取得预查阶段探矿权证,完成预查任务才可申请普查阶段探矿权证，直至确定矿产资源储量申请采矿权证。因为探矿权阶段的矿产储量具有不确定性，探矿权作价出资不可避免地存在价值风险。但在实践中，因为作价出资是矿业权转让情形之一，部分矿山企业出于提前锁定矿区、减少矿业权流转成本的考虑，愿意在探矿权阶段组建公司，由此埋下探矿权价值评估失真的投资风险。本案矿业权交易过程中，矿业权人委托山连山公司对案涉四个煤矿探矿权进行评估，形成四份评估报告，云南省国土资源厅矿产资源储量评审中心评审意见书与山连山公司关于顺通煤矿勘探探矿权评估报告中的资源储量依据及数据一致，但原告认为评估报告失真应追究矿业权人虚假出资责任。最高人民法院处理该案的裁判规则，可以为类似案例提供借鉴。

一、矿业权评估的概念梳理

矿业权评估是指具有矿业权评估师执业资格的人员和矿业权评估资质的机构基于委托关系，对约定矿业权的价值进行评价、估算，并通过评估报告的形式提供咨询意见的市场服务行为。根据《矿业权评估管理办法（试行）》（国土资发〔2008〕174 号）、《自然资源部关于推进矿产资源管理改革若干事项的意见（试行）》（自然资规〔2019〕7 号）及相关政策，以下矿业权流转情形必须评估：

（1）自然资源部门出让矿业权；

（2）转让、延续矿业权等涉及应向国家缴纳矿业权价款的，其他涉及国家利益或公众利益的矿业权；

（3）有偿取得探矿权并由探矿权人投资勘查取得的矿产资源；

（4）申请国家出资勘查并已经探明储量的采矿权；

（5）申请国家出资勘查并已经发现的矿产地的探矿权；

（6）探矿权转采矿权、采矿权变更矿种与范围，油气矿产在探采矿期间探明地质储量、其他矿产在采矿期间资源量发生重大变化的（变化量超过 30% 或达到中型规模以上的），以及建设项目压覆重要矿产，应当编制矿产资源储量报告，申请评审备案。探矿权保留、变更矿种，探矿权和采矿权延续、转让、出让，划定矿区范围，查明、占用储量登记，矿山闭坑，以及上市融资等可不申请评审备案。

如果矿业权流转不涉及处置国有资产或弥补国家出资，是否还需要强制评估呢？我国《矿产资源法》没有提出类似要求的明确条款，按照“法无禁止即自由”的民法原理，非国有出资的矿业权可以不进行价值评估。投资人可以与矿业权人协商作价。但鉴于探矿权价值构成复杂（包括探矿权人必要投入和合理收益的成本价，以及探矿权人优先取得采矿权后的矿产开发收益），所以实践中不经评估便协商定价的可能性极低，更常见的做法是以价值评估为基础协商定价。

二、矿业权作价出资的操作程序

依据《公司法》（2013 年修订版）第二十七条之规定，股东可以用货币出资，也可以用实物、知识产权、土地使用权等可以用货币估价并可以依法转让的非货币财产作价出资；但是，法律、行政法规规定不得作为出资的财产除外；《公司登记管理条例》（2016 年修订）第十四条之规定，股东的出资方式应当符合《公司法》第二十七条的规定，但股东不得以劳务、信用、自然人姓名、商誉、特许经营权或者设定担保的财产等作价出资。上述规定以列举和概括的方法拓展了出资方式，即除了货币出资外，其他非货币财产出资，只要具备《公司法》和《公司登记管理条例》所规定的可以用货币估价，可以依法转让且不为法律、行政法规所禁止，即可用于出资。矿业权是《民法典》确定的用益物权，符合出资的法定特征。

矿业权兼具民事物权属性和行政许可特性，这是它与普通民事权利的一个重要区别。我国矿业权流转管理体制兼顾民事权利处置和自然资源监管的需求，在流转方式上有特殊性。矿业权出资属于矿业权流转的一种方式，应当符合法律对矿业权转让的要求。根据《探矿权采矿权转让管理办法》等相关规定，转让探矿权，应当自颁布勘查许可证之日起满 2 年，或者在勘查作业区内发现可供进一步勘查或者开采的矿产资源且需要完成规定的最低勘查投入；转让采矿权，应当对矿山企业投入采矿生产满 1 年。矿业权人将其所持有的采矿权或者矿业权用于出资时，需要完成规定的最低勘查投入或者对矿山企业投入采矿生产满 1 年，表明以矿业权出资时需要完成实质的开发行为。

以矿业权评估为基础的作价出资程序，基本节点包括：

（1）矿业权人和投资人共同委托第三方专业机构办理矿业权及其他非货币资产的价值评估；

（2）评估报告报请自然资源主管部门评审备案（属必须评估备案）；

(3)根据评估结果协商确定矿业权价值,签署合作协议、股东出资协议等文件(如涉及国有资产的矿业权,原则上与矿业权评估报告载明金额保持一致);

(4)签署公司章程;

(5)按照矿业权转让程序,将文件报自然资源部门审批;

(6)向工商部门申请注册成立公司,取得法人营业执照;

(7)自然资源部门办理变更登记,将矿业权变更至公司名下。

三、矿业权评估报告瑕疵不必然导致虚假出资

(一)矿业权出资可构成虚假出资的情形

虚假出资和出资不到位是股东未履行出资义务的主要表现形式,两者均违反了股东对公司的出资义务和对其他股东的诚信义务,都应按《公司法》规定承担民商事责任,包括公司或者其他股东可以请求该股东向公司依法全面履行出资义务,且不受诉讼时效限制,并向已按期足额缴纳出资的股东承担违约责任。公司债权人可以请求未履行或者未全面履行出资义务的股东,在未出资本息范围内,对公司债务不能清偿的部分承担补充赔偿责任。公司根据公司章程或者股东会决议,可以对其利润分配请求权、新股优先认购权、剩余财产分配请求权等股东权利作出相应的合理限制。经公司催告缴纳,其在合理期间内仍未缴纳,公司可以股东会决议解除该股东的股东资格。严重情况下,股东未履行出资义务的行为可能受到刑事追责。按照《刑法》第一百五十九条虚假出资、抽逃出资罪,《最高人民检察院、公安部关于经济犯罪案件追诉标准的规定》规定,公司发起人、股东违反《公司法》的规定未交付货币、实物或者未转移财产权,虚假出资,数额巨大、后果严重或者有其他严重情节的,处五年以下有期徒刑或者拘役,并处或者单处虚假出资金额或者抽逃出资金额百分之二以上百分之十以下罚金。单位犯前款罪的,对单位判处罚金,并对其直接负责的主管人员和其他直接责任人员,处五年以下有期徒刑或者拘役。

矿业权具有不确定性,如果矿业权价值低于股东认缴的注册资金,是否构成虚假出资或出资不足?《最高人民法院关于适用〈中华人民共和国公司法〉若干问题的规定(三)》对此有明确的处置指引。该司法解释第九条规定,“出资人以非货币财产出资,未依法评估作价,公司、其他股东或者公司债权人请求认定出资人未履行出资义务的,人民法院应当委托具有合法资格的评估机构对该财产评估作价。评估确定的价额显著低于公司章程所定价额的，人民法院应当认定出资人未依法全面履行出资义务。”第十五条规定：“出资人以符合法定条件的非货币财产出资后，因市场变化或者其他客观因素导致出资财产贬值，公司、其他股东或者公司债权人请求该出资人承担补足出资责任的，人民法院不予支持。但是，当事人另有约定的除外。”

根据上述规定，作价出资的矿业权价值和出资金额不符时，以下情形中的矿业权人不构成虚假出资或出资不实：(1)履行了矿业权价值评估程序，矿业权人将矿业权转让至公司名下，矿业权本身无权利瑕疵或权利负担，应视为矿业权人全面履行了出资义务；(2)已经评估且转让的矿业权，矿业权合理贬值的商业风险应由公司、股东、其他公司债权人承担，不得要求矿业权人补足出资责任。

以下情形可构成虚假出资或出资不实：未经矿业权价值评估，且人民法院委托评估显示矿业权价值显著低于股东出资义务的，应认定构成虚假出资或出资不实。

(二)评估报告瑕疵并不导致出资不实

本案中，作价出资的矿业权经多次评估、评审，其中矿业权自行委托的矿产资源价值评估报告和矿权交易中心评审鉴定的矿产资源储量报告不完全一致，原告主张“在江煤云南公司设立时恒达华星公司、广丰公司、永灿经营部提交的评估资料存在虚假的成分”，江西省煤矿司法鉴定中心《司法鉴定报告》认定该事实，由此引发问题：矿业权人基于有瑕疵的评估资料确定出资金额，是否构成虚假出资或出资不实？

本案最高人民法院的裁判逻辑是，如果评估资料瑕疵并不导致出资金额“缩水”，“误导”并没有降低股东对公司的出资义务，未导致公司损失，便不宜作此认定。“实践中要重点评估是否造成实际损失，至于矿产能源具体产量的部分，以保护国有资产不流失为前提，考虑到探矿权与采矿权在法律上意义不同，在经济价值上评估作价的标准不同，对于矿业权出资的认定问题，若相关政府部门备案的已探明矿产资源总量大于评估时的资源总量，且未造成实质损害的，不宜直接认定出资为零。”

本案因矿业权价值评估报告瑕疵引发纠纷，但因为瑕疵没有造成公司实际损失，所以未影响矿业权作价出资结果。但由此可以延伸思考的是，矿业权评估报告瑕疵的法律后果以及是否应承担法律责任。

对此，我国《刑法》明确规定。报告编写人员故意或重大过失提供有瑕疵的报告，可能构成《刑法》第二百二十九条提供虚假证明文件罪。该条规定，承担资产评估、验资、验证、会计、审计、法律服务等职责的中介组织的人员故意提供虚假证明文件，情节严重的，处五年以下有期徒刑或者拘役，并处罚金。前款规定的人员，索取他人财物或者非法收受他人财物，犯前款罪的，处五年以上十年以下有期徒刑，并处罚金。第一款规定的人员，严重不负责任，出具的证明文件有重大失实，造成严重后果的，处三年以下有期徒刑或者拘役，并处或者单处罚金。

因报告瑕疵导致投资人经济损失，评估机构是否应承担民事赔偿责任，尚未明确规定。矿业权评估是在技术方案支持下，按照评估方法和假定条件，矿业权评估师依据自身经验预测矿业权市场价值的动态过程。矿业权评估报告反映的是评估人员对矿业权价值的预判，评估方案的科学性、地矿信息的准确性、评估人员的个人特征等诸多因素都会影响评估结论的可信度。因此，理论上，矿业权评估“天然”具有“不确定性”，不能简单用“结论正确”作为判断评估报告质量瑕疵的标准。但因为评估机构和委托人之间存在合同关系，评估报告质量瑕疵可能因为合同约定承担违约或赔偿责任。

福建天宝矿业集团股份有限公司、福建省闽东南地质大队探矿权转让合同纠纷案中，福建省闽东南地质大队接受福建天宝矿业委托开展矿产资源详查报告，但报告结论严重失误。福建省高级人民法院（2018）闽民终1078号判决书中指出：“本案中，对讼争的矿区是否含有金矿矿体赋存，经第三方鉴定机构中矿联出具鉴定意见，结论为整个东洋金矿无工业矿体赋存，实质就是不存在金矿。该鉴定意见证明闽东南大队出具的东洋金矿的详查报告有严重错误，存在‘有矿’变‘无矿’的现象，闽东南大队的行为构成合同违约，且因其违约行为致使天宝公司通过探矿权转让后营利的目的不可能实现，依照上述法律的规定，天宝公司有权解除讼争的探矿权转让合同并按照《合同法》有关规定请求返还已支付的款项。原审法院判决解除合同并由闽东南大队返还已支付的款项具有事实和法律依据，本院予以维持。”

【风险提示】

探矿权高风险属性使其价值衡量难有统一标准，以探矿权、采矿权出资应注意：

1. 严格审查探矿权、采矿权转让的合同，不得因探矿权、采矿权的出资而改变国家矿产所有权的性质；

2. 严格审查探矿权或者采矿权转让的受让人的主体资格，即被出资的公司应当符合《矿产资源勘查区块登记管理办法》或者《矿产资源开采登记管理办法》等相关法律、法规和规范性文件规定的有关探矿权申请人或者采矿权申请人的条件；

3. 严格审查被出资公司的经营范围，经营范围应该与矿产资源勘查、矿产资源开采相吻合；

4. 应由具备矿业权评估资格的矿产评估机构对出资的探矿权、采矿权进行评估作价后，相关评估报告获得国土资源管理部核准后，由验资机构进行验资；

5. 股东设立登记时，股东的首次出资探矿权或采矿权的，应当提交已办理探矿权、采矿权转让手续的证明文件。

【相关法律法规】

《中华人民共和国公司法》(2018 年 10 月 26 日修正)

第二十七条　股东可以用货币出资，也可以用实物、知识产权、土地使用权等可以用货币估价并可以依法转让的非货币财产作价出资；但是，法律、行政法规规定不得作为出资的财产除外。

对作为出资的非货币财产应当评估作价，核实财产，不得高估或者低估作价。法律、行政法规对评估作价有规定的，从其规定。

第二十八条　股东应当按期足额缴纳公司章程中规定的各自所认缴的出资额。股东以货币出资的，应当将货币出资足额存入有限责任公司在银行开设的账户；以非货币财产出资的，应当依法办理其财产权的转移手续。

股东不按照前款规定缴纳出资的，除应当向公司足额缴纳外，还应当向已按期足额缴纳出资的股东承担违约责任。

第三十条　有限责任公司成立后，发现作为设立公司出资的非货币财产的实际价额显著低于公司章程所定价额的，应当由交付该出资的股东补足其差额；公司设立时的其他股东承担连带责任。

《最高人民法院关于适用〈中华人民共和国公司法〉若干问题的规定(三)》(2020 年 12 月 29 日修正)

第十三条　股东未履行或者未全面履行出资义务,公司或者其他股东请求其向公司依法全面履行出资义务的,人民法院应予支持。

公司债权人请求未履行或者未全面履行出资义务的股东在未出资本息范围内对公司债务不能清偿的部分承担补充赔偿责任的,人民法院应予支持;未履行或者未全面履行出资义务的股东已经承担上述责任,其他债权人提出相同请求的,人民法院不予支持。

股东在公司设立时未履行或者未全面履行出资义务,依照本条第一款或者第二款提起诉讼的原告,请求公司的发起人与被告股东承担连带责任的,人民法院应予支持;公司的发起人承担责任后,可以向被告股东追偿。

股东在公司增资时未履行或者未全面履行出资义务,依照本条第一款或者第二款提起诉讼的原告,请求未尽公司法第一百四十七条第一款规定的义务而使出资未缴足的董事、高级管理人员承担相应责任的,人民法院应予支持;董事、高级管理人员承担责任后,可以向被告股东追偿。

第十八条　有限责任公司的股东未履行或者未全面履行出资义务即转让股权,受让人对此知道或者应当知道,公司请求该股东履行出资义务、受让人对此承担连带责任的,人民法院应予支持;公司债权人依照本规定第十三条第二款向该股东提起诉讼,同时请求前述受让人对此承担连带责任的,人民法院应予支持。

受让人根据前款规定承担责任后,向该未履行或者未全面履行出资义务的股东追偿的,人民法院应予支持。但是,当事人另有约定的除外。

第二十条　当事人之间对是否已履行出资义务发生争议,原告提供对股东履行出资义务产生合理怀疑证据的,被告股东应当就其已履行出资义务承担举证责任。

《探矿权采矿权转让管理办法》(2014 年 7 月 29 日修订)

第五条　转让探矿权,应当具备下列条件:

(一)自颁发勘查许可证之日起满 2 年,或者在勘查作业区内发现可供进一步勘查或者开采的矿产资源;

(二)完成规定的最低勘查投入;

（三）探矿权属无争议；

（四）按照国家有关规定已经缴纳探矿权使用费、探矿权价款；

（五）国务院地质矿产主管部门规定的其他条件。

第六条　转让采矿权，应当具备下列条件：

（一）矿山企业投入采矿生产满1年；

（二）采矿权属无争议；

（三）按照国家有关规定已经缴纳采矿权使用费、采矿权价款、矿产资源补偿费和资源税；

（四）国务院地质矿产主管部门规定的其他条件。

国有矿山企业在申请转让采矿权前，应当征得矿山企业主管部门的同意。

自然保护区内政策性关闭矿山的退补问题

【裁判规则】

因涉及自然保护区而在采矿期限内停办或不再续办采矿权的，行政机关应当根据法律法规及合同约定退还企业采矿权价款，退还采矿权价款不受企业是否已承担环境恢复治理义务的影响。除采矿权价款外，其他补偿问题依据相应的地方政策。

【典型案例】

云南志顺工贸有限公司与昆明市国土资源局晋宁分局资源行政管理地质矿产行政管理纠纷案[(2019)最高法行申972号]

【案情简介】

再审申请人(一审原告、二审上诉人):云南志顺工贸有限公司

被申请人(一审被告、二审被上诉人):昆明市国土资源局晋宁分局

一审法院查明:2007年9月27日,云南志顺工贸有限公司(以下简称志顺公司)与市国土资源局晋宁分局签订了合同编号为200709009号的《采矿权拍卖(挂牌)成交确认书》;2007年9月30日志顺公司与市国土资源局晋宁分局签订了合同编号为200709009号的《采矿权出让合同》,合同约定可采储量46.866万吨,出让服务年限9.4年,矿山生产规模5万吨/年。根据上述合同的约定,市国土资源局晋宁分局向志顺公司收取了472,000元采矿权价款、234,330元的矿产资源有偿使用费。在合同履行过程中,志顺公司陆续缴纳矿产资源补偿费共计20,278元。2011年6月17日志顺公司领取《采矿许可证》,有效期限自2011年6月17日至2012年9月29日。2012年7月许可证有效期限届满

前，志顺公司申请办理延续登记，但因矿区涉水源保护区原因未获批准。

一审法院认为：志顺公司向市国土资源局晋宁分局缴纳了采矿权价款、矿产资源有偿使用费、矿产资源补偿费，志顺公司因市国土资源局晋宁分局不予退还上述费用提起本案诉讼，具有本案原告诉讼主体资格；市国土资源局晋宁分局系收取该费用的机关且认可收到了上述费用，系本案适格的被告。

就采矿权价款472,000元是否应全额退还而言，本案志顺公司采矿权期限已经届满且未予延续，根据《矿产资源法实施细则》第三十二条第一款之规定，完成前置工作后应退还采矿权价款。本案中，志顺公司并未提交证据证明其已完成相关前置工作，故志顺公司主张全额退还采矿权价款缺乏事实依据，一审法院不予支持。

就矿产资源有偿使用费234,330元是否应予退还的问题，一审法院认为，市国土资源局晋宁分局收取该费用的依据是《云南省矿产资源有偿使用费征收和使用管理暂行办法》（云政发〔2016〕102号），该暂行办法第六条对矿产资源有偿使用费的计算进行了规定，计算公式为：应缴费额＝占用资源储量×单位储量使用费费率标准。本案中，矿产资源有偿使用费234,330元是一次性收取，志顺公司主张退还，应当举证证明未占用的储量是多少，其未能提交相应证据，故要求全额退还矿产资源有偿使用费234,330元缺乏事实依据，一审法院不予支持。

对于志顺公司主张退还矿产资源补偿费共计20,278元而言，根据《矿产资源补偿费征收管理规定》可以明确：矿产资源补偿费是矿产品销售后缴纳的费用，且采矿权人终止采矿时仍应结缴矿产资源补偿费。故志顺公司要求退还矿产资源补偿费共计20,278元缺乏法律依据，一审法院亦不予支持。

一审法院判决：判决驳回志顺公司的全部诉讼请求。

上诉人志顺公司不服一审判决，提出上诉。

二审法院认定事实：与一审认定事实一致。同时查明，2007年9月27日，本案双方当事人签订《矿山地质环境保护与恢复治理责任书》。

二审法院认为：根据《矿产资源法实施细则》第三十二条的规定："采矿权人在采矿许可证有效期满或者在有效期内，停办矿山而矿产资源尚未采完的，必须采取措施将资源保持在能够继续开采的状态，并事先完成下列工作：（一）编制矿山开采现状报告及实测图件；（二）按照有关规定报销所消耗的储量;(三)按照原设计实际完成相应的有关劳动安全、水土保持、土地复垦和环境保护工作,或者缴清土地复垦和环境保护的有关费用……”本案双方当事人在所签订的《矿山地质环境保护与恢复治理责任书》中同时也约定,采矿权人应当履行义务做好矿山恢复治理工作,交存保证金并不免除矿山环境保护与恢复治理义务。而志顺公司并未按上述法律规定完成水土保持的环境保护及相关前置工作,且未按照《矿山地质环境保护与恢复治理责任书》的约定进行恢复治理工作,不符合上述退还相应采矿权价款的规定,故对其请求退还全额采矿权价款 47.2 万元的诉讼请求,该院依法不予支持。

根据《云南省探矿权采矿权管理办法》(云政发〔2008〕241 号)第四十七条第三项及《云南省矿产资源有偿使用费征收和使用办法》第二条、第十条的规定,采矿权人应当按照核定的年度占用资源储量依法缴纳矿产资源有偿使用费,结合《晋宁县国土资源局关于晋宁县双河乡里溪里砂场申请退还采矿权相关费用的请示》(晋国土资请〔2014〕37 号)及《晋宁县人民政府关于砂石料矿山采矿权有关事宜的批复》(晋政复〔2014〕167 号)的内容,市国土资源局晋宁分局应当对该文件所确定的志顺公司未使用剩余储量部分的矿产资源有偿使用费15.933万元予以退还。

《矿产资源补偿费征收管理规定》第三条第一款规定:“矿产资源补偿费按照矿产品销售收入的一定比例计征。”第八条第二款规定:“采矿权人在中止或者终止采矿活动时,应当结缴矿产资源补偿费。”采矿权人终止采矿石时应当对资源补偿费进行结缴,对志顺公司请求退还 20,278 元的上诉请求,法院依法不予支持。

关于志顺公司提出昆明市晋宁区人民政府、昆明市晋宁区双河彝族乡人民政府承担责任的上诉请求,法院已经以(2018)云行终 132 号行政裁定对一审法院作出的(2017)云 01 行初 7 号驳回起诉裁定予以维持。

二审法院判决:(1)撤销云南省昆明市中级人民法院(2017)云 01 行初 7 号民事判决;(2)由昆明市国土资源局晋宁分局于该判决生效后十日内退还云南志顺工贸有限公司矿产资源有偿使用费 15.933 万元;(3)驳回云南志顺工贸有限公司的其他上诉请求。

志顺公司向最高人民法院提起申诉。

再审法院对一审、二审查明的事实予以确认。

再审法院认为：根据志顺公司法定代表人顾基昆与晋宁分局2007年9月30日签订的《采矿权出让合同》第五条、第六条、第七条、第十五条的约定，案涉矿山可采储量46.866万吨，矿山服务年限9.4年，采矿权价款47.2万元。出让人对受让人依法取得的采矿权，在合同约定的服务年限届满前根据社会公共利益需要提前收回的，应当给予受让人适当补偿。合同签订后，志顺公司依照合同的约定，一次性缴纳了采矿权价款47.2万元。因案涉矿区已被纳入水源保护区，晋宁分局于2012年7月以不予办理采矿权延续登记手续的方式提前终止合同的履行，应当依照合同约定予以补偿。

由于《采矿权出让合同》在矿山服务年限届满前即终止履行，志顺公司遂起诉晋宁分局退还采矿权价款。二审法院理应在查明案涉采矿权价款的构成以及计算依据等相关事实的基础上依法作出认定。晋宁分局应对此承担举证证明责任。二审法院在晋宁分局未提供案涉采矿权价款的构成和计算依据，无法确认47.2万元采矿权价款是否应以矿山服务年限为计算依据的情况下，驳回志顺公司关于退还采矿权价款的诉讼请求，系认定事实不清。

《环境保护法》第六条规定："一切单位和个人都有保护环境的义务。地方各级人民政府应当对本行政区域的环境质量负责。企业事业单位和其他生产经营者应当防止、减少环境污染和生态破坏，对所造成的损害依法承担责任。公民应当增强环境保护意识，采取低碳、节俭的生活方式，自觉履行环境保护义务。"采矿权人作为矿山的实际经营者，理应负有保护矿山及周边地区生态环境的义务。《矿产资源法实施细则》第三十二条进一步明确："采矿权人在采矿许可证有效期满或者在有效期内，停办矿山而矿产资源尚未采完的，必须采取措施将资源保持在能够继续开采的状态，并事先完成下列工作……（三）按照原设计实际完成相应的有关劳动安全、水土保持、土地复垦和环境保护工作，或者缴清土地复垦和环境保护的有关费用……"采矿权人未进行矿山环境恢复治理的，应以其缴纳的环境恢复治理保证金抵扣相应费用并就不足部分继续承担责任；行政机关有权对采矿权人的违法行为作出行政处罚；采矿权人未恢复矿山环境造成生态环境损害的，人民检察院、符合法律规定的社会组织有权依法提起环境民事公益诉讼。但是，采矿权人是否依法履行矿山环境恢复治理义务，与本案所涉自然资源行政主管部门是否应当退还采矿权价款分属不同法律关系。现有规定并未明确采矿权人在采矿权出让合同提前终止时请求退还采矿权价款应以履行环境恢复治理义务为前提，采矿权人亦不因其享有要求退还采矿权价款的权利而免除其矿山环境恢复治理义务。二审判决驳回志顺公司退还采矿权价款的诉讼请求，缺乏法律依据。

再审法院裁定：(1)本案指令云南省高级人民法院再审；(2)再审期间，中止原判决的执行。

指令再审另查明：2007年9月27日志顺公司与市国土资源局晋宁分局签订了《矿山地质环境保护与恢复治理责任书》，按照该责任书约定，志顺公司于2007年9月30日向市国土资源局晋宁分局缴纳了矿山地质环境恢复治理保证金270,000元；再审还查明，双方《采矿权出让合同》中约定的采矿权价款472,000元，是以矿山可采矿每吨1.0072元计，因案涉矿山可采储量为46.866万吨，因此，合计采矿权价款为472,000元；矿产资源有偿使用费的收取，是按照《云南省矿产资源有偿使用费征收和使用办法》的规定，以每吨0.5元标准计算，因案涉矿山可采储量为46.866万吨，因此，合计收取矿产资源有偿使用费为234,330元。市国土资源局晋宁分局主张志顺公司对案涉矿山开采了3年，开采量共计15万吨，志顺公司诉前也认可其对案涉矿山开采时间为3年，总量为15万吨。结合争议双方在另案中提交的志顺公司向市国土资源局晋宁分局提出的申请以及《晋宁县国土资源局关于晋宁县双河乡里溪里砂场申请退还采矿权相关费用的请示》(晋国土资请〔2014〕37号)和《晋宁县人民政府关于砂石料矿山采矿权有关事宜的批复》(晋政复〔2014〕167号)的内容，法院再审确认志顺公司对于案涉矿山开采了3年，开采量为15万吨。

指令再审法院认为：关于志顺公司向市国土资源局晋宁分局缴纳的采矿权价款是否应当予以退还、如果退还应退还多少的问题。根据志顺公司与市国土资源局晋宁分局于2007年9月30日签订的《采矿权出让合同》第五条、第六条、第七条、第十五条约定，案涉矿山可采储量46.866万吨，矿山服务年限9.4年，采矿权价款472,000元。出让人对受让人依法取得的采矿权，在合同约定的服务年限届满前根据社会公共利益需要提前收回的应当给予受让人适当补偿。在双方签订的合同中已经明确约定了如因社会公共利益需要提前收回的应当给予受让人适当补偿，并没有约定因合同不能履行，退还采矿权价款应以完成矿山环境恢复治理为前置条件。而双方签订的《矿山地质环境保护与恢复治理责任书》仅约定，采矿权人有保护矿山地质环境和恢复治理的义务,也并未约定采矿权人在采矿权出让合同提前终止时请求退还采矿权价款应以履行矿山环境恢复治理义务为前提。《环境保护法》及《矿产资源法实施细则》中规定了采矿权人负有保护矿山及周边环境义务。行政机关有权对采矿权人的违法行为作出行政处罚;采矿权人未恢复矿山环境造成生态环境损害的,人民检察院、符合法律规定的社会组织有权依法提起环境民事公益诉讼。但是,采矿权人是否依法履行矿山环境恢复治理义务,与本案所涉自然资源行政主管部门是否应当退还采矿权价款分属不同法律关系。现有法规以及双方当事人的合同均未明确规定,采矿权人在采矿权出让合同提前终止时,请求退还采矿权价款,应以履行环境恢复治理义务为前提,当然采矿权人亦不因其享有要求退还采矿权价款的权利而免除其矿山环境恢复治理义务。故志顺公司关于退还采矿权价款的诉讼请求应当予以支持。由于志顺公司对案涉矿山开采时间为 3 年,开采量为 15 万吨,双方确认采矿权价款 472,000 元,是以案涉矿山可采储量为 468,660 吨,矿山可采矿每吨以 1.0072 元进行核算。因此,市国土资源局晋宁分局应退还志顺公司采矿权价款为 320,954 元即[(468,660 吨 - 150,000 吨) ×1.0072 元/吨]。

关于矿产资源有偿使用费退还的问题,依据《云南省探矿权采矿权管理办法》(云政发〔2008〕241 号)第四十七条第三项及《云南省矿产资源有偿使用费征收和使用办法》第二条、第十条的规定,结合《晋宁县国土资源局关于晋宁县双河乡里溪里砂场申请退还采矿权相关费用的请示》(晋国土资请〔2014〕37 号)及《晋宁县人民政府关于砂石料矿山采矿权有关事宜的批复》(晋政复〔2014〕167 号)的内容,市国土资源局晋宁分局应当对该文件所确定的志顺公司未使用剩余储量部分的矿产资源有偿使用费予以退还。故市国土资源局晋宁分局应退还志顺公司矿产资源有偿使用费为 159,330 元,即[(468,660 吨 - 150,000 吨) ×0.5 元/吨],原二审对于矿产资源有偿使用费判决计算并无不当,应予以维持。

另外,《矿产资源补偿费征收管理规定》第三条第一款规定:"矿产资源补偿费按照矿产品销售收入的一定比例计征。"第八条第二款规定:"采矿权人在中止或者终止采矿活动时,应当结缴矿产资源补偿费。"采矿权人在终止采矿时应当对资源补偿费进行结缴,原一、二审对于志顺公司请求退还 20,278 元的请求不予支持也并无不当,应予以维持。

指令再审法院判决：维持本院(2018)云行终 131 号行政判决第二项，即“由昆明市国土资源局晋宁分局于该判决生效后十日内退还云南志顺工贸有限公司矿产资源有偿使用费 15.933 万元”；由昆明市国土资源局晋宁分局于本判决生效后 10 日内退还云南志顺工贸有限公司采矿权价款 320,954 元。

【规则解读】

自党的十八大以来，矿产资源开发必须坚持绿色发展道路、坚持生态文明建设成为行业战略共识，政策层面逐步开始全面清理整顿自然保护区内的矿业企业，关停部分环保不达标、环境风险高的中小矿山。政策性关闭矿山是全面推行“五位一体”治国理念的必要措施，但在推行进程中，如何合理合法保护矿山企业经济利益，是对依法治国背景下行政执法的一次考量，政府对于涉及自然保护区内的采矿权发生收回或禁止续办，采矿权价款能否退还、如何退还以及行政机关能否依据采矿权受让方没有承担环境恢复治理义务而拒绝退还采矿权价款等系列问题更是事关矿山企业、矿业权人的切身利益。本案历经法院一审、二审、再审、指令再审，对该类问题的解决具有一定的借鉴作用。

一、相关概念的梳理

本案发生在 2017 年矿产资源权益金制度改革之前，改革之后，矿业权价款变更为矿业权出让收益。其中，采矿权出让收益就是由采矿权价款调整而来，但两者仍存有不同之处，比如采矿权价款以国家出资勘查探明的矿产地为缴纳前提，采矿权出让收益没有该前提；采矿权价款针对鼓励勘查的矿种、紧缺矿种等具有减免政策，采矿权出让收益没有减免政策；采矿权价款的出资形式可以为货币、折股、转为资本金三种方式，采矿权出让收益仅有货币一种形式。鉴于矿业权价款和矿业权出让收益存在概念、政策的延续性，且司法实践中政策性闭矿引发的退还、补偿争议对象仍涉及矿业权价款，所以，本案裁判规则解读仍表述为矿业权价款。

2019 年，国家取消矿山地质环境治理恢复保证金，改为矿山地质环境治理恢复基金，矿山企业不再新设保证金专户缴存保证金，而是设立矿山地质环境治理恢复基金账户、缴存治理恢复基金。基金由采矿权人(矿山企业)自主使用，专项用于因矿产资源勘查开采活动造成的矿区地面塌陷、地裂缝、崩塌、滑坡、泥石流、地形地貌景观破坏，地下水含水层破坏、地表植被损毁预防和修复治理，以及矿山地质环境监测等(不含土地复垦)，矿山企业负责将矿山地质环境治理恢复费用按照企业会计准则相关规定预计弃置费用，计入相关资产的入账成本，按照预计开采年限分年度提取、摊销，并将摊销的金额计入当年生产成本。

对于矿山企业已经缴纳的保证金，各地按财政、自然资源管理部门启动集中清退工作，基本政策为：(1)已交存保证金的现有矿山企业，按照规定返还保证金，同时建立恢复治理基金并按照编制备案的《矿山地质环境和土地复垦方案》计提基金。(2)矿业权灭失的矿山企业交存的保证金不予退还，全额上缴同级财政，统筹用于矿山环境治理恢复项目。(3)政策性关闭矿山，被关闭矿山企业申请自行实施恢复治理并达到验收条件的，可返还其交存的保证金；未履行恢复治理义务的关闭矿山所交保证金全额上缴同级财政，统筹安排用于矿山环境治理恢复项目。

二、自然保护区内矿业权退出的政策背景

自然保护区内禁止从事矿业活动，是矿产资源法律早已明确规定的基本原则，如《矿产资源法》第二十条规定："非经国务院授权的有关主管部门同意，不得在下列地区开采矿产资源……(五)国家规定的自然保护区……"《自然保护区条例》第二十六条规定："禁止在自然保护区内进行砍伐、放牧、狩猎、捕捞、采药、开垦、烧荒、开矿、采石、挖沙等活动；但是，法律、行政法规另有规定的除外。"但由于诸多原因，自然保护区内设定矿业权从事矿山开采活动时有发生。

2015 年 4 月 25 日，《中共中央、国务院关于加快推进生态文明建设的意见》指出："……加强自然保护区建设与管理，对重要生态系统和物种资源实施强制性保护，切实保护珍稀濒危野生动植物、古树名木及自然生境。建立国家公园体制，实行分级、统一管理，保护自然生态和自然文化遗产原真性、完整性……"同年，环境保护部等十部门联合下发《关于进一步加强涉及自然保护区开发建设活动监督管理的通知》，明令禁止在自然保护区内进行开矿、开垦、挖沙、采石等活动，全面启动自然保护区内矿山企业清理整顿工作。

2017 年 7 月 5 日，国土资源部颁发《自然保护区内矿业权清理工作方案》决定开展各类保护区内矿业权清理工作，明确清理工作目标为以国家级自然保护区为重点，对行政区域内各类保护区禁止矿产资源勘查开采范围的矿业权进行全面调查摸底、分类梳理、系统分析。同年，中共中央、国务院就甘肃祁连山国家级自然保护区违法违规开发矿产资源等生态环境破坏突出问题发出通报。至此，党中央关于矿山活动全面退出自然保护区内的政策指向已经十分明确，矿业活动不能踩自然保护区“红线”，已经“踩红线”的必须坚决清退绝不姑息。

三、因退出自然保护区被政策性闭矿的救济方法

已经位于自然保护区内的“踩红线”矿山企业必须清理退出，这属于典型的政策性闭矿情形。现行矿产资源法律体系没有就政策性闭矿的含义作出正式解释，依据行业背景，可以将政策性闭矿理解为地方政策根据已生效政策强制关闭矿山企业、注销矿业权证的情况。在公共管理层面，政策性闭矿是行政机关履行公共管理职能的行为和结果；在法律层面，政策性闭矿是引发矿业权人和矿产资源管理部门法律关系变更的客观事实。矿山企业被政策性闭矿后，矿业权人与自然资源管理部门签订的矿业权出让协议提前终止，双方根据合同约定或法律规定的风险分担原则、权利义务边界条件，计算双方损失并确定补偿金额。

由此引发的问题是，如果矿业权人对地方政府政策性闭矿处置结果不满意、不认同，应该如何寻求司法救济？

1. 应以签订矿业权出让协议的自然资源管理部门为被告提起行政诉讼。《最高人民法院关于审理行政协议案件若干问题的规定》（法释〔2019〕17 号）第二条规定：“公民、法人或者其他组织就下列行政协议提起行政诉讼的，人民法院应当依法受理……（三）矿业权等国有自然资源使用权出让协议……”

2. 政策性闭矿不属于不可抗力，也不当然属于“情势变更”，矿业权人需合理分担风险。最高人民法院关于淮北矿业（集团）有限责任公司与新光集团有限公司股权转让纠纷案二审民事判决书[（2018）最高法民终 387 号]中，被告新光集团收购金石公司股权，但此后金石公司因政策性原因关闭，新光集团以此延缓支付股权收购款。最高人民法院认为，政策性闭矿不符合《最高人民法院关于适用〈中华人民共和国合同法〉若干问题的解释（二）》的情势变更情形，理由是“新光集团作为从事煤矿经营的企业对于经营煤矿的商业风险应有所了解，其所提出的国家关于煤炭行业化解过剩产能的政策变化，并不属于案涉《股权转让协议书》履行过程中发生的无法预见的、非不可抗力造成的情形，而是新光集团受让金石公司股权后在经营过程中的商业风险”。

3. 可以申请退还矿业权价款。根据《财政部、国土资源部关于进一步做好政策性关闭矿山企业缴纳矿业权价款退还工作的通知》(财建〔2016〕110号)规定,矿业权未被整合而直接注销且已缴纳探矿权采矿权价款(简称矿业权价款)的矿业权人,其拥有的剩余矿产资源储量对应的已缴纳矿业权价款应予以退还。因为根据《关于探矿权采矿权价款收入管理有关事项的通知》(财建〔2006〕394号),自2006年9月1日起,探矿权采矿权价款收入按固定比例进行分成,其中20%归中央所有,80%归地方所有。因此,矿业权人需以财建〔2006〕394号为时间节点,确定退还主体和流程。

矿业权价款缴纳时间在《关于探矿权采矿权价款收入管理有关事项的通知》(财建〔2006〕394号)出台前,原则上由国土资源部直接收缴矿业权价款,由矿业权人依据省级国土资源主管部门出具的已关闭矿山名称和资源储量、矿权注销情况及时间、关闭前已动用资源储量、关闭后剩余储量、已缴纳价款数等情况,向国土资源部提出退库申请,再由国土资源部向财政部提出退库申请,财政部按照国库集中收缴管理相关规定办理退库手续。如有地方直接收缴的矿业权价款,退还方法由省级财政、国土资源主管部门自行确定。财建〔2006〕394号出台后缴纳的,矿业权人向国土资源主管部门提出矿业权价款退还申请,各级国土资源主管部门对退还申请的基本情况进行核实,包括已关闭矿山名称和资源储量、矿权注销情况及时间、关闭前已动用资源储量、关闭后剩余储量、已缴纳价款数等,各省级财政部门、国土资源主管部门负责对本省(区、市)所有退还申请进行核实汇总。属于中央分成部分的矿业权价款,向财政部驻当地专员办提出退还申请,专员办完成审核工作后向省级财政部门、国土资源主管部门出具审核意见并办理就地退库手续。地方分成部分遵照地方政策执行。

4. 非政策性关停也可申请退还矿业权价款。有观点认为,财建〔2016〕110号仅规定矿产资源开发整合过程中的政策性关停,如因发生安全生产事故而被关闭则不能适用该规定,采矿权申请人不能要求退还采矿权价款。笔者认为,该观点值得商榷。在陈述平与湖南省国土资源厅、张家界市国土资源局、慈利县国土资源局行政给付案二审行政裁定书[(2017)湘01行终162号]中,原告陈述平系慈利县麦湾煤矿承包人,2010年1月22日,慈利县麦湾煤矿发生瓦斯爆炸事故，造成4人死亡5人受伤，事故调查组于3月22日作出的《慈利县麦湾煤矿“1·22”较大瓦斯爆炸事故调查报告》中“建议提请慈利县人民政府依法关闭麦湾煤矿。鉴于已提请关闭，不再给予经济处罚”，3月30日，慈利县人民政府作出《关于关闭慈利县三合口乡麦湾煤矿的决定》。煤矿因安全生产事故关停后，慈利县人民政府拒绝退还矿业权价款。法院认为，现行的《安全生产法》中并没有关于生产者违反安全生产行为就可以对其处以没收其合法财产的相关规定，如果不退还矿业权价款，则会造成还未占有、使用、收益的采矿权被没收的事实，这是一种没收矿业权人合法财产权利的行政处罚。因此，地方政府不退还矿业权价款的行为没有法律依据，应参照政策性关停标准，就“其拥有的剩余矿产资源储量对应的已缴纳矿业权价款应予以退回”。

5. 可以申请补偿直接损失。2017年国土资源部办公厅颁发《关于征求〈关于自然保护区内矿业权分类处置的指导意见〉的意见函》，明确建立自然保护区内矿业权退出机制。对以扣减避让、整体注销方式处置的，统筹考虑矿山环境恢复、主地复垦等法定义务履行情况以及退出区域的勘查投入、矿山建设投入和已缴纳矿业权价款情况，以适当形式予以补偿。

根据《行政许可法》相关规定，行政机关可以依法变更或者撤回已经生效的行政许可，但应就由此给公民、法人或者其他组织造成的财产损失给予补偿。由于现行矿产资源法律没有政策性闭矿情形下补偿的具体标准，司法实践中根据《最高人民法院关于审理行政许可案件若干问题的规定》以实际投入的损失确定补偿数额。

该规定第十五条要求：“法律、法规、规章或者规范性文件对变更或者撤回行政许可的补偿标准未作规定的，一般在实际损失范围内确定补偿数额：行政许可属于行政许可法第十二条第二项规定情形的，一般按照实际投入的损失确定补偿数额。”《行政许可法》第十二条第二项规定，“下列事项可以设定行政许可……（二）有限自然资源开发利用、公共资源配置以及直接关系公共利益的特定行业的市场准入等，需要赋予特定权利的事项……”因此，政策性闭矿的损失可以按照实际投入确定损失范围，行政补偿至多不超过实际投入的损失。

6. 对补偿金额不服可以提起行政诉讼。《最高人民法院关于审理行政许可案件若干问题的规定》第十四条规定：“行政机关依据行政许可法第八条第二款规定变更或者撤回已经生效的行政许可，公民、法人或者其他组织仅主张行政补偿的，应当先向行政机关提出申请；行政机关在法定期限或者合理期限内不予答复或者对行政机关作出的补偿决定不服的，可以依法提起行政诉讼。”值得注意的是，在行政赔偿、补偿案件中，因被告的原因导致原告无法就损害情况举证的，应当由被告就该损害情况承担举证责任。

司法实践中，矿山补偿范围通常体现为成本补偿，涉及采矿权价款、矿山基本建设投入剩余年限的折旧费用、财务成本等，不包括矿山资源量价值和预期收益。各地政府通常与采矿权人共同委托专业机构进行审计、评估，并以评估结果作为确定补偿数额的标准，但矿业权人往往存在原始票据缺失、采矿操作和资源量现状不易考证等不利因素，致使评估结果低于采矿权人预想结果。同时，具体补偿时还统筹结合退出自然保护区的公益性质及当时政府的财政支付能力，也为矿业权人全面合理补偿带来困难。

四、退还矿业权价款不以承担环境恢复治理义务为前提条件

矿山地质环境恢复保证金是为保证采矿人按时按量完成矿山环境恢复任务所缴纳的费用，国家收取保证金更多的是基于在实现矿山资源经济价值的同时对于环境保护的一种强制性国家干预和监管。而采矿权价款是采矿人要开采国家出资勘查并已经探明矿产地所缴纳的有偿使用费用，国家收取采矿权价款是基于国家已实施勘查、探明的矿产地出让的一种合理对价。因此，矿山地质环境恢复保证金与矿业权价款是两种完全不同的法律内涵。

根据《环境保护法》第六条及《矿产资源法实施细则》第三十二条的规定，保护环境是采矿权人应当履行的义务，其作为矿山的实际经营者，理应负有保护矿山及周边地区生态环境的义务。如在采矿权存续期间，停办矿山尚存在未采完矿产资源的，矿业权人应当采取措施将矿产资源保持在能够开采的状态，并要完成环境保护的工作。如果矿业权人履行了环境恢复治理工作，经行政机关验收可以按照治理程度予以退还保证金；如矿业权人没有进行矿山环境恢复治理，其缴纳的环境恢复治理保证金用来做环境恢复治理，不足部分仍需继续承担治理责任。

由上述规定可以看出，矿业权人是否履行环境恢复治理义务，属于国家监管环境保护的强制性规定，其并不影响行政主管部门退还采矿权价款。行政主管部门退还采矿权价款属于合同法律关系，是否退还取决于关于采矿权出让合同的约定。如合同并没有针对采矿权价款退还设定环境恢复治理的前置条件，则应当尊重合同双方当事人的真实意思表示，不能以环境恢复治理行为作为采矿权价款退还的必要条件。

现有规定并未明确采矿权人在采矿权出让合同提前终止时请求退还采矿权价款应以履行环境恢复治理义务为前提，同理，矿业权人亦不因其享有要求退还采矿权价款的权利而免除其矿山环境恢复治理义务。2019 年，《自然资源部办公厅关于政策性关闭矿山采矿许可证注销有关工作的函》（自然资办函〔2019〕1574 号）明确，县级以上地方人民政府（或部门）对矿山作出关闭退出决定时应明确矿山关闭后相关生态修复等法定义务履行责任主体，责任主体未明确的，遗留的矿山生态修复等问题由地方人民政府负责。对于明确生态修复责任仍由原企业履行的，地方人民政府（或有关部门）应限定责任主体在一定期限内完成修复任务；对于明确由地方人民政府负责修复的，应纳入当地相关规划统筹解决。

【风险提示】

按照现行法律规定，采矿权价款是经评估确认的国家出资勘查形成的价款，采矿权人受让采矿权的应当向国家缴纳采矿权价款。该价款体现了矿产资源价值和国家勘查投资及收益。如在采矿权存续期间，存在关闭矿山需提前终止出让合同的，采矿权人缴纳的采矿权价款并没有完全实现对价，则是否退还、退还的数额以及除采矿权价款之外的补偿是双方处理合同终止的核心问题。为防止约定不清带来的争议，律师建议：

1. 企业对自身矿业权进行核查，如存在于自然保护区重叠的可能，对于前期投入及参与程度进行谨慎决策。

2. 自然资源行政主管部门与采矿权人在采矿权出让合同中应当明确采矿权价款的计算标准，对于仅实施部分开采行为的，可以量化其部分对应的采矿权价款。

3. 明确约定提前终止合同的后果处理，尤其采矿权价款能否退还、环境恢复治理工作是否作为退还采矿权价款的前置条件以及退还多少。

4. 对于出现政策性关闭矿山时，企业前期投入、关闭后预期损失等补偿性问题在合同中应当细化，约定适用标准。

5. 重视采矿权出让合同的个性约定，对于核心条款及地方政策能够在合同中细化。

【相关法律法规】

《中华人民共和国环境保护法》(2014 年 4 月 24 日修订)

第六条　一切单位和个人都有保护环境的义务。

地方各级人民政府应当对本行政区域的环境质量负责。

企业事业单位和其他生产经营者应当防止、减少环境污染和生态破坏，对所造成的损害依法承担责任……

《中华人民共和国矿产资源法实施细则》(1994 年 3 月 26 日)

第三十二条　采矿权人在采矿许可证有效期满或者在有效期内，停办矿山而矿产资源尚未采完的，必须采取措施将资源保持在能够继续开采的状态，并事先完成下列工作：

(一)编制矿山开采现状报告及实测图件；

(二)按照有关规定报销所消耗的储量；

(三)按照原设计实际完成相应的有关劳动安全、水土保持、土地复垦和环境保护工作，或者缴清土地复垦和环境保护的有关费用。

采矿权人停办矿山的申请，须经原批准开办矿山的主管部门批准、原颁发采矿许可证的机关验收合格后，方可办理有关证、照注销手续。

《矿产资源开采登记管理办法》(2014 年 7 月 29 日修订)

第六条　登记管理机关应当自收到申请之日起 40 日内，作出准予登记或者不予登记的决定，并通知采矿权申请人。

需要采矿权申请人修改或者补充本办法第五条规定的资料的，登记管理机关应当通知采矿权申请人限期修改或者补充。

准予登记的，采矿权申请人应当自收到通知之日起 30 日内，依照本办法第九条的规定缴纳采矿权使用费，并依照本办法第十条的规定缴纳国家出资勘查形成的采矿权价款，办理登记手续，领取采矿许可证，成为采矿权人……

第九条　国家实行采矿权有偿取得的制度。采矿权使用费，按照矿区范围的面积逐年缴纳，标准为每平方公里每年 1000 元。

第十条　申请国家出资勘查并已经探明矿产地的采矿权的，采矿权申请人除依照本办法第九条的规定缴纳采矿权使用费外，还应当缴纳国家出资勘查形成的采矿权价款，采矿权价款按照国家有关规定，可以一次缴纳，也可以分期缴纳。

国家出资勘查形成的采矿权价款，由具有矿业权评估资质的评估机构进行评估；评估报告报登记管理机关备案。

《矿山地质环境保护规定》(2019 年 7 月 24 日修正)

第十七条　采矿权人应当依照国家有关规定，计提矿山地质环境治理恢复基金。基金由企业自主使用，根据其矿山地质环境保护与土地复垦方案确定的经费预算、工程实施计划、进度安排等，统筹用于开展矿山地质环境治理恢复和土地复垦。

《矿业权出让收益征收管理暂行办法》(2017 年 6 月 29 日)

第七条　通过招标、拍卖、挂牌等竞争方式出让矿业权的，矿业权出让收益按招标、拍卖、挂牌的结果确定。

第八条第一款　通过协议方式出让矿业权的，矿业权出让收益按照评估价值、市场基准价就高确定。

第十条第一款　矿业权出让收益原则上通过出让金额的形式征收。对属于资源储量较大、矿山服务年限较长、市场风险较高等情形的矿业权，可探索通过矿业权出让收益率的形式征收。具体征收形式由矿业权出让机关依据资源禀赋、勘查开发条件和宏观调控要求等因素进行选择……

第十八条　采矿权人开采完毕注销采矿许可证前，应当缴清采矿权出让收益。因国家政策调整、重大自然灾害和破产清算等原因注销采矿许可证的，采矿权出让收益按照采矿权实际动用的资源储量进行核定，实行多退少补。

环境保护部等十部门《关于进一步加强涉及自然保护区开发建设活动监督管理的通知》(2015 年 5 月 6 日)

……

四、坚决整治各种违法开发建设活动

地方各有关部门要依据相关法规，对检查发现的违法开发建设活动进行专项整治。禁止在自然保护区内进行开矿、开垦、挖沙、采石等法律明令禁止的活动，对在核心区和缓冲区内违法开展的水(风)电开发、房地产、旅游开发等活动，要立即予以关停或关闭，限期拆除，并实施生态恢复……对自然保护区内已设置的商业探矿权、采矿权和取水权,要限期退出;对自然保护区设立之前已存在的合法探矿权、采矿权和取水权,以及自然保护区设立之后各项手续完备且已征得保护区主管部门同意设立的探矿权、采矿权和取水权,要分类提出差别化的补偿和退出方案,在保障探矿权、采矿权和取水权人合法权益的前提下,依法退出自然保护区核心区和缓冲区……

第二部分

安全生产纠纷

矿山企业环境污染案件的赔偿问题

【裁判规则】

造成环境污染和生态破坏的侵权人应当承担修复受污染环境的责任以排除已经造成的危害。当行为人的经济赔偿能力不足时,可以参照目前全国职工日工资标准确定修复费用,按照"谁污染,谁治理,谁损害,谁赔偿"的环境立法宗旨,要求行为人通过提供有益于环境保护的劳务活动抵补其对环境造成的损害。

【典型案例】

连云港市赣榆区环境保护协会与王升杰环境污染损害赔偿公益诉讼案[《最高人民法院公报》2016 年第 8 期(总第 238 期)]

【案情简介】

原告:连云港市赣榆区环境保护协会

支持起诉机关:连云港市人民检察院,住所地:连云港市新浦区朝阳东路

被告:王升杰

一审法院查明:对双方当事人无异议的证据予以确认。关于被告王升杰环境污染损害的治理费用,酌定采用出庭专家证人刘伟京的评估方案,认定王升杰环境污染的虚拟治理成本为 14,616.7 元。

经审理查明,2012 年以来,被告王升杰在经营石英石加工厂期间,未依法在环境保护部门办理《排污许可证》,购买工业废盐酸清洗石英石,将酸洗过程中产生的 100 余吨含酸废水通过渗坑排放至连云港市赣榆区龙北干渠,导致龙北干渠及与其相连的芦沟河受到严重污染,损害了公共利益。后经当地环

境保护部门处理，该石英厂已停止经营。2013年6月26日至7月10日，原赣榆县环境监测站对王升杰污染水域污水、地表水进行多次环境监测，被告排水出口及龙北干渠等处的污水及受污染的河水中pH值和氟化物严重超标，其中pH值最高超标4.38倍，氟化物最高超标45.8倍。被告排污水体龙北干渠属通榆河北延送水工程部分，应符合国家地表水环境质量Ⅲ类标准。根据环保部《关于开展环境污染损害鉴定评估工作的若干意见》确定的环境污染损害数额计算推荐方法，Ⅲ类地表水污染修复费用的确定原则为虚拟治理成本的4.5~6倍。经评估，100吨浓度10%酸性废水虚拟治理成本约为14,616.7元。

江苏省连云港市中级人民法院另查明，原告赣榆环保协会为提起公益诉讼，实际支出律师费用3500元。

一审法院认为：根据《水污染防治法》第二十九条的规定，禁止向水体排放油类、酸液、碱液或者剧毒废液。第三十五条规定，禁止利用渗井、渗坑、裂隙和溶洞排放、倾倒含有毒污染物的废水、含病原体的污水和其他废弃物。被告王升杰未经环境保护主管部门批准取得《排放污染物许可证》，违法采取酸洗方式清洗石英石，将酸洗后的含酸废水未进行无害化处理即通过渗坑排放，造成水污染并影响了水域周边土壤等生态环境，其应对其造成的环境污染损害承担赔偿责任。对原告赣榆区环境保护协会提起公益诉讼、连云港市人民检察院支持起诉要求被告赔偿公共利益损害的主张江苏省连云港市中级人民法院予以支持。根据出庭专家的评估意见，100吨含酸废水治理成本约14,616.7元，因其未经处理即行排放导致治理成本扩大，无法具体测算对环境和生态的损害程度，依据《环境保护部关于开展环境污染损害鉴定评估工作的若干意见》中环境污染损害数额计算推荐方法采取虚拟成本治理法符合本案实际。结合王升杰排放废酸数量及环境监测评估意见等，被告造成的环境损害，江苏省连云港市中级人民法院酌情认定为75,000元。王升杰主张其经济非常困难，自愿在经济赔偿能力不足的情况下，通过提供有益于环境保护的劳务活动抵补其对环境造成的损害，符合"谁污染，谁治理，谁损害，谁赔偿"的环境立法宗旨，较单纯赔偿更有利于环境的修复与治理，江苏省连云港市中级人民法院予以采纳。在本案审理过程中，连云港市赣榆区环境保护局发函同意对王升杰提供的劳务进行监管。参照目前全国职工日工资标准，王升杰提供环境保护劳务的工作量应相当于其环境污染赔偿不足的金额。赣榆环保协会作为不以营利为目的的公益组织,其为提起公益诉讼支出的合理费用应由被告承担。

一审法院判决:被告王升杰赔偿其对环境污染造成的损害人民币51,000元,于本判决书生效后10日内交付到江苏省连云港市中级人民法院指定的财政专户,用于对生态环境的恢复和治理。被告王升杰于本判决生效后2年内提供总计960小时的环境公益劳动(每月至少6次,每次不低于6小时),以弥补其环境损害赔偿金的不足部分,该项劳务执行由连云港市赣榆区环境保护局负责监督和管理。

一审判决后,双方均未提出上诉,一审判决已经发生法律效力。

【规则解读】

环境污染损害赔偿公益诉讼案件系环境侵权领域常见纠纷类型之一,且近年来其数量呈不断增长态势。本案争议焦点明晰,裁判规则就如何科学合理恢复被污染的环境,以及环境污染侵权纠纷责任承担方式提供了较为新颖的处理方式。

一、环境污染和生态破坏的赔偿范围

我国关于环境侵权赔偿的理论研究和司法探索始于1979年《环境保护法(试行)》,此后颁行的《环境保护法》《侵权责任法》及相关司法解释,在处理环境污染和生态破坏的损害赔偿问题时,均奉行了民法规则,如《环境保护法》(2014年修订)第六十四条明确规定:"因污染环境和破坏生态造成损害的,应当依照《中华人民共和国侵权责任法》的有关规定承担侵权责任。"但传统民法规则的赔偿原理并不满足环境污染和生态破坏的赔偿认定要求,其中最典型的情况是,传统民法规则适用损害填平原理,仅就被侵权人无法挽回的"损失差额"承担赔偿责任,其前提是损失恒定且可明确计算为数字。而生态环境是一个动态的系统,不存在民法意义上的"稳定利益"。在"对环境的侵害"中,污染环境和破坏生态行为侵害的客体是自然环境的生态平衡及其生态服务功能,这是一个在运动过程中不断实现物质循环、能量流动、信息传递的系统。被侵害的系统一直存在自我净化与损害环境污染和生态破坏的损失扩散同时进行的状况,而且不同的损害形式之间也相互关联。因此,很难确定不利益的

状态及其差额,只能在侵害发生后根据被侵害系统的实际情况进行符合一定标准的修复。一旦出现无法修复的情形,所支付的赔偿金,也绝不是被侵害生态环境的前后对比差额。[①]

《民法典》的施行从根本上认可建立了污染环境和破坏生态侵权行为的特殊性,建立起以“生态修复”为核心的损害赔偿逻辑。《民法典》在侵权责任编专设第七章“环境污染和生态破坏责任”,对侵权赔偿责任主体、归责原则、赔偿范围、惩罚性赔偿等进行规定,其中第一千二百三十四条规定侵权人应承担合理期限内的生态修复责任,第一千二百三十五条规定侵权人赔偿损失和费用的认定范围。根据《民法典》,违反国家规定造成生态环境损害的,国家规定的机关或者法律规定的组织有权请求侵权人赔偿下列损失和费用:(1)生态环境受到损害至修复完成期间服务功能丧失导致的损失;(2)生态环境功能永久性损害造成的损失;(3)生态环境损害调查、鉴定评估等费用;(4)清除污染、修复生态环境费用;(5)防止损害的发生和扩大所支出的合理费用。

二、环境污染和生态破坏可用劳务代替金钱赔偿方式

关于民事责任方式的承担方式,《民法典》延续《民法总则》,仍为停止侵害、排除妨碍、消除危险、返还财产、恢复原状等十一种,增加“法律规定惩罚性赔偿的,依照其规定”。法典并没有针对环境污染和生态破坏责任在责任方式上作出专门对待。按照民法原理,环境污染和生态破坏责任所承担的赔偿损失,是“金钱责任”,即侵权人以支付金钱的方式弥补其行为造成的损失。当侵权人金钱能力不足以支付环境污染和生态破坏损失时,能否以其他方式代替,《民法典》及其他现行有效法律没有明确规定。

在侵权人经济赔偿能力不足的情况下,继续裁判侵权人承担金钱赔偿责任、再强制执行侵权人财产,这样的裁判也不会遭到合法性质疑。但是,这样的裁判显然不利于环境修复责任的落实。因此,本案创新性地允许侵权人“通过提供有益于环境保护的劳务活动抵补其对环境造成的损害”。“参照目前全国职工日工资标准,王升杰提供环境保护劳务的工作量应相当于其环境污染赔偿不足的金额。”这样的裁判,符合“谁污染,谁治理,谁损害,谁赔偿”的环境

① 吕忠梅、窦海阳:《以“生态恢复论”重构环境侵权救济体系》,载《中国社会科学》2020年第2期。

立法宗旨,较单纯赔偿,更充分体现环境污染和生态破坏责任的救济方式,不是传统的单一民事救济,而是以生态修复为主的综合救济。最高人民法院将本案选入公报案例,反映最高人民法院对本案裁判逻辑的认同,即应从"生态修复"出发,按照最有利于环境修复和治理的思路灵活处理赔偿方式。

关于环境污染和生态破坏责任赔偿支付方式,最高人民法院公布的环境公益诉讼典型案例之江苏省泰州市环保联合会诉泰兴锦汇化工有限公司等水污染民事公益诉讼案,也有创新。该案件发生在《民法典》颁行之前,彼时环境侵权的损失认定范围仍适用《侵权责任法》,但该案没有侵权人仅承担直接损害后果的经济损失,而是明确赔偿性质为支付环境修复费,赔偿范围包括:一是防范性措施费用,二是清除措施费用,三是修复性措施费用,四是附带损失的费用,以"用于泰兴地区的环境修复"。因为法院认定的修复费用高达 1.6 亿元人民币,在金钱赔偿的支付方式上,二审法院的做法创新采用了部分延期履行和有条件抵扣方法,即"通过抵扣的方式引导和鼓励企业主动开展环保技术改造",该做法同样得到最高人民法院认可。

三、环境公益诉讼的原告

法理上的环境公益诉讼,是指特定的国家机关、相关社会团体或个人,根据法律的授权,对侵犯国家利益、社会公共利益或不特定人利益的行为,向法院起诉,由法院追究相对人法律责任的诉讼活动。[①] 根据现行有效法律,我国司法实践中的环境公益诉讼分为民事公益诉讼、行政公益诉讼,原告主体限定为检察机关和符合条件的社会组织,暂时不包括自然人。

环境公益诉讼制度首见于《环境保护法》的 2014 年修正案,该法第五十八条的规定,"对环境污染、破坏生态,损害社会公共利益的行为,符合下列条件的社会组织可以向人民法院提起诉讼……"2017 年修订《民事诉讼法》,第五十五条增加第二款规定:"对污染环境、侵害众多消费者合法权益等损害社会公共利益的行为,法律规定的机关和有关组织可以向人民法院提出诉讼……"自此,确定检察院在公益诉讼中的原告地位。

相较于传统侵权私益诉讼,公益诉讼扩大了侵权诉讼主体范围,增大了矿山企业生态损害行为的诉讼概率,矿山企业应对可依法提起环境公益诉讼的

---

① 付本超:《环境污染公益诉讼法律探析》,载《人民司法》2011 年第 19 期。

民事主体给予关注：

1. 特定社会组织。根据《环境保护法》第五十八条的规定，社会组织应是：

（1）在依法设区的市，自治州、盟、地区，不设区的地级市，直辖市的区以上人民政府民政部门登记的社会团体、民办非企业单位以及基金会。

（2）专门从事环境保护公益活动连续五年以上。“专门从事环境保护工作”，《最高人民法院关于审理环境民事公益诉讼案件适用法律若干问题的解释》第四条解释为：社会组织章程确定的宗旨和主要业务范围是维护社会公共利益，且从事环境保护公益活动；社会组织提起的诉讼所涉及的社会公共利益，应与其宗旨和业务范围具有关联性。最高人民法院在“中国生物多样性与绿色发展基金会诉宁夏瑞泰科技股份有限公司等腾格里沙漠污染系列民事公益诉讼案”中认为，司法审判可从以下要素分析：“从章程规定的宗旨和业务范围是否包含维护环境公共利益；是否实际从事环境保护公益活动；以及提起环境公益诉讼所维护的环境公共利益是否与其宗旨和业务范围具有关联性等三个方面进行认定。”

（3）社会组织在提起诉讼前5年内未因从事业务活动违反法律、法规的规定而受到行政、刑事处罚。

社会组织是环境公益诉讼最活跃的主体。最高人民法院环境资源司法研究中心在《环境司法发展报告（2019）》中披露，全国法院2016年至2019年环境民事案件的一审收案的同比增长率分别为－2.43%、9.62%、8.91%、－12.78%，结案的同比增长率为分别1.28%、9.09%、－3.49%、－2.08%，2019年全国法院系统共受理环境资源案件292,684件。中华环保联合会、中华环境保护基金会、自然之友基金会以及中国生物多样性保护与绿色发展基金会等环保公益组织作为原告提起的环境公益诉讼占三分之一以上。

2. 检察机关。2015年，我国检察系统启动了为期两年的环境公益诉讼试点工作，试点结束后，最高人民检察院与最高人民法院于2018年联合出台《关于检察公益诉讼案件适用法律若干问题的解释》。根据该解释，人民检察院可以公益诉讼起诉人身份提起民事、行政公益诉讼。但检察院是后位起诉主体，起诉前需对社会组织进行排查，只有无法律规定的适格社会组织或其不起诉时，检察机关方可提起公益诉讼，若适格主体已起诉，检察机关可以支持起诉。该解释第十三条规定：“人民检察院在履行职责中发现破坏生态环境和资源保护、食品药品安全领域侵害众多消费者合法权益等损害社会公共利益的行为，拟提起公益诉讼的，应当依法公告，公告期间为三十日。公告期满，法律规定的机关和有关组织不提起诉讼的，人民检察院可以向人民法院提起诉讼。”

【风险提示】

事先的法律风险防控远比事后的补救措施更为重要。为防范风险发生，矿山企业及其管理人员在日常生产经营过程中，应注意严格按照国家关于环境保护等相关法律法规、政策规定，依法申请取得《排污许可证》等相关证照，严格按照规定进行排污，防范环境污染法律责任。

【相关法律法规】

《中华人民共和国环境保护法》（2014 年 4 月 24 日修订）

第五条　环境保护坚持保护优先、预防为主、综合治理、公众参与、损害担责的原则。

第五十八条　对污染环境、破坏生态，损害社会公共利益的行为，符合下列条件的社会组织可以向人民法院提起诉讼：

（一）依法在设区的市级以上人民政府民政部门登记；

（二）专门从事环境保护公益活动连续五年以上且无违法记录。

符合前款规定的社会组织向人民法院提起诉讼，人民法院应当依法受理。

提起诉讼的社会组织不得通过诉讼牟取经济利益。

第六十四条　因污染环境和破坏生态造成损害的，应当依照《中华人民共和国侵权责任法》的有关规定承担侵权责任。

《中华人民共和国水污染防治法》（2017 年 6 月 27 日修正）

第二十一条第一款　直接或者间接向水体排放工业废水和医疗污水以及其他按照规定应当取得排污许可证方可排放的废水、污水的企业事业单位和其他生产经营者，应当取得排污许可证；城镇污水集中处理设施的运营单位，也应当取得排污许可证。排污许可证应当明确排放水污染物的种类、浓度、总量和排放去向等要求。排污许可的具体办法由国务院规定。

第三十三条　禁止向水体排放油类、酸液、碱液或者剧毒废液。

禁止在水体清洗装贮过油类或者有毒污染物的车辆和容器。

《最高人民法院关于审理环境民事公益诉讼案件适用法律若干问题的解释》(2020 年 12 月 29 日修正)

第二条　依照法律、法规的规定,在设区的市级以上人民政府民政部门登记的社会团体、基金会以及社会服务机构等,可以认定为环境保护法第五十八条规定的社会组织。

《最高人民法院关于审理环境侵权责任纠纷案件适用法律若干问题的解释》(2020 年 12 月 29 日修正)

第九条　当事人申请通知一至两名具有专门知识的人出庭,就鉴定意见或者污染物认定、损害结果、因果关系、修复措施等专业问题提出意见的,人民法院可以准许。当事人未申请,人民法院认为有必要的,可以进行释明。

环境污染责任纠纷的侵权责任构成

【裁判规则】

环境污染责任纠纷案件作为一种特殊的侵权纠纷，适用无过错责任原则，其构成要件不同于传统的侵权行为。在对环境污染责任纠纷进行责任认定时，应当综合考量构成要件、免责事由、污染案件的专业性和复杂性等因素。

【典型案例】

陕西中能煤田有限公司与陈江鹏财产损害赔偿纠纷案[（2015）民申字第3423号]

【案情简介】

再审申请人（一审被告、二审被上诉人）：陕西中能煤田有限公司

被申请人（一审原告、二审上诉人）：陈江鹏

一审法院查明：2000年3月，原告陈江鹏在榆阳区小纪汗乡昌汗界村创办了名为“大漠之星”的苗木基地。其中的5块苗圃（106亩）种植侧柏、樟子松、红花槐、沙地柏、金丝柳、漳河柳等树苗。从2008年以来，原告陈江鹏的5块苗圃的苗木大量死亡，陈江鹏认为是由于中能煤田的开采，地下水下降，多管井无法抽水，致使苗圃的苗木大量死亡。据此，原告陈江鹏诉请由中能煤田有限公司赔偿各项损失18,952,700元，诉讼费用由被告负担。而陕西中能煤田有限公司认为，陈江鹏的苗圃苗木死亡是由于自己管理不善造成的，与中能煤田有限公司的采矿行为无关。2013年10月14日，该院根据原告陈江鹏的申请，委托该院司法技术室进行鉴定，该司法技术室又委托河北农业司法鉴定中心，要求：（1）对原告陈江鹏的5块苗圃中苗木死亡是否与被告陕西中能煤田有限

公司的采矿行为有因果关系作出鉴定;(2)对原告陈江鹏的5块苗圃中死亡苗木和长势不良接近死亡苗木的经济损失进行鉴定。2014年5月8日,河北农业司法鉴定中心作出冀农司(2013)农鉴字第126号司法鉴定意见书,鉴定意见为:(1)造成陈江鹏苗圃苗木死亡或生长不良的主要原因是干旱;其次,在栽培管理过程中种植密度较大、病虫害防治等管理措施不到位也是造成涉案苗木死亡或长势不良的诱因。(2)原告陈江鹏的5块苗圃现有苗木的损失为2,843,216.2~3,892,129.8元。(3)原告陈江鹏的5块苗圃推测应有苗木的损失为:9,708,560.2~13,430,504.8元。该损失包含死亡、濒临死亡、现有长势不良但有一定价值(长势较好和长势中等的现有苗木)和原告已起苗销售等苗木的总损失。2014年6月9日,该院根据陕西中能煤田有限公司的申请委托该院司法技术室对陈江鹏5块苗圃地所在位置的地下水水位以及能否抽取进行鉴定。2014年10月27日,该技术室以陈江鹏明确不参与鉴定,中能煤田有限公司认为费用过高之理由,将委托鉴定函退回。

一审法院认为……根据双方诉争之事实,该院委托河北农业司法鉴定中心鉴定,鉴定意见认为,造成陈江鹏苗圃苗木死亡或长势不良的主要原因是干旱;其次,在栽培管理过程中种植密度较大、病虫害防治等管理措施不到位也是造成涉案苗木死亡或长势不良的诱因。但陈江鹏五块苗圃的苗木因干旱致死是否与陕西中能煤田有限公司的生产行为有因果关系,鉴定意见没有明确,而因果关系是确定被告是否赔偿的关键所在,故原告陈江鹏主张由陕西中能煤田有限公司赔偿其损失的依据不足。

一审法院判决:驳回陈江鹏的诉讼请求。

上诉人陈江鹏不服一审判决,提起上诉。

二审法院与一审认定事实一致。另查明,自2003年,中能公司开始在榆林市小纪汗昌汗界进行煤矿开采。根据榆林市地下水管理监测站对榆林市小纪汗昌汗界的地下水位检测数据显示,2010年1月昌汗界的地下水位平均值为12.91m,2010年12月昌汗界地下水位平均值为12.63m,2011年12月昌汗界地下水位平均值为22.47m,2012年12月昌汗界地下水位平均值为24.13m,2013年12月昌汗界地下水位平均值为24.04m,2014年12月昌汗界地下水位平均值为25.32m,榆林市水务局在2012年《地下水通报》中认为昌汗界地下水位数据下降主要由于中能煤田开采导致,大量地下水被排泄入沙漠,几乎造成全部农灌井枯竭。又查明,2003 年中煤公司修建了一条排水渠,流经涉案 3 号、4 号苗圃附近。2008 年中煤公司修建另一条排水渠,流经涉案 5 号苗圃附近。还查明,因煤矿开采造成昌汗界土地塌陷,2008 年至 2012 年,中能公司每年与昌汗界村委会达成协议,对昌汗界造成影响的土地进行了补偿,该补偿款已由中能公司支付给昌汗界村委会,并由村委会向当地村民进行了发放。2010 年至 2013 年 6 月,中能公司依据榆阳区政府颁布的《榆阳区煤炭开采环境治理补偿费提取使用管理试行办法》,共向榆阳区煤炭计量票据结算中心缴纳环境治理补偿费 40,167,221 元。

二审法院认为:关于本案是否属于环境污染责任纠纷的问题。榆林市水务局下属事业单位榆林市地下水管理监测站作为专业的地下水监测单位,其关于地下水的意见具有专业性,应予采纳。该单位认为每个生态对地下水水位的要求不同,目前业内对地下水水位下降到什么情况构成生态破坏并无统一标准,而本案中陈江鹏未提供证据证明涉案地下水水位下降已经达到了当地生态破坏的程度,因此,陈江鹏关于本案属于环境污染责任纠纷的理由不能成立,原审法院认定为财产损害赔偿纠纷并无不当。

关于涉案 5 块苗圃的死亡与是否与中能公司具有因果关系的问题。根据河北农业司法鉴定中心作出冀农司(2013)农鉴字第 126 号《司法鉴定意见书》(以下简称鉴定意见书)显示:造成陈江鹏苗圃苗木死亡或长势不良的主要原因是干旱。该鉴定意见书又认为地下水水位下降是造成苗圃地干旱的影响因素之一。另根据榆林市水务局 2012 年《地下水通报》显示:小纪汗昌汗界地下水位数据下降主要由于中能煤田开采导致,大量地下水被排泄入沙漠,几乎造成全部农灌井枯竭。因此,涉案 5 块苗圃的死亡与中能公司具有一定的因果关系,陈江鹏关于有因果关系的上诉理由成立,原审法院认定不当,应予纠正。

关于中能公司是否应承担侵权责任以及承担的赔偿份额应为多少的问题……中能公司应承担涉案苗木死亡的侵权责任。关于中能公司应承担的赔偿份额的问题,虽然根据昌汗界村委会的证明,涉案 3 号、4 号、5 号苗圃均在中能公司修建的排水渠可灌溉的范围内,但即使可以灌溉,中能公司的开采行为也导致了地下水水位下降,进而导致原来灌溉用多管井的枯竭,改变了灌溉方式,加大了陈江鹏的灌溉成本,故在鉴定意见认为的造成苗圃地干旱的两个影响因素,即地下水水位下降和灌溉管理中,地下水水位下降应占责任比例较大，中能公司应承担相应后果。综合以上事实，根据鉴定意见书第五条第二款的鉴定意见，原告陈江鹏的5块苗圃现有苗木的损失为330万元左右，本院酌定中能公司承担180万元。

二审法院判决：撤销榆林市中级人民法院（2013）榆中民二初字第00002号民事判决；陕西中能煤田有限公司于本判决生效后10日内向陈江鹏支付赔偿款180万元。

再审法院对一审、二审查明的事实予以确认。

再审法院认为：本案争议的焦点问题有三个：一是本案属于财产损害赔偿纠纷还是环境污染责任纠纷；二是中能公司是否应承担侵权赔偿责任；三是对被申请人的补偿是否属于重复补偿。

关于本案属于财产损害赔偿纠纷还是环境污染责任纠纷的问题。《侵权责任法》第六十五条规定："因污染环境造成损害的，污染者应当承担侵权责任。"《环境保护法》第六十四条规定："因污染环境和破坏生态造成损害的，应当依照《中华人民共和国侵权责任法》的有关规定承担侵权责任。"采煤沉陷是一种典型的生态地质灾害，主要特征为地面塌陷、地裂、山体滑坡、地下水位下降等，造成危害的主要表现是房屋破坏、土地破坏、水资源破坏、道路等公共设施损坏。本案系因中能公司开采煤矿导致地下水位下降而造成的损害，属于生态破坏行为的一种。对于破坏生态造成损害的情形，应适用《侵权责任法》关于环境污染责任的相关规定。故本案案由应当确定为环境污染责任纠纷。二审法院将本案案由确认为财产损害赔偿纠纷，定性有误，并予以纠正。

关于中能公司是否应承担侵权赔偿责任的问题。《侵权责任法》第六十六条规定："因污染环境发生纠纷，污染者应当就法律规定的不承担责任或者减轻责任的情形及其行为与损害之间不存在因果关系承担举证责任。"《最高人民法院关于审理环境侵权责任纠纷案件适用法律若干问题的解释》第六条规定："被侵权人根据侵权责任法第六十五条规定请求赔偿的，应当提供证明以下事实的证据材料……（三）污染者排放的污染物或者其次生污染物与损害之间具有关联性。"据此，因污染环境、破坏生态行为造成损害适用无过错责任原则。被侵权人应就生态破坏行为与损害结果之间是否存在因果关系承担举证责任，在被侵权人尽到该举证责任后，则应由侵权者对生态破坏行为与损害结果之间不存在因果关系承担举证责任。陈江鹏在一、二审中提供了以下证据证明中能公司开采煤矿行为导致地下水位下降从而造成苗木死亡：一是榆林市地下水管理监测站对榆林市昌汗界村的地下水位监测数据表明，地下水位从2010年起出现严重下降，榆林市水务局在2012年《地下水通报》中认为昌汗界地下水位数据下降主要由于中能公司开采导致，大量地下水被排泄入沙漠，几乎造成全部农灌井枯竭；二是中能公司与村民签订的补偿协议也可以证实由于开采煤矿导致地下水位下降、地面塌陷，给该村村民造成了损失，中能公司也是因此而作出补偿；三是陈江鹏在一、二审中提供了多名村民、米脂县高西沟村委会等证言，相关证人出庭作证，证明陈江鹏的苗圃苗木灌溉情况受中能公司开采煤矿导致地下水位下降的影响；四是河北农业司法鉴定中心作出的鉴定意见表明，造成陈江鹏苗圃苗木死亡或长势不良的主要原因是干旱，而地下水水位下降是造成苗圃地干旱的影响因素之一。综合上述证据，本案陈江鹏作为被侵权人已经尽到了中能公司的开采煤矿行为与其苗圃苗木损害之间存在关联性的举证责任。此后，关于开采煤矿行为与苗木死亡之间不存在因果关系的举证责任应当转由中能公司承担。中能公司主张其已经为昌汗界村修建了灌溉水渠，开采煤矿后的废水在经其处理后排入水渠，供村民用于农业灌溉，陈江鹏也可用该水渠中的水灌溉其苗圃苗木。陈江鹏的苗木死亡是由于其未及时灌溉所致，并非该公司开采煤矿行为导致。根据二审查明的事实，中能公司修建的灌溉水渠只流经3、4、5号苗圃，1、2号苗圃附近没有修建灌溉水渠。即使可以灌溉，也已经改变以往的多井灌溉便利模式，加大了其灌溉成本。且中能公司提交的证据至多只能证明陈江鹏未尽到妥善灌溉义务是造成损失的原因之一，并不能完全排除地下水位下降是导致苗木干旱死亡的原因。综上，二审判决认定中能公司开采煤矿与陈江鹏苗木死亡之间存在因果关系并酌定中能公司承担180万元的补偿款并无不当，该院予以维持。

关于对被申请人的补偿是否属于重复补偿的问题。中能公司主张其已与昌汗界村民达成补偿协议。其支付的补偿款中包括陈江鹏涉案苗圃苗木的损失补偿，不应再重复赔偿。但补偿仅针对因开采煤矿导致地面形成塌陷区和临时储水沙地而支付，现无证据证明中能公司对陈江鹏的损害也已经给予了补偿。中能公司还主张其向榆阳区人民政府缴纳了环境治理补偿费，应视为其已经承担了损失责任。根据《侵权责任法》第四条的规定，侵权人因同一行为应当承担行政责任或者刑事责任的，不影响依法承担侵权责任。中能公司缴纳环境治理补偿费的行为属于承担行政责任的行为，并不能据此免除中能公司因采矿行为导致陈江鹏苗木死亡的民事赔偿责任。中能公司关于二审判决认定苗圃苗木死亡与开采煤矿之间存在因果关系缺乏证据支持、二审判决确定民事责任违背《侵权责任法》第二十七条的规定、适用法律错误等申请理由均不能成立。

再审法院裁定：驳回陕西中能煤田有限公司的再审申请。

【规则解读】

矿业企业在实施勘探和开采中，长久占用使用土地、开挖地面、排放废弃物、堆积废渣尾矿、使用大型机械设备和爆破等活动，容易对水体、地质、大气、周边区域环境等造成污染和破坏。而被侵权人通常采取诉讼途径以矿业企业实施环境污染行为造成其损失为由向矿业企业主张赔偿责任。本案一审、二审及再审法院对环境污染责任纠纷中侵权责任赔偿问题存在不同认识，通过本案对于法院如何认定矿业企业在什么情况下应当承担环境污染责任具有一定借鉴作用。

一、环境污染责任纠纷的案由认定

环境污染责任纠纷是因工业活动或者其他人为原因，导致自然环境遭受污染或者破坏，从而造成他人人身、财产权益或者公共环境、其他公共财产遭受损害，或者有造成损害的危险时引发的纠纷。根据《最高人民法院关于修改〈民事案件案由规定〉的决定》，环境污染责任纠纷属于侵权责任纠纷项下的第三级案由，其项下又分为大气、水、噪声、放射性、土壤、电子废物、固体废物七种典型污染责任纠纷。作为一种特殊的侵权责任纠纷，在处理环境污染责任纠纷时主要适用《民法典》《环境保护法》《最高人民法院关于审理环境侵权责任纠纷案件适用法律若干问题的解释》等法律法规。

环境污染责任纠纷通常表现为被侵权人向污染者就其所遭受的财产损失主张赔偿，在审理定性时往往存在与财产损害赔偿纠纷的混同。本案一审法院、二审法院也存在对两个案由定性的不同认识，进而影响对环境污染责任的认定，导致矿业企业截然不同的责任承担后果。环境污染责任纠纷和财产损害纠纷的区别主要有：

1. 案由不同。财产损害赔偿纠纷是指因财产受到损害，权利人请求损害赔偿损失的纠纷，属于第三部分之物权保护纠纷项下的第三级案由。处理财产损害赔偿纠纷主要依据《民法典》第二百三十八条。环境污染责任纠纷属于第九部分侵权责任纠纷下的第三级案由，包括气、水、噪声、土壤、电子废物、固体废物、放射性污染责任纠纷等七个四级案由。

2. 归责原则不同。虽然环境污染责任纠纷与财产损害赔偿纠纷的外在表象均有侵权行为，但环境污染侵权属于特殊侵权行为，适用无过错责任原则，不以污染者的过错作为责任承担的认定条件，且举证责任倒置，而财产损害侵权则反之，其作为一般侵权行为，以过错责任为主。

3. 矿山企业举证责任不同。相较而言，矿业企业如作为侵权人，在环境污染责任纠纷中的举证责任较重，承担举证不能的法律后果风险更大。

二、环境污染责任的构成要件

根据《民法典》第七编第七章"环境污染和生态破坏责任"第一千二百二十九条至第一千二百三十五条之规定，环境污染责任属于特殊侵权责任，适用无过错责任原则。《最高人民法院关于审理环境侵权责任纠纷案件适用法律若干问题的解释》第六条规定："被侵权人根据民法典第七编第七章的规定请求赔偿的，应当提供证明以下事实的证据材料：（一）侵权人排放了污染物或者破坏了生态；（二）被侵权人的损害；（三）侵权人排放的污染物或者其次生污染物、破坏生态行为与损害之间具有关联性。"即环境侵权责任构成要件与一般民事侵权责任构成不同，不论污染者的主观过错，仅就污染环境行为、损害的客观事实和行为与污染事实之间的因果关系进行判断。因此，构成环境污染责任应当满足以下事实要件：

1. 有污染环境的行为。矿业企业的环境污染行为多数表现为排放大量废水、有害物质及废弃物，滥采乱挖造成煤炭自燃散发有害气体、传播噪声等作为的方式，但也可以表现为不作为的方式，如不建尾矿库而自然堆放尾矿废渣、未及时发现修理损坏的监测设备。

2. 有客观的损害事实。损害事实是侵权行为赔偿法律关系赖以发生的根据，对于损害事实，法律上并无明确的规定，《侵权责任法》上仅以"因污染环境造成损害的"一句带过。但从《侵权责任法》填补损害的立法目的以及环境污染损害本身具备的复杂性、广泛性、潜伏性和持续性等特性出发，损害作为一种事实状态，主要包括财产损害、人身伤害和伤亡。其中，财产损害主要是财产本身的损毁,人身损害会因环境污染的隐蔽性和潜伏性随着时间推移逐步显露。

3. 环境污染行为与损害事实之间存在因果关系。行为与损害事实之间的因果关系是确定是否构成环境污染责任的重要判断依据。由于环境污染责任的特殊性,若由被侵权人直接证明因果关系的存在,对保护被侵权人极为不利。因此,环境污染责任纠纷采用因果关系举证责任倒置。《侵权责任法》第六十六条已明确规定,因污染环境发生纠纷,污染者应当就法律规定的不承担责任或者减轻责任的情形及其行为与损害后果之间不存在因果关系承担举证责任。《民法典》第一千二百三十条也明确规定,因污染环境、破坏生态发生纠纷,行为人应当就法律规定的不承担责任或者减轻责任的情形及其行为与损害之间不存在因果关系承担举证责任。可见,被侵权人先初步举证污染行为和损害后果存在关联性,污染者针对该关联性不构成因果关系举证。

对于环境污染责任纠纷,适用举证责任倒置原则已成共识,但这并不意味着被侵权人无须承担其他证明责任。就环境侵权责任纠纷案件中的因果关系而言,被侵权人和污染者双方都负有行为意义上的举证责任。被侵权人应先对污染者存在环境污染行为、损害后果承担举证责任,并提交污染行为和损害之间可能存在关联性的初步证据,污染者再就法律规定的免责事由及其行为与损害结果之间不存在因果关系承担举证责任。最高人民法院机关刊《人民司法·案例》曾引用江苏省南通市中级人民法院(2014)通中环民终字第0003号民事判决,认为环境污染受害者无须对因果关系进行举证,但需要提供证明可能存在因果关系的初步证据,由污染者就不存在因果关系进行举证。环境污染的因果关系虽然实行举证责任倒置,但受害者仍应提交污染行为和损害之间可能存在因果关系的初步证据。

三、矿业企业在环境污染责任纠纷中的抗辩救济

(一)矿山企业不得以排污行为合乎强制性标准进行抗辩免除民事责任

实践中,部分矿业企业认为其已获取相关排污许可证,排污行为符合排放标准并缴纳相关费用,所以排污行为是合法的、不应当承担赔偿责任。这种认识和我国现行法理相悖。环境污染责任属危险责任,污染者承担责任的理由在于其行为的危险性,并不要求污染环境的行为具有违法性。

原国家环保局曾在湖北省环保局《关于确定环境污染损害赔偿责任问题

的复函》中解释道:“现有法律法规并未将有无过错以及污染物的排放是否超过标准,作为确定排污单位是否承担赔偿责任的条件。至于国家或者地方规定的污染物排放标准,只是环保部门决定排污单位是否需要缴纳超标排污费和进行环境管理的依据,而不是确定排污单位是否承担赔偿责任的界限。”《最高人民法院关于审理环境侵权责任纠纷案件适用法律若干问题的解释》第一条第一款也明确规定:“……污染者以排污符合国家或者地方污染物排放标准为由主张不承担责任的,人民法院不予支持。”最高人民法院公报案例重庆市人民政府、重庆两江志愿服务发展中心诉重庆藏金阁物业管理有限公司、重庆首旭环保科技有限公司环境污染责任纠纷案(2017)渝01民初773号中,法院认为:《最高人民法院关于审理环境侵权责任纠纷案件适用法律若干问题的解释》第一条第一款规定:“因污染环境造成损害,不论污染者有无过错,污染者应当承担侵权责任。污染者以排污符合国家或者地方污染物排放标准为由主张不承担责任的,人民法院不予支持。”该条规定表明,污染者不得以合乎强制性标准进行抗辩免除民事责任,亦即对环境污染行为承担民事责任的范围可以大于进行行政处罚的范围。

(二)矿山企业可就被侵权人举证不充分进行抗辩

矿业企业根据环境污染责任纠纷的举证责任分配,要求被侵权人先证明污染者有侵权的事实、因污染者的侵权行为造成己方损失的后果以及关联性等基础事实。被侵权人举证时,常以行政机关对于污染者的处理意见书、污染区域周边证人证言、专家证人、新闻报道或现场视频影像资料、照片、政府网站网页截图、调查报告等,或在庭审中申请司法鉴定、法院现场勘查等形式证明矿业企业的污染行为,其存在侵权事实和造成的损失后果。尤其是与环境保护监督管理有关的行政文书、调查、监测、评估报告等是可以作为侵权事实认定的依据的。

根据《最高人民法院关于适用〈中华人民共和国民事诉讼法〉的解释》第九十条的规定,被侵权人未能提交充分有效证据加以证明,则承担不利的诉讼后果。因此,矿业企业应就被侵权人提供的证据,从真实性、合法性、关联性及证明目的几方面进行抗辩,如是否具有鉴定资质、鉴定程序是否合规、是否为原始证据等。

(三)被侵权人存在故意或重大过失,应当自行承担责任

根据侵权责任归责原理,环境污染事件损害后果是由被侵权人自身过错导致,矿业企业不承担责任或减轻责任。我国环境保护单行法中也有类似的规定,如《水污染防治法》第九十六条第三款规定:“水污染损害是由受害人故意造成的,排污方不承担责任。水污染损害是由受害人重大过失造成的,可以减轻排污方的赔偿责任。”最高人民法院(2014)民申字第120号何顺英、江隆圣、何江玫与福州开发区天信贸易有限公司、福州港台江港务公司环境污染责任纠纷案中,认定《侵权责任法》并没有特别规定该法第二十六条关于过失相抵原则的规定不适用于环境污染责任,过失相抵原则作为《侵权责任法》的一般规定可以适用于环境污染责任。即矿业企业可以采用被侵权人存在故意或重大过失来作为抗辩理由,但关键问题是如何判定被侵权人是否存在故意或重大过失。

笔者认为,还是应当回归到案件事实和相应的证据中来,首先,被侵权人主观上存在故意或重大过失,行为上可以界定为损害之原因,对损害的发生或者结果扩大形成助力。其次,即便被侵权人主观上存在重大过失,也不免除矿业企业的责任,只有被侵权人存在故意才可以免除矿业企业的责任。最后,当被侵权人与矿业企业同时存在污染行为时,法院通常会考虑双方的过错程度、原因力大小、受污染标的自身特性等因素对责任比例予以划分。因此,矿业企业在环境污染责任纠纷中的应诉,应当搜集、查找被侵权人的过错细节及其证据。

(四)不可抗力并不必然免责

暴雨、台风、洪水等不可抗力造成的损害,根据侵权责任法原理,侵权人不承担责任。该法理在环保单行法中亦有体现,如《水污染防治法》第九十六条第二款规定:“由于不可抗力造成水污染损害的,排污方不承担赔偿责任;法律另有规定的除外。”

需要注意的是,只有当侵权人对损害的发生没有过错,且不可抗力是损害发生的唯一原因时,矿业企业以不可抗力作为免责事由方可成立。目前针对一些重污染天气等自然状况,地方政府已制定相关应急预案及常态化的操作要求,如企业没有严格按照地方政府的应急制度操作,则不属于该矿山企业不能预见、不可避免并不能克服的情形。矿山企业不能以不可抗力作为其免责条件。

【风险提示】

1. 环境污染责任纠纷采用“举证责任倒置”，对于矿业企业的举证要求较高。为避免承担举证不能的不利后果，矿业企业应当首要加强生产经营活动中的环境保护意识和保护措施，做好污染治理设施建设、污染排放等记录，以及应急预案等风险防范工作，从源头切断造成环境污染的可能。

2. 一旦出现污染事件，及时采取合理措施，防止损害扩大，降低事故造成的影响。

3. 积极办理相关环境污染责任保险，保证及时、足额投保，对于专业机构通过管理指导发现的问题进行整改，如发生理赔事项及时履行赔偿义务，降低责任风险。

4. 在生产运营中关于环境治理及防范措施应注意保存相关记录，加强对于符合减轻和免责情形的证据留存。

【相关法律法规】

《中华人民共和国民法典》(2020 年 5 月 28 日)

第一千二百二十九条　因污染环境、破坏生态造成他人损害的，侵权人应当承担侵权责任。

第一千二百三十条　因污染环境、破坏生态发生纠纷，行为人应当就法律规定的不承担责任或者减轻责任的情形及其行为与损害之间不存在因果关系承担举证责任。

第一千二百三十一条　两个以上侵权人污染环境、破坏生态的，承担责任的大小，根据污染物的种类、浓度、排放量，破坏生态的方式、范围、程度，以及行为对损害后果所起的作用等因素确定。

第一千二百三十二条　侵权人违反法律规定故意污染环境、破坏生态造成严重后果的，被侵权人有权请求相应的惩罚性赔偿。

《最高人民法院关于审理环境侵权责任纠纷案件适用法律若干问题的解释》(2020 年 12 月 29 日修正)

第一条　因污染环境造成损害，不论污染者有无过错，污染者应当承担侵权责任。污染者以排污符合国家或者地方污染物排放标准为由主张不承担责任的,人民法院不予支持。

污染者不承担责任或者减轻责任的情形,适用海洋环境保护法、水污染防治法、大气污染防治法等环境保护单行法的规定;相关环境保护单行法没有规定的,适用侵权责任法的规定。

第六条　被侵权人根据民法典第七编第七章的规定请求赔偿的,应当提供证明以下事实的证据材料:

(一)侵权人排放了污染物或者破坏了生态;

(二)被侵权人的损害;

(三)侵权人排放的污染物或者其次生污染物、破坏生态行为与损害之间具有关联性。

第十条　负有环境保护监督管理职责的部门或者其委托的机构出具的环境污染事件调查报告、检验报告、检测报告、评估报告或者监测数据等,经当事人质证,可以作为认定案件事实的根据。

环境行政处罚自由裁量权的适用原则

【裁判规则】

环境行政处罚自由裁量权应遵循合法、合理、过罚相当、公开公平公正原则;环境行政处罚执法主体系县级以上人民政府环境保护主管部门、有批准权的人民政府,受环境保护主管部门委托的环境监察机构在其受托范围内,可以委托其处罚的环境保护主管部门名义实行行政处罚;在自由裁量规则和基准范围内确定行政处罚幅度;违反行政处罚程序、超出裁量规则和基准范围的环境行政处罚无效。

【典型案例】

南丹县祥隆选矿厂与广西壮族自治区南丹县人民政府、广西壮族自治区河池市人民政府行政处罚及行政复议纠纷案[(2019)最高法行申 3056 号]

【案情简介】

再审申请人(一审原告、二审上诉人):南丹县祥隆选矿厂

被申请人(一审被告、二审被上诉人):广西壮族自治区南丹县人民政府、广西壮族自治区河池市人民政府

再审申请人南丹县祥隆选矿厂(以下简称祥隆选矿厂)因诉被申请人广西壮族自治区南丹县人民政府(以下简称南丹县政府)、广西壮族自治区河池市人民政府(以下简称河池市政府)行政处罚及行政复议一案,不服广西壮族自治区高级人民法院(2017)桂行终 751 号行政判决,向再审法院申请再审。本院依法组成合议庭对本案进行审查。案件现已审查终结。

祥隆选矿厂向法院申请再审称:1. 南丹县政府和河池市政府未能举证证

明祥隆选矿厂已经达到关闭的程度。根据《环境保护法》第三十九条第一款的规定,责令关闭企业的前提包含逾期未完成治理任务和造成危害结果这两个条件,但没有任何证据证明申请人造成了危害后果,申请人从成立至今也没有发生过环境污染事故。2. 申请人使用马鞍山矿进行排放尾砂,且马鞍山矿的《安全生产许可证》在有效期内,故申请人取得批准且具备安全生产条件,不属于《安全生产法》第九十三条规定的情形。即使当时的安全生产许可证过期,也不可归责于申请人,依法追责的应该是合作方南丹县车河镇拉么综合选矿厂马鞍山分厂。申请人在排污许可证期满时已经自觉停止了生产经营,并报请环保部门申请续期,故排污许可证未申办下来属于行政部门不作为造成,不应归责于申请人。3. 一审法院认定,被申请人参照国家发改委 2007 年 13 号令公告的《铅锌行业准入条件》及政府部门的文件关闭祥隆选矿厂适用法律正确,该认定错误,《铅锌行业准入条件》仅是针对“新建、改建”的准入条件。请求撤销一、二审判决,改判支持申请人的一审诉讼请求。

二审法院认为,本案的争议焦点为南丹县政府作出的丹政发(2012)161 号行政处罚决定和河池市政府作出的河政复决字(2013)3 号行政复议决定是否合法。根据《环境保护法》第三十九条的规定,对经限期治理逾期未完成治理任务的企业事业单位,除依照国家规定加收超标准排污费外,可以根据所造成的危害后果处以罚款,或者责令停业、关闭。前款规定的罚款由环境保护行政主管部门决定。责令停业、关闭,由作出限期治理决定的人民政府决定;责令中央直接管辖的企业事业单位停业、关闭,须报国务院批准。《安全生产法》第九十三条规定,生产经营单位不具备该法和其他有关法律、行政法规和国家标准或者行业标准规定的安全生产条件,经停产停业整顿仍不具备安全生产条件的,予以关闭;有关部门应当依法吊销其有关证照。本案中,从行政执法的主体来看,祥隆选矿厂在生产经营中因厂区存在矿产品收集池、原料堆放场达不到环保“三防”要求,各种管线及环保设施未标识,厂区雨污分流系统建设不完善等环境违法问题,南丹县政府向祥隆选矿厂下达丹政发(2012)3 号《关于涉重金属企业立即停产整治的通知》,南丹县环保局向祥隆选矿厂下达了《限期整改通知书》和《环境违法行为限期整改通知书》,责令祥隆选矿厂对其存在的环境违法和安全生产问题限期整改。在南丹县政府规定的整改期限届满后,祥隆选矿厂的企业仍未完成整改任务,南丹县政府对祥隆选矿厂作出行政处罚决定,其行政执法主体资格合法。

从行政处罚的内容来看,经南丹县政府查实,整改之后祥隆选矿厂仍存在如下问题:(1)未获得计划或发改部门立项批复文件。(2)设计生产能力为日选铅锌矿 150 吨,现生产能力为日选铅锌矿 500 吨,均达不到《铅锌行业准入条件》规定的要求。(3)无取水许可证。(4)所使用的马鞍山尾矿库安全生产许可证已过期,尾矿堆积已超过马鞍山尾矿库坝首设计标高。(5)排污许可证已过期。(6)未完成限期整改治理任务。配套建设的环保设施建设不规范,污染物排放点改变未申报变更登记,不按规定制定水污染事故应急预案,生产原料场环保"三防"措施未完善。(7)建设项目未通过环保验收即投入生产运营、实施技改项目建设,未能过环保验收。祥隆选矿厂主张,安全生产许可证到期系南丹县车河镇拉么综合选矿厂马鞍山分厂的责任。根据南丹县车河镇拉么综合选矿厂和祥隆选矿厂签订的《尾砂库排放协议》可以证实,马鞍山选厂巴河尾砂库系祥隆选矿厂作为排放尾砂使用的,虽然该厂的所有权归南丹县车河镇拉么综合选矿厂马鞍山分厂,但是祥隆选矿厂仍需为该尾砂库的安全生产负责;祥隆选矿厂主张,排污许可证到期系行政部门不作为造成的,但是祥隆选矿厂并未举证证明行政机关怠于为其换发排污许可证。综上,祥隆选矿厂存在的上述问题已经符合法定责令关闭的条件,其主张只是一般违法、未达到关闭程度的意见没有事实和法律依据,南丹县政府作出关闭的行政处罚决定认定事实清楚、证据充分。

从行政处罚的程序来看,南丹县政府对于祥隆选矿厂企业存在问题,在向祥隆选矿厂下达了《行政处罚告知书》,告知拟对祥隆选矿厂的处罚内容和祥隆选矿厂享有申辩、听证等相关权利,并举行听证会后,根据《环境保护法》《安全生产法》等相关法律法规的规定,对祥隆选矿厂作出丹政发(2012)161 号《行政处罚决定书》,程序并无不当。对于祥隆选矿厂的复议申请,河池市政府作出的河政复决字(2013)3 号《行政复议决定书》,认定事实清楚,证据充分,程序合法。祥隆选矿厂以南丹县政府的处罚决定认定事实不清,适用法律不正确为由,要求撤销南丹县政府丹政发(2012)161 号《行政处罚决定书》和河池市政府河政复决字(2013)3 号《行政复议决定书》,确认南丹县政府和河池市政府关闭祥隆选矿厂的行政行为违法,由南丹县政府和河池市政府赔偿其经济损失 2109.16 万元的诉讼请求,因证据不足,理由不充分,一、二审法院未予支持,并无不当。

最高人民法院判决:驳回南丹县祥隆选矿厂的再审申请。

【规则解读】

环境行政处罚是环境行政执法中运用最广泛的手段,正因如此,环境行政处罚也是环境执法领域最容易引发纠纷的具体行政行为。环保执法部门作出环境行政处罚的行为是政府公权力自由裁量权的实施过程和结果,因此,环境行政处罚的合法性,根本上必须同时满足主体合法、内容合法、程序合法等行政行为合法三要件,同时,由于环保部门近年来出台《环境行政处罚办法》《关于进一步规范适用环境行政处罚自由裁量权的指导意见》,地方政府就环境行政处罚自由裁量权适用规则、环境行政处罚自由裁量权基准等颁行地方政府规章,环境行政处罚法律体系逐步规范完善,环境行政处罚自由裁量权的行使还需遵循特别规定。本案作为环境行政处罚的典型案例,其裁判规则为分析类似纠纷提供借鉴。

一、主体合法

行政处罚是行政执法主体通过行使职权对违反行政法律规定的行政相对人以及行为实施的一种法律制裁,积极追求惩戒性的行政目的并具有侵益性的特点。根据《环境保护法》第六十条“企业事业单位和其他生产经营者超过污染物排放标准或者超过重点污染物排放总量控制指标排放污染物的,县级以上人民政府环境保护主管部门可以责令其采取限制生产、停产整治等措施;情节严重的,报经有批准权的人民政府批准,责令停业、关闭”可知,环境行政处罚执法主体应系县级以上人民政府环境保护主管部门、有批准权的人民政府。《环境行政处罚办法》第十五条规定:“环境保护主管部门可以在其法定职权范围内委托环境监察机构实施行政处罚。受委托的环境监察机构在委托范围内,以委托其处罚的环境保护主管部门名义实施行政处罚。委托处罚的环境保护主管部门,负责监督受委托的环境监察机构实施行政处罚的行为,并对该行为的后果承担法律责任。”受环境保护主管部门委托的环境监察机构在其受托范围内,可以委托其处罚的环境保护主管部门名义实行行政处罚。

进一步分析,上述环境行政处罚裁量权主体包括两类:一类是对污染企业有行政管辖权的地方政府;另一类是污染行为地的地方政府。《环境行政处罚办法》第十七条规定，县级以上环境保护主管部门管辖本行政区域的环境行政处罚案件。造成跨行政区域污染的行政处罚案件，由污染行为发生地环境保护主管部门管辖。北京市第三中级人民法院（2020）京03行终778号北京吉运通汽车服务有限公司与北京市朝阳区人民政府等二审行政判决书中二审法院认为："本案涉及排放污水的行为发生在朝阳区，综合上述法律及规章规定并结合本案排污地点可以认定，原区环保局以及承继其职责的朝阳区生态环境局作为朝阳区范围内承担水污染防治监管职责的行政机关，对于发生在其管辖区域内的水污染防治违法行为具有监管、查处的法定职责。同时，朝阳区政府作为朝阳区生态环境局的上一级地方人民政府，具有根据《行政复议法》第十二条第一款的规定，受理吉运通公司提出的行政复议申请并作出行政复议决定的法定职责。"

二、内容合法合理

（一）裁量权合理性的认定逻辑

行政机关在履行法律赋予的行政管理职权、针对行政相对人作出具体行政行为时，所依据的法律规范一般仅对行为目的、范围、条件、幅度和种类等作出原则性的规定。至于具体如何适用，行政机关是有自主选择权的，该选择权系行政自由裁量权。法律之所以赋予行政机关以自由裁量权，是因为社会现象纷繁复杂、变幻莫测，违法行为千姿百态、瞬息万变，法律不可能穷尽规范所有社会现象。其立法本意是针对前述各种问题，在立法不能完全调整的情况下，按照公平、公正的原则，给予行政机关以自由裁量权。故而，行政自由裁量权可被定义为：行政机关在法定幅度内，根据实际情况通过主观选择决定如何适用法律而作出具体行政行为的一种权力。"行政自由裁量是现代社会行政执法的主要内容和核心问题，是行政执法中最困难的部分。因为无论法律制定如何精细，也不可能包容千姿百态的违法现象和瞬息万变的矛盾冲突。"①

环境行政处罚自由裁量权主要表现在两方面：一是合法性，即环境行政处罚实施主体在其权限范围内；二是合理性，即是否给予处罚、给予何种处罚及处罚轻重符合过罚相当原则。《行政处罚法》第四条第二款规定："设定和实施行政处罚必须以事实为依据，与违法行为的事实、性质、情节以及社会危害程

① 任敬陶：《规范行政处罚自由裁量权研究》，载《东方行政论坛》2012年第2辑。

度相当。”

关于合理性的判断，司法实践中有以下两种做法：

1. 以本案为代表的裁判思路，按照《环境行政处罚办法》第六条规定，从以下方面综合考虑处罚的合理性：（1）违法行为所造成的环境污染、生态破坏程度及社会影响；（2）当事人的过错程度；（3）违法行为的具体方式或者手段；（4）违法行为危害的具体对象；（5）当事人是初犯还是再犯；（6）当事人改正违法行为的态度和所采取的改正措施及效果。同类违法行为的情节相同或者相似、社会危害程度相当的，行政处罚种类和幅度应当相当。

2. 以地方政府制定的裁量权基准为标准，就处罚是否符合基准进行判断。如江苏省扬州市中级人民法院（2019）苏 10 行终 335 号亚东石化（扬州）有限公司与扬州市仪征生态环境局、扬州市生态环境局行政复议二审判决书中二审法院认为本案的争议焦点之一是“101 号处罚决定裁量适当”“被上诉人仪征环境局依据上级文件要求结合环境执法实践，制定了《仪征市环保局行政处罚自由裁量权基准》，该规范性文件系为了规范自由裁量权的行使，防止职权滥用而在法律规定的行政处罚的种类及幅度范围内进行的细化规定，并未突破法律规定，可以在行政处罚进行裁量时予以适用。同时，在案证据表明，案涉违法行为符合《仪征市环保局行政处罚自由裁量基准》CF261A 档次（16 万～20 万元）的裁量情形，被上诉人仪征环境局依据上述条款和裁量基准，对上诉人作出罚款十六万元的处罚，裁量适当。”

（二）关于“一事不再罚”的适用

环境污染行为有反复多发的特点，生产企业受到一次环保行政处罚后，再次发生污染事件并受到处罚的情况并不少见。阿尔法系统检索数据显示，主张环境行政处罚因违反“一事不再罚”原则而丧失合理性的案件，约占全部环境行政处罚案件的 3%。环境行政处罚时如何正确适用“一事不再罚”原则，有以下建议：

1. 对限期改正结束后存在的环境违法行为，可以认定为新的违法行为，并依法实施处罚，不属于一事二罚。《环境行政处罚办法》第十一条规定：“环境保护主管部门实施行政处罚时，应当及时作出责令当事人改正或者限期改正违法行为的行政命令。责令改正期限届满，当事人未按要求改正，违法行为仍处于继续或者连续状态的，可以认定为新的环境违法行为。”如海南省第二中级人民法院(2016)琼97行终51号儋州市生态环境保护局海南桑德水务有限公司环境行政处罚纠纷一案中,二审法院认为:“在海南省环境监测中心站出具的琼环监[2013]第023号《监测报告》显示排放超标后,上诉人于2013年7月12日向被上诉人送达了责令限期改正的通知,‘限于2013年10月15日前完成整改任务’,但该厂并未整改,继续超标排放,即构成了新的违法行为,因此上诉人对该厂的继续处罚是合法的,没有违反‘一事不再罚’原则。”

2. 针对不同污染行为作出的环境处罚,不属于一事二罚。江苏省扬州市中级人民法院(2017)苏10行终30号江苏赛格纺织机械有限公司与仪征市环境保护局、仪征市人民政府行政处罚、行政复议二审行政判决书中,上诉人赛格公司认为,被上诉人仪征环保局之前对于该公司的排污行为已经作出过仪环罚(2016)第1号行政处罚决定,现该局又作出本案被诉仪环罚(2016)第9号行政处罚决定,再次对该公司处以罚款的行政处罚,违反了“一事不再罚”的原则。法院认为:“被上诉人仪征环保局先后作出的仪环罚(2016)第1号行政处罚决定和仪环罚(2016)第9号行政处罚决定,系分别针对该公司的不同违法行为,并不违反《中华人民共和国行政处罚法》上述规定的一事不再罚原则。因此,对于上诉人的上述主张,本院依法不予采纳。”

3. 受到环保处罚后排放其他种类污染物,构成新违法行为。《生态环境部办公厅关于环境行政处罚过程中有关问题的复函》(环办环监函〔2018〕719号)中,就“关于按日连续处罚中‘拒不改正’的认定”,解释如下:《水污染防治法》第九十五条规定:“企业事业单位和其他生产经营者违法排放水污染物,受到罚款处罚,被责令改正的,依法作出处罚决定的行政机关应当组织复查,发现其继续违法排放水污染物或者拒绝、阻挠复查的,依照《环境保护法》的规定按日连续处罚。”根据上述规定,企业因废水化学需氧量排放超标被环保部门责令改正违法行为并依法处罚,环保部门复查时,发现该企业仍继续违法排放水污染物,即使废水化学需氧量排放达标但氨氮等其他水污染物排放超标的,属于拒不改正违法排放污染物行为,可以依据《水污染防治法》《环境保护主管部门实施按日连续处罚办法》相关条款对该企业实施按日连续处罚。

三、程序合法

《行政处罚法》第三条规定:“公民、法人或者其他组织违反行政管理秩序的行为,应当给予行政处罚的,依照本法由法律、法规或者规章规定,并由行政机关依照本法规定的程序实施。没有法定依据或者不遵守法定程序的,行政处罚无效。”环保部门实施环境行政处罚自由裁量权,应当根据《行政处罚法》及相关规定,履行调查、取证、告知等法定程序,充分保障当事人的陈述权、申辩权和救济权。对符合法定听证条件的环境违法案件,应当依法组织听证,充分听取当事人意见,并集体讨论决定。

司法实践中,因程序问题导致环保行政处罚被确认违法、无效的相关案例如:

1. 行使裁量权的行为超出法定期限,如对当事人权利造成实质影响则应予撤销,如无实质影响则确认违法但不予撤销。如北京市第二中级人民法院(2019)京02行终1922号北京市房山区人民政府等与王斌二审行政判决书记载,在本案中,房山生态环境局对涉案建设项目进行了现场检查,对王斌进行了调查询问,在作出行政处罚决定前,向王斌送达了责令改正违法行为决定书和行政处罚听证告知书,履行了送达告知义务。王斌未申请听证,房山生态环境局依据其查明的事实,作出被诉处罚决定,并无不当。但在行为期限上,房山生态环境局于2018年8月10日立案,11月6日作出被诉处罚决定书,11月26日向王斌邮寄送达该处罚决定,存在超期送达的情况。根据《行政处罚法》第四十条之规定,行政处罚决定书应当在宣告后当场交付当事人;当事人不在场的,行政机关应当在7日内依照《民事诉讼法》的有关规定,将行政处罚决定书送达当事人。《环境行政处罚办法》第五十五条规定,环境保护行政处罚案件应当自立案之日起的3个月内作出处理决定。案件办理过程中听证、公告、监测、鉴定、送达等时间不计入期限。一审、二审法院均根据《行政诉讼法》第七十四条第一款第二项规定,行政行为程序轻微违法,但对原告权利不产生实际影响的,人民法院判决确认违法,但不撤销行政行为,判决环保行政处罚违法。

2. 违背查处分离原则。查处分离是指环境执法的调查、审核、决定、执行等职能进行相对分离,使执法权力分段行使,执法人员相互监督,不是指由不同政府部门负责。宁夏回族自治区银川市中级人民法院(2018)宁01行终231号宁夏启元药业有限公司与银川市生态环境局行政处罚二审案件的争议焦点之一是银环气罚字(2017)098号《银川市环境保护局行政处罚决定书》程序是否合法问题。上诉人提出被上诉人违反了“查处分离”的规定。法院认为:“调查取证与决定处罚相分离是环境保护行政主管部门的内部分工，本案中，调查取证人员参与处罚听证程序及处罚决定的送达并不代表其系作出处罚决定人员，被上诉人决定处罚系经层级报批、集体研究决定。故上诉人的该主张，本院不予支持”。

3. 环保部门通知听证，但当事人放弃听证的，不属于环境行政处罚程序违法。《行政处罚法》第四十二条规定，行政机关作出责令停产停业、吊销许可证或者执照、较大数额罚款等行政处罚决定之前，应当告知当事人有要求举行听证的权利。《关于进一步规范适用环境行政处罚自由裁量权的指导意见》也要求建立重大执法决定法制审核制度，“对涉及重大公共利益，可能造成重大社会影响或引发社会风险，直接关系行政相对人或第三人重大权益，经过听证程序作出行政执法决定，以及案件情况疑难复杂、涉及多个法律关系的案件，设立专门机构和人员进行严格法制审核”。听证是行政法授予当事人保护自身权益权利的工具，但不是必需程序，当事人可以要求听证，也可以放弃听证。

前述(2018)宁01行终231号案件中，上诉人提出被上诉人剥夺其听证权利、行政处罚程序违法问题。法院查明事实显示，被上诉人向上诉人送达银环听告字(2017)087号《行政处罚听证告知书》，该《行政处罚听证告知书》明确了上诉人可要求举行听证的内容，并告知上诉人逾期提出听证申请的法律后果，但上诉人却以银环责改字(2017)018号《责令改正违法行为通知书》的内容要求听证，其听证申请事项与被上诉人所告知的可举行听证的申请事项不符，“故被上诉人决定不予受理上诉人的听证申请并无不当，上诉人的该主张，本院不予支持。”

【风险提示】

2019年5月21日，生态环境部为进一步提高生态环境部门依法行政的能力和水平，指导生态环境部门进一步规范生态环境行政处罚自由裁量权的适用和监督，有效防范执法风险，发布《关于进一步规范适用环境行政处罚自由裁量权的指导意见》，内容涉及适用行政处罚自由裁量权的原则和制度、制定裁量规则和基准的总体要求、制定裁量规则和基准的程序、裁量规则和基准的适用、裁量权运行的监督和考评等各方面内容，对生态环境行政部门合法、合规行使环境行政处罚自由裁量权有着极大的推动作用。企业在从事生产经营活动的过程中，为防范发生环境污染事件、被行政机关处以环境行政处罚，律师建议：

1. 企业在生产经营过程中，严格按照法律法规的规定，取得《排污许可证》等相关法律规定企业应获取的证照，以防企业因证照不全面而被行政机关行政处罚，提前规避法律风险。

2. 若企业在生产经营过程中发生环境污染事件而被行政机关处罚的，企业应在法定期限内，针对行政处罚作出主体是否有权作出相应的具体行政行为、具体行政处罚措施是否符合"过罚相当原则"、行政处罚决定作出程序是否符合法律规定等各方面进行综合考量，进而判断行政处罚决定是否存在违反法律、法规规定的情形，并及时通过法定程序主张自身权利。

【相关法律法规】

《环境行政处罚办法》(2010 年 1 月 19 日)

第十条　根据法律、行政法规和部门规章，环境行政处罚的种类有：

(一)警告；

(二)罚款；

(三)责令停产整顿；

(四)责令停产、停业、关闭；

(五)暂扣、吊销许可证或者其他具有许可性质的证件；

(六)没收违法所得、没收非法财物；

(七)行政拘留；

(八)法律、行政法规设定的其他行政处罚种类。

第十六条　发现不属于环境保护主管部门管辖的案件，应当按照有关要求和时限移送有管辖权的机关处理。

涉嫌违法依法应当由人民政府实施责令停产整顿、责令停业、关闭的案件，环境保护主管部门应当立案调查，并提出处理建议报本级人民政府。

涉嫌违法依法应当实施行政拘留的案件，移送公安机关。

涉嫌违反党纪、政纪的案件，移送纪检、监察部门。

涉嫌犯罪的案件，按照《行政执法机关移送涉嫌犯罪案件的规定》等有关规定移送司法机关，不得以行政处罚代替刑事处罚。

《中华人民共和国环境保护法》(2014 年 4 月 24 日修订)

第四十五条 国家依照法律规定实行排污许可管理制度。

实行排污许可管理的企业事业单位和其他生产经营者应当按照排污许可证的要求排放污染物;未取得排污许可证的,不得排放污染物。

第六十条 企业事业单位和其他生产经营者超过污染物排放标准或者超过重点污染物排放总量控制指标排放污染物的,县级以上人民政府环境保护主管部门可以责令其采取限制生产、停产整治等措施;情节严重的,报经有批准权的人民政府批准,责令停业、关闭。

重大责任事故罪的犯罪构成

【裁判规则】

矿山企业中实际参与企业经营,对生产、作业负有组织、指挥或者管理职责的负责人、管理人员、实际控制人、投资人等人员,以及直接从事生产、作业的人员均是重大责任事故罪的主体。能证明其未参与企业实际经营的股东可不认定为重大责任事故罪的犯罪主体,但监事不能主张实际未履行监管职能而不构成犯罪主体,其他负有安全管理职责的人员亦不能因向领导汇报或提出过安全管理建议而免除自身责任或减轻刑罚。

【典型案例】

泸县桃子沟煤矿重大责任事故、非法存储爆炸物案[(2013)泸刑终字第72号]

【案情简介】

原公诉机关:四川省泸县人民检察院

上诉人(原审被告单位):泸县桃子沟煤业有限公司(又名泸县桃子沟煤矿)

上诉人(原审被告人):罗剑、李贞元、胡德友、徐英成、谢胜良、姜大伦、陈天才、杨万平、卢德全、张长勇、陈远华、周明

一审法院查明:泸县桃子沟煤矿始建于1978年,原系泸县福集镇人民政府开办的集体企业,2002年5月,由李贞元、罗某某二人购买后共同经营,2008年,罗某某去世后转由其子罗剑与李贞元共同经营,注册资本119万元,二人各占50%股份,罗剑任法定代表人、执行董事。2012年9月,该矿在工商登记部

门更名为泸县桃子沟煤业有限公司(民营企业)。该矿因技改扩建未验收,相关证照尚未更换,泸县桃子沟煤矿和泸县桃子沟煤业有限公司两个证照同时均在使用。2013 年 3 月,李贞元将其股份变更登记在其女婿周明名下,由周明任监事。实际控制人李贞元主要负责煤矿生产安全管理。2013 年 5 月 15 日,该矿因发生“5·11 矿难”而被责令关闭。

案发前,被告单位泸县桃子沟煤矿聘任被告人胡德友、张长勇为行政矿长(胡德友于 2012 年 10 月 15 日至 2013 年 4 月 14 日任行政矿长,4 月 15 日以后协助矿长工作,张长勇于 2013 年 4 月 15 日上任)。2013 年 3 月 15 日,泸县桃子沟煤矿任命被告人陈天才为技术副矿长,被告人谢胜良为调度室主任,被告人姜大伦为生产副矿长,被告人徐英成为安全副矿长,被告人杨万平为掘进副矿长,被告人卢德全为机电副矿长,被告人陈远华为夜班副矿长。各矿长的工作职责是:被告人张长勇、胡德友作为行政矿长是全矿安全生产第一责任人,负责安全法规的贯彻执行,全面掌握安全情况;被告人徐英成作为安全生产副矿长是安全生产的直接负责人,负责贯彻安全生产法规、组织审定安全规章制度、深入一线指挥安全生产;被告人谢胜良作为调度室主任应贯彻执行安全生产法规,发布安全工作的指示,督促安全生产工作,监督安全措施执行情况;被告人陈天才作为技术副矿长,编制作业规程,负责矿井“一通三防”工程质量及技术等工作;被告人卢德全作为机电副矿长,全面负责矿内机电日常管理工作,定期不定期进行机电、运输系统安全检查,制止违章作业;被告人姜大伦作为生产副矿长,全面负责掘进维修及技改工程;被告人杨万平作为掘进副矿长、被告人陈远华作为夜班副矿长兼掘进队长负责本矿或本队所有掘进头碛头工作面的安全管理工作,当发现有危及职工安全的隐患时,必须采取果断措施进行处理,参与全矿安全大检查,制止违章作业。

被告单位泸县桃子沟煤业有限公司因无独立的炸药库房,2011 年 9 月,在泸县人民政府协调下,被告单位等 8 家煤矿以泸县厚源矿业有限公司名义共同买下原泸县华叙爆破公司位于泸县福集镇大坪村十一社的民用爆炸物品库房,8 家煤矿分别以泸县厚源矿业有限公司名义与安翔公司签订民用爆炸物品仓库委托管理合同,约定由安翔公司代为运输、储存、配送和回收 8 家煤矿生产所用的民用爆炸物品。被告单位泸县桃子沟煤业有限公司为满足生产急需,提高生产效率,降低生产成本,2012 年年底,在未经相关部门审查、验收的情况下，单位主要负责人李贞元安排工人在井下建成两个硐室，用于储存、发放生产所需炸药、雷管。2013 年 3 月，泸县桃子沟煤矿技改扩建试运行后，被告单位未安排专人管理炸药、雷管硐室，只是在早、中班轮班时派一名兼职人员在硐室处发放生产用炸药、雷管，剩余的部分则储存在硐室内。被告人李贞元在明知爆炸物品不按规定回收存在安全隐患的情况下，指使工人将生产过程中没有用完的爆炸物品自行存放。被告人罗剑作为单位法定代表人，明知单位违反相关规定非法储存爆炸物，为掩盖本单位非法储存爆炸物的事实，与被告人胡德友一同指使库管员严某某伪造爆炸物管理台账，逃避监管；被告人胡德友和徐英成作为被告单位的行政矿长（或矿长助理）和安全副矿长，对矿用爆炸物品的管理、监督负有职责，在明知单位在井下建造硐室非法储存炸药、雷管，工人随意存放爆炸物不退库的情况下，无视自身岗位职责和相关法律法规的规定，没有采取有效的措施予以制止，导致该矿生产所用的爆炸物长期处于非法储存的危险状态。2013 年 5 月 15 日，泸县桃子沟煤矿矿井被依法关闭前，在泸县公安局民警和被告单位库管员严某某的见证下，安翔公司工作人员从该矿井下共计回收非法储存的炸药 622.8 千克，雷管 1461 枚（已扣除 5 月 11 日当天配送井下的炸药 384 千克，雷管 500 枚）。

另查明，被告人胡德友因犯抢劫罪于 1990 年 3 月 26 日被法院判处有期徒刑七年；2005 年 12 月 20 日因犯盗窃罪被河南省渑池县人民法院判处有期徒刑三年，缓刑四年；2010 年 8 月 2 日又因犯盗窃罪被河南省渑池县人民法院判处有期徒刑八个月，于 2011 年 1 月 8 日刑满释放。

泸县桃子沟煤矿原设计生产能力为 3 万吨，2009 年 12 月经四川省经委批复技改扩建为 9 万吨，2012 年 9 月，泸州市经信委批复矿井联合试运行，2013 年 3 月 25 日，泸县安监局批复同意该矿复工复产，并于 4 月 7 日核准该矿的 2121 采煤工作面和 4 个掘进工作面进行生产。泸县桃子沟煤矿在技改扩建期间，被告人李贞元在未经审批的情况下，安排被告人陈天才设计 3111 采煤工作面，安排被告人谢胜良、姜大伦等人组织工人掘进布置 3111 采煤工作面，并伺机违规开采。2013 年 2 月的一天，被告人李贞元邀被告人谢胜良、姜大伦商议开采 3111 采煤工作面事宜。3 月中旬的一天，被告人李贞元召集被告人陈天才、姜大伦、徐英成、卢德全、谢胜良、杨万平、胡德友开会，决定开采 3111 采煤工作面，要求各分管副矿长各司其职。会后，被告人李贞元约同被告人罗剑、谢胜良、姜大伦等人共谋以提高采煤单价的方式,鼓励工人到3111采煤工作面采煤。同时采取只在中班进行生产、不发放作业人员定位识别卡、不安装瓦斯监控系统及传感器、遇检查时提前封闭巷道等手段逃避监管。被告人张长勇、陈远华虽未参会,但在工作中发现3111采煤工作面在非法开采并存在严重安全隐患的情况后,没有及时采取有效的措施予以制止。被告人周明作为该矿的股东和监事,在参与3111工作面管理过程中,未尽到相应的监督管理职责。

2013年5月11日14时15分,泸县桃子沟煤矿3111采煤工作面在生产作业过程中,因通风设施不完善,且未安装瓦斯监控系统及传感器,在微风状态下作业导致井下瓦斯积聚达到爆炸浓度未得到有效的监测,该工作面六支巷采煤作业点放炮残余炸药燃烧引起瓦斯爆炸,致使当时在井下工作的当班工人杨万贵等28人遇难,其余18人不同程度受伤,造成直接经济损失2449万余元。经四川省人民政府成立的泸州市泸县桃子沟煤矿"5·11"重大瓦斯爆炸事故调查组技术组认定:泸县桃子沟煤矿"5·11"重大瓦斯爆炸事故是一起责任事故。同时认定该矿3111采煤工作面未经许可组织生产、蓄意逃避监管、通风管理混乱、采用明令淘汰的采煤方法、现场管理混乱、职工培训不到位等因素是事故发生的间接原因。

"5·11"矿难事故发生后,被告人罗剑、李贞元、胡德友、徐英成、谢胜良、姜大伦、陈天才、杨万平、卢德全、陈远华积极组织、参与救援工作、处理善后事宜。被告人李贞元、谢胜良、胡德友、姜大伦、陈天才、杨万平、卢德全、张长勇、陈远华、周明、徐英成自动投案并如实供述各自负有重大事故责任的事实。

一审法院认为:被告单位泸县桃子沟煤业有限公司的行为已触犯《刑法》,构成非法储存爆炸物罪。被告人罗剑、李贞元、胡德友、徐英成在被告单位非法储存爆炸物行为中是直接负责的主管人员,均已构成非法储存爆炸物罪,依法应当对单位的犯罪行为承担相应刑事责任。对被告单位依法应判处相应罚金,对被告人罗剑、李贞元、胡德友、徐英成依法应在十年以上有期徒刑幅度内处罚。被告人罗剑、李贞元在单位犯罪非法储存爆炸物罪中的地位、作用明显大于被告人胡德友、徐英成,应从严惩处,被告人徐英成、胡德友地位、作用相对较小,且被告人胡德友在一段时间处于协助矿长职位,均可酌情从轻处罚。被告人胡德友在前罪刑满释放后五年内再犯应当判处有期徒刑之罪,系累犯,且有前科,应从重处罚。被告人罗剑在泸县桃子沟煤矿作为股东、法定代表人、执行董事,被告人李贞元作为实际控制人,被告人胡德友前后作为行政矿长和矿长助理,被告人徐英成作为安全副矿长,被告人谢胜良作为调度室主任,被告人姜大伦作为生产副矿长,被告人陈天才作为技术副矿长,被告人杨万平作为掘进副矿长,被告人卢德全作为机电副矿长,被告人张长勇作为行政矿长,被告人陈远华作为夜班副矿长兼掘进队长,被告人周明作为股东、监事,在生产、作业过程中,违反煤矿生产安全管理的规定,未经审批违规作业,对存在的安全隐患未尽到监督管理职责,因而发生28人死亡、18人不同程度受伤,直接经济损失人民币2449万元的重大损失,情节特别恶劣,均已构成重大责任事故罪,依法应在三至七年有期徒刑幅度内裁量刑罚。被告人李贞元、胡德友、徐英成、谢胜良、姜大伦、陈天才、杨万平、卢德全、张长勇、陈远华、周明案发后自动投案,如实供述犯罪事实,系自首,可以从轻或者减轻处罚。"5·11"事故发生后,被告人罗剑、李贞元、胡德友、徐英成、谢胜良、姜大伦、陈天才、杨万平、卢德全、陈远华积极组织、参与救援工作,被告人罗剑、李贞元、周明取得了部分伤者及受害者家属的谅解,可酌情从宽处罚。被告人胡德友曾因三次故意犯罪受到刑事处罚,在重大责任事故罪中系有前科,应酌情从重处罚。被告人谢胜良、姜大伦、陈天才、杨万平、卢德全、张长勇、陈远华、周明均系初犯,可酌情从轻处罚。综合本案的犯罪事实、情节、社会危害后果考量,根据宽严相济刑事政策,对被告人罗剑、李贞元作为煤矿业主,为追求经济利益,严重违反安全管理规定,违法组织生产,导致重大伤亡事故和重大经济损失,情节特别恶劣,虽有自首、部分认罪、组织救援等从宽情节,但不足以对其从轻处罚;对被告人胡德友、徐英成、谢胜良、姜大伦、陈天才、杨万平、卢德全、张长勇、陈远华、周明均可酌情从轻处罚。被告人李贞元、罗剑、徐英成、胡德友犯非法储存爆炸物罪和重大责任事故罪,应当数罪并罚。

一审法院判决:(1)被告单位泸县桃子沟煤业有限公司(又名泸县桃子沟煤矿)犯非法储存爆炸物罪,判处罚金人民币五十万元。(2)被告人罗剑犯非法储存爆炸物罪,判处有期徒刑十五年,犯重大责任事故罪,判处有期徒刑七年,数罪并罚,决定执行有期徒刑二十年。(3)被告人李贞元犯非法储存爆炸物罪,判处有期徒刑十五年,犯重大责任事故罪,判处有期徒刑七年,数罪并罚,决定执行有期徒刑二十年。(4)被告人徐英成犯非法储存爆炸物罪,判处有期徒刑十二年,犯重大责任事故罪,判处有期徒刑六年六个月,数罪并罚,决定执行有期徒刑十七年。(5)被告人胡德友犯非法储存爆炸物罪,判处有期徒刑十一年,犯重大责任事故罪,判处有期徒刑六年六个月,数罪并罚,决定执行有期徒刑十六年。(6)被告人谢胜良犯重大责任事故罪,判处有期徒刑六年六个月。(7)被告人陈天才犯重大责任事故罪,判处有期徒刑六年六个月。(8)被告人姜大伦犯重大责任事故罪,判处有期徒刑六年六个月。(9)被告人张长勇犯重大责任事故罪,判处有期徒刑六年。(10)被告人杨万平犯重大责任事故罪,判处有期徒刑五年。(11)被告人卢德全犯重大责任事故罪,判处有期徒刑五年。(12)被告人陈远华犯重大责任事故罪,判处有期徒刑五年。(13)被告人周明犯重大责任事故罪,判处有期徒刑五年。

二审法院查明的事实和采信的证据与原审一致。

二审法院认为:上诉人(原审被告单位)泸县桃子沟煤业有限公司作为煤炭生产企业,在煤炭开采过程中违反法律法规的规定,在生产矿井内设置爆炸物库房非法储存炸药、雷管和允许工人在井下自存爆炸物,并制作假爆炸物台账逃避监管,将本应退库的炸药622.8千克、雷管1461枚非法储存在井下,危害公共安全,已触犯《刑法》,构成非法储存爆炸物罪,情节严重。上诉人(原审被告人)罗剑、李贞元、胡德友、徐英成在单位非法储存爆炸物中是直接负责的主管人员,均已构成非法储存爆炸物罪,情节严重。罗剑、李贞元、胡德友、徐英成、谢胜良、姜大伦、陈天才、杨万平、卢德全、张长勇、陈远华、周明在生产、作业过程中,违反煤矿生产安全管理的规定,未经审批违规作业,对存在的安全隐患未尽到各自的监督管理职责,因而发生28人死亡、18人不同程度受伤,直接经济损失人民币2449万元的重大损失,均已构成重大责任事故罪,情节特别恶劣。

上诉人(原审被告单位)泸县桃子沟煤业有限公司关于其不构成非法储存爆炸物罪的上诉理由与审理查明的事实不符,不能成立……综上所述,本案各上诉人(原审被告单位及原审被告人)的上诉理由及辩护意见均不能成立,本院不予采纳。四川省泸州市人民检察院的意见正确,本院予以采纳。

二审法院裁定驳回上诉,维持原判。

【规则解读】

安全生产是矿山企业生产经营的头等要事。安全生产事故引发的刑事责任风险，又以重大责任事故罪、重大劳动事故罪为高危点。本案属于重大责任事故罪的典型情况，其中犯罪主体的认定规则，对于矿山企业承包、租赁、投资相关主体明确管理义务具有警示作用。

一、重大责任事故罪

重大责任事故罪是在生产、作业中违反有关安全管理的规定，因而发生重大伤亡事故或者造成其他严重后果的行为。1997 年《刑法》第一百三十四条将重大责任事故罪的构成界定为“工厂、矿山、林场、建筑企业或者其他企业、事业单位的职工，由于不服管理、违反规章制度，或者强令工人违章冒险作业，因而发生重大伤亡事故或者造成其他严重后果的，处三年以下有期徒刑或者拘役；情节特别恶劣的，处三年以上七年以下有期徒刑”。2006 年《刑法修正案(六)》将该条拆分为两款，第一款为重大责任事故罪，增设第二款强令违章冒险作业罪。其中，重大责任事故罪取消了犯罪主体为“工厂、矿山、林场、建筑企业或者其他企业、事业单位的职工”的限定，扩大至中国境内的生产企业和职工。

二、重大责任事故罪的犯罪主体

根据最高人民法院、最高人民检察院联合发布《关于办理危害生产安全刑事案件适用法律若干问题的解释》(法释〔2015〕22 号，以下简称《危害生产安全刑事案件解释》)，重大责任事故罪的犯罪主体包括两类人员：一类是对生产、作业负有组织、指挥或者管理职责的负责人、管理人员、实际控制人、投资人等人员；另一类是直接从事生产、作业的人员。

司法实践中，直接从事生产、作业的一线员工被认定为犯罪主体的难度较小，因其行为和事故间的直接因果关系易于辨识。比如，(2014)天刑初字第 44 号判决中，被告人李永某作为装载机驾驶人，负有对装载机机件安全性能的检查义务，其驾驶具有安全隐患的装载机违章载人作业，直接导致发生二人死亡的重大事故，被判决构成重大责任事故罪，判处有期徒刑二年六个月，缓刑三年。

但矿山企业的负责人、管理人员、实际控制人、投资人等人员认定为重大责任事故罪的犯罪主体，前提是“负有组织、指挥或者管理职责”，理论上应对矿山企业的股东、投资人、管理层进行甄别。但因为现行法律对此没有明确指引，此类犯罪主体的认定难度较大。综合相关裁判文书，就被认定为犯罪主体的矿山企业投资、经营人员，有以下规则可供参考：

1. 不参与生产的股东可不认定为犯罪主体。最高人民法院公报案例之印华四、印华二、陆铭、张小学、孔维能、封正华重大责任事故罪案件具有典型意义。印华四、印华二、印路保共同投资开办金银煤矿，三人各占金银煤矿三分之一的股份，印华四担任主要负责人，负责复采四单元的全面管理工作，印华二负责后勤管理，印路保不负责具体管理工作。此后，被告人印华四、印华二将煤矿承包给被告人张小学和陆铭开采，印华四负责煤矿全面管理工作，印华二参与管理，印华四、印华二安排被告人孔维能负责煤矿安全管理，实际上履行安全矿长职责，安排被告人封正华担任金银煤矿技术员，负责煤矿生产技术规范管理。该煤矿发生重大瓦斯爆炸事故，造成19名工人死亡、15名工人受伤的严重后果。在犯罪主体认定中，印华四、印华二是矿山企业股东且实际参与生产管理；张小学和陆铭虽然没有参与生产管理，但作为矿山承包人理应承担企业管理职责；孔维能、封正华系企业负责人和管理人员。而没有被追究刑事责任的印路保虽然是矿山企业股东，但因其没有实际参与生产管理工作，不作为重大责任事故罪的主体。

2. 实际控制人、投资人不限于登记在公司章程的股东。实践中，某些国家工作人员或者具有特定职务身份的公司、企业管理人员，为了规避法律、法规限制性规定，以他人名义投资入股公司，成为不在公司章程显名的隐名股东。在《危害生产安全刑事案件解释》生效之前，隐名股东没有纳入犯罪主体范围，难以受到重大责任事故罪惩处。2015年12月15日，《危害生产安全刑事案件解释》生效，控制人、投资人不以公司章程为依据，而以事实为准。

3. 公司监事理应承担企业监管职能，不能主张实际未履行监管职能而不构成犯罪主体。本案被判处有期徒刑五年的被告周明系矿山企业的股东、监事。根据裁判文书，矿山实际投资人李贞元将其股份变更登记在其女婿周明名下，由周明任监事，李贞元主要负责煤矿生产安全管理。周明及其辩护人提出无罪辩护，理由为挂名股东、实际上并未参与企业生产管理，但该主张没有得到二审法院认可。在(2018)湘10刑终393号的陈建华、王新军犯重大责任事故、非法经营案罪案中，被告之一陈建华上诉称：其事实上没有在所谓的岗位履职，不存在有所谓的落实执行和监管的职责，公司股东、监事的身份不是重大责任事故罪的主体。二审法院认为，“陈建华未履行好岗位职责，不落实执行和监管的职责，监管不到位，致使驾驶员疲劳驾驶安全设施不按规定放置在车内的机动车出行，从而发生特别重大道路交通事故，该行为与本案的重大责任事故存有法律上的因果关系”，反映了与本案相同的裁判逻辑。

根据公司法原理，股东是公司出资人，其对公司核心义务是按公司章程履行出资义务、保证公司注册资金到位；监事会、监事是公司的监督管理部门，监事会、不设监事会的公司监事的职权包括：检查公司财务；对董事、高级管理人员执行公司职务的行为进行监督，对违反法律、行政法规、公司章程或者股东会决议的董事、高级管理人员提出罢免的建议；当董事、高级管理人员的行为损害公司的利益时，要求董事、高级管理人员予以纠正；对董事、高级管理人员提起诉讼等。因此，股东可以主张其不曾参与生产经营而免于构成重大责任事故罪，但公司监事却不能，因为监督矿山企业生产、管理是其核心职能，怠于履行职能恰恰是重大责任事故罪的客观行为。

三、犯罪客观方面

表现为在生产、作业中违反有关安全管理规定的行为。具体可分为以下三个要素：

1. 必须具有违反有关安全管理的规定的行为。违反有关安全管理规定是构成生产、作业责任事故罪的前提。有关的安全管理规定可以是国家颁布的与安全生产有关的法律、法规等规范性文件；也包括企业及管理机关制定的规范安全生产及操作的各种规章制度，以及虽无明文规定，但反映生产、科研、设计、施工的安全操作客观规律和要求，在实践中为职工所公认的行之有效的操作习惯和惯例等。

2. 违规行为必须发生在生产、作业过程中。

3. 行为必须造成法定后果，即《刑法》第一百三十四条第一款规定的“发生重大伤亡事故或者造成其他严重后果”。《危害生产安全刑事案件解释》规定，具有下列情形之一的，应当认定为“造成严重后果”或者“发生重大伤亡事故或者造成其他严重后果”，对相关责任人员，处三年以下有期徒刑或者拘役：(1)造成死亡一人以上，或者重伤三人以上的；(2)造成直接经济损失一百万元以上的；(3)其他造成严重后果或者重大安全事故的情形。

具有下列情形之一的，从重处罚：(1)未依法取得安全许可证件或者安全许可证件过期、被暂扣、吊销、注销后从事生产经营活动的；(2)关闭、破坏必要的安全监控和报警设备的;(3)已经发现事故隐患,经有关部门或者个人提出后,仍不采取措施的;(4)一年内曾因危害生产安全违法犯罪活动受过行政处罚或者刑事处罚的;(5)采取弄虚作假、行贿等手段,故意逃避、阻挠负有安全监督管理职责的部门实施监督检查的;(6)安全事故发生后转移财产意图逃避承担责任的;(7)其他从重处罚的情形。实施前款第五项规定的行为,同时构成《刑法》第三百八十九条规定的犯罪的,依照数罪并罚的规定处罚。

四、犯罪主观方面

表现为过失,即应当预见到自己的行为可能发生重大伤亡事故或者造成其他严重后果,因为疏忽大意而没有预见或者已经预见而轻信能够避免,以致发生这种结果的主观心理状态。

以本案为例,徐英成在安全检查中发现问题已向实际控制人李贞元作了汇报;张长勇曾向矿主反映安全问题并要求停止非法开采活动,但未被采纳;卢德全上诉称其在 3111 工作面开采会上提出过反对意见。人民法院认为,上述人员均对煤矿企业负有安全管理职责,但因为疏忽大意未对存在的安全隐患未尽到监督管理职责,未采取有效措施督促单位负责人进行整改导致发生重大安全事故,且未能提供真实有力的证据佐证其上诉理由,因此人民法院在量刑过程中并未因上述人员对煤矿的安全隐患提出建议而减轻其刑罚。在(2019)粤 13 刑终 80 号的张龙、彭玉称重大责任事故案中,彭玉称作为公司分管安全和安技股的副经理,虽然对公司没有对驾驶员进行安全培训、未如实记录安全生产教育和培训及未定期组织驾驶员进行应急救援演练等情况向负责人作了汇报并提出建议,但是其未认真履行安全生产管理职责,未能及时排查肇事车辆多次超速行驶、违章作业等事故隐患,最终导致了安全事故的发生。人民法院在量刑中并未将其提出过安全管理建议作为减轻刑罚的参考因素。上述两起案件中,从人民法院审判角度考量,事故责任人员在任何时候都应当履行自身的安全管理职责,虽然事故责任人员对安全隐患作了汇报或提出建议,但其履行安全管理职责并不充分,因此不能免除刑事责任。

【风险提示】

重大责任事故罪是一种非常常见的责任事故犯罪,这些事故的防范,主要依赖于矿山企业加强内部管理,按照法律及规章制度的要求,安全组织生产。

矿山企业管理人员在日常生产管理过程中,应当积极履行自身职责,做到不违规生产、不推卸责任、不放松安全管理,积极防范事故的发生。在安全事故发生后主动向公安机关投案,积极组织、参与事故抢救,或者积极配合调查、主动赔偿损失。

【相关法律法规】

《中华人民共和国刑法》(2020 年 12 月 26 日修正)

第一百三十四条第一款　在生产、作业中违反有关安全管理的规定,因而发生重大伤亡事故或者造成其他严重后果的,处三年以下有期徒刑或者拘役;情节特别恶劣的,处三年以上七年以下有期徒刑。

《最高人民法院、最高人民检察院关于办理危害生产安全刑事案件适用法律若干问题的解释》(2015 年 12 月 14 日)

第一条　刑法第一百三十四条第一款规定的犯罪主体,包括对生产、作业负有组织、指挥或者管理职责的负责人、管理人员、实际控制人、投资人等人员,以及直接从事生产、作业的人员。

第六条第一款　实施刑法第一百三十二条、第一百三十四条第一款、第一百三十五条、第一百三十五条之一、第一百三十六条、第一百三十九条规定的行为,因而发生安全事故,具有下列情形之一的,应当认定为“造成严重后果”或者“发生重大伤亡事故或者造成其他严重后果”,对相关责任人员,处三年以下有期徒刑或者拘役:

(一)造成死亡一人以上,或者重伤三人以上的;

(二)造成直接经济损失一百万元以上的;

(三)其他造成严重后果或者重大安全事故的情形。

第七条第一款　实施刑法第一百三十二条、第一百三十四条第一款、第一百三十五条、第一百三十五条之一、第一百三十六条、第一百三十九条规定的行为,因而发生安全事故,具有下列情形之一的,对相关责任人员,处三年以上七年以下有期徒刑:

(一)造成死亡三人以上或者重伤十人以上,负事故主要责任的;

(二)造成直接经济损失五百万元以上,负事故主要责任的;

(三)其他造成特别严重后果、情节特别恶劣或者后果特别严重的情形。

第十二条 实施刑法第一百三十二条、第一百三十四条至第一百三十九条之一规定的犯罪行为，具有下列情形之一的，从重处罚：

（一）未依法取得安全许可证件或者安全许可证件过期、被暂扣、吊销、注销后从事生产经营活动的；

（二）关闭、破坏必要的安全监控和报警设备的；

（三）已经发现事故隐患，经有关部门或者个人提出后，仍不采取措施的；

（四）一年内曾因危害生产安全违法犯罪活动受过行政处罚或者刑事处罚的；

（五）采取弄虚作假、行贿等手段，故意逃避、阻挠负有安全监督管理职责的部门实施监督检查的；

（六）安全事故发生后转移财产意图逃避承担责任的；

（七）其他从重处罚的情形。

实施前款第五项规定的行为，同时构成刑法第三百八十九条规定的犯罪的，依照数罪并罚的规定处罚。

第十三条 实施刑法第一百三十二条、第一百三十四条至第一百三十九条之一规定的犯罪行为，在安全事故发生后积极组织、参与事故抢救，或者积极配合调查、主动赔偿损失的，可以酌情从轻处罚。

重大劳动安全事故罪与重大责任事故罪竞合的处理

【裁判规则】

在完全是由于安全生产设施或者安全生产条件不符合国家规定的情况下进行生产、作业,因而发生重大伤亡事故或者造成其他严重后果的,不以重大责任事故罪论,应当以重大劳动安全事故罪定罪量刑。

【典型案例】

刘胜杰、刘卫平、楚湘葵重大劳动安全事故、非法采矿、单位行贿案[(2013)潭中刑终字第203号]

【案情简介】

抗诉机关:湖南省湘潭县人民检察院

上诉人(原审被告人):刘卫平、刘胜杰、楚湘葵

一审法院查明:2010年1月5日12时5分,湘潭县某某煤矿中间井(又名新井)三道暗立井(位于-155米至-240米水平之间)发生因电缆短路引发的火灾事故。事故当日有85人下井,安全升井51人,遇难34人,造成直接经济损失2962万元。2010年1月28日,经湖南省煤矿科学研究所事故技术鉴定专家组对湘潭县谭家山镇某某煤矿"1·5"特别重大火灾事故进行鉴定后出具的技术鉴定报告,认定事故的直接原因是:某某煤矿中间井三道暗立井使用非阻燃电缆,提升时"吊箩"碰撞造成已损坏的电缆芯线相间短路引起火灾,产生大量有毒有害气体;矿井超深越界非法开采,没有形成完整的通风系统和安全出口,烟流扩散造成人员中毒死亡。

被告人刘卫平、楚湘葵、刘胜杰作为湘潭县某某煤矿的实际投资人、控制人，是湘潭县某某煤矿“1·5”重大责任事故案中负有管理职责的管理人员，未认真履行管理职责，未采取有效安全防范管理措施，主要表现为：(1)某某煤矿立井未采用铠装电缆，使用的“吊箩”提升设备损伤电缆；(2)某某煤矿未按规定安装和使用检漏继电器，电器开关过流保护失效；(3)使用非阻燃橡套软电缆；(4)矿井暗立井内铺设有动力电缆、通讯电缆、非阻燃的塑料管、橡皮吊箩、木支架等可燃物；(5)矿井无独立的通风系统；(6)矿井在超深越界区域没有设置安全出口，无逃生通道；(7)矿井没有防、灭火系统，避灾、自救设施不完善。

2008年11月15日，被告人楚湘葵、刘卫平、刘胜杰以1339.8万元的价格从刘坤其、刘凤鸣（以上二人另案处理）手中非法承让湘潭县某某煤矿采矿权，楚湘葵、刘卫平、刘胜杰三人各投入资金450万元。湘潭县某某煤矿的采矿许可证上核准的开采范围约0.0362平方公里，深度为100M至－124M，有效期限自2008年4月至2009年4月。2009年1月13日，因湘潭县某某煤矿安全生产许可证、煤炭生产许可证等已过期，湘潭县煤炭监督管理局对某某煤矿下达了《关于立即停止生产的通知》[即潭煤监字(2009)14号文件]；2009年4月23日，因湘潭县某某煤矿存在越界开采的违法行为被湘潭县国土资源管理局责令立即停止生产。

被告人刘卫平、楚湘葵、刘胜杰在明知某某煤矿超深越界开采煤炭资源的情况下，采取弄虚作假的手段，逃避矿产资源管理部门的监管，故意隐瞒原湘潭县某某煤矿的实际开采深度，以技改的名义非法组织生产，经湘潭县国土资源管理局、湘潭县煤炭监督管理局等部门多次责令停止开采后仍拒不停止开采，至2010年1月5日发生事故时，某某煤矿东井已采至－640米水平，中井已拓至－420米水平，西井已采至－580米水平，严重超越某某煤矿采矿许可证许可的－124米水平。

湖南省国土资源厅鉴定结论为，湘潭县某某煤矿2009年5月1日至2009年12月25日计产原煤29,958.72吨，破坏矿产资源价值人民币9,046,634.68元。

一审法院认为：被告人刘卫平、刘胜杰、楚湘葵身为原湘潭县某某煤矿的实际投资人、控制人，在原湘潭县某某煤矿的安全生产设施及安全生产条件不符合国家规定的前提下进行生产，因而发生重大伤亡事故，情节特别恶劣，其行为均已构成重大劳动安全事故罪。公诉机关指控被告人刘卫平、刘胜杰、楚湘葵犯重大责任事故罪的罪名不当，应当以重大劳动安全事故罪追究三被告人的刑事责任。被告人刘卫平、刘胜杰、楚湘葵作为原湘潭县某某煤矿的实际投资人、控制人，违反《矿产资源法》的规定，未取得采矿许可证擅自采矿，情节特别严重，其行为均已构成非法采矿罪……

一审法院判决：(1)被告人刘卫平犯重大劳动安全事故罪，判处有期徒刑五年；犯非法采矿罪，判处有期徒刑六年，并处罚金三百万元；犯单位行贿罪，判处有期徒刑二年。总和刑期为有期徒刑十三年，并处罚金三百万元，合并决定执行有期徒刑九年，并处罚金三百万元。(2)被告人刘胜杰犯重大劳动安全事故罪，判处有期徒刑四年；犯非法采矿罪，判处有期徒刑四年，并处罚金三百万元；犯单位行贿罪，判处有期徒刑一年。总和刑期为有期徒刑九年，并处罚金三百万元，合并决定执行有期徒刑七年，并处罚金三百万元。(3)被告人楚湘葵犯重大劳动安全事故罪，判处有期徒刑四年；犯非法采矿罪，判处有期徒刑四年，并处罚金三百万元；犯单位行贿罪，判处有期徒刑一年。总和刑期为有期徒刑九年，并处罚金三百万元，合并决定执行有期徒刑六年六个月，并处罚金三百万元。

二审法院认定一审法院审理事实。

二审法院认为：上诉人(原审被告人)刘卫平、刘胜杰、楚湘葵身为原湘潭县某某煤矿的实际投资人、控制人，在原湘潭县某某煤矿的安全生产设施及安全生产条件不符合国家规定的前提下进行生产，因而发生重大伤亡事故，情节特别恶劣，其行为均已构成重大劳动安全事故罪。上诉人刘卫平、刘胜杰、楚湘葵作为原湘潭县某某煤矿的实际投资人、控制人，违反《矿产资源法》的规定，未取得采矿许可证擅自采矿，情节特别严重，其行为均已构成非法采矿罪……上诉人刘胜杰因故意犯罪被判处有期徒刑以上刑罚，刑罚执行完毕以后，在五年以内再故意犯应当判处有期徒刑以上刑罚之罪，是累犯，依法应当从重处罚。上诉人刘卫平系初犯、事故发生后能积极救援，可以酌情从轻处罚。上诉人刘卫平、楚湘葵在事故发生后积极组织抢救，并对死难者家属予以了足额补偿，配合政府职能部门整合关闭煤矿，维护了社会稳定，可以酌情从轻处罚。

上诉人刘卫平、刘胜杰、楚湘葵上诉均称“主体不符，不构成重大劳动安全事故罪”。经查,三上诉人均为湘潭县某某煤矿实际控制人、投资人,符合《最高人民法院关于办理危害矿山生产安全刑事案件具体应用法律若干问题的解释》第三条规定的主体条件,因此,该上诉理由不能成立,本院不予采纳。

上诉人刘卫平、刘胜杰、楚湘葵上诉均称“不属于无证开采,不构成非法采矿罪”。经查,湘潭县某某煤矿的采矿许可证核准的开采深度为100米至-124米,有效期限自2008年4月至2009年4月,三上诉人在明知采矿许可证已经过期,并且已经超深开采,政府多个部门多次责令停止开采后仍然拒不停止开采,属于严重的非法采矿行为,因此,该上诉理由不能成立,本院不予采纳。

二审法院裁定驳回部分抗诉,驳回上诉人(原审被告人)刘卫平、刘胜杰、楚湘葵的上诉,维持原判。

【规则解读】

本案一审期间,检察机关以重大责任事故罪提起公诉,一审法院认为罪名不当,应以重大劳动安全事故罪追究刑事责任。本案关于重大劳动安全事故罪的认定,以及与重大责任事故罪竞合的处理原则,代表了此类案件的裁判逻辑。

一、重大劳动安全事故罪

重大劳动安全事故罪,是指安全生产设施或者安全生产条件不符合国家规定,因而发生重大伤亡事故或者造成其他严重后果的行为。《刑法》第一百三十五条对重大劳动安全事故罪的规定是“安全生产设施或者安全生产条件不符合国家规定,因而发生重大伤亡事故或者造成其他严重后果的,对直接负责的主管人员和其他直接责任人员,处三年以下有期徒刑或者拘役;情节特别恶劣的,处三年以上七年以下有期徒刑”。

二、重大劳动安全事故罪的犯罪构成

(一)主体

重大劳动安全事故罪的主体是对安全生产设施或者安全生产条件直接负责的主管人员和其他直接责任人员。《危害生产安全刑事案件解释》第三条对“直接负责的主管人员和其他直接责任人员”详细解释为“对安全生产设施或者安全生产条件不符合国家规定负有直接责任的生产经营单位负责人、管理人员、实际控制人、投资人,以及其他对安全生产设施或者安全生产条件负有

管理、维护职责的人员”。

根据该解释，重大劳动安全事故罪的犯罪主体有以下三类：

1. 对安全生产设施或者安全生产条件不符合国家规定负有直接责任的生产经营单位负责人、管理人员、实际控制人、投资人。本案中，楚湘葵、刘卫平、刘胜杰以1339.8万元的价格从刘坤其、刘凤鸣手中非法承让湘潭县某某煤矿采矿权，楚湘葵、刘卫平、刘胜杰三人各投入资金450万元，并实际经营该煤矿。因煤矿中间井三道暗立井使用不符合国家规定的非阻燃电缆，且未形成完整的通风系统和安全出口，进而导致发生了34人死亡的重大安全事故。因此，作为煤矿的投资人、实际控制人，刘胜杰、刘卫平、楚湘葵对煤矿的安全生产负有不可推卸的责任，按照《危害生产安全刑事案件解释》的规定，应当按照重大劳动安全事故罪对三人予以惩处。

2. 对安全生产设施或者安全生产条件负有管理、维护职责的人员。(2020)苏0707刑初220号连云港市赣榆区人民检察院诉仲伟信重大劳动安全事故罪案中，仲伟信作为张某乙自建房屋的承建人，未提供符合国家规定的安全生产条件，致使工人张师德在高处作业时摔下，经抢救无效死亡，其行为侵犯了生产安全，人民法院最终判决其构成重大劳动安全事故罪，判处有期徒刑一年，缓刑一年六个月。

3. 无经营资质的煤矿企业主及安全管理人员。鉴于《危害生产安全刑事案件解释》并未对生产经营单位的资质进行规定，所以，一旦发生劳动安全事故，没有经营资质的小煤窑的负责人、管理人、实际控制人、投资人及其他安全管理、维护人员，也应属于重大劳动安全事故罪的犯罪主体。

(二)行为方式

重大劳动安全事故罪的违法行为是未使安全生产设施或者安全生产条件符合国家规定。

“安全生产设施”是指为了保证安全生产而配置的设施设备，如煤矿企业为了防止井下瓦斯浓度过大、威胁井下作业人员生命安全而配置的瓦斯报警装置，为了应对井下突发情况而设置的安全出口等。

依照《企业安全生产标准化基本规范》的规定，“安全生产条件”一般包括以下几个方面：建立、健全安全生产责任制，制定完备的安全生产规章制度和操作规程；安全投入符合安全生产要求；设置安全生产管理机构，配备专职安全生产管理人员；主要负责人和安全生产管理人员经考核合格；特种作业人员经有关业务主管部门考核合格，取得特种作业操作资格证书；从业人员经安全生产教育和培训合格；依法参加工伤保险，为从业人员缴纳保险费；厂房、作业场所和安全设施、设备、工艺符合有关安全生产法律、法规、标准和规程的要求；有职业危害防治措施，并为从业人员配备符合国家标准或者行业标准的劳动防护用品；依法进行安全评价；有重大危险源检测、评估、监控措施和应急预案；有生产安全事故应急救援预案、应急救援组织或者应急救援人员，配备必要的应急救援器材、设备；法律、法规规定的其他条件。

如果矿山企业在生产作业中没有按照国家规定配备安全生产设施，使安全生产设施设备处于运转状态，或者在安全生产条件不符合国家规定的情况下组织生产，如果发生重大伤亡事故或者造成其他严重后果，则会构成重大劳动安全事故罪。

（三）结果

构成重大劳动安全事故罪客观上要求发生重大伤亡事故或者造成其他严重后果。根据《危害生产安全刑事案件解释》第六条的规定，“重大伤亡事故”或者“其他严重后果”是指：（1）造成死亡一人以上，或者重伤三人以上的；（2）造成直接经济损失一百万元以上的；（3）其他造成严重后果或者重大安全事故的情形。

三、重大劳动安全事故罪与重大责任事故罪的竞合

司法实践中，重大劳动安全事故罪与重大责任事故罪，极易被混淆。在中国裁判文书网上全文搜索“重大劳动安全事故罪重大责任事故罪”，可发现有近千份裁判文书中检察机关指控的罪名与人民法院认定的罪名不同。比如，（2013）甘刑初字第144号白某某重大劳动安全事故罪案判决书中，检察机关指控被告人白某某犯重大劳动安全事故罪并提起公诉，而在审理中人民法院认为被告人白某某在生产作业中违反有关安全管理的规定，不具备驾驶装载机的资格而驾驶装载机，发生重大伤亡事故，其行为构成重大责任事故罪。公诉机关指控的犯罪事实成立，但指控罪名不当，应予以纠正。

（一）两罪的理论区分

理论上，重大劳动安全事故罪与重大责任事故罪的联系区分很清晰。两罪主观上都属于过失犯罪，都要求发生重大伤亡事故或者造成其他严重后果。

但在犯罪主体、犯罪行为等方面亦有不同：

1. 犯罪主体不同。虽然两种罪名的主体都包括负责人、管理人员、实际控制人、投资人等人员，但是犯罪主体的范围是不同的。重大劳动安全事故罪的主体仅限于对安全生产设施或者安全生产条件不符合国家规定负有直接责任的生产经营单位负责人、管理人员、实际控制人、投资人，以及其他对安全生产设施或者安全生产条件负有管理、维护职责的人员。重大责任事故罪的主体是一般主体，即对生产、作业负有组织、指挥或者管理职责的负责人、管理人员、实际控制人、投资人等人员，以及直接从事生产、作业的人员均是本罪的主体。从范围大小来说，重大劳动安全事故罪的主体范围相比重大责任事故罪更窄一些。

2. 犯罪行为不同。重大劳动安全事故罪的客观行为是安全生产设施或者安全生产条件不符合国家规定，因而发生重大伤亡事故或者造成其他严重后果，重点在于安全生产设施或者安全生产条件不符合国家规定。重大责任事故罪在生产、作业中违反有关安全管理的规定，因而发生重大伤亡事故或者造成其他严重后果，其行为违反的是有关安全管理的规定。

（二）两罪竞合的处理原则

司法实践中，在某些情况下，重大责任事故罪和重大劳动安全事故罪会产生竞合。从客观方面讲，安全生产设施或者安全生产条件不符合国家规定的情况下进行生产、作业，其本身就是在生产、作业中违反有关安全管理的规定；在主体方面，重大安全事故罪的主体包括两类：一类是对生产、作业负有组织、指挥或者管理职责的负责人、管理人员、实际控制人、投资人等，这些人员往往同时对安全生产设施或者安全生产条件的合格与否承担直接责任；另一类是对安全生产设施或者安全生产条件负有管理、维护职责的电工、瓦斯检查工等人员，也是直接从事生产、作业的一线工作人员，是重大责任事故罪的主体之一。

在重大劳动安全事故罪与重大责任事故罪竞合时，司法机关的裁判逻辑包括：①

1. 在完全是由于安全生产设施或者安全生产条件不符合国家规定的情况下进行生产、作业，因而发生重大伤亡事故或者造成其他严重后果的情况下，应当以重大劳动安全事故罪定罪量刑。因为这是立法规定的典型重大劳动安

---

① 尚知国等重大劳动安全事故案，摘自《刑事审判参考》2008 年第 5 集指导案例第 505 号。

全事故犯罪，即使这种行为本身也是一种违反有关安全管理规定的行为，从罪名评价的最相符合性考虑，一般不以重大责任事故罪认定。

2. 在安全生产设施或者安全生产条件不符合国家规定的情况下，在生产、作业中又违反具体的安全管理规定，因而发生重大伤亡事故或者造成其他严重后果的，应区分不同情况选择较为妥当的罪名定罪量刑。（1）当二罪中某一罪的情节明显重于另一罪时，应按情节较重的罪名定罪量刑。（2）当二罪的情节基本相当的情况下，对于实际控制人、投资人，他们对安全生产设施或者安全生产条件是否符合国家规定负有直接责任，在无法查清对生产、作业是否负有组织、指挥或者管理职责时，以重大劳动安全事故罪定罪量刑。如果对生产、作业同时负有组织、指挥或者管理职责时，为了司法实践的统一，一般仍以重大劳动安全事故罪定罪为宜，而将"在生产、作业中违反有关安全管理的规定"的行为作为从重处罚的情节；对于负责人、管理人员，他们既对生产、作业负有组织、指挥或者管理职责，又对安全生产设施或者安全生产条件是否符合国家规定负有直接责任。出于同样的考虑，对他们一般也以重大劳动安全事故罪定罪为宜，而将"在生产、作业中违反有关安全管理的规定"的行为作为从重处罚的情节。对于"对安全生产设施或者安全生产条件负有管理、维护职责的电工、瓦斯检查工等人员"，亦参照上述原则处理。

【风险提示】

矿山企业的安全生产问题一直是社会普遍关注的焦点问题，也是关系国计民生的重要问题。在生产作业中，矿山企业应确保生产设备、设施符合国家规定，严格遵守国家、行业有关安全管理的规定，保证劳动者的生命安全和健康，保证重大公私财产的安全。在安全事故发生后，不应为了逃避或者减轻罪责，与负有报告职责的人员串通，不报或者谎报事故情况，贻误事故抢救时机。按照《危害生产安全刑事案件解释》规定，事故发生后隐瞒不报的，可能构成不报、谎报安全事故罪的共犯，与重大劳动安全事故罪并处。

【相关法律法规】

《中华人民共和国刑法》（2020 年 12 月 26 日修正）

第一百三十四条第一款　在生产、作业中违反有关安全管理的规定，因而发生重大伤亡事故或者造成其他严重后果的，处三年以下有期徒刑或者拘役；情节特别恶劣的，处三年以上七年以下有期徒刑。

第一百三十五条　安全生产设施或者安全生产条件不符合国家规定，因而发生重大伤亡事故或者造成其他严重后果的，对直接负责的主管人员和其他直接责任人员，处三年以下有期徒刑或者拘役；情节特别恶劣的，处三年以上七年以下有期徒刑。

《最高人民法院、最高人民检察院关于办理危害生产安全刑事案件适用法律若干问题的解释》(2015 年 12 月 14 日)

第三条　刑法第一百三十五条规定的“直接负责的主管人员和其他直接责任人员”，是指对安全生产设施或者安全生产条件不符合国家规定负有直接责任的生产经营单位负责人、管理人员、实际控制人、投资人，以及其他对安全生产设施或者安全生产条件负有管理、维护职责的人员。

第十二条　实施刑法第一百三十二条、第一百三十四条至第一百三十九条之一规定的犯罪行为，具有下列情形之一的，从重处罚：

(一)未依法取得安全许可证件或者安全许可证件过期、被暂扣、吊销、注销后从事生产经营活动的；

(二)关闭、破坏必要的安全监控和报警设备的；

(三)已经发现事故隐患，经有关部门或者个人提出后，仍不采取措施的；

(四)一年内曾因危害生产安全违法犯罪活动受过行政处罚或者刑事处罚的；

(五)采取弄虚作假、行贿等手段，故意逃避、阻挠负有安全监督管理职责的部门实施监督检查的；

(六)安全事故发生后转移财产意图逃避承担责任的；

(七)其他从重处罚的情形。

实施前款第五项规定的行为，同时构成刑法第三百八十九条规定的犯罪的，依照数罪并罚的规定处罚。

第十六条　对于实施危害生产安全犯罪适用缓刑的犯罪分子，可以根据犯罪情况，禁止其在缓刑考验期限内从事与安全生产相关联的特定活动；对于被判处刑罚的犯罪分子，可以根据犯罪情况和预防再犯罪的需要，禁止其自刑罚执行完毕之日或者假释之日起三年至五年内从事与安全生产相关的职业。

非法采矿罪的犯罪构成

【裁判规则】

未取得采矿许可证擅自采矿,仅取得探矿权证"以探代采",采矿许可证被注销、吊销、撤销后继续开采,超越许可证规定的矿区范围或者开采范围采矿,以及开采超出许可证规定的矿种(共生、伴生矿种除外)等未取得许可证擅自开采矿山,情节严重的,构成非法采矿罪;矿山企业实际负责人是本罪犯罪主体之一。

【典型案例】

肖方顺非法采矿案[(2019)最高法刑申515号]

【案情简介】

原公诉机关:辽宁省清原满族自治县人民检察院

申诉人:肖方顺,住辽宁省沈阳市皇姑区。2015年3月31日因涉嫌犯非法占用农用地罪被清原满族自治县公安局刑事拘留,同年4月30日经清原满族自治县人民检察院批准,当日由清原满族自治县公安局执行逮捕。

一审判决查明……(四)非法采矿罪

被告人肖方顺伙同被告人肖遥、杨某某于2006年摘牌取得马家店铁矿探矿权后,以探代采,非法获利铁精粉20,000吨,2010年通过非法手段取得采矿权后至该矿转让期间,非法获利铁粉80,805.302吨,采矿区被破坏无法勘测,矿石价格无法估价。

辽宁积兴矿业发展有限公司清原马家店铁矿于2010年5月14日由辽宁省国土资源厅颁发采矿许可证,有效期限为2010年5月14日至2015年5月

14 日。该公司的法定代表人为肖遥，股东为肖遥、陈某某。2008 年 1 月 5 日，肖遥授权委托肖方顺（系肖遥父亲）作为其全权代理人，权限为：该公司的经营决策、资产购买与处置、业务发展等全部事宜，有权代为处置该公司的股东权利。2009 年 3 月 30 日，该公司召开股东会议，研究决定：同意陈某某放弃其在公司的 30% 的股份，放弃的股份全部转给新股东肖宪。

一审法院认为……被告人肖遥伙同肖方顺、杨某某违反法律规定，多次在未取得采矿权区域非法采矿，其行为已构成非法采矿罪。被告人王某甲作为地质工程勘测院的负责人，在履行勘察、勘查、测绘职责过程中，故意提供虚假工程地质勘察报告等证明文件，情节严重，其行为已构成故意提供虚假证明文件罪。

被告人于海涛到案后如实供述其犯罪事实，系坦白，依法可以从轻处罚。被告人王某甲主动投案，到案后如实供述其犯罪事实，系自首，依法可以从轻处罚。被告人肖方顺判决宣告以前犯数罪，对被告人肖方顺应以非法占用农用地罪、非法运输枪支罪、合同诈骗罪、非法采矿罪实行数罪并罚。对被告人肖遥应以合同诈骗罪、非法采矿罪实行数罪并罚。依照《刑法》第三百四十二条、第一百二十五条第一款、第三百四十三条、第二百二十九条、第二百二十四条、第二十五条第一款、第六十七条第一款、第三款、第六十九条的规定，一审法院判决：被告人肖方顺犯非法占用农用地罪，判处有期徒刑五年，并处罚金人民币 30 万元；犯非法运输枪支罪，判处有期徒刑三年；犯合同诈骗罪，判处有期徒刑十五年，并处罚金人民币 350 万元；犯非法采矿罪，判处有期徒刑二年，并处罚金人民币 45 万元。数罪并罚决定执行有期徒刑十九年，并处罚金人民币 425 万元……责令被告人肖方顺、肖宪、肖遥退赔被害人赵某某人民币 773.466 万元。

二审法院认定一审法院查明事实。

二审法院认为……关于上诉人肖方顺及其辩护人提出的不构成非法采矿罪的上诉理由及辩护意见，经查，上诉人肖方顺系积兴矿业实际负责人，积兴矿业超越矿区范围越界开采，且经清原县国土资源局因越界开采处罚后，仍继续实行非法越界开采行为。基于上述事实，肖方顺的行为符合非法采矿的犯罪构成，故对该上诉理由及辩护意见，本院不予采纳。

二审法院判决：驳回上诉人（原审被告人）肖方顺的上诉，维持原判。

辽宁省高级人民法院认为：肖方顺因合同诈骗、非法占用农用地、非法运输枪支、非法采矿一案，不服辽宁省清原满族自治县人民法院（2015）清刑初字第00135号刑事判决、抚顺市中级人民法院（2017）辽04刑终300号刑事裁定，以"原判认定事实不清、证据不足，适用法律错误，我的行为不符合合同诈骗罪的构成要件，我占用的农用地数量达不到非法占用农用地罪的立案标准，我没有非法运输枪支的事实和犯罪故意，没有非法采矿的犯罪事实，不构成原判认定的合同诈骗罪、非法占用农用地罪、非法运输枪支罪和非法采矿罪"等为主要理由，向辽宁省高级人民法院提出申诉。

肖方顺所称原判认定事实不清、证据不足，适用法律错误，肖方顺的行为不符合合同诈骗罪的构成要件，肖方顺占用的农用地数量达不到非法占用农用地罪的立案标准，肖方顺没有非法运输枪支的事实和犯罪故意，没有非法采矿的犯罪事实，不构成原判认定的合同诈骗罪、非法占用农用地罪、非法运输枪支罪和非法采矿罪的理由，与查明事实及证据不符，辽宁省高级人民法院不予支持。原判认定事实清楚，证据确实、充分，定罪准确，量刑适当，审判程序合法。

辽宁省高级人民法院判决：肖方顺的申诉不符合《刑事诉讼法》第二百五十三条规定的再审条件，辽宁省高级人民法院予以驳回。

最高人民法院认为：肖方顺因非法占用农用地、非法运输枪支、合同诈骗、非法采矿一案，对辽宁省清原满族自治县人民法院（2015）清刑初字第00135号刑事判决、辽宁省抚顺市中级人民法院（2017）辽04刑终300号刑事裁定、辽宁省高级人民法院（2018）辽刑申342号驳回申诉通知不服，以"原审判决认定事实错误，请求改判肖方顺无罪"等为由，向最高人民法院提出申诉。

最高人民法院经调阅本案的全部卷宗并组成合议庭审查后认为，原判认定事实清楚，证据确实、充分，定罪准确，量刑适当，审判程序合法。肖方顺的申诉不符合《刑事诉讼法》第二百五十三条规定的应当重新审判的情形，予以驳回。

【规则解读】

本案在非法采矿罪案件中具有代表性。在阿尔法系统以"非法采矿罪"为关键词，检索出生效判决15,756件，显示非法采矿罪是矿山企业刑事案件中的常见罪名；根据阿尔法大数据统计结果，非法采矿罪被告提起上诉后，57.82%的二审判决维持原判，11.15%的二审判决发回重审，13.2%的二审改判，显示我国司法系统对非法采矿罪已经形成比较成熟的审理逻辑。

一、非法采矿罪

《刑法》第三百四十三条第一款非法采矿罪规定："违反矿产资源法的规定，未取得采矿许可证擅自采矿，擅自进入国家规划矿区、对国民经济具有重要价值的矿区和他人矿区范围采矿，或者擅自开采国家规定实行保护性开采的特定矿种，情节严重的，处三年以下有期徒刑、拘役或者管制，并处或者单处罚金；情节特别严重的，处三年以上七年以下有期徒刑，并处罚金。"

非法采矿罪侵犯了国家对矿产资源和矿业生产的管理制度以及国家对矿产资源的所有权，主观上是明知故犯的故意，客观上表现为未取得许可证的情形，包括无许可证的；许可证被注销、吊销、撤销的；超越许可证规定的矿区范围或者开采范围的；超出许可证规定的矿种的（共生、伴生矿种除外）等。本罪责任主体是一般主体，矿山企业负责人和矿山企业都可构成本罪。《刑法》第三百四十六条规定："单位犯本节第三百三十八条至第三百四十五条规定之罪的，对单位判处罚金，并对其直接负责的主管人员和其他直接责任人员，依照本节各该条的规定处罚。"

二、非法采矿罪的客观表现形式

非法采矿罪的客观要件呈现为在未取得采矿许可证的前提下，擅自采矿，擅自进入国家规划矿区、对国民经济具有重要价值的矿区和他人矿区范围采矿，擅自开采国家规定实行保护性开采的特定矿种等三种形式。

（一）"未取得采矿许可证"的司法界定

《办理非法采矿解释》第二条规定："具有下列情形之一的，应当认定为刑法第三百四十三条第一款规定的'未取得采矿许可证'：（一）无许可证的；（二）许可证被注销、吊销、撤销的；（三）超越许可证规定的矿区范围或者开采范围的；（四）超出许可证规定的矿种的（共生、伴生矿种除外）；（五）其他未取得许可证的情形。"此规定涉及几个关键概念，以下结合相关法律规定逐一分析。

1. 未经法定程序合法取得采矿许可证而擅自采矿

我国《宪法》明确规定，国家是矿产资源的所有权人，矿山企业需合法取得采矿许可证后方才具备开采矿产资源的资格。按照《矿产资源法》,矿山企业可在矿业权一级出让市场,经协议出让、申请在先、招拍挂等方式,与相应层级主管部门签订矿业权出让合同,由地质矿产主管部门直接授权采矿权,核发许可证,也可在矿业权二级转让市场,以矿业企业收购、矿业权作价出资等方式,签订矿业权转让协议后,由地质矿产主管部门办理变更手续,登记为采矿许可证主体。非法采矿罪的"无证开采"是指矿山企业没有取得采矿许可证,没有获得采矿权。矿业权转让市场中,经常有受让人没有完成变更手续便接管矿山开始生产的情况。该情况的实质是受让人以原矿业权人的名义从事矿产资源开采行为,只要矿业权证是合法取得且在有效期内,不属于"无证开采"的情形。

1996 年《矿产资源法》规定了矿业权证的四级管理权限体制,根据矿产资源的矿种、储量、重要性等,分别由国务院、省、市、县四级地质矿产主管部门核发矿业权证。关于采矿许可证,国务院地质矿产主管部门负责核发:(1)国家规划矿区和对国民经济具有重要价值的矿区内的矿产资源;(2)前项规定矿区以外可供开采的矿产储量在大型以上的矿产资源;(3)国家规定实行保护性开采的特定矿种;(4)领海及中国管辖的其他海域的矿产资源,以及国务院规定的其他矿产资源。开采石油、天然气、放射性矿产等特定矿种的,可以由国务院授权的有关主管部门审批,并颁发采矿许可证。前述第(1)(2)以外的矿产资源,其可供开采的矿产储量规划为中型的,由省、自治区、直辖市人民政府地质矿产主管部门审批和颁发采矿许可证。市、县两级地质矿产主管部门,按照省、自治区、直辖市人民代表大会常务委员会制定的管理办法审批登记,颁发采矿许可证。

《矿产资源法》确定矿业权证的四级管理体制后,虽然矿业权证核发一直沿用四级权限,但各级政府权限内容尤其是国务院和省级政府的权限界限,随着国家治理改革不断有所调整。最近的两次重大调整,分别在 2017 年和 2019 年。2017 年,中共中央办公厅、国务院办公厅印发了《矿业权出让制度改革方案》(以下简称《改革方案》)。《改革方案》提出下放审批权限、强化监管服务的指导思想,对中央和省级两级矿业权审批权限划分作了调整,规定国土资源部负责石油、烃类天然气、页岩气、放射性矿产、钨、稀土六种矿产的探矿权采矿权审批,负责资源储量规模 10 亿吨以上的煤以及资源储量规模大型以上的煤层气、金、铁、铜、铝、锡、锑、钼、磷、钾十一种矿产的采矿权审批，其他原由国土资源部审批的下放省级国土资源主管部门审批。2019 年，自然资源部印发《关于推进矿产资源管理改革若干事项的意见（试行）》，该意见于 2020 年 5 月 1 日起正式实施。其要求实行同一矿种探矿权采矿权出让登记同级管理，规定自然资源部负责石油、烃类天然气、页岩气、天然气水合物、放射性矿产、钨、稀土、锡、锑、钼、钴、锂、钾盐、晶质石墨十四种重要战略性矿产的矿业权出让、登记；战略性矿产中大宗矿产通过矿产资源规划管控，由省级自然资源主管部门负责矿业权出让、登记。其他矿种由省级及以下自然资源主管部门负责。

2012 年，原国土资源部印发《矿业权交易规则（试行）》规定，采矿权出让有招标、拍卖、挂牌、申请在先、协议等五种方式。2019 年，自然资源部《关于推进矿产资源管理改革若干事项的意见（试行）》明确要求，全面推进矿业权竞争性出让，将"出让 + 审批"调整为"出让 + 登记"，不再将招标、拍卖、挂牌出让矿业权与原有的矿业权审批登记程序物理叠加。在招拍挂出让程序下，采矿权许可证的合法取得程序可归纳为：①

（1）自然资源部门根据矿产资源规划、矿产资源勘查专项规划、矿区总体规划、国家产业规划以及市场供需情况，编制招拍挂年度计划，报上级部门备案；根据备案的年度计划，自然资源部门编制招拍挂方案，县级以上地方主管部门可根据实际情况报同级人民政府组织审定；

（2）自然资源部门委托依法设立的矿业权交易机构并与交易机构签订委托合同；

（3）矿业权交易机构组织交易，发布出让公告、编制招拍挂相关文件；

（4）竞买人或投标人提供符合矿业权受让主体资质的有效证明文件，经矿业权交易机构审核合格，按照交易公告缴纳交易保证金，获得交易资格；

（5）矿业权交易机构按公告时间、地点组织招拍挂；

（6）成交后签订成交确认书，成交确认书具有合同效力，根据成交确认书签订矿业权出让合同；矿业权出让合同签订之日起 5 个工作日内，在自然资源

① 杜万华主编：《最高人民法院审理矿业权纠纷司法解释理解与适用》，中国法制出版社 2017 年版，第 46 页。

部门门户网站、矿业权交易机构交易大厅及其他指定网站公示交易结果和相关情况；

(7)成交相关信息公示无异议的，竞得人或中标人缴纳矿业权出让收益，持成交确认书、矿业权出让合同、缴费凭证及其他相关资料，申请办理矿业权登记手续；

(8)领取采矿权许可证。

2. 许可证被注销、吊销、撤销后仍开采矿产资源

在矿权管理中，注销、吊销、撤销都是地质矿产管理部门作出的具体行政行为，目的是让授予矿业权证的行为归于消灭，导致的后果是矿业权人不再持有采矿许可证、不再具备开采矿产资源的权利。但在行政法律关系层面，这三种行为有着本质区别：吊销是《行政处罚法》规定的行政处罚行为，地质矿产主管部门在吊销许可证之前，应告知矿山企业享有申请听证的权利，否则吊销行为无效。而撤销和注销不是行政处罚，没有此要求。

(1)许可证的注销

地方政府可依据职权直接注销许可证，无须经过矿山企业同意。如自然资源部办公厅《关于政策性关闭矿山采矿许可证注销有关工作的函》(自然资办函〔2019〕1574号)规定，在明确相关法定义务履行责任主体后，作出关闭退出决定的县级以上地方人民政府(或部门)及时将矿山关闭决定、关闭矿山基本情况(采矿许可证号、企业名称、生态修复义务履行责任主体)通知颁发采矿许可证的自然资源主管部门办理采矿许可证注销手续。收到地方人民政府(或部门)有关矿山关闭情况的通知后，颁发采矿许可证的自然资源主管部门可直接注销采矿许可证并向社会公告。对于存在查封、抵押备案等情况的，待查封解除、抵押解除后予以直接注销采矿许可证并向社会公告。

此外，如矿山企业许可证被吊销、撤销，应在吊销、撤销后主动在自然资源部门办理注销手续。

(2)许可证的吊销

在我国现行矿业法律法规中，采矿许可证被吊销的主要情形包括：

①未经审批管理机关批准，擅自转让矿业权，情节严重的；

②以承包等方式擅自将采矿权转给他人采矿；

③超越批准的矿区范围采矿，经责令拒不退回本矿区范围内开采，造成矿

产资源破坏的；

④采用破坏性方法开采矿产资源，情节严重的；

⑤伪造地质资料或者在地质资料汇交中弄虚作假，被地质资料接受部门责令限期改正，而逾期不改正的；

⑥擅自转让采矿权，情节严重的；

⑦提交年度报告、报表、进行年检，拒绝接受地质矿产主管部门监督检查，不按规定完成最低勘查投入，不按规定测绘井上、井下工程对照图的，情节严重的，吊销勘查许可证、采矿许可证；

⑧开采回采率、采矿贫化率、选矿回收率达不到地质矿产主管部门核准的指标，情节严重的，可以责令停产整顿，直至吊销采矿许可证；

⑨不按规定办理变更手续，责令限期改正而逾期不改正的；

⑩不按期缴纳应缴费用的，逾期仍不缴纳；

⑪勘查、开采矿产资源造成地质灾害隐患拒不治理的，情节严重的。

(3)许可证的撤销

采矿许可证被撤销，是因为授予矿业权的行政行为存在违法情形，由发证机关依法撤销，依据《行政许可法》第六十九条的规定，主要情形包括：

①授予许可证的自然资源部门，根据利害关系人的请求或者依据职权，可以撤销许可证；

②自然资源部门工作人员滥用职权、玩忽职守授予许可证；

③自然资源部门超越核发权限授予许可证；

④核发许可证的程序违反了法定程序；

⑤对不具备申请资格或者不符合法定条件的矿山企业授予采矿权许可证；

⑥矿山企业以欺骗、贿赂等不正当手段取得许可证，应当予以撤销。

撤销是行政机关对违规行为的补救措施，如补救可能对公共利益造成重大损害的，自然资源部门也可不予撤销。采矿权许可证被撤销，对矿山企业合法权益受到的损害，发证机关应当依法给予赔偿，矿山企业以欺骗、贿赂等不正当手段取得许可证的除外。

需要注意的是，许可证撤销和撤回是两个性质的行政行为。撤回依据《行政许可法》第八条规定："公民、法人或者其他组织依法取得的行政许可受法律保护，行政机关不得擅自改变已经生效的行政许可。行政许可所依据的法律、法规、规章修改或者废止，或者准予行政许可所依据的客观情况发生重大变化的，为了公共利益的需要，行政机关可以依法变更或者撤回已经生效的行政许可。由此给公民、法人或者其他组织造成财产损失的，行政机关应当依法给予补偿。”

3. 越界采矿

矿山企业应在采矿许可证上载明的矿区范围（立体空间区域）内开采矿产资源，《煤炭法》第二十四条明确规定，“煤炭生产应当依法在批准的开采范围内进行，不得超越批准的开采范围越界、越层开采……”违反采矿许可证上所规定的采矿地点、范围和其他要求，超越批准的矿区范围采矿的，主管部门有权责令退回本矿区范围内开采、赔偿损失，没收越界开采的矿产品和违法所得，可以并处罚款；拒不退回本矿区范围内开采，造成矿产资源严重破坏的，吊销采矿许可证。

4. 超出许可证规定的矿种，共生矿、伴生矿除外

共生矿是在同一矿区（矿床）内有两种或两种以上都达到各自单独的品位要求和储量要求、各自达到矿床规模的矿产。伴生矿是与主要矿产在同一矿床内，不具备独立开采价值，但有利用价值、可以与主要矿产一并开采利用的矿物或元素。

按照《矿产资源法》规定，矿山企业仅对采矿许可证上载明的矿种享有权利，擅自开采许可证载明之外的矿种，是无证开采行为。但共生矿、伴生矿与主要矿产在同一矿床，物理状态上难以完全隔离，禁止矿山企业开采不符合生产实际。地质矿山主管部门通常会将共生矿、伴生矿纳入储量评审范畴，统计共生、伴生资源储量，计算矿业权出让收益。因此，共生、伴生矿不在“无证开采”之内。

5. 在采矿许可证被依法暂扣期间擅自开采的，视为“未取得采矿许可证擅自采矿”

暂扣采矿权许可证是《行政处罚法》规定的行政处罚种类之一，在矿山管理实践中有广泛应用。通常情况下，采矿权人违反矿产资源管理要求，或者不配合主管部门的监督管理工作，主管部门可处以暂扣采矿许可证的处罚。如果矿山企业履行法定义务，可返还许可证；如拒绝履行，则可吊销许可证。

(二)“国家规划矿区、对国民经济具有重要价值的矿区和国家规定实行保护性开采的特定矿种”的界定

“国家规划矿区、对国民经济具有重要价值的矿区”源于1986年《矿产资源法》的规划矿区保护制度,1996年《矿产资源法》修改时,保留了相关规定。《矿产资源法》第十七条规定:“国家对国家规划矿区、对国民经济具有重要价值的矿区和国家规定实行保护性开采的特定矿种,实行有计划的开采;未经国务院有关主管部门批准,任何单位和个人不得开采。”第十八条规定:“国家规划矿区的范围、对国民经济具有重要价值的矿区的范围、矿山企业矿区的范围依法划定后,由划定矿区范围的主管机关通知有关县级人民政府予以公告。矿山企业变更矿区范围,必须报请原审批机关批准,并报请原颁发采矿许可证的机关重新核发采矿许可证。”

现行有效的规划矿区范围依据是2016年11月国务院批复实施的《全国矿产资源规划(2016—2020年)》,即第三轮矿产资源规划。该规划正式发布了267个国家规划矿区、15个规划矿种名录。2019年,自然资源部启动《矿产资源规划(2021—2025年)》的编制工作,正式规划有待公开。

“国家规定实行保护性开采的特定矿种”是国家根据国民经济建设和高科技发展的需要,以及资源稀缺、贵重程度确定的,由国务院有关主管部门按照国家计划批准开采的矿种,未经国务院有关主管部门批准,任何单位和个人不得开采。根据《关于对黄金矿产实行保护性开采的通知》和《关于将钨、锡、锑、离子型稀土矿产列为国家实行保护性开采特定矿种的通知》这两个文件确定,保护性开采的特定矿种有黄金、钨、锡、锑、稀土。

三、非法采矿罪的量刑

(一)非法采矿罪的立法标准

根据《办理非法采矿解释》第三条第一款规定,具有下列情形之一的,应当认定为“情节严重”,达到非法采矿罪的立法标准,处三年以下有期徒刑、拘役或者管制,并处或者单处罚金:

1. 开采的矿产品价值或者造成矿产资源破坏的价值在十万元至三十万元以上的;

2. 在国家规划矿区、对国民经济具有重要价值的矿区采矿,开采国家规定实行保护性开采的特定矿种,或者在禁采区、禁采期内采矿,开采的矿产品价

值或者造成矿产资源破坏的价值在五万元至十五万元以上的；

3. 二年内曾因非法采矿受过两次以上行政处罚，又实施非法采矿行为的；

4. 造成生态环境严重损害的；

5. 其他情节严重的情形。

第三条第一款规定加重情节，即具有下列情形之一的，属于“情节特别严重”，处三年以上七年以下有期徒刑，并处罚金：①数额达到前款第一项、第二项规定标准五倍以上的；②造成生态环境特别严重损害的；③其他情节特别严重的情形。

该解释第十条同时规定，不属于“情节特别严重”的情况包括：行为人系初犯，全部退赃退赔，积极修复环境，并确有悔改表现的，可以认定为犯罪情节轻微，不起诉或者免予刑事处罚。

（二）与破坏性采矿罪的区别

破坏性采矿罪是违反《矿产资源法》的规定，采取破坏性的开采方法开采矿产资源，造成矿产资源破坏的价值在五十万元至一百万元以上，或者造成国家规划矿区、对国民经济具有重要价值的矿区和国家规定实行保护性开采的特定矿种资源破坏的价值在二十五万元至五十万元以上，应处五年以下有期徒刑或者拘役，并处罚金。《刑法》第三百四十三条第二款及《办理非法采矿解释》第六条规定了该罪的立案标准和量刑。

破坏性采矿罪与非法采矿罪的根本区别在于是否持证。非法采矿罪是在无证的情况下实施开采行为，破坏性采矿罪是在合法持有采矿许可证的情况下破坏性地开采矿产资源。

（三）河道管理范围内采砂也可构成非法采矿罪

《水法》《河道管理条例》等规定，在河道管理范围内采砂、取土、淘金、弃置砂石或者淤泥，必须报经河道主管机关批准；涉及其他部门的，由河道主管机关会同有关部门批准。河道采砂实行许可证制度，应取得政府水行政主管部门授予的采砂许可证后，才可实行采砂行为。

违反采砂管理制度，未取得采砂许可证擅自开采的行为，根据《办理非法采矿解释》第四条，具有下列情形之一，符合《刑法》第三百四十三条第一款和本解释第二条、第三条规定的，以非法采矿罪定罪处罚：①依据相关规定应当办理河道采砂许可证，未取得河道采砂许可证的；②依据相关规定应当办理河道采砂许可证和采矿许可证，既未取得河道采砂许可证，又未取得采矿许可证的。实施前款规定行为，犯罪金额虽然达不到处罚标准，但严重影响河势稳定，危害防洪安全的，仍可构成"情节严重"，达到立案标准。

四、矿山企业负责人应是实际负责企业生产经营的责任人员

非法采矿罪的犯罪主体为一般主体，自然人和单位都可构成本罪，矿山企业非法采矿的，矿山企业直接负责的主管人员和其他直接责任人员按非法采矿罪处罚。《刑法》第三百四十六条规定："单位犯本节第三百三十八条至第三百四十五条规定之罪的，对单位判处罚金，并对其直接负责的主管人员和其他直接责任人员，依照本节各该条的规定处罚。"

矿山企业生产经营中，会出现名义负责人和实际负责人不一致的情况。比如，矿山企业承包后，承包人为实际负责人，矿山企业登记的法定代表人不参与生产管理；矿业权转让后，矿业权人办理了企业交接手续，但矿业权证变更登记没有完成，矿业权证的登记主体不是实际掌控企业的受让人；矿山企业只负责出资的财务投资股东，不参与企业生产管理……那么，本罪的企业直接负责的主管人员和其他直接责任人员，是以公司章程、企业规章制度、矿业权证等文件为依据，还是以企业生产的实际情况为依据呢？

本案被告肖方顺所在的万宝铅矿，公司法定代表人为肖遥，股东为肖遥、陈某某，肖方顺不是《公司法》意义上的管理人员。但其实际负责万宝铅矿的生产管理、经营决策等事项，是万宝铅矿的实际负责人。本案裁判表明，非法采矿罪的犯罪主体是实际负责企业生产经营的责任人员。与此裁判规则相同的案件，如(2020)皖13刑终177号高尚非法采矿案二审刑事裁定书，(2019)琼刑终49号张其明、张兴培非法采矿案二审刑事裁定书等。

【风险提示】

矿山企业从事生产作业前，应确认矿山手续完备，格外注意所持采矿许可证的矿区范围、矿种、权利期限等。非法采矿罪的犯罪主体包括实际控制人、投资人，对于实际参与企业管理的隐名股东，应当注意矿山管理带来的法律风险，不可因隐在企业名册之后心生侥幸心理。此外，矿山企业转让过程中也会出现企业实际经营权办理了交接，但矿业权证照变更登记手续尚未完成的情况。对于矿山企业的转让方，出现了一段名为矿业权人但没有实际控制权的过渡期。此期间的矿山企业股东、投资人，为了避免非法采矿罪、重大劳动安全事故罪等刑事责任波及自身，应做好企业生产作业的交接工作，彻底退出矿山企业管理。

【相关法律法规】

《中华人民共和国刑法》(2020 年 12 月 26 日修正)

第三百四十三条第一款　违反矿产资源法的规定，未取得采矿许可证擅自采矿，擅自进入国家规划矿区、对国民经济具有重要价值的矿区和他人矿区范围采矿，或者擅自开采国家规定实行保护性开采的特定矿种，情节严重的，处三年以下有期徒刑、拘役或者管制，并处或者单处罚金；情节特别严重的，处三年以上七年以下有期徒刑，并处罚金。

《最高人民法院、最高人民检察院关于办理非法采矿、破坏性采矿刑事案件适用法律若干问题的解释》(2016 年 11 月 28 日)

第十条　实施非法采矿犯罪，不属于“情节特别严重”，或者实施破坏性采矿犯罪，行为人系初犯，全部退赃退赔，积极修复环境，并确有悔改表现的，可以认定为犯罪情节轻微，不起诉或者免予刑事处罚。

第十三条　非法开采的矿产品价值，根据销赃数额认定；无销赃数额，销赃数额难以查证，或者根据销赃数额认定明显不合理的，根据矿产品价格和数量认定。

矿产品价值难以确定的，依据下列机构出具的报告，结合其他证据作出认定：

（一）价格认证机构出具的报告；

（二）省级以上人民政府国土资源、水行政、海洋等主管部门出具的报告；

（三）国务院水行政主管部门在国家确定的重要江河、湖泊设立的流域管理机构出具的报告。

第十四条　对案件所涉的有关专门性问题难以确定的，依据下列机构出具的鉴定意见或者报告，结合其他证据作出认定：

（一）司法鉴定机构就生态环境损害出具的鉴定意见；

（二）省级以上人民政府国土资源主管部门就造成矿产资源破坏的价值、是否属于破坏性开采方法出具的报告；

（三）省级以上人民政府水行政主管部门或者国务院水行政主管部门在国家确定的重要江河、湖泊设立的流域管理机构就是否危害防洪安全出具的报告；

（四）省级以上人民政府海洋主管部门就是否造成海岸线严重破坏出具的报告。

第三部分

建设运营纠纷

工程承包人竣工资料的移交义务

【裁判规则】

除非双方当事人的合同明确约定发包人支付工程结算款的前提必须是承包人提交完整的竣工资料,否则,发包人以承包人未能提交竣工资料作为拒绝支付工程价款的理由不能成立。

【典型案例】

铜陵有色金属集团铜冠建筑安装股份有限公司与江西自立环保科技有限公司建设工程施工合同纠纷案[(2019)赣民终386号]

【案情简介】

上诉人(原审本诉原告、反诉被告):铜陵有色金属集团铜冠建筑安装股份有限公司

上诉人(原审本诉被告、反诉原告):江西自立环保科技有限公司

一审法院查明,2012年自立公司与铜冠公司签订《建设工程施工合同》,约定自立公司将该公司二期工程(Ⅱ标)发包给铜冠公司。自立公司于2012年9月28日在合同上盖章,铜冠公司于2012年10月15日在合同上盖章。工程内容为Ⅱ标的炼铜车间、电解锌、铜等项目。开工日期暂定2012年9月15日,竣工日期暂定2013年7月12日,工期总日历天数300天,合同总工期不因合同外变更洽商的工程量变化而调整。工程质量标准为合格。合同价款估算为3500万元。组成合同的文件包括:(1)本合同协议书;(2)中标通知书;(3)投标书及其附件;(4)本合同专用条款;(5)本合同通用条款;(6)标准、规范及有关技术文件;(7)合同图纸;(8)本工程招标文件(除协议书、专用条款、通用条

款外);(9)发包人认定本工程量清单;(10)工程报价单或预算书。双方有关工程的洽商、变更等书面协议或文件视为本合同的组成部分。双方在《建设工程施工合同》专用条款中还作了以下约定……(4)发包人在接到竣工结算报告和完整的竣工结算资料之日起1月内开始进行竣工结算审核,在竣工结算审核完成1个月内,累计支付到工程结算价的95%,余5%作为工程质量保修金。在发包人支付上述款项前,承包人必须开具同等数额的正规税务发票,否则发包人有权拒绝支付……第47.18条"承包方在项目竣工验收后一个月内将完整的竣工结算资料提交发包方,发包方收到资料后一个月内委托有资质的审计单位进行审计,并于四个月内完成审计。本工程结算审核产生的费用,按江西省物价局〔2019〕84号文件计取,承包人应遵循实事求是、严格高估冒算的原则编辑工程结算书,核减追加费按核减额超过送审造价5%的幅度以外的核减额为基数计算,费用由承包人承担,由发包人从应付结算款中扣除;核增部分由承包人支付审核费用,发包人直接从承包人工程结算款中扣除。"双方在《建设工程施工合同》附件1《房屋建筑工程质量保修书》中约定了质量保修期……

合同签订后,铜冠公司开始施工。自立公司就案涉工程向铜冠公司提供了多家设计单位出具的施工图纸,存在施工图纸设计变更的情形。施工过程中,也发生过停电情形。2014年3月案涉工程完工,双方开始进行工程结算。铜冠公司于2014年5月12日向监理单位提交了工程决算书,于2014年6月9日向自立公司提交了工程决算书,于2015年4月7日向自立公司提交了竣工验收申请书、竣工验收报告等资料。铜冠公司主张自立公司2014年8月就已经开始实际使用案涉工程进行生产,自立公司则主张其是2015年开始使用。自立公司根据双方《建设工程施工合同》约定,于2012年12月29日与方泰咨询公司签订了《建设工程造价咨询合同》,委托方泰咨询公司就案涉工程提供施工期14个月咨询服务及工程决算审计……案涉工程完工后,方泰咨询公司就案涉工程出具了《二期二标段工程审核二稿》,载明送审金额为57,539,915.05元,核减21,499,187.69元,审定36,040,727.36元。双方因此产生争议,经协商后双方在2015年2月12日形成了《决算审结核定备忘录》。之后,方泰咨询公司出具了《二期二标段工程审核三稿》,载明送审金额为58,069,535.66元,核减20,974,734.63元,审定37,094,801.03元。铜冠公司对该审核三稿不予认可,双方因此就案涉工程的工程造价产生争议,继而引发本案诉讼。

经一审法院组织调解,双方差距过大,未能达成协议。

一审法院认为本案的争议焦点为:一是双方《建设工程施工合同》的法律效力……六是自立公司要求铜冠公司按合同约定向自立公司提交符合合同约定及国家规范的竣工验收报告、竣工图纸等竣工资料的诉讼请求能否得到支持,以及铜冠公司应否支付自立公司逾期提供竣工资料的违约金 73 万元,本案立案后是否还应按每天 1000 元的标准继续支付……

一、关于《建设工程施工合同》的法律效力问题。《最高人民法院关于审理建设工程施工合同纠纷案件适用法律问题的解释(二)》(以下简称《建设工程施工合同解释二》,已失效)第二条规定:"当事人以发包人未取得建设工程规划许可证等规划审批手续为由,请求确认建设工程施工合同无效的,人民法院应予支持,但发包人在起诉前取得建设工程规划许可证等规划审批手续的除外。"自立公司与铜冠公司签订《建设工程施工合同》,系双方的真实意思表示,虽然订立合同时没有取得建设工程规划许可证,但是在本案诉讼前已经取得,故该合同应为合法有效……虽然合同专用条款第 47.9 条约定与江西省人大常委会、抚州市人民政府的规定存在冲突,但是并未违反全国人大及其常委会制定的法律和国务院制定的行政法规,该约定不属于无效约定。

二、三、四、五、七、八(略)

六、关于自立公司要求铜冠公司按合同约定向自立公司提交符合合同约定及国家规范的竣工验收报告、竣工图纸等竣工资料的诉讼请求能否得到支持,以及铜冠公司应否支付自立公司逾期提供竣工资料的违约金 73 万元,本案立案后是否还应按每天 1000 元的标准继续支付问题。铜冠公司已经举证证明其已将竣工验收资料提交给自立公司,如自立公司在工程验收及办理产权登记过程中缺少必需的竣工资料,其可以要求铜冠公司予以提供。但是,自立公司在本案中未明确指出案涉工程缺少何种竣工验收资料,将影响案涉工程的竣工验收或产权登记,且其已实际使用案涉工程多年,故对自立公司要求铜冠公司提供竣工资料并支付违约金的诉讼请求不予支持。此外,双方合同对逾期提交竣工资料也并未约定违约金。

一审法院判决:自立公司支付铜冠公司工程款计 11,216,915.9 元,该款限于自立公司收到铜冠公司开具的工程款税务发票之日起 15 日内付清;自立公司返还铜冠公司保证金及安全风险抵押金共计21万元,该款限于判决生效之日起15日内付清;自立公司应支付铜冠公司审核费、鉴定费181,117.2元,该款限于判决生效之日起15日内付清;驳回自立公司的其他诉讼请求。

二审期间,铜冠公司、自立公司均未提交新的证据。二审查明的事实与一审一致。对一审法院查明的事实,二审法院予以确认。

二审法院认为:本案的争议焦点为:一是案涉工程价款如何计算。其中包括:(1)案涉工程价款是否应当全部按照商品砼的价格计算;(2)铜冠公司施工采用大型机械设备所花费用应否计入工程款;(3)一审判决将锌萃取车间地面砼厚度80mm的工程费用103,929.68元计入工程款是否适当;(4)自立公司垫付的水电费应否从工程款中扣除;(5)荆公咨询公司的造价鉴定意见书能否作为认定工程价款的依据。二是自立公司是否应当承担逾期支付工程价款的利息。三是自立公司是否应当返还铜冠公司投标保证金20万元及风险抵押金10,000元及相应利息。四是自立公司在一审期间提出的除工程价款外的反诉请求应否得到支持。五是铜冠公司对工程款是否享有优先受偿权。六是本案诉前由自立公司支付的工程价款审核费用应当如何分担。

二审法院判决驳回江西自立环保科技有限公司逾期提供竣工资料违约金的诉讼请求。

【规则解读】

在本案中,因发包人并未列举缺少何种竣工资料导致无法进行竣工验收和产权登记,致使一、二审法院均驳回发包人的相关诉讼请求。竣工资料是工程资料的一种类型,因其记录了建筑工程的建设情况,反映实体工程的质量和安全情况,是城建档案的重要组成部分。根据《建设工程质量管理条例》的规定,在质量责任事故发生后,工程资料是调查人员进行事故原因分析和责任认定的主要依据。此外,当建筑物交付后进行改扩建或维修加固时,工程资料也是设计变更的主要参考文件。因此,按期提交竣工资料等工程资料是工程承包人的核心义务之一。

一、工程资料的类型

工程资料是指在工程建设过程中形成的各种形式的信息记录。主要包括:

（一）工程准备阶段文件

指工程开工以前，在立项、审批、用地、勘察、设计、招投标等工程准备阶段形成的文件，如国有土地使用证、国有土地使用权出让合同、建设用地规划许可证、建设工程规划许可证、建筑工程施工许可证、环境影响评价意见书批复、人工地基检测报告等文件。

（二）监理文件

其是监理单位在工程设计、施工等监理过程中形成的文件。包括监理单位工程项目总监及监理人员名册，监理规划、监理实施细则、基础、主体、竣工阶段评估报告、监理工作总结。

（三）施工文件

其是施工单位在施工过程中形成的文件。主要包括开工报告、复工报告、竣工报告、设计变更通知单、复试报告、试验报告、分布（子分部）工程质量验收记录、单位（子单位）工程竣工预验收报验表，单位（子单位）工程质量竣工验收记录等文件。

（四）竣工图

指工程竣工验收后，真实反映建设工程施工结果的图样。包括建筑竣工图，结构竣工图，钢结构竣工图，幕墙竣工图，建筑给水排水及供暖竣工图，建筑电气竣工图，智能建筑竣工图，通风与空调竣工图。

（五）竣工验收文件

建设工程项目竣工验收活动中形成的文件。包括竣工验收报告，防雷装置检测报告书，消防验收意见，节能验收意见，人防竣工验收文件，环保验收文件，竣工验收会议纪要，房屋质量保修书，竣工验收移交书，建设工程竣工规划验收合格证，室外综合地下管网图，五方责任主体工程质量承诺书、授权书。

二、工程资料在诉讼中的价值

（一）工程资料是工程纠纷案件中直接证据的来源

如在工期纠纷中，发包人往往以施工合同、开工通知（报告）以及竣工报告等证据证明主张合法性，承包人以发包人未按照约定支付工程进度款或者遇到不可抗力（如因天气原因、自然灾害等）等证明非己方的责任；2021 年《最高人民法院关于审理建设工程施工合同纠纷案件适用法律问题的解释（一）》（以下简称《建设工程司法解释一》，已失效）第二十条规定："当事人对工程量有争议的，按照施工过程中形成的签证等书面文件确认。承包人能够证明发包人同意其施工，但未能提供签证文件证明工程量发生的，可以按照当事人提供的其他证据确认实际发生的工程量。”按照民事诉讼证据的真实性、合法性和关联性的要求，是否持有工程资料的原件以及持有证据的完整度对诉讼请求能否得到法院支持至关重要。

（二）工程资料管理不完善可导致诉讼风险

在审判实务中，往往因竣工验收资料不完备，逾期提交导致承担违约损失。如本案中，发包人以反诉的方式提出主张请求承包人移交竣工资料并承担逾期移交竣工验收资料的违约责任，以及无法进行竣工验收备案导致的相应损失。但是因发包人并不能明确指出缺少哪些竣工验收资料，承包人又以已经移交了全部验收资料抗辩，导致发包人最终败诉。

三、承包人延期提交竣工资料的处理

（一）提交竣工资料是合同义务，也是法定义务

住房城乡建设部、国家工商行政管理总局制定的《建设工程施工合同（示范文本）》（GF－2017－0201）是我国建筑行业现行通用的合同模板。示范文本第二部分通用条款将“已按合同约定的内容和份数备齐竣工资料”作为竣工验收条件的必要条件之一。按约定提交竣工资料是承包人普遍承担的合同义务，延期提交资料应承担相应的违约责任。最高人民法院（2014）民一终字第90号浩盛公司与铭泰公司建设工程施工合同纠纷案中，根据签订的《补充协议》第三部分违约责任与赔偿第4条的约定，法院认为“工程竣工验收合格后，20个日历日内浩盛公司没有按协议规定要求提交工程竣工档案的，其竣工档案逾期提交违约金按每逾期一天向铭泰公司支付5000元直至竣工档案提交审核合格”。

如果合同没有约定提交竣工资料的义务以及违约责任，承包人是否可以免责？按照我国现行有效法律规定，提交竣工资料不仅仅是合同义务，也是法定义务。根据《房屋建筑和市政基础设施工程竣工验收规定》第五条规定：“工程符合下列要求方可进行竣工验收……（五）有完整的技术档案和施工管理资料……”因此，在没有合同约定的情况下，竣工资料的移交是竣工验收的必要条件，是承包人应正确履行的核心义务。

（二）逾期移交竣工资料，发包人可主张的救济方式

逾期移交竣工资料，导致建设方需要对业主承担逾期交房或者逾期办证的违约责任，一方面应当在施工合同中明确约定工程竣工验收后的资料交付期限并约定逾期违约金，另一方面为防止损失的进一步扩大，应当尽快提起诉讼。在提起诉讼时，发包人可根据《民事诉讼法》第一百零六条第三项之规定，以情况紧急为由申请人民法院先予执行。

相关案例如湖南省高级人民法院（2017）湘民初 33 – 7 号郴州盛名房地产开发有限公司、福建成森建设集团有限公司建设工程施工合同纠纷案，在其民事裁定书中，法院认为，本案施工方成森公司已具备了移交材料的条件且多次承诺将移交资料以避免损失的扩大，但却一直不移交竣工备案资料给盛名公司，导致盛名公司无法办理综合验收，鉴于盛名公司已将案涉商品房交付业主，为避免损失，法院裁定成森公司向盛名公司移交竣工资料。

湖北省咸宁市中级人民法院（2019）鄂 12 执 197 号上海金岭建设有限公司与湖北嘉洲旅游开发有限公司合同纠纷案执行裁定书中，法院认为，金岭公司与嘉洲公司签订的施工合同已经解除，且嘉洲公司已将该工程的后续施工另行发包。因金岭公司未将其施工部分的有关资料移交嘉洲公司，导致嘉洲公司不能在工程竣工后组织验收及审计，为了案件的审理与执行，裁定上海金岭建设有限公司立即向本院或湖北嘉洲理由开发有限公司交付在嘉鱼县三湖大道工程施工部分的工程验收所需的相关资料。

（三）发包人能否以竣工资料未移交为由拒付工程款要视合同约定而定

1. 竣工资料的移交不应作为发包人拒付工程款的抗辩理由，合同约定的除外。根据双务合同的本质，合同抗辩的范围仅限于对价义务。一方不履行对价义务的，相对方才享有抗辩权。支付工程款与交付竣工验收资料是两种不同性质的义务，前者是合同的主要义务，后者是承包方的附随义务，二者不具有对等关系。根据《民法典》对同时履行抗辩权、后履行抗辩权和不安履行抗辩权的规定，抗辩权产生的基础是双方互负债务且此等债务必须对等或具有相应的关联性，否则不能产生抗辩权。最高院（2014）民申字第 651 号中铁五局集团建筑工程有限责任公司与四川祥维钢构制造有限公司建设工程施工合同纠纷一案中，法院认为："本案系建设工程施工合同纠纷，发包方的主要义务是依照合同约定及时支付工程款，承包方的主要义务是按照合同约定时间

施工并交付合格工程。根据双务合同的本质，合同抗辩的范围仅限于对价义务。一方不履行对价义务的，相对方才享有抗辩权。支付工程款与交付竣工验收资料是两种不同性质的义务，前者是合同的主要义务，后者是承包方的附随义务，二者不具有对等关系，本案中祥维公司以中铁五建未及时交付竣工验收资料作为拒绝支付工程余款的抗辩理由不能成立。二审法院适用《合同法》第六十七条认定中铁五建在交付竣工验收资料前主张祥维公司支付其余工程款的条件尚未成就明显不当。”

2. 承包人诉讼主张工程款的案件中，发包人可以反诉的方式请求承包人移交竣工资料。最高人民法院(2014)民申字第211号齐鲁制药(内蒙古)有限公司与中太建设集团股份有限公司建设工程施工合同纠纷申请再审民事裁定书中，最高人民法院认为：“关于二审判令齐鲁制药公司支付工程款及利息的问题。该工程从交付使用至二审法院作出判决时，已经超过1年，二审判决齐鲁制药公司给付工程款并从双方约定的付款日起承担利息并无不当，中太公司没有提交工程竣工资料，属于齐鲁制药公司反诉的范畴。故竣工资料的移交不应作为发包人拒付工程款的抗辩理由，而应以反诉的方式提出，合同约定除外。”

【风险提示】

根据《房屋建筑和市政基础设施工程竣工验收规定》第四条的规定，工程竣工验收由建设单位负责组织实施。发包方作为竣工验收的组织实施方，应当防范风险。如何防范竣工验收时不能取得完整的竣工资料或者完整的工程资料，应当从工程准备阶段开始，在工程资料的制作形式上、内容上进行风险防范。

1. 保证形成资料上有相关人员签字盖章确认。在诉讼案件中，如关键性证据上无签字盖章确认，将导致真实性无法确认，单方制作，证明目的不被认可的后果，最终可能导致败诉的风险。

2. 工程资料的内容须完整、具体、明确、真实。工程资料作为实体工程从准备阶段到竣工的直观反映和呈现，可以作为诉讼证据使用，而资料内容的真实、完整、关联程度直接决定了资料的证明力。

3. 注重工程资料细节，可以有效规避风险。如工期延期要求提供方写明延期的天数和具体日期;停水、停电、洪水、高温等暂停作业的通知保存齐全;工作联系单、往来函件标明年月日;隐蔽工程验收、设备开箱检查记录,设备试运行记录等重要施工记录,要求业主盖章;交工验收证明、工程质量评定等,要求监理或业主签署具体意见;送达对方的每一份文件资料对方签署的名字字迹容易辨认,不得用打印代替签名;寄达对方的重要邮件都要有回执,留有凭据。

4. 做好工程资料管理工作,健全工程资料的管理制度,管理人员持证上岗熟悉资料的管理流程,明确岗位职责;工程资料收集进行标准化管理;资料汇编和材料试验计划由项目技术负责人编制,并向项目经理部资料员交底。律师建议发包方要求项目经理部每月对本项目资料进行自检,并每月接受各部门的联合核查。

【相关法律法规】

《建设工程质量管理条例》(2019 年 4 月 23 日修正)

第十七条　建设单位应当严格按照国家有关档案管理的规定,及时收集、整理建设项目各环节的文件资料,建立、健全建设项目档案,并在建设工程竣工验收后,及时向建设行政主管部门或者其他有关部门移交建设项目档案。

《住房和城乡建设部关于印发〈房屋建筑和市政基础设施工程竣工验收规定〉的通知》(2013 年 12 月 2 日)

第五条　工程符合下列要求方可进行竣工验收:

(一)完成工程设计和合同约定的各项内容。

(二)施工单位在工程完工后对工程质量进行了检查,确认工程质量符合有关法律、法规和工程建设强制性标准,符合设计文件及合同要求,并提出工程竣工报告。工程竣工报告应经项目经理和施工单位有关负责人审核签字。

(三)对于委托监理的工程项目,监理单位对工程进行了质量评估,具有完整的监理资料,并提出工程质量评估报告。工程质量评估报告应经总监理工程师和监理单位有关负责人审核签字。

(四)勘察、设计单位对勘察、设计文件及施工过程中由设计单位签署的设计变更通知书进行了检查,并提出质量检查报告。质量检查报告应经该项目勘察、设计负责人和勘察、设计单位有关负责人审核签字。

（五）有完整的技术档案和施工管理资料。

（六）有工程使用的主要建筑材料、建筑构配件和设备的进场试验报告，以及工程质量检测和功能性试验资料。

（七）建设单位已按合同约定支付工程款。

（八）有施工单位签署的工程质量保修书。

（九）对于住宅工程，进行分户验收并验收合格，建设单位按户出具《住宅工程质量分户验收表》。

（十）建设主管部门及工程质量监督机构责令整改的问题全部整改完毕。

（十一）法律、法规规定的其他条件。

《最高人民法院民事审判庭关于发包人收到承包人竣工结算文件后，在约定期限内不予答复，是否视为认可竣工结算文件的复函》（2006 年 4 月 25 日）

重庆市高级人民法院：

你院渝高法〔2005〕154 号《关于如何理解和适用最高人民法院〈关于审理建设工程施工合同纠纷案件适用法律问题的解释〉第二十条的请示》收悉。经研究，答复如下：

同意你院审委会的第二种意见，即：适用该司法解释第二十条的前提条件是当事人之间约定了发包人收到竣工结算文件后，在约定期限内不予答复，则视为认可竣工结算文件。承包人提交的竣工结算文件可以作为工程款结算的依据。建设部制定的建设工程施工合同格式文本中的通用条款第 33 条第 3 款的规定，不能简单地推论出，双方当事人具有发包人收到竣工结算文件一定期限内不予答复，则视为认可承包人提交的竣工结算文件的一致意思表示，承包人提交的竣工结算文件不能作为工程款结算的依据。

最高人民法院民事审判庭
二〇〇六年四月二十五日

工程转包、非法分包的表现形式与法律效力

【裁判规则】

多层转包或违法分包情形下，实际施工人如果向与其无合同关系的转包人或违法分包人主张权利，在查明发包人欠付转包人或者违法分包人建设工程价款的数额后，发包人应在欠付建设工程价款范围内对实际施工人承担责任。

【典型案例】

贵州晨宇建材科技有限公司、重庆市黄浦建设（集团）有限公司与西藏巨龙铜业有限公司、中铁十二局集团有限公司装饰装修合同纠纷案［（2019）藏民终4号］

【案情简介】

上诉人（原审原告）：贵州晨宇建材科技有限公司、重庆市黄浦建设（集团）有限公司

被上诉人（原审被告）：西藏巨龙铜业有限公司、中铁十二局集团有限公司

一审法院认定事实：2012年10月16日，西藏巨龙公司（甲方）与中铁十二局（乙方）签订了《西藏巨龙铜业有限公司矿业外部公路工程承包合同书（2012－10）》，约定工期为730天，承包方式为总承包，工程总价为359,558,580元，并约定乙方按照工程总造价10%缴纳保证金36,000,000元，按工程总造价的5%扣除保证金，质保期为两年，乙方不得将工程分包、转包给其他施工队或者个人。2016年1月26日，西藏巨龙公司与中铁十二局已办理结算。

2014年4月29日，中铁十二局（甲方）与重庆黄浦公司（乙方）签订了《中铁十二局集团有限公司主体工程合同》，承包方式为综合单价分包，中铁十二

局将防水防火涂料原料采购运输储存、喷涂施工前对隧道衬砌表面处理、防水防火涂料喷涂、工程验收分包给重庆黄浦公司，约定工期自2014年5月1日至9月30日，结算工程总价6,996,567元，重庆黄浦公司缴纳履约保证金100,000元，工程款中扣除5%作为工程质量保证金，质保期为两年。截至2017年2月7日，扣除柴油、水泥款、电费等费用54,323元，中铁十二局已向重庆黄浦公司实际结算支付6,523,093元，尚欠重庆黄浦公司工程质保金404,151.7元。

2014年5月8日，重庆黄浦公司（甲方）与贵州晨宇公司（乙方）签订了《隧道装饰施工合同》，承包方式为综合单价分包，防水防火材料及施工75元/m^2，工程计量按《中铁十二局集团有限公司主体工程合同》执行，违约金按工程款10%计算，付款方式、计量方式按重庆黄浦公司与中铁十二局所签订合同执行，尾款于2014年12月31日付清。

另查明，贵州晨宇公司实际参与了涉案工程的建设，且该工程已竣工验收，并投入使用。

一审法院认为，本案争议的焦点为：一是关于贵州晨宇公司与重庆黄浦公司签订的合同效力及工程履行的问题；二是关于中铁十二局、重庆黄浦公司是否应向贵州晨宇公司支付工程款及支付金额的问题；三是关于中铁十二局、重庆黄浦公司是否应向贵州晨宇公司支付资金占用费及违约金的问题；四是关于三个被告在本案中各自责任承担的问题。

1.关于贵州晨宇公司与重庆黄浦公司签订的《隧道装饰施工合同》合同效力及工程履行的问题。首先，中铁十二局与重庆黄浦公司之间的分包违反了《西藏巨龙铜业有限公司矿山外部公路工程承包合同书（2012－10）》第七条第二款的约定，根据《建筑法》第二十九条第一款的规定："建筑工程总承包单位可以将承包工程中的部分工程发包给具有相应资质条件的分包单位；但是，除总承包合同中约定的分包外，必须经建设单位认可。施工总承包的，建筑工程主体结构的施工必须由总承包单位自行完成。"中铁十二局与重庆黄浦公司之间属于违法分包。其次，重庆黄浦公司的另案起诉状及在案证据均印证了贵州晨宇公司是实际施工人。国家工商行政管理总局未核定贵州晨宇公司具有防水防火装饰装修劳务资质，根据《合同法》第五十二条第一款第五项的规定："有下列情形之一的，合同无效……（五）违反法律、行政法规的强制性规定。"《建筑法》第二十九条第三款规定："禁止总承包单位将工程分包给不具备相应资质条件的单位。禁止分包单位将其承包的工程再分包。”该案中重庆黄浦公司与贵州晨宇公司之间的转包，违反了法律的禁止性规定，一审法院认定《隧道装饰施工合同》无效。

2. 关于中铁十二局、重庆黄浦公司是否应向贵州晨宇公司支付工程款及支付金额的问题。经审理查明，西藏巨龙公司不知晓不认可分包行为，中铁十二局不认可转包行为，加之合同无效，贵州晨宇公司不能要求未与其建立合同关系的中铁十二局对已结算支付完毕的工程款承担共同责任。虽重庆黄浦公司与贵州晨宇公司签订的合同无效，但西藏巨龙公司、中铁十二局均认可涉案工程经竣工已投入使用，也没有相关证据证明工程存在质量问题……根据《最高人民法院关于审理建设工程施工合同解释》（以下简称《建设工程施工合同解释》）第二条规定：“建设工程施工合同无效，但建设工程经竣工验收合格，承包人请求参照合同约定支付工程价款的，应予支持。”一审法院认为，重庆黄浦公司虽未到庭参加诉讼，但根据贵州晨宇公司证据及庭审查明，重庆黄浦公司应对贵州晨宇公司主张欠付的工程款3,750,000元承担支付义务，贵州晨宇公司不能要求未与其建立合同关系的发包人、违法分包人对已结算支付完毕的工程款承担连带、共同责任。

3. 关于中铁十二局、重庆黄浦公司是否应向贵州晨宇公司支付资金占用费及违约金的问题。首先，经审查三个被告之间除工程质量保证金，其余工程款已全部结算，中铁十二局不应承担资金占用费。重庆黄浦公司虽与贵州晨宇公司签订合同约定违约金，但因重庆黄浦公司转包行为违反法律禁止性规定，与贵州晨宇公司签订的合同不合法，属无效合同，故对于违约金的约定同样也归于无效。《西藏巨龙公司驱龙项目部隧道防火涂料补充协议》中没有加盖重庆黄浦公司的公司印章，且潘照仁并没有贵州晨宇公司项目代理的委托手续，并不是合法委托代理人，不能够证明重庆黄浦公司以补充协议承认其违约。贵州晨宇公司起诉请求自2015年4月20日起每月按照2%利率计算直至工程款全部付清为止，暂计算至2018年4月20日，根据《建设工程施工合同解释》第十七条规定：“当事人对欠付工程款利息计付标准有约定的，按照约定处理；没有约定的，按照中国人民银行发布的同期同类贷款利息计息。”一审法院认为，资金占用费应当从2017年2月7日中铁十二局与重庆黄浦公司之间结算支付完毕开始计算，截至起诉前一天2018年5月22日，一年三个月十五天共计469天,3,750,000元月利率2%未超过年利率24%,应当予以支持,故重庆黄浦公司应向贵州晨宇公司支付资金占用费1,162,500元(3,750,000元×15个月×2%月利率+3,750,000元×2%月利率÷30天×15天);贵州晨宇公司诉请中铁十二局对资金占用费、违约金承担共同责任不予支持。

4. 关于三被告在本案中各自责任承担的问题。一审法院认为,发包人西藏巨龙公司自始不知晓也不认可分包转包行为,且已结算完毕,贵州晨宇公司不能要求未与其建立合同关系的发包人对欠付工程款承担连带责任;中铁十二局向重庆黄浦公司结算支付工程款6,523,093元,尚欠工程质保金404,151.7元,中铁十二局应在404,151.7元范围内承担连带支付责任;重庆黄浦公司应对贵州晨宇公司主张欠付的工程款、资金占用费承担全部支付义务。

一审法院判决:被告重庆市黄浦建设(集团)有限公司自本判决生效之日起十五日内向原告贵州晨宇建材科技有限公司支付工程款3,750,000元;被告重庆市黄浦建设(集团)有限公司自本判决生效之日起十五日内向原告贵州晨宇建材科技有限公司支付工程款占用费1,162,500元;被告中铁十二局集团有限公司自本判决生效之日起十五日内在其欠付涉案工程款范围内对判决第一项所列被告重庆市黄浦建设(集团)有限公司应承担责任中的404,151.7元承担连带支付责任。

二审法院查明……二审查明的其他事实与一审认定的事实一致。

二审法院认为:本案的主要争议焦点为:一是贵州晨宇公司主张的375万元工程款是否应支持;二是西藏巨龙公司与中铁十二局是否应对重庆黄埔公司所欠贵州晨宇公司工程款及其资金占用费承担连带责任;三是一审法院按2%月利率判决工程款资金占用费是否正确。

1. 关于贵州晨宇公司主张的375万元工程款是否应支持问题……该院按照重庆黄浦公司的自认认定贵州晨宇公司完成案涉工程的工程量为30%。重庆黄浦公司与贵州晨宇公司《隧道装饰施工合同》约定,工程承包范围、内容、要求及工程计量按《中铁十二局集团有限公司主体工程合同》执行,即整体转包工程。现中铁十二局与重庆黄浦公司结算时确认工程量为51,043.76m^2,贵州晨宇公司主张其完成工程量约为50,000m^2,二者工程量基本相同,但因工程量51,043.76m^{2}系中铁十二局与重庆黄浦公司结算确认,故该院认为,以此作为认定贵州晨宇公司施工案涉工程量的依据更妥。

关于贵州晨宇公司施工工程价款认定问题……黄浦公司在将该工程整体转包给贵州晨宇公司时转包单价仅为 75 元/m^2，两者单价相差高达 62.07 元/m^2。依照《建设工程施工合同解释》第二条规定："建设工程施工合同无效，但建设工程经竣工验收合格，承包人请求参照合同约定支付工程价款的，应予支持。"该院认为，在案涉《隧道装饰施工合同》无效，且重庆黄浦公司向贵州晨宇公司整体转包工程的情形下，《隧道装饰施工合同》中关于工程单价的约定虽具有"参照"价值，但并非当然具有法律拘束力，不能迳直作为处理本案纠纷的依据，且参照《隧道装饰施工合同》约定单价确定贵州晨宇公司应获的工程款有失公平。故该院认为，以中铁十二局与重庆黄浦公司之间案涉工程结算价款为基础……

关于该工程款的支付时间认定问题……在实际履行合同过程中，由于中铁十二局与重庆黄浦公司之间并未完全依上述合同约定支付工程进度款，故重庆黄浦公司对贵州晨宇公司支付工程款（除工程质保金以外）的时间认定为中铁十二局与重庆黄浦公司之间工程款结算之次日即 2015 年 12 月 27 日为妥。

对于重庆黄浦公司提出《隧道装饰施工合同》已经解除及工程质量不合格之上诉理由，该院认为……案涉工程已竣工验收合格并已交付发包人投入使用后，结算并支付工程价款的条件已成就，因此转包人重庆黄浦公司以工程未竣工验收合格为由拒付工程价款，于法无据。重庆黄浦公司对其提出《隧道装饰施工合同》已经解除及工程质量不合格之上诉理由，亦未提供充分证据加以佐证，故重庆黄浦公司就此提出的上诉理由，并无事实与法律依据，该院不予支持。

2. 关于西藏巨龙公司与中铁十二局是否应对重庆黄埔公司所欠贵州晨宇公司工程款及其资金占用费承担连带责任问题。对于西藏巨龙公司是否已付清中铁十二局的工程款问题，二审庭审中双方均认可包括工程质保金在内的工程款均已付清，对此该院予以认可……为保护实际施工人的合法权益，根据《建设工程施工合同解释》第二十六条第二款规定："实际施工人以发包人为被告主张权利的，人民法院可以追加转包人或者违法分包人为本案当事人。发包人只在欠付工程价款范围内对实际施工人承担责任。"中铁十二局应在欠付重庆黄浦公司工程款404,151.7元及其资金占用费范围内对贵州晨宇公司承担连带支付责任，西藏巨龙公司无须承担连带支付责任。贵州晨宇公司要求西藏巨龙公司、中铁十二局对重庆黄浦公司所欠全部工程款及其资金占用费承担连带责任之诉请，于法无据，该院不予支持。

3. 关于一审判决按2%月利率判决工程款资金占用费是否正确问题……重庆黄浦公司应当按照中国人民银行发布的同期同类贷款利率向贵州晨宇公司支付欠付工程款资金占用费，即欠付工程款2,098,970.10元中扣除工程质保金404,151.7元后1,694,818.4元的资金占用费，应当自占用此款的2015年12月27日起至此款付清日止；工程质保金404,151.7元的资金占用费，应当自占用此款的2017年12月8日起至此款付清日止。一审判决按2%月利率支持工程款资金占用费，于法无据，应予纠正。重庆黄浦公司就此提出的上诉理由成立，应予支持。

二审法院判决：重庆市黄浦建设（集团）有限公司自该判决生效之日起十五日内向贵州晨宇建材科技有限公司支付工程款2,098,970.10元，并按照中国人民银行发布的同期同类贷款利率支付1,694,818.4元工程款的资金占用费自2015年12月27日起至付清日止，支付404,151.7元的资金占用费自2017年12月8日起至付清日止；中铁十二局集团有限公司自该判决生效之日起十五日内在其欠付工程款404,151.7元及其资金占用费范围内对该判决第二项下债务，向贵州晨宇建材科技有限公司承担连带支付责任。

【规则解读】

建设工程质量直接影响到人民群众生命和财产安全。当前，由于我国缺乏完整有效的调控机制，建设工程施工合同中问题频现。由不具备相应技术能力、资质、管理能力的建筑企业、工程队乃至个人，通过违法转包与分包成为实际施工人或挂靠具有较高建筑资质的企业参与竞标并成功竞标现象比较常见。

尽管法律法规对建设工程分包有严格的限制，但在实际运作中，名义上的施工单位和实际施工人不一致的情形，模糊了原本清晰的合同关系，易引起发包方、名义施工人与实际施工人之间的利益冲突。违法发包、转包及违法分包也是矿山建设工程施工领域比较突出的违法行为，不但扰乱了工程建设市场秩序，还是矿山施工安全、工程质量事故频发的主因。

我国对建设工程施工实行严格的准入制度，以确保施工单位的资质，保证其具有相应的技术能力和管理能力，确保建设工程的合格性和安全性。自1997年实施《建筑法》，我国在法律层面对违法分包、转包、借用资质等建设工程领域的违法行为作出了明确的禁止性规定。在司法实践中，法院在审理涉及违法分包、转包等情形的建设工程纠纷时，对一些热点和难点问题存在不同的裁判观点。

本案是建工领域转包、分包的典型类型，虽然裁判文书没有提出创新性的裁判观点，但本案对矿山企业更好地理解建设过程中相关行为的性质及产生的法律后果，及时采取相应措施，有极好的参考价值。以下就结合本案，对转包、违法分包的法律定性、违法情形、法律后果进行分析和探讨。

一、转包、违法分包行为的认定依据、表现形式和法律效力

（一）认定依据

法律和行政法规层面，《民法典》《建筑法》《招标投标法》等法律均对转包、违法分包行为有明确的禁止性规定，包括禁止将全部建筑工程转包给他人，或将全部建筑工程肢解后以分包名义转包给他人；禁止将工程分包给不具备相应资质的单位，禁止分包单位将工程再分包；禁止超越资质等级或以任何形式借用其他建筑施工企业名义承揽工程。《招标投标法实施条例》《建设工程质量管理条例》《国务院办公厅关于全面治理拖欠农民工工资问题的意见》以及于 2020 年 5 月 1 日起生效施行的《保障农民工工资支付条例》等行政法规，对转包、违法分包、挂靠违法行为认定、违法情形以及法律责任进行了更为具体的规定。尤其是《保障农民工工资支付条例》第一次对转包、违法分包、挂靠违法行为导致拖欠农民工工资的情形，从行政法规层面对建设单位和施工单位应承担的清偿责任进行了明确。[①]

部门规章层面，住房和城乡建设部发布实施的《建筑工程施工发包与承包违法行为认定查处管理办法》（建市规〔2019〕1 号，以下简称《认定查处管理办法》）、《关于开展房屋建筑和市政工程建设中挂靠借用资质投标违规出借资质问题专项清理工作的通知》《房屋建筑和市政基础设施工程施工分包管理办法》，以及住房和城乡建设部和国家发展改革委联合发布的《房屋建筑和市政基础设施项目工程总承包管理办法》等部委规章，也专门对转包、违法分包行为的认定、查处以及监督管理等不同程度地作了规定。

---

① 《重磅！国务院公布〈保障农民工工资支付条例〉　"依法治欠"有了重要保障》，载搜狐网 2020 年 1 月 8 日，https://www.sohu.com/a/365476758_120207620。

司法解释层面，最高人民法院于2004年和2018年先后发布的《建设工程施工合同解释》《建设工程施工合同解释（二）》对建设工程转包、违法分包行为签订的合同效力、法律后果、工程质量责任、损失赔偿以及实际施工人权利主张等问题均有相应的规定，是建设工程合同纠纷案件的重要司法裁判依据。

（二）表现形式和法律效力

《建设工程质量管理条例》第七十八条①规定，工程转包是指承包单位承包工程后，不履行合同约定的责任和义务，将其承包的全部工程或者将其承包的全部工程肢解后以分包的名义分别转给其他单位或个人施工的行为。结合《建筑法》的相关规定，违法分包，是指承包单位承包工程后违反法律法规规定，把单位工程或分部分项工程分包给其他单位或个人施工的行为。

《认定查处管理办法》中以列举方式对转包、违法分包的情形进行了规定，即对上述违法行为的表现形式予以了明确。结合《认定查处管理办法》以及《建筑法》《建设工程质量管理条例》的相关规定，本文对转包、违法分包的表现形式及法律效力问题总结如下：

1. 转包的表现形式和法律效力

除承包单位将工程整体转给其他单位或个人（包括母公司将承接工程转给子公司施工的情形），或者肢解以后以分包名义转给其他单位或个人的两种情形外，以下述形式表现出来的违法行为，在没有证据证明是挂靠或其他违法情形时，亦应当认定为转包：

（1）施工总承包单位或专业承包单位未派驻项目负责人、技术负责人、质量管理负责人、安全管理负责人等主要管理人员，或派驻的项目负责人、技术

---

① 《建设工程质量管理条例》第七十八条　本条例所称肢解发包，是指建设单位将应当由一个承包单位完成的建设工程分解成若干部分发包给不同的承包单位的行为。

本条例所称违法分包，是指下列行为：

（一）总承包单位将建设工程分包给不具备相应资质条件的单位的；

（二）建设工程总承包合同中未有约定，又未经建设单位认可，承包单位将其承包的部分建设工程交由其他单位完成的；

（三）施工总承包单位将建设工程主体结构的施工分包给其他单位的；

（四）分包单位将其承包的建设工程再分包的。

本条例所称转包，是指承包单位承包建设工程后，不履行合同约定的责任和义务，将其承包的全部建设工程转给他人或者将其承包的全部建设工程肢解以后以分包的名义分别转给其他单位承包的行为。

负责人、质量管理负责人、安全管理负责人中一人及以上与施工单位没有订立劳动合同且没有建立劳动工资和社会养老保险关系，或派驻的项目负责人未对该工程的施工活动进行组织管理，又不能进行合理解释并提供相应证明的；

(2)合同约定由承包单位负责采购的主要建筑材料、构配件及工程设备或租赁的施工机械设备，由其他单位或个人采购、租赁，或施工单位不能提供有关采购、租赁合同及发票等证明，又不能进行合理解释并提供相应证明的；

(3)专业作业承包人承包的范围是承包单位承包的全部工程，专业作业承包人计取的是除上缴给承包单位“管理费”之外的全部工程价款的；

(4)承包单位通过采取合作、联营、个人承包等形式或名义，直接或变相将其承包的全部工程转给其他单位或个人施工的；

(5)专业工程的发包单位不是该工程的施工总承包或专业承包单位的，但建设单位依约作为发包单位的除外；

(6)专业作业的发包单位不是该工程承包单位的；

(7)施工合同主体之间没有工程款收付关系，或者承包单位收到款项后又将款项转拨给其他单位和个人，又不能进行合理解释并提供材料证明的。

需要注意的是，接受转包的对象包括单位或个人；接受转包的单位，无论是否有资质、资质高低，均不影响构成转包。

在现行建筑工程法律制度体现中，无论是公法层面的《建筑法》，还是私法层面的《民法典》，抑或作为行政法规的《建设工程质量管理条例》，我国法律对于建设工程领域中的转包行为均持否定态度，并赋予了具有强制性的禁止规定，《建筑法》第二十八条规定：“禁止承包单位将其承包的全部建筑工程转包给他人，禁止承包单位将其承包的全部建筑工程肢解以后以分包的名义分别转包给他人。”《民法典》第七百九十一条第二款规定：“……承包人不得将其承包的全部建设工程转包给第三人或者将其承包的全部建设工程支解以后以分包的名义分别转包给第三人。”《建设工程质量管理条例》第二十五条第三款规定：“施工单位不得转包或者违法分包工程。”《建设工程司法解释(一)》第一条①明确规定，承包人非法转包建设工程的行为无效。

① 《最高人民法院关于审理建设工程施工合同纠纷案件适用法律问题的解释(一)》第一条第一款规定：“承包人因转包、违法分包建设工程与他人签订的建设工程施工合同，应当依据民法典第一百五十三条第一款及第七百九十一条第二款、第三款的规定，认定无效。”

2. 违法分包的表现形式及法律效力

《认定查处管理办法》第十一条规定:“本办法所称违法分包,是指承包单位承包工程后违反法律法规规定,把单位工程或分部分项工程分包给其他单位或个人施工的行为。”

结合《建筑法》第二十六条①、第二十九条②,《建设工程质量管理条例》第七十八条③,以及《认定查处管理办法》第十二条④的规定可知,在我国,符合法律规定的工程分包行为是允许存在的,但违反法律规定的分包行为则在禁止之列,将受到严厉地打击与惩处。具体而言,施工总承包企业承接总承包工程

① 《中华人民共和国建筑法》第二十六条　承包建筑工程的单位应当持有依法取得的资质证书,并在其资质等级许可的业务范围内承揽工程。禁止建筑施工企业超越本企业资质等级许可的业务范围或者以任何形式用其他建筑施工企业的名义承揽工程。禁止建筑施工企业以任何形式允许其他单位或者个人使用本企业的资质证书、营业执照,以本企业的名义承揽工程。

② 《中华人民共和国建筑法》第二十九条　建筑工程总承包单位可以将承包工程中的部分工程发包给具有相应资质条件的分包单位;但是,除总承包合同中约定的分包外,必须经建设单位认可。施工总承包的,建筑工程主体结构的施工必须由总承包单位自行完成。建筑工程总承包单位按照总承包合同的约定对建设单位负责;分包单位按照分包合同的约定对总承包单位负责。总承包单位和分包单位就分包工程对建设单位承担连带责任。禁止总承包单位将工程分包给不具备相应资质条件的单位。禁止分包单位将其承包的工程再分包。

③ 《建设工程质量管理条例》第七十八条　本条例所称肢解发包,是指建设单位将应当由一个承包单位完成的建设工程分解成若干部分发包给不同的承包单位的行为。

本条例所称违法分包,是指下列行为:

(一)总承包单位将建设工程分包给不具备相应资质条件的单位的;

(二)建设工程总承包合同中未有约定,又未经建设单位认可,承包单位将其承包的部分建设工程交由其他单位完成的;

(三)施工总承包单位将建设工程主体结构的施工分包给其他单位的;

(四)分包单位将其承包的建设工程再分包的。

本条例所称转包,是指承包单位承包建设工程后,不履行合同约定的责任和义务,将其承包的全部建设工程转给他人或者将其承包的全部建设工程肢解以后以分包的名义分别转给其他单位承包的行为。

④ 《住房和城乡建设部关于印发建筑工程施工发包与承包违法行为认定查处管理办法的通知》第十二条　存在下列情形之一的,属于违法分包:

(一)承包单位将其承包的工程分包给个人的;

(二)施工总承包单位或专业承包单位将工程分包给不具备相应资质单位的;

(三)施工总承包单位将施工总承包合同范围内工程主体结构的施工分包给其他单位的,钢结构工程除外;

(四)专业分包单位将其承包的专业工程中非劳务作业部分再分包的;

(五)专业作业承包人将其承包的劳务再分包的;

(六)专业作业承包人除计取劳务作业费用外,还计取主要建筑材料款和大中型施工机械设备、主要周转材料费用的。

之后,可以将其中的专业工程或劳务作业分包给具有相应资质的专业承包企业或劳务分包企业;专业承包企业承接施工总承包企业分包的专业工程和建设单位依法发包的专业工程之后,可以将其中的劳务作业依法分包给具有相应资质的劳务分包企业。

《认定查处管理办法》第十二条以列举方式规定了六种违法分包的情形:(1)承包单位将其承包的工程分包给个人的;(2)施工总承包单位或专业承包单位将工程分包给不具备相应资质单位的;(3)施工总承包单位将施工总承包合同范围内工程主体结构的施工分包给其他单位的,钢结构工程除外;(4)专业分包单位将其承包的专业工程中非劳务作业部分再分包的;(5)专业作业承包人将其承包的劳务再分包的;(6)专业作业承包人除计取劳务作业费用外,还计取主要建筑材料款和大中型施工机械设备、主要周转材料费用的。

除上述六种违法分包外,《建筑法》第二十九条和《建设工程质量管理条例》第七十八条还规定了一种违法分包形式,即建设工程总承包合同中未有约定,又未经建设单位认可,承包单位将其承包的部分建设工程交由其他单位完成的,也构成违法分包。但该种情形下的违法分包合同是否应认定无效,司法实践中还存在争议,亦有不同的裁判观点。

在本文所述的(2019)藏民终4号案中,原审被告西藏巨龙铜业有限公司(以下简称西藏巨龙)为建设工程发包方,其与原审被告中铁十二局集团有限公司(以下简称中铁十二局)签订了《西藏巨龙铜业有限公司矿业外部公路工程承包合同书(2012-10)》,承包方式为总承包。中铁十二局后又将该工程分包给原审被告重庆黄浦建设(集团)有限公司(以下简称重庆黄浦)。中铁十二局的分包行为不仅违反了其与西藏巨龙之间的《西藏巨龙铜业有限公司矿业外部公路工程承包合同书(2012-10)》中关于"乙方不得将工程分包、转包给其他施工队或者个人"的约定,而且违反了《建筑法》第二十九条第一款关于禁止违法分包的规定。因此,一审法院判认定中铁十二局和重庆黄浦之间的分包行为属于违法分包。

二、多层转包或违法分包情形下,实际施工人向与其无合同关系的转包人或违法分包人主张权利的分析

在司法实践中,最常见的转包或违法分包形式是发包人将工程发包给承包人,承包人转包或违法分包给其他单位或个人。除此之外,当前在建设工程领域还存在比较复杂的层层转包或层层违法分包的现象。例如，发包人将工程发包给承包人，承包人转包或违法分包，接手的转包人或违法分包人再次转包或违法分包，最终由实际施工人完成工程施工。①

在层层转包或违法分包情形下，中间环节存在多个转包人或违法分包人。实际施工人在主张权利时，一般会将发包人、与实际施工人签订合同的第一手转包人或违法分包人，以及前面所有环节上的转包人或违法分包人都作为被告提起诉讼，要求所有转包人或违法分包人与发包人一起承担责任。如本文列举的案例：原审原告贵州晨宇建材科技有限公司（以下简称贵州晨宇）为实际施工人，将发包人西藏巨龙、总承包人中铁十二局、与实际施工人签订合同的前手分包人重庆黄浦都作为被告诉至法院，要求其承担连带支付责任。但在法律关系上，实际施工人贵州晨宇只与重庆黄浦之间存在合同关系，与发包人、总包人之间并无合同关系，那么是否可突破合同相对性，对其进行追索？司法实务部门经过长期的诉讼实践，逐步对建工领域转包、非法分包可以突破合同相对性，形成统一认识。

2004 年，最高人民法院颁布《建设工程施工合同解释》，其第二条规定：“建设工程施工合同无效，但建设工程经竣工验收合格，承包人请求参照合同约定支付工程价款的，应予支持。”第二十六条规定：“实际施工人以转包人、违法分包人为被告起诉的，人民法院应当依法受理。实际施工人以发包人为被告主张权利的，人民法院可以追加转包人或者违法分包人为本案当事人。发包人只在欠付工程价款范围内对实际施工人承担责任。”

最高人民法院 2011 年的《全国民事审判工作会议纪要》规定：“对实际施工人向与其没有合同关系的转包人、分包人、总承包人、发包人提起的诉讼，要严格依照法律、司法解释的规定进行审查，不能随意扩大《关于审理建设工程施工合同纠纷案件适用法律问题的解释》第二十六条第二款的适用范围，并且要严格根据相关司法解释规定明确发包人只在欠付工程价款范围内对实际施工人承担责任。”

2019 年，《建设工程施工合同解释（二）》第二十四条规定，实际施工人以

---

① 何兴：《工程建设领域非法转包、违法分包的法律界定与现实鉴别》，载《建筑经济》2010 年第 6 期。

发包人为被告主张权利的,人民法院应当追加转包人或者违法分包人为本案第三人,在查明发包人欠付转包人或者违法分包人建设工程价款的数额后,判决发包人在欠付建设工程价款范围内对实际施工人承担责任。

需要说明的是,《建设工程施工合同解释(二)》第二十四条实际上是对《建设工程施工合同解释》第二十六条第二款的完善和补充,《建设工程施工合同解释(二)》第二十四条在诉讼程序上明确了:人民法院应当追加转包人或者违法分包人为第三人,而不是可追加。依据该条文规定,准许实际施工人在特定情况下突破合同相对性原则,向没有合同关系的发包人去主张权利。发包人则在欠付转包人或者违法分包人建设工程价款范围内对实际施工人承担责任。

2021 年 1 月 1 日,《建设工程司法解释(一)》施行,《建设工程施工合同解释》《建设工程施工合同解释(二)》相应失效。《建设工程司法解释(一)》承继《建设工程施工合同解释(二)》的做法,第四十三条规定:“实际施工人以转包人、违法分包人为被告起诉的,人民法院应当依法受理。实际施工人以发包人为被告主张权利的,人民法院应当追加转包人或者违法分包人为本案第三人,在查明发包人欠付转包人或者违法分包人建设工程价款的数额后,判决发包人在欠付建设工程价款范围内对实际施工人承担责任。”

三、违法分包合同无效后的处理

鉴于我国《建筑法》《建设工程质量管理条例》等法律法规就违法分包行为作出了强制性禁止规定,违法分包订立的建设工程施工分包合同应属无效。

对于无效合同的处理,可以参照《民法典》第一百五十七条:“民事法律行为无效、被撤销或者确定不发生效力后,行为人因该行为取得的财产,应当予以返还;不能返还或者没有必要返还的,应当折价补偿。有过错的一方应当赔偿对方由此所受到的损失;各方都有过错的,应当各自承担相应的责任。法律另有规定的,依照其规定。”相较于普通合同而言,建设工程施工合同有其特殊性,表现为从合同的订立到履行,相当于一个将包括建筑材料与劳动力等在内的所有支出全部物化为不动产的过程,一旦项目工程建成,“恢复原状”的返还原则即失去适用空间。而对于“折价补偿”原则的采纳则应当在衡量清楚项目工程的质量是否合格的基础上方可进行,否则只能按照“过错损失”原则予以赔偿,[1]该原则的具体规定可参考《建设工程司法解释(一)》第六条:“建设工程施工合同无效,一方当事人请求对方赔偿损失的,应当就对方过错、损失大小、过错与损失之间的因果关系承担举证责任。损失大小无法确定,一方当事人请求参照合同约定的质量标准、建设工期、工程价款支付时间等内容确定损失大小的,人民法院可以结合双方过错程度、过错与损失之间的因果关系等因素作出裁判。”

在本文所分析的案例中,二审法院关于贵州晨宇公司施工工程价款的认定就体现了上述观点。二审法院认为,在案涉《隧道装饰施工合同》无效,且重庆黄浦向贵州晨宇整体转包工程的情形下,《隧道装饰施工合同》中关于工程单价的约定虽具有“参照”价值,但并非当然具有法律拘束力,不能径直作为处理本案纠纷的依据,且参照《隧道装饰施工合同》约定单价确定贵州晨宇应获的工程款有失公平。故认为,以中铁十二局与重庆黄浦公司之间案涉工程结算价款为基础,确定贵州晨宇公司应当获得的工程价款。

【风险提示】

关于建设工程转包、违法分包的违法行为,至少会从以下三个方面给建筑工程的各方参与人带来法律风险。一是上下游各方合同当事人以及实际施工人的民事法律责任风险;二是因转包、违法分包、挂靠违反了《建筑法》《建设工程质量管理条例》等法律行政法规的强制性规定而被追究行政责任,予以行政处罚的风险;三是因上述违法行为在招标阶段、工程施工过程中引发各种与合规招投标、工程安全、工程质量等有关的刑事责任风险。

一、法律风险

(一)民事法律责任风险

转包、违法分包行为导致的直接后果是签订的合同无效。总体来说,因转包、违法分包行为导致合同无效后,有可能涉及工程款支付责任、工期索赔,工程质量责任、损失赔偿责任、农民工工资清偿或代偿责任、非法用工等责任承担风险,以及转包、违法分包、挂靠实际施工人在施工各环节中的工程材料采

① 卢刚、严乐:《关于建设施工中转包及分包若干问题的探讨》,载《西安建筑科技大学学报(社会科学版)》2012 年第 6 期。

购、设备设施租赁、雇佣人员伤亡赔偿中涉及表见代理、表见代表等问题而引发责任承担风险。①

根据劳动和社会保障部《关于确立劳动关系有关事项的通知》规定：施工企业将工程发包给不具备用工主体资格的组织或自然人，该组织或自然人招用的劳动者，由具备用工主体资格的发包方承担用工主体责任。结合国务院发布并于2020年5月1日起施行的《保障农民工工资支付条例》的规定，将工程发包给不具备用工主体资格的组织或自然人，存在被认定事实劳动关系，并因此成为用工主体的风险；因未签订劳动合同，存在劳动者主张双倍工资的风险；超过一年未签订劳动合同的，存在被要求签订无固定期限劳动合同的风险；用人单位使用非法主体派遣的农民工，拖欠工资的，存在由用人单位清偿拖欠工资的风险；建设单位或施工总承包单位将工程发包或分包给个人或非法主体，拖欠农民工工资的，存在由建设单位或施工总承包单位清偿的风险；施工单位允许他人以自己名义承揽工程的，拖欠农民工工资时，存在由施工单位清偿等风险。

(二)行政责任风险

《建筑法》第六十六条规定，建筑施工企业转让、出借资质证书或者以其他方式允许他人以本企业的名义承揽工程的，责令改正，没收违法所得，并处罚款，可以责令停业整顿，降低资质等级；情节严重的，吊销资质证书。第六十七条规定，承包单位将承包的工程转包的，或者违反该法规定进行分包的，责令改正，没收违法所得，并处罚款，可以责令停业整顿，降低资质等级；情节严重的，吊销资质证书。

《建设工程质量管理条例》《建筑工程施工发包与承包违法行为认定查处管理办法》对转包、违法分包、挂靠违法行为的具体处罚力度、处罚措施均作了详细明确的规定。具体处罚措施包括责令改正、没收违法所得、罚款、责令停业整顿、降低资质等级、吊销资质证书等。对认定有转包、违法分包、挂靠、转让出借资质证书或者以其他方式允许他人以本单位的名义承揽工程等违法行为的施工单位，可依法限制其参加工程投标活动、承揽新的工程项目，并对其

① 黄建成：《工程"挂靠、非法转包、违法分包"的危害与对策》，载《科技创新与应用》2013年第27期。

企业资质是否满足资质标准条件进行核查,对达不到资质标准要求的限期整改,整改后仍达不到要求的,资质审批机关撤回其资质证书。对2年内发生2次及以上转包、违法分包、挂靠、转让出借资质证书或者以其他方式允许他人以本单位的名义承揽工程的施工单位,应当依法按照情节严重情形给予处罚,即应当吊销资质证书。因违法发包、转包、违法分包、挂靠等违法行为导致发生质量安全事故的,应当依法按照情节严重情形给予处罚,即应当吊销资质证书。

(三)刑事责任风险

在建设工程发承包过程及施工过程中,因转包、违法分包行为涉嫌犯罪的,根据相关犯罪事实,依法追究刑事责任。主要涉及以下六个方面的刑事责任。

1. 在工程转包、违法分包、挂靠过程中如存在索贿、受贿、行贿,构成犯罪的,依法追究刑事责任。

2. 实际施工人借用资质参与工程招投标过程中如存在围标、串通招投标行为,构成犯罪的,依法追究刑事责任。

3. 因转包、违法分包、挂靠违法行为,导致工程施工过程中发生安全事故、工程质量事故,构成犯罪的,依法追究刑事责任。

4. 转包、违法分包、挂靠施工过程中管理人员违章指挥、强令职工冒险作业,因而发生重大伤亡事故或者造成其他严重后果的,依法追究刑事责任。

5. 转包、违法分包、挂靠违法行为导致拖欠农民工工资,情节严重构成犯罪的,依法追究刑事责任。

6. 其他因转包、违法分包及挂靠违法行为引发的犯罪行为,被追究刑事责任的情形。

二、风险防范建议

(一)发包人角度的风险防控建议

1. 招投标阶段,严格按招标程序审查投标人资格、项目经理、其他项目管理人资格;未招标工程,签订合同前对承包人资格、主要项目管理人员资格进行审查;防范承包人将资质出借或允许其他单位或个人挂靠承揽工程。

2. 签订合同时,对合同文本委托专业法律人员进行审查,在合同中设定承包人擅自分包、转包等情形下的责任承担条款及后果条款,防范承包人违法分包或转包。

3. 要求总承包对派驻现场的项目经理出具合法授权书，并提供劳动合同及社保缴费证明，防范项目经理系非承包人人员，导致无法按合同约定驻场对工程项目进行管理的现象发生。

4. 要求承包单位做到农民工用工实名制登记，提供全员劳动合同及社保关系证明文件，防范非法用工。

5. 加强和完善工程监理的现场管理和例会制度。

6. 做好对总承包人及合法分包人的信用评级及监督工作。

7. 发包人派驻有经验的工程师常驻现场，或者聘请有经验的工程师协助做好工程项目管理工作，防范承包人层层转包、违法分包现象。

8. 监督总承包人设立农民工工资保证金账户，农民工工资支付专用账户。

9. 发包人针对每一项工程做好项目资金管理，人工费拨付管理，工资支付台账及存档管理。

10. 建设单位应当以项目为单位建立保障农民工工资支付协调机制和工资拖欠预防机制，督促施工总承包单位加强劳动用工管理，妥善处理与农民工工资支付相关的矛盾纠纷。

11. 对工程施工过程中发现的其他违法、违规现象及时调查处理，及时采取防控措施，避免造成严重后果。

（二）承包人角度的风险防控建议

1. 建立或完善自己内部用工体制，提前做好《保障农民工工资支付条例》施行后的非法用工防范工作。

2. 完善每项工程的项目管理团队，设置劳资专员岗位，专门对农民工实名制进行管理。

3. 设置合同部结合《保障农民工工资支付条例》调整和完善合同管理和谈判机制。

4. 制定农民工实名制管理制度，应对即将到来的建筑市场农民工全员劳动合同制。

5. 对总承包人承揽工程交给子公司施工属于工程转包要有正确认识，在工程招投标阶段就要预先考虑到实际施工问题，做好规范。

6. 需要对工程进行内部承包的，必须采取合法的内部承包模式，避免构成违法分包或转包。

7. 对农民工进行实名制登记及备案,总承包单位对专业分包和劳务分包单位应提出同样要求和管理措施。

8. 针对每一个工程项目,做好农民工工资保证金账户、农民工工资专用账户设立工作,每月人工费上报工作等,防止发生农民工欠薪、讨薪事件。

9. 总承包单位要对分包单位实行信用评级和担保金制度,严格把控分包阶段,避免发生违法分包及分包阶段再转包、分包人挂靠情形,以及分包阶段的农民工讨薪事件。

10. 总承包单位应建立工程质量管理制度,严把工程质量关和安全关,避免发生工程质量事故和安全事故。

11. 承包人应有转包、违法分包及挂靠违法行为风险防范意识,调整企业对工程项目的承揽及管理制度,人员管理制度,安全及质量监督制度。

【相关法律法规】

《中华人民共和国建筑法》(2019 年 4 月 23 日修正)

第二十八条　禁止承包单位将其承包的全部建筑工程转包给他人,禁止承包单位将其承包的全部建筑工程肢解以后以分包的名义分别转包给他人。

《中华人民共和国招标投标法》(2017 年 12 月 27 日修正)

第四十八条第一款　中标人应当按照合同约定履行义务,完成中标项目。中标人不得向他人转让中标项目,也不得将中标项目肢解后分别向他人转让。

《建设工程质量管理条例》(2019 年 4 月 23 日修正)

第七十八条第三款　本条例所称转包,是指承包单位承包建设工程后,不履行合同约定的责任和义务,将其承包的全部建设工程转给他人或者将其承包的全部建设工程肢解以后以分包的名义分别转给其他单位承包的行为。

贷款质押保证金账户的执行问题

【裁判规则】

矿山企业在银行开立的经营性贷款保证金账户内的资金可以被法院查封、扣划，若银行对保证金账户内的资金享有质押优先权，则该质押权能够排除法院强制执行。

【典型案例】

陕西秦农农村商业银行股份有限公司沣东支行与西安沣祥工贸有限责任公司、西安一得贸易有限公司、陕西一得贵金属贸易有限公司等案外人执行异议之诉案[(2019)最高法民再198号]

【案情简介】

再审申请人(一审原告、执行案外人，二审被上诉人)：陕西秦农农村商业银行股份有限公司沣东支行

被申请人(一审被告、申请执行人，二审上诉人)：西安沣祥工贸有限责任公司

一审第三人(被执行人)：西安一得贸易有限公司、陕西一得贵金属贸易有限公司

一审法院查明：2015年7月20日，秦农银行沣东支行与西安一得公司签订《合作协议书》约定，西安一得公司向秦农银行沣东支行推荐信誉良好的西安一得公司"西安一得黄金"加盟经营商户(以下简称经营商户或商户)向秦农银行沣东支行申请办理商户经营性贷款；秦农银行沣东支行为西安一得公司推荐商户提供商户经营性贷款支持……西安一得公司为商户在秦农银行沣东

支行办理的商户经营性贷款提供无限连带责任保证担保;西安一得公司在秦农银行沣东支行发放贷款前必须与秦农银行沣东支行签订《保证金质押合同》,并且按照《保证金质押合同》及本协议的规定,按每一笔商户借款合同金额交纳质押保证金……当西安一得公司推荐的商户贷款出现未按相应主合同规定足额偿还贷款本息时,秦农银行沣东支行有权按照借款合同或本协议、保证担保合同、保证金质押合同的规定直接扣收西安一得公司质押保证金,并且自行划扣西安一得公司在秦农银行沣东支行开立的账户或西安一得公司其他账户的资金,用于偿还主合同借款人逾期借款本息及秦农银行沣东支行为追索借款人、担保人债务所支付的费用……协议签订当日,西安一得公司在秦农银行天台路支行开立户名为西安一得公司、账号 2701 × × ×71 的账户,并转账存入 300 万元。之后,西安一得公司陆续向该账户转账……共计缴纳保证金 11,384,220.79 元。

2015 年 12 月 2 日,西安仲裁委员会就沣祥公司与吴德鸿借款合同纠纷案作出西仲裁字(2015)第 1416 号裁决,因义务人吴德鸿未履行生效法律文书确定的义务,权利人沣祥公司于 2016 年 1 月 8 日向一审法院申请强制执行,同日,一审法院立案受理。执行过程中,一审法院于 2016 年 6 月 13 日作出(2016)陕 01 执 103 -9 号执行裁定:冻结(划拨)被执行人西安一得公司、陕西一得贵金属公司人民币 500 万元的银行存款及利息,或查封(扣押)其相应价值的财产。2016 年 10 月 8 日,一审法院向秦农银行天台路支行发出(2016)陕 01 执 103 -9 号协助冻结存款通知书和(2016)陕 01 执 103 号协助扣划存款通知书,对被执行人西安一得公司开立在秦农银行天台路支行账号为 2701 × × ×71 账户中的 103 万元存款进行冻结并扣划。秦农银行沣东支行作为案外人以其对保证金账户内的保证金依法享有质权,法院冻结划扣行为错误为由向一审法院提出执行异议。一审法院审理驳回案外人秦农银行沣东支行提出的异议请求。秦农银行沣东支行不服上述执行裁定,向一审法院提起案外人执行异议之诉。

一审法院认为,本案为秦农银行沣东支行对一审法院(2016)陕 01 执异 340 号执行裁定不服提起的案外人执行异议之诉,焦点问题为秦农银行沣东支行对西安一得公司开立在秦农银行天台路支行账号 2701 × × ×71 的账户内 103 万元资金是否享有足以排除人民法院强制执行的民事权益以及对该资金是否享有质权。

本案中,从秦农银行沣东支行与西安一得公司于 2015 年 7 月 20 日所签《合作协议书》约定的内容看,能够体现双方对借款担保达成一致意见……另外,根据西安一得公司缴纳保证金的时间、金额及案涉账户资金能够对应相应借款等事实,同时根据一审法院对案涉账户资金去向的审查,即该账户资金变动除用于担保有关业务外,未发现其他用途,故可以认定秦农银行沣东支行主张的其对案涉账户内的资金享有质权的理由成立。

一审法院判决:确认秦农银行沣东支行对西安一得公司在秦农银行天台路支行开立的账号 2701 × × ×71 账户内的 103 万元资金享有质权,不得执行账号 2701 × × ×71 账户内的 103 万元。

二审法院对一审法院查明的事实予以确认。另查明:2016 年 6 ~ 9 月经西安一得公司多次申请,并经秦农银行沣东支行、天台路支行批准(部分经六村堡支行批准)同意,共退还案涉保证金账户内 1000 余万元用于归还西安一得公司在秦农银行下属的沣东支行、六村堡支行、莲湖支行、浐灞支行、碑林支行、未央支行、高新支行所担保或所借款项的欠息。本案所涉《合作协议书》项下秦农银行沣东支行的 56 笔借款尚未获得清偿。

二审法院认为:本案争议的焦点是秦农银行沣东支行对西安一得公司开立在秦农银行天台路支行 671 账户内 103 万元资金是否享有质权并足以排除人民法院的强制执行……671 账户是西安一得公司基于与秦农银行沣东支行签订的《合作协议书》约定而在秦农银行天台路支行开立的用于保证金质押的保证金账户;从账户资金的出入情况分析……671 账户资金转出并非所担保债权被清偿后的退还,而是在所担保债权尚未获得清偿情况下,西安一得公司以偿还其所担保的包括秦农银行沣东支行被担保债权在内的秦农银行所属诸多支行的债权项下所欠利息为由申请退还,且经秦农银行天台路支行、六村堡支行等二级支行及一级支行沣东支行同意后才得以退还;现有证据证实已经退还的 1000 余万元保证金仅有部分用于偿还了《合作协议书》项下西安一得公司所担保的秦农银行沣东支行的逾期债权,大部分用于偿还西安一得公司自己在秦农银行其他支行的借款利息或其所担保的秦农银行下属其他支行的债权,实际突破了案涉 671 账户资金的保证金特定用途,影响了该资金的特定化,导致秦农银行沣东支行在 671 账户资金上并未合法设立有效的金钱质押权,不能排除人民法院的强制执行。

二审法院判决:撤销一审法院判决;驳回秦农银行沣东支行的诉讼请求。

再审法院对一、二审查明的事实予以确认。

再审法院认为,本案系案外人执行异议之诉,争议的焦点问题是秦农银行沣东支行对西安一得公司在秦农银行天台路支行开立的案涉671账户内的款项是否享有质权,对案涉账户内的款项是否享有足以排除强制执行的民事权益。该院认为,秦农银行沣东支行对671账户内的款项享有质权,该权益足以排除强制执行。理由如下:

一、秦农银行沣东支行与西安一得公司采取书面形式达成了设立质权的合意。(略)

二、秦农银行沣东支行与西安一得公司就671账户内的款项设立了质权。《物权法》第二百零八条规定,为担保债务的履行,债务人或者第三人将其动产出质给债权人占有的,债务人不履行到期债务或者发生当事人约定的实现质权的情形,债权人有权就该动产优先受偿。前款规定的债务人或者第三人为出质人,债权人为质权人,交付的动产为质押财产。第二百一十二条规定,质权自出质人交付质押财产时设立。《最高人民法院关于适用〈中华人民共和国担保法〉若干问题的解释》第八十五条规定,债务人或者第三人将其金钱以特户、封金、保证金等形式特定化后,移交债权人占有作为债权的担保,债务人不履行债务时,债权人可以以该金钱优先受偿。根据上述法律及司法解释的规定,金钱质押作为特殊的动产质押,应当符合金钱特定化和移交债权人占有两个要件。

(一)案涉671账户内的款项以保证金形式特定化。案涉671账户是西安一得公司为其加盟商户在秦农银行沣东支行借款提供担保而专门开立的保证金账户,转入该账户内的款项均是西安一得公司根据贷款发放额度,按照约定的比例向该账户缴存的,该账户内的款项既能与西安一得公司的其他财产相区分,又独立于秦农银行沣东支行自己的财产,故该账户内的款项符合以保证金形式特定化的要求。

(二)案涉671账户内的款项已移交债权人秦农银行沣东支行占有。结合秦农银行沣东支行与西安一得公司签订的《合作协议书》中关于债务人未偿还贷款本息时,秦农银行沣东支行有权直接扣收西安一得公司质押保证金的约定,以及西安一得公司经秦农银行沣东支行及其相关下属支行层级批准后才退还部分保证金的事实,可以认定,秦农银行沣东支行作为债权人实际控制和管理案涉671账户,符合出质金钱移交债权人占有的要求。

三、关于秦农银行沣东支行向西安一得公司退还部分保证金是否影响案涉671账户内款项质权的设立问题。《物权法》第二百一十八条规定,质权人可以放弃质权。本案中,经西安一得公司申请,秦农银行沣东支行及其相关下属支行层级批准后退还部分保证金是在671账户内保证金已设立质权的前提下,秦农银行沣东支行作为质权人放弃部分质押财产的行为。该行为并未改变秦农银行沣东支行对案涉671账户内款项的实际控制,亦未改变671账户内剩余款项的性质和用途,案涉671账户内的款项仍符合以保证金形式特定化和移交债权人占有的条件。故,二审法院认定671账户转出的大部分款项用途改变,影响了该账户内款项的特定化,秦农银行沣东支行对671账户内款项未合法设立有效的金钱质押权,不能排除人民法院的强制执行,适用法律错误。

四、关于沣祥公司提出异议的2,866,363.03元和23,479.33元两笔款项如何认定的问题……本案是秦农银行沣东支行作为671账户内款项的质权人,为阻却执行法院对671账户内款项的强制执行而提起的执行异议之诉,债权转让是否通知债务人及担保人与本案无关。2016年8月31日转入671账户的23,479.33元,该笔金钱转入时备注为保证金,秦农银行沣东支行提交的情况说明、进账单等证据可以证明该笔款项是西安一得公司申请退还的保证金偿还相关贷款利息后的结余,后又被转回671账户继续为案涉借款提供担保,故该笔款项仍为保证金。

再审法院判决:确认陕西秦农农村商业银行股份有限公司沣东支行对西安一得贸易有限公司在陕西秦农农村商业银行股份有限公司天台路支行开立的账号2701×××71账户内的103万元享有质权;不得执行账号2701×××71账户内的103万元。

【规则解读】

一、企业经营性贷款保证金账户内的资金属于该企业财产,但银行享有质押权

《民法典》第四百二十五条规定:“为担保债务的履行,债务人或者第三人

将其动产出质给债权人占有的，债务人不履行到期债务或者发生当事人约定的实现质权的情形，债权人有权就该动产优先受偿。前款规定的债务人或者第三人为出质人，债权人为质权人，交付的动产为质押财产。”根据民法原理，质权人对质押财产享有占有权和优先受偿权，财产所有权归出质人享有。因此，企业向银行缴纳的贷款保证金账户内的资金，属于该企业财产，但银行对该账户内的资金享有质押权，银行有权就该账户内的资金优先受偿。

二、企业经营性贷款保证金账户内的资金可被法院冻结、扣划

《执行异议和复议规定》第二十五条第一款中规定，“对案外人的异议，人民法院应当按照下列标准判断其是否系权利人……（三）银行存款和存管在金融机构的有价证券，按照金融机构和登记结算机构登记的账户名称判断；有价证券由具备合法经营资质的托管机构名义持有的，按照该机构登记的实际投资人账户名称判断……”

《最高人民法院关于人民法院执行工作若干问题的规定（试行）》第四十条规定：“人民法院对被执行人所有的其他人享有抵押权、质押权或留置权的财产，可以采取查封、扣押措施。财产拍卖、变卖后所得价款，应当在抵押权人、质押权人或留置权人优先受偿后，其余额部分用于清偿申请执行人的债权。”

《最高人民法院关于适用〈中华人民共和国民事诉讼法〉的解释》第一百五十七条规定：“人民法院对抵押物、质押物、留置物可以采取财产保全措施，但不影响抵押权人、质权人、留置权人的优先受偿权。”

由上述规定可知，企业向银行缴纳的以企业名义开立的经营性贷款保证金账户内的资金属于企业名下所有的，银行享有质押权的一般等价物。根据上述司法解释规定，若企业因欠债被法院强制执行，执行法院可对被执行企业开立的保证金账户内的资金进行司法冻结或直接扣划。因为银行账户内的资金属于特殊动产，不像其他质押财产（比如车辆、首饰、股权）需经过评估、拍卖变现程序才能判断具体价值，故，若法院查封、扣划了被执行企业名下的保证金阻碍了质押权人银行的优先受偿权，银行可依据《民事诉讼法》第二百二十七条规定，向执行法院提出案外人执行异议，执行异议被法院驳回后还可以提起案外人执行异议之诉。

三、银行对企业经营性贷款保证金账户内资金主张排除执行的条件

《最高人民法院关于适用〈中华人民共和国民事诉讼法〉的解释》第三百一

十二条规定："对案外人提起的执行异议之诉，人民法院经审理，按照下列情形分别处理：(一)案外人就执行标的享有足以排除强制执行的民事权益的，判决不得执行该执行标的……"若银行对被执行企业经营性贷款保证金账户内资金享有质权，银行可就该保证金账户内的资金享有优先受偿权，依法可排除执行。《最高人民法院关于适用〈中华人民共和国民法典〉有关担保制度的解释》第七十条规定，债务人或者第三人为担保债务的履行，设立专门的保证金账户并由债权人实际控制，或者将其资金存入债权人设立的保证金账户，债权人主张就账户内的款项优先受偿的，人民法院应予支持。根据上述规定，质权成立的标准是账户满足金钱特定化和移交债权人占有两个要件。

(一)经营性贷款保证金账户需特定化，其设立应区别于一般账户

动产质押以交付为质押权设立的要件，金钱作为一般等价物这一特殊动产，为使金钱既不与出质人其他财产相混同，又能独立于质权人的财产，当银行作为质权人接受出质人提供的金钱作为质押标的前，需根据其与出质人签订的《保证金质押合同》或《贷款合同》中的约定设立一个专门存放出质人提供的保证金的专用账户。若银行未设立专用保证金账户或仅用一般账户接受保证金则银行质权未设立，不能对抗第三人。

最高人民法院在(2013)民申字第2060号中国银行股份有限公司东营东城支行与东营市华乘荣威汽车销售服务有限公司、张玉娥、薄非、巴松涛金融借款合同纠纷申请再审案民事裁定书中认为："本案中，中行东城支行与华乘荣威公司在《流动资金借款合同》第七条第一款约定，华乘荣威公司在中行东城支行开立的22340781××××账户作为借款发放账户，借款的发放和支付应通过该账户办理，该账户系专户，只能用作借款资金的发放和支付，不得用于其他款项支付……从以上合同内容可知，当事人约定了开立专门的保证金账户事宜，但事后并未设立。虽然《流动资金借款合同》约定22340781××××账户为专户，但约定的是作为贷款发放和支付的专户，仍然属于一般账户的性质。尽管华乘荣威公司将700万元存入该账户，但因该账户不属专门的保证金账户，不能达到质押财产特定化的要求。事实上，直至人民法院因另案采取保全措施时，该账户内700万元仍未显示出质押状态或者被采取冻结措施，中行东城支行的质权并未设立，不能对抗第三人。"

（二）保证金需要实缴至保证金专户

因保证金属于动产质押，故保证金账户设立后，需要出质人将自有资金通过转账等形式交付至银行占有，即将保证金转入在银行设立的，以出质人名义开立的，受银行管理和监控的专用账户内，银行才能对该专用账户内资金享有质权。

（三）实缴至保证金专户的资金不得由出质人支配处置

出质人交付至保证金账户的资金，因质权已经设立，该账户内的资金虽以出质人的名义开立，但根据银行与出质人之间的合同约定，出质人不得随意支配、划转该账户的资金。

2015 年 11 月 19 日，最高人民法院审判委员会发布了第 11 期指导案例，其中第 54 号指导案例中国农业发展银行安徽省分行诉张大标、安徽长江融资担保集团有限公司执行异议之诉案中法院认为："……特定化金钱已移交债权人占有。占有是指对物进行控制和管理的事实状态。案涉保证金账户开立在农发行安徽分行，长江担保公司作为担保保证金专户内资金的所有权人，本应享有自由支取的权利，但《贷款担保业务合作协议》约定未经农发行安徽分行同意，长江担保公司不得动用担保保证金专户内的资金。同时，《贷款担保业务合作协议》约定在担保的贷款到期未获清偿时，农发行安徽分行有权直接扣划担保保证金专户内的资金，农发行安徽分行作为债权人取得了案涉保证金账户的控制权，实际控制和管理该账户，此种控制权移交符合出质金钱移交债权人占有的要求。据此，应当认定双方当事人已就案涉保证金账户内的资金设立质权。"

（四）保证金账户内资金浮动，不影响该账户剩余资金的性质

前述第 54 号指导案例中，关于账户资金浮动是否影响金钱特定化的问题，法院认为："保证金以专门账户形式特定化并不等于固定化。案涉账户在使用过程中，随着担保业务的开展，保证金账户的资金余额是浮动的。担保公司开展新的贷款担保业务时，需要按照约定存入一定比例的保证金，必然导致账户资金的增加；在担保公司担保的贷款到期未获清偿时，扣划保证金账户内的资金，必然导致账户资金的减少。虽然账户内资金根据业务发生情况处于浮动状态，但均与保证金业务相对应，除缴存的保证金外，支出的款项均用于保证金的退还和扣划，未用于非保证金业务的日常结算……故该账户资金浮

动仍符合金钱作为质权的特定化和移交占有的要求，不影响该金钱质权的设立。”

与此裁判规则一致的，还有最高人民法院(2017)最高法民申 5073 号朱仰涛、青岛银行股份有限公司济南分行再审审查与审判监督案，在该民事裁定书中法院审理认为：“2013 年青岛银行济南分行与寿光市金融工作办公室及山东新世泰公司签订《区域集群业务风险补偿金合作协议书》，确认山东新世泰公司在青岛银行济南分行设立 1527 号账户为风险补偿金账户，作为区域几十家企业贷款的质押担保。2014 年，寿光市金融工作办公室、寿光市诚信中小型企业互助服务中心与青岛银行济南分行签订《区域集群业务风险补偿金合作协议书》，约定增设寿光市诚信中小型企业互助服务中心账户（账号为 81201320000××××）为新的补偿金账户，与 1527 号账户共同作为保证金账户，并将 1527 号账户内 712.5 万元转账至 81201320000××××账户内。故山东新世泰公司将其 1527 号账户 712.5 万元转入 8120132000 0××××账户，属于风险补偿金账户之间的流转。此次转账并不能改变 1527 号账户的保证金功能，此账户仍属于保证金账户，青岛银行济南分行对该账户内的 122 万元资金享有质权。”

2021 年 1 月 1 日生效施行的《最高人民法院关于适用〈中华人民共和国民法典〉有关担保制度的解释》第七十条明确规定，当事人以保证金账户内的款项浮动为由，主张实际控制该账户的债权人对账户内的款项不享有优先受偿权的，人民法院不予支持。

【风险提示】

1. 矿山企业在银行设立的各类贷款质押保证金账户内的资金，因保证金账户名义为开户企业设立，仍属于该企业的责任财产，若该企业因欠付金钱债务被人民法院强制执行，执行法院可以对该质押保证金账户内的资金予以查封、扣划。而一旦质押保证金账户内的资金被法院查封或扣划，贷款银行往往会停止审批对该合作企业的各类贷款，导致企业资金流动性降低。

2. 贷款银行要求矿山企业提供贷款金额一定比例资金作为贷款债权的质押担保时，应当确保银行对保证金账户内资金的质押权成立，即银行应当确保与出质人签订书面质押担保合同、设立质押保证金账户且该账户特定化、保证资金转入保证金账户内、银行对保证金账户内资金管控、保证金账户内的资金可在银行同意下浮动但不可未经银行同意由出质人任意处置等条件满足，才能在保证金账户内资金被法院查封、扣划时主张享有质押优先受偿权，否则即使银行提出执行异议也可能被执行法院予以驳回。

【相关法律法规】

《中华人民共和国民法典》（2020 年 5 月 28 日）

第四百二十五条　为担保债务的履行，债务人或者第三人将其动产出质给债权人占有的，债务人不履行到期债务或者发生当事人约定的实现质权的情形，债权人有权就该动产优先受偿。

前款规定的债务人或者第三人为出质人，债权人为质权人，交付的动产为质押财产。

新贷偿还旧贷时保证人的担保责任

【裁判规则】

法人在分支机构不具备诉讼主体资格的情况下，可以自己名义起诉；主合同当事人双方协议以新贷偿还旧贷，除保证人知道或者应当知道外，保证人不承担保证责任。

【典型案例】

永靖县磊鑫矿业有限责任公司、永靖县农村信用合作联社金融借款合同纠纷案[(2018)最高法民终1137号]

【案情简介】

再审申请人(一审被告、二审被上诉人)：永靖县磊鑫矿业有限责任公司

被申请人(一审原告、二审上诉人)：永靖县农村信用合作联社

二审被上诉人(一审被告)：永靖县鑫海冶炼有限责任公司

一审法院查明：刘家峡信用社与鑫海公司于2013年1月25日签订《流动资金借款合同》，鑫海公司向刘家峡信用社借款480万元，借期11个月。该笔借款由永靖县盛旺硅业有限公司提供保证担保。借款一次展期到期后，鑫海公司仍不能偿还。

2014年9月13日，刘家峡信用社与鑫海公司签订了《流动资金借款合同》，约定鑫海公司向刘家峡信用社借款430万元，同日，刘家峡信用社与磊鑫公司签订《保证担保合同》，约定磊鑫公司为鑫海公司依主合同与刘家峡信用社形成的债务提供保证担保，约定被担保的主债权种类为一般企业流动资金贷款，本金数额为430万元。合同签订后，刘家峡信用社于2014年9月13日

向鑫海公司发放了430万元。借款期限到期后，鑫海公司未能依照合同约定如期偿还借款本息。另查明，2014年9月13日刘家峡信用社向鑫海公司发放本案430万元贷款后，鑫海公司于当日即向刘家峡信用社柜台还款430万元。

一审法院认为：信用合作社的分支机构刘家峡信用社不具备诉讼主体资格，刘家峡信用社的权利应由信用合作社行使，故信用合作社作为本案原告的主体资格符合法律规定，予以确认。刘家峡信用社与鑫海公司签订的《流动资金借款合同》系双方当事人真实意思的表示，不违反法律规定，合法有效，应受法律保护……本案信用合作社不能证明磊鑫公司知道或者应当知道借款用于以新贷偿还旧贷，因此磊鑫公司对于本案贷款不承担保证责任，也无须承担违约责任。

一审法院判决：鑫海公司于本判决生效之日十日内偿还信用合作社借款本金，磊鑫公司不承担保证责任。

二审查明事实与一审一致。

二审法院认为：本案的争议焦点为磊鑫公司是否应承担担保责任。根据本案一、二审查明的事实及相关案件查明的事实，鑫海公司及其实际经营人（本案中的代理人）孔祥壮与磊鑫公司及其法定代表人孔双平互为对方或对方经营的公司提供"借新还旧"的贷款担保，二审法院有理由认定磊鑫公司知道案涉贷款系"借新还旧"。根据《最高人民法院关于适用〈中华人民共和国担保法〉若干问题的解释》第三十九条第一款的规定："主合同当事人双方协议以新贷偿还旧贷，除保证人知道或者应当知道的外，保证人不承担民事责任。"磊鑫公司应对案涉贷款承担连带清偿担保责任。根据《担保法》第三十一条的规定："保证人承担保证责任后，有权向债务人追偿。"磊鑫公司承担连带清偿担保责任后，有权向鑫海公司追偿。

二审法院判决：磊鑫公司对鑫海公司上述第一项确定的债务承担连带清偿责任。

再审查明事实与一审一致。

再审法院认为，本案争议的焦点问题是：磊鑫公司对案涉借款系"借新还旧"的事实是否知晓，其是否应承担连带清偿责任。

根据查明事实……本案中，鑫海公司欠款事实清楚，其应承担相应的还款责任。磊鑫公司申请再审认为二审判决其承担连带保证责任缺乏证据支持，其对案涉借款系“借新还旧”的事实并不知情，依据《最高人民法院关于适用〈中华人民共和国担保法〉若干问题的解释》第三十九条之规定，其不应承担保证责任。经查，二审判决系根据167号案判决的认定，即鑫海公司实际经营人孔祥壮与磊鑫公司法定代表人孔双平互为对方或者对方经营的公司提供“借新还旧”的贷款担保，推定磊鑫公司知道案涉贷款系“借新还旧”，本案并无直接证据证明磊鑫公司知道该事实。该院认为，本案借款发生于2014年9月13日，借款人为鑫海公司，担保人为磊鑫公司，167号案所涉借款发生于2015年4月22日，借款人为孔双平（磊鑫公司法定代表人），担保人为孔祥壮（鑫海公司实际经营人），鉴于本案所涉借款系发生于167号案所涉借款之前，借款人和担保人分别为公司和个人，主体不同，即使存在鑫海公司与磊鑫公司及其法定代表人互为对方或者对方公司贷款提供担保的事实，也不足以根据在后借款的担保人孔祥壮明知在后借款系用于“借新还旧”而推定在先借款的担保人磊鑫公司亦明知案涉借款为“借新还旧”的事实。二审法院认定磊鑫公司知道案涉借款系“借新还旧”并判决其承担连带清偿责任缺乏证据支持。

再审法院判决：磊鑫公司对鑫海公司债务不承担连带清偿责任。

【规则解读】

一、法人在分支机构不具备诉讼主体资格的情况下，可以自己名义起诉

企业法人的分支机构是指企业法人投资设立的、有固定经营场所、以自己名义直接对外从事经营活动、不具有法人资格，其民事责任由其企业法人承担的经济组织。法人的分支机构按是否具备诉讼主体资格，能否以自己的名义起诉，可以分为两种情况：

（一）合法成立、有一定的组织机构和财产，已经依法领取营业执照的法人分支机构，具备诉讼主体资格

《民事诉讼法》第四十八条规定：“公民、法人和其他组织可以作为民事诉讼的当事人。法人由其法定代表人进行诉讼。其他组织由其主要负责人进行诉讼。”《最高人民法院关于适用〈中华人民共和国民事诉讼法〉的解释》第五十二条规定：“民事诉讼法第四十八条规定的其他组织是指合法成立、有一定的组织机构和财产，但又不具备法人资格的组织，包括……（五）依法设立并领取营业执照的法人的分支机构；（六）依法设立并领取营业执照的商业银行、政

策性银行和非银行金融机构的分支机构……”

现行有效的《中国人民银行关于对商业银行分支机构民事责任问题的复函》规定：“一、根据《中华人民共和国民事诉讼法》第四十九条①和最高人民法院《关于适用〈中华人民共和国民事诉讼法〉若干问题的意见》②第四十条的规定，专业银行（商业银行）、保险公司设在各地的分支机构虽不具备法人资格，但属于‘其他组织’，具有诉讼主体资格，可以作为民事诉讼的当事人参加诉讼。商业银行的分支机构在总行授权范围内开展业务时，与其他公民、法人和其他组织发生纠纷引起民事诉讼的，应以分支机构作为诉讼主体，而不应以其总行作为诉讼主体。”

依据上述法律规定及复函，法人的分支机构如果系合法成立、有一定的组织机构和财产，已经依法领取营业执照的，则虽然该分支机构不具备法人资格，但依然具备诉讼主体资格，可以作为民事诉讼的当事人参加诉讼，以自己的名义起诉或应诉，独立行使诉讼权利及履行诉讼义务。

（二）非依法设立，或者虽依法设立但没有领取营业执照的法人分支机构，不具备诉讼主体资格

《最高人民法院关于适用〈中华人民共和国民事诉讼法〉的解释》第五十三条规定：“法人非依法设立的分支机构，或者虽依法设立，但没有领取营业执照的分支机构，以设立该分支机构的法人为当事人。”如本案中的永靖县信用联社刘家峡信用社因不具备诉讼主体资格，不能作为本案的当事人参加诉讼，故法院均认可应当由设立刘家峡信用社的永靖县信用联社作为本案的诉讼主体参加诉讼。

二、主合同当事人双方协议以新贷偿还旧贷，除保证人知道或者应当知道外，保证人不承担民事责任

（一）以新贷偿还旧贷的认定

以新贷偿还旧贷是金融机构针对不能立即偿还的逾期贷款常常采取的处理方法，系金融机构与借款人协商一致，在旧的贷款尚未清偿的情况下，另行签订贷款合同，并以新贷出的款项偿还全部或部分旧的贷款。

---

① 修改后该条款是《中华人民共和国民事诉讼法》第四十八条。

② 该意见已失效，其内容被《最高人民法院关于适用〈中华人民共和国民事诉讼法〉的解释》修改，其第四十条修改后为《最高人民法院关于适用〈中华人民共和国民事诉讼法〉的解释》第五十二条。

以新贷偿还旧贷，需要金融机构与借款人的主观上存在以贷还贷的共同意思表示，在客观上有以贷还贷的行为。在司法实践中，以新贷还旧贷在客观上应同时具有如下几个特征：(1)存在先后两份借款合同，该特征系新贷偿还旧贷的前提；(2)前后两份借款合同的出借人与借款人一致；(3)新借款合同项下的贷款全部或部分偿还了旧借款合同项下的贷款。

（二）新贷偿还旧贷中保证责任承担问题

《最高人民法院关于适用〈中华人民共和国民法典〉有关担保制度的解释》第十六条规定："主合同当事人协议以新贷偿还旧贷，债权人请求旧贷的担保人承担担保责任的，人民法院不予支持；债权人请求新贷的担保人承担担保责任的，按照下列情形处理：（一）新贷与旧贷的担保人相同的，人民法院应予支持；（二）新贷与旧贷的担保人不同，或者旧贷无担保新贷有担保的，人民法院不予支持，但是债权人有证据证明新贷的担保人提供担保时对以新贷偿还旧贷的事实知道或者应当知道的除外。主合同当事人协议以新贷偿还旧贷，旧贷的物的担保人在登记尚未注销的情形下同意继续为新贷提供担保，在订立新的贷款合同前又以该担保财产为其他债权人设立担保物权，其他债权人主张其担保物权顺位优先于新贷债权人的，人民法院不予支持。"

根据该条规定，在新贷偿还旧贷情形下，对于保证人的保证责任的认定，存在以下三种不同情形：

1. 新贷和旧贷保证人相同的，保证人需承担保证责任。

若新贷和旧贷保证人相同，因借款人以贷还贷的行为并未加重保证人的担保责任，故保证人的担保责任并不因此豁免，若借款人到期未能偿还债务的，出借人有权依法要求保证人承担保证责任。

2. 新贷和旧贷保证人不同的，若新贷保证人不知道以贷还贷事实，保证人不承担保证责任。

借款人若用新贷偿还了旧贷，则旧贷债权债务消灭，原本旧贷保证人的保证责任亦随之消灭。新贷保证人若对以贷还贷事实不知情，原旧贷的保证责任实际上转移到新贷保证人身上，无疑加重了新贷保证人的保证责任，违背了民法基本的公平正义原则。且现实生活中，有些出借人和借款人存在相互串通、隐瞒借款用途的情形，极大地增加了保证人的保证风险。故在借新贷还旧贷的情况下，若保证人不知道以贷还贷情形的，法律免除保证人的保证责任。

3. 新贷和旧贷保证人不同的，但新贷保证人知道以贷还贷事实，保证人仍应依法承担保证责任。

与上述第二种情形相反，若保证人知道以新贷还旧贷的情形，保证人对该种情形下保证责任的承担风险会存在分析和判断，若其依然坚持成为该笔新贷的保证人，则在借款人到期未能偿还债务时，出借人有权依法要求保证人承担保证责任，保证人依法需承担保证责任。

（三）以新贷偿还旧贷的情况下，保证人的举证责任

《最高人民法院关于适用〈中华人民共和国民事诉讼法〉的解释》第九十一条规定："人民法院应当依照下列原则确定举证证明责任的承担，但法律另有规定的除外：（一）主张法律关系存在的当事人，应当对产生该法律关系的基本事实承担举证证明责任；（二）主张法律关系变更、消灭或者权利受到妨害的当事人，应当对该法律关系变更、消灭或者权利受到妨害的基本事实承担举证证明责任。"

在以新贷偿还旧贷的情形下，保证人常常提出自己不知道借款人以贷还贷的事实，以期免除自己的保证责任。保证人提出的"自己不知道借款人以贷还贷"属于消极事实，因基于这种消极事实提出的主张和抗辩，很难通过直接证据予以证明，故司法实践中，法院往往将举证责任分配给出借人，由其证明保证人对以贷还贷的事实知道或应当知道，若出借人不能举证证明的，则可能承担举证不能的法律后果，即法院或将因出借人无法证明保证人对以贷还贷的事实知情，从而认定保证人不承担担保责任。本案法院对举证责任的分配即是如此。

【风险提示】

保证作为最常见的担保方式，普遍存在于经济活动中。矿山企业拟担任保证人的，为了更好地保护权益，应注意以下事项：

1. 成为保证人前，建议先期调查了解债务情况。

鉴于保证人系以自己所有的、全部的财产为债务提供担保，保证人任何财产均会面临代偿的风险，因此，企业拟作为保证人的，应当持更加审慎的态度，建议在作出决定前先对债务类型、债务人资信等进行全面的调查，评估各种风险，并可根据实际情况要求债务人提供反担保。

2. 明确保证方式，建议优先选择一般责任保证。

连带责任保证较一般保证赋予保证人更重的责任，且连带保证人不享有“先诉抗辩权”，即债务人在主债务履行期限届满后未履行债务的，债权人可以自由选择向债务人或连带保证人追偿。故在可以选择保证方式的情况下，建议企业优先选择一般保证。

3. “以新贷还旧贷”且新贷与旧贷的保证人不是同一人的，主合同双方应就以贷还贷事实，履行对保证人的告知义务，否则，保证人有权不承担保证责任。

主合同双方确定以新贷偿还旧贷，且新贷与旧贷保证人非同一人的，在签订保证合同时，主合同双方应向保证人明确告知新贷的真实用途、以贷还贷的事实，并征得保证人的同意，否则，保证人有权不予承担保证责任。若各方就此发生争议，保证人知道或者应当知道以贷还贷事实的举证责任应由债权人承担，对上述事实，债权人应提供充分的证据，否则，即使借款人与保证人存在关联关系或互相为对方借款提供担保，亦不能直接推定保证人对以贷还贷事实知道或应当知道，对于债权人提出的要求承担保证责任的主张，保证人有权拒绝。

【相关法律法规】

《中华人民共和国民事诉讼法》(2017 年 6 月 27 日修正)

第四十八条　公民、法人和其他组织可以作为民事诉讼的当事人。法人由其法定代表人进行诉讼。其他组织由其主要负责人进行诉讼。

《最高人民法院关于适用〈中华人民共和国民事诉讼法〉的解释》(2020 年 12 月 29 日修正)

第五十二条　民事诉讼法第四十八条规定的其他组织是指合法成立、有一定的组织机构和财产，但又不具备法人资格的组织，包括：

(一)依法登记领取营业执照的个人独资企业；

(二)依法登记领取营业执照的合伙企业；

(三)依法登记领取我国营业执照的中外合作经营企业、外资企业；

(四)依法成立的社会团体的分支机构、代表机构；

(五)依法设立并领取营业执照的法人的分支机构；

（六）依法设立并领取营业执照的商业银行、政策性银行和非银行金融机构的分支机构；

（七）经依法登记领取营业执照的乡镇企业、街道企业；

（八）其他符合本条规定条件的组织。

第五十三条　法人非依法设立的分支机构，或者虽依法设立，但没有领取营业执照的分支机构，以设立该分支机构的法人为当事人。

第九十一条　人民法院应当依照下列原则确定举证证明责任的承担，但法律另有规定的除外：

（一）主张法律关系存在的当事人，应当对产生该法律关系的基本事实承担举证证明责任；

（二）主张法律关系变更、消灭或者权利受到妨害的当事人，应当对该法律关系变更、消灭或者权利受到妨害的基本事实承担举证证明责任。

《中国人民银行关于对商业银行分支机构民事责任问题的复函》(1995年8月7日)

中国工商银行办公室、法律顾问室：

你室关于商业银行分支机构民事责任问题的请示收悉。现答复如下：

一、根据《中华人民共和国民事诉讼法》第四十九条和最高人民法院《关于适用〈中华人民共和国民事诉讼法〉若干问题的意见》第四十条的规定，专业银行（商业银行）、保险公司设在各地的分支机构虽不具备法人资格，但属于"其他组织"，具有诉讼主体资格，可以作为民事诉讼的当事人参加诉讼。商业银行的分支机构在总行授权范围内开展业务时，与其他公民、法人和其他组织发生纠纷引起民事诉讼的，应以分支机构作为诉讼主体，而不应以其总行作为诉讼主体。

二、《中华人民共和国商业银行法》第二十二条规定，商业银行的分支机构不具有法人资格，在总行的授权范围内开展业务，其民事责任由总行承担。即指专业银行（商业银行）（包括保险公司）的分支机构作为诉讼主体参加诉讼时，承担民事责任不以其总行授权其经营管理的财产为限，如果其经营管理的财产不足以承担民事责任，超过部分的民事责任由其上级行直至总行承担，非指其分支机构的民事责任直接由总行承担。

矿山企业政策性关停后被提前抽贷的处理

【裁判规则】

矿山企业因政府化解产能过剩目标被关停后,如该情况将导致或已经导致煤炭企业营业能力、经营状况发生严重恶化,银行可以提前抽贷。银行抽贷后,本金的利息、罚息及复利的计算应从贷款提前到期日起计算,贷款提前到期日一般为银行的通知送达债务人之日,在银行没有履行通知义务或没有有效通知的情况下,应以诉讼材料送达之日确定贷款提前到期日。

【典型案例】

沈阳煤业(集团)有限责任公司、渤海银行股份有限公司太原分行金融借款合同纠纷案[(2019)最高法民终 707 号]

【案情简介】

上诉人(原审被告):沈阳煤业(集团)有限责任公司

被上诉人(原审原告):渤海银行股份有限公司太原分行

原审被告:沈阳煤业集团山西晋辽矿业有限公司、山西古县晋辽下辛佛煤业有限公司、山西古县晋辽柳沟煤业有限公司、古县飞龙煤化有限公司

一审法院查明:2016 年 12 月 13 日,渤海银行太原分行与晋辽矿业公司签订《综合授信合同》(编号为渤太分综[2016]第 30 号),约定在额度有效期内,渤海银行太原分行授予晋辽矿业公司 6 亿元的贷款总额度;同日,沈煤集团公司、下辛佛煤业公司、柳沟煤业公司、飞龙煤化公司分别与渤海银行太原分行签订《最高额保证协议》(编号分别为:渤太分最高保[2016]第 73、74、75、76号),自愿为晋辽矿业公司与渤海银行太原分行签署的总额度不超过 6 亿元的

一系列授信协议项下产生的全部债务提供连带责任保证担保。被告下辛佛煤业公司、柳沟煤业公司分别与渤海银行太原分行签订《最高额抵押合同》(编号分别为:渤太分最高抵[2016]第14、15号),自愿以其名下的采矿权(采矿权许可证编号分别为:C1400002010011220052634、C1400002010011220052680)为晋辽矿业公司与渤海银行太原分行签署的一系列授信协议项下产生的全部债务提供最高额抵押担保。

同日,渤海银行太原分行与晋辽矿业公司签订《流动资金借款合同》(编号为渤太分流贷[2016]第44号)(附:《公司贷款借据》),约定晋辽矿业公司向渤海银行太原分行借款1.55亿元……签订《银行承兑协议》(编号为渤太分银承[2016]第30号)与《电子商业汇票服务协议》(编号为渤太分电票[2016]第15号),约定晋辽矿业公司可向渤海银行太原分行申请开具的商业汇票承兑额度为2.9亿元……

2016年12月16日,渤海银行太原分行向晋辽矿业公司发放了1.55亿元的流动资金贷款。2016年12月20日至2016年12月30日,渤海银行太原分行根据晋辽矿业公司的申请,先后向晋辽矿业公司开立了共计2.9亿元的商业汇票。晋辽矿业公司已向保证金专户中存入保证金1.45亿元。截至2017年6月23日渤海银行太原分行起诉之日止,晋辽矿业公司有5笔1000万元到期电子商业汇票款项未归还;所涉《流动资金借款合同》,晋辽矿业公司尚欠本金1.55亿元。

2017年4月26日,山西省人民政府办公厅下发关于分解下达2017年煤炭行业化解过剩产能目标任务的通知,并同步公布了《2017年山西省化解煤炭过剩产能任务分解表》,其中包括晋辽矿业公司所有的柳沟煤业公司、下辛佛煤业公司两座煤矿。此外,晋辽矿业公司涉法律诉讼案件达多起,其中也有被执行案件多起,且因未履行生效法律文书确定的义务已被列入失信被执行人名单;沈煤集团公司、下辛佛煤业公司、柳沟煤业公司、飞龙煤化公司涉法律诉讼案件和被执行案件多起,有的还被列入失信被执行人名单。有鉴于此,渤海银行太原分行认为借款人以及担保人的经营状况已出现严重恶化,严重威胁其债权权益,于2017年5月11日通过邮寄的方式分别向沈煤集团公司、下辛佛煤业公司、柳沟煤业公司、飞龙煤化公司送达了《宣布贷款提前到期通知书》与《宣布贷款提前到期暨承担担保证责任通知书》,宣布授信余额于2017年5

月 15 日提前到期,并要求沈煤集团公司、晋辽矿业公司、下辛佛煤业公司、柳沟煤业公司、飞龙煤化公司在到期日前连带清偿流动资金借款 1.55 亿元,同时要求在商业汇票到期日前存入应付票款 1.45 亿元。

一审法院认为:本案的争议焦点为:一是晋辽矿业公司是否应向渤海银行太原分行偿还贷款 3 亿元;二是晋辽矿业公司是否应向渤海银行太原分行偿还贷款本金的利息、罚息、复利;三是晋辽矿业公司应否承担渤海银行太原分行为实现债权支出的律师费 330.725 万元;四是沈煤集团公司、下辛佛煤业公司、柳沟煤业公司、飞龙煤化公司应否承担连带清偿责任。

一、关于晋辽矿业公司是否应向渤海银行太原分行偿还贷款 3 亿元的问题

渤海银行太原分行与晋辽矿业公司签订的《流动资金借款合同》与《银行承兑协议》等合同均系当事人真实意思表示,合同内容未违反法律、行政法规的强制性规定,故该合同合法有效,各方当事人应按合同约定履行义务。根据合同约定,在被告偿债能力出现重大不利变化时,渤海银行太原分行有权立即宣布贷款全部提前到期。晋辽矿业公司旗下的下辛佛煤业公司、柳沟煤业公司两座煤矿被山西省人民政府强制关停,加之各被告均已涉案多起、晋辽矿业公司与柳沟煤业公司已被纳入失信被执行人名单,足以认定其偿债能力出现重大不利变化。因此,渤海银行太原分行在获知此情况后,根据合同约定向晋辽矿业公司宣布贷款全部提前到期,并无不妥。因此,晋辽矿业公司依法应于 2017 年 5 月 15 日前向渤海银行太原分行偿还贷款本金 3 亿元。至于晋辽矿业公司、下辛佛煤业公司、柳沟煤业公司、飞龙煤化公司辩称,渤海银行太原分行在贷款合同没有到期前将诸被告推向法庭属违约行为问题,由于晋辽矿业公司旗下上述两个公司被政府关停,偿债能力出现重大不利变化,而且晋辽矿业公司在履行《银行承兑协议》时,未按照双方的约定履行该协议,有五笔承兑汇票未在该汇票到期日之前将款足额存入指定的账户,因此,晋辽煤业公司应属违约,其所称渤海银行太原分行违约的理由,一审法院不予采信。

二、关于晋辽矿业公司是否应向渤海银行太原分行偿还贷款本金的利息、罚息、复利

如前所述,渤海银行太原分行已向各被告宣布全部贷款于 2017 年 5 月 15 日到期,各被告未能在到期前全面履行还款义务,已经构成违约。对于流动资金贷款,被告尚欠本金 1.55 亿元,并应向渤海银行太原分行支付自 2017 年 5

月16日起至本判决确认还款之日止，以1.55亿元为基数计算的利息、罚息和复利。根据合同约定，逾期贷款罚息利率在原贷款利率(年5.655%)基础上加收50%，即年8.4825%，对于不能按时支付的利息，按逾期贷款罚息利率计收复利。对于商业汇票，渤海银行太原分行已实际垫付1.45亿元，晋辽矿业公司除向渤海银行太原分行偿还该本金1.45亿元外，还应向渤海银行太原分行支付自实际垫款1.45亿元发生之日起，以垫付款项为基数，按日万分之五逐日计算的逾期利息，并比照逾期贷款计收复利。至于晋辽矿业公司不承担起诉后的利息问题，由于晋辽矿业公司未按《银行承兑协议》约定内容履行自己的义务及偿债能力出现重大不利变化，根据双方合同约定应当承担诉后的利息。至于被告沈煤集团公司辩称的逾期利息加复利已超出同期贷款利率的4倍，其未提供相关证据证明，故该项辩称理由一审法院不予采信。

三、略

四、略

一审法院判决：晋辽矿业公司于判决生效之日起十日内向渤海银行太原分行偿还贷款本金3亿元。

最高法查明事实与一审一致。

二审法院认为，本案二审的争议焦点是：一是原审法院认定渤海银行太原分行宣布借款提前到期是否正确；二是原审判决支持晋辽矿业公司承担渤海银行太原分行支付的330.725万元律师费是否妥当。

一、关于原审法院认定渤海银行太原分行宣布借款提前到期是否正确问题

依据渤海银行太原分行与晋辽矿业公司签订的《综合授信合同》第十二条与《流动资金贷款合同》第十六条的约定，若晋辽矿业公司的经营状况、财务状况发生重大不利变化，或行业政策发生重大变化并将对晋辽矿业公司的经营状况产生实质性的不利影响时，渤海银行太原分行有权宣布直接或间接属于该合同的一切债务提前到期(包括但不限于罚息、违约金、费用等)，并要求晋辽矿业公司立即清偿。原审已查明，晋辽矿业公司旗下的两家全资子公司下辛佛煤业公司、柳沟煤业公司因被山西省人民政府列入《2017年山西省化解煤炭过剩产能任务分解表》而无法继续经营、面临关停，属于案涉《综合授信合同》与《流动资金贷款合同》约定的“经营状况、财务状况发生重大不利变化，或行业政策发生重大变化并将对晋辽矿业公司的经营状况产生实质性的不利影响”的情形，故渤海银行太原分行依据签署的合同约定宣布贷款提前到期，并在到期日的次日起算罚息，具有合同依据。而且原审也查明，渤海银行太原分行宣布贷款提前到期后，晋辽矿业公司并未偿还任何债务，也没有证据表明渤海银行太原分行宣布贷款提前到期存在错误判断而使晋辽矿业公司遭受损失。因案涉合同是商事合同，且没有“继续履行优先”的约定，故渤海银行太原分行从保障己方利益的角度，选择行使约定的任何一种违约救济手段都不违反诚实信用原则。因此，原审法院认定渤海银行太原分行宣布借款提前到期具有合同和事实依据，并无不当，上诉人沈煤集团公司该项上诉理由不能成立。

二、关于原审判决支持晋辽矿业公司承担渤海银行太原分行支付的330.725万元律师费是否妥当问题

该院认为，渤海银行太原分行及晋辽矿业公司在《综合授信合同》与《流动资金贷款合同》中明确约定律师费由债务人承担，该案330.725万元律师费已经实际发生，在沈煤集团公司并未提供充分的证据证明律师费严重高于合理价格的情形下，原审法院以《山西省律师收费标准》作为判断律师费价格合理性的依据，并以律师费数额并未超过《山西律师收费标准》规定的标准，判决晋辽矿业公司承担渤海银行太原分行支付的330.725万元律师费并无不当，沈煤集团公司的该项诉讼请求因缺乏证据支持，亦不能成立。

二审最高人民法院判决：驳回上诉，维持原判。

【规则解读】

1996年，中国人民银行印发了《贷款通则》，第七十一条及第七十二条首次明确规定了银行单方面终止借款合同、提前收回贷款的九种情形。此后，银行借贷格式合同普遍约定银行有提前收贷（抽贷）权利。为了防止银行资金风险，现阶段的银行借贷格式合同在法定九种情形外，还增加了其他提前收贷（抽贷）情形，如本案《流动资金贷款合同》约定“经营状况、财务状况发生重大不利变化，或行业政策发生重大变化并将对晋辽矿业公司的经营状况产生实质性的不利影响”。银行提前收贷（抽贷）无疑会对企业生产经营造成重大困扰，那么，此类事件发生后，矿山企业能否通过诉讼方式阻止银行以维护自身权益呢？本案中，二级法院对银行提前收贷（抽贷）行为合法性的裁判逻辑，以及律师费合理性的审理思路，可提供参考借鉴。

一、金融借款合同中约定银行提前抽贷条款的法律效力

银行提前收贷（抽贷）是银行依照借款合同中约定的加速到期条款，在借款人（债务人）发生财务状况严重恶化、不按规定使用借款等其他借款合同约定的情形时，使借款合同提前到期，并要求借款人（债务人）还贷或单方面扣划其银行存款、保证金等的行为。常见的抽贷情形分为两类：一是《贷款通则》规定的法定情形，二是双方在借款合同中的约定情形。

根据《贷款通则》第二十二条、第七十一条、第七十二条和《民法典》第六百七三条的规定，银行可以提前抽贷的法定情形包括：

（1）对于借款人不按借款合同规定用途使用贷款的；

（2）用贷款进行股本权益性投资的；用贷款在有价证券、期货等方面从事投机经营的；

（3）未依法取得经营房地产资格的借款人用贷款经营房地产业务的；

（4）依法取得经营房地产资格的借款人，用贷款从事房地产投机的；

（5）不按借款合同规定清偿贷款本息；

（6）套取贷款相互借贷牟取非法收入的；

（7）向贷款人提供虚假或者隐瞒重要事实的资产负债表、损益表等资料的；

（8）不如实向贷款人提供所有开户行、账号及存贷款余额等资料的；

（9）拒绝接受贷款人对其使用信贷资金情况和有关生产经营、财务活动监督的；

（10）借款人未能履行借款合同规定义务的，贷款人有权依合同约定要求借款人提前归还贷款或停止支付借款人尚未使用的贷款。

金融借款合同约定银行可抽贷的情形，常见情形有：

（1）借款人任何其他债务在到期（包括被宣布提前到期）后未能清偿，或者不履行或违反其他在其他协议项下的义务，已经或可能影响到借款人履行合同项下义务；

（2）借款人的盈利能力、偿债能力、营运能力和现金流量等财务指标突破约定标准，或发生恶化，已经或可能影响到债务履行；

（3）借款人股权结构、生产经营、对外投资等发生重大不利变化，已经或可

能影响到借款人履行合同项下义务；

(4)借款人涉及或可能涉及重大经济纠纷、诉讼、仲裁，或资产被查封、扣押或被强制执行，或被司法机关或行政机关依法立案查处或依法采取处罚措施，或因违反国家有关规定或政策被媒体曝光，已经或可能影响到借款人履行合同项下义务；

(5)借款人主要投资者个人、关键挂历人员异常变动、失踪或被司法机关依法调查或限制人身自由、已经或可能影响到债务偿还能力；

(6)借款人利用与关联方之间的虚假合同，利用无实际交易背景的交易套取贷款人资金或授信，或通过关联交易有意逃废贷款人债权的；

(7)借款人已经或可能歇业、解散、清算、停业整顿、被吊销营业执照、被撤销或申请(被)申请破产；

(8)担保发生不利于贷款人债权的变化，借款人未另行提供贷款人认可的其他担保的；

(9)借款人如果连续两次未能按合同约定还款，贷款人有权视借款提前到期；

(10)借款人因违反食品安全、安全生产、环境保护及其他环境和社会风险管理相关法律法规、监管规定或行业标准而造成责任事故、重大环境和社会风险事件，已经或可能影响债务偿还；

(11)以信用方式发放的借款，借款人的信用等级、盈利水平、资产负债率、经营活动现金流量等指标不符合贷款人信用贷款条件的；或借款人未经贷款人书面同意，以其有效经营资产向他人设定抵押、质押担保或对外提供保证担保，已经或可能影响债务人履行合同义务。

就现行法律和司法实践分析，金融借款合同基于银行(贷款人)与借款人双方意思表示，双方约定的提前抽贷的具体情形只要不涉及《合同法》第五十二条规定的五种合同无效的情形，即合法有效。2021 年 1 月 1 日起，《民法典》正式实施，《合同法》同时废止。《民法典》第一百五十三条、第一百五十四条规定，违反强制性规定及违背公序良俗的民事法律行为及恶意串通，损害他人合法权益的民事法律行为无效。因此，金融借款合同基于银行(贷款人)与借款人双方意思表示，双方约定的提前抽贷的具体情形只要不涉及《民法典》规定的民事法律行为无效的情形，合法有效。

二、矿山企业政策性停产关停不是银行提前抽贷的充分理由

矿山企业受政府环境、产能政策及行业政策的影响较大，每一次产能政策及行业政策调整都对矿山企业带来不小冲击。政府环保政策要求调整煤炭产业结构，结构优化要求淘汰环保技术落后或不达标的煤矿，化解过剩产能要求关停部分矿山，等等。实践中，银行与煤炭企业签订金融借款合同，通常会约定在行业政策发生重大变化并将对公司的经营状况产生实质性不利影响的情况下，银行可以提前抽贷。因此，当煤炭企业的煤矿因政策性停产被关停、整改时，极易面临银行援引上述条款，提前抽贷。

那么，当矿山企业政策性关停引发银行抽贷时，如何判断抽贷行为的合法性，以及矿山企业启动司法程序维权的必要性呢？可以考虑以下两方面因素：

第一，银行抽贷的行权基础是否充分。如前分析，一般情况下，政策性关停不属于《贷款通则》的法定抽贷事由，也不在合同约定抽贷的常规情形中，政策性关停不是银行抽贷的直接理由。原因在于，银行抽贷是为了保证贷款资金安全，只有资金风险切实发生或极其可能发生时，银行的行权基础才成立。换句话说，政策性关停虽然极大打击企业正常经营，增加企业偿债风险，但这是“可能”。如果被关停企业仍正常偿还贷款，被关停的矿山只是矿山企业的小部分资源，并未对矿山企业的经营能力形成实质性重大不利影响，银行行使单方面解除权的行权基础就不充分。

本案例中，晋辽矿业公司下属子公司的煤矿因山西当地煤炭产能过剩，政府为了化解过剩产能目标被依法关停。渤海银行太原分行认为该煤炭企业及其子公司经营状况发生重大变化，以借款人晋辽矿业的两家子公司下属的煤矿被列入当地政府“关闭退出煤矿名单”为由，向其发出《宣布贷款提前到期通知书》，宣布贷款提前到期。对于渤海银行太原分行提前抽贷是否正确，最高人民法院并没有局限于政策性关停事件本身，而是结合相关事实，如企业涉及多起诉讼并欠付其他银行大额贷款，明显偿债能力严重不足，而其子公司作为担保人在下属煤矿被政策性关停的情况下，自身又涉及多起诉讼，并被纳入失信被执行人名单，综合判断认为晋辽矿业下属子公司煤矿被关停，会导致作为全资股东的该煤炭企业重大股权投资类资产减少，并对该煤炭企业的经营活动产生重大不利影响，因此，银行抽贷合法。

第二，银行抽贷的行权程序是否合规。抽贷行为的法律性质是银行行使

单方解除权。单方解除权是形成权,是单方法律行为,因一方行为人的意思表示就能成立,因此,在单方解除权下,解除合同的意思表示到达对方即可发生解除合同的效力,无须对方同意。我国对单方解除权的确定采取通知到达主义,向债务人发出解除通知是债权人行权的必须程序。《民法典》第五百六十五条规定:"当事人一方依法主张解除合同的,应当通知对方。合同自通知到达对方时解除;通知载明债务人在一定期限内不履行债务则合同自动解除,债务人在该期限内未履行债务的,合同自通知载明的期限届满时解除。对方对解除合同有异议的,任何一方当事人均可以请求人民法院或者仲裁机构确认解除行为的效力。当事人一方未通知对方,直接以提起诉讼或者申请仲裁的方式依法主张解除合同,人民法院或者仲裁机构确认该主张的,合同自起诉状副本或者仲裁申请书副本送达对方时解除。"

综上所述,政策性关停并不是银行抽贷的完全充分理由。煤炭企业的煤矿因政策性停产被关停这一行业变化是否达到对煤炭企业经营状况产生了重大不利影响的程度,需要结合煤炭企业债权债务情况、债务担保情况及经营状况等进行综合判断。

为防止债权人滥用解除权,《民法典》规定了非解除方的异议权。矿山企业在收到《宣布贷款提前到期通知书》后,可通过行使异议权对抗抽贷。根据《最高人民法院关于适用〈中华人民共和国合同法〉若干问题的解释(二)》第二十四条规定:"当事人对合同法第九十六条、第九十九条规定的合同解除或者债务抵销虽有异议,但在约定的异议期限届满后才提出异议并向人民法院起诉的,人民法院不予支持;当事人没有约定异议期间,在解除合同或者债务抵销通知到达之日起三个月以后才向人民法院起诉的,人民法院不予支持。"矿山企业应在收到《宣布贷款提前到期通知书》后的三个月内,向贷款银行发出不同意抽贷的异议通知,并提起诉讼。

值得注意的是,《民法典》承继《合同法》中异议权的相关原理,但扩大了解除权的行权主体。《合同法》规定仅被通知解除合同的当事人有权提出异议,《民法典》第五百六十五条中规定:"……对方对解除合同有异议的,任何一方当事人均可以请求人民法院或者仲裁机构确认解除行为的效力。"即"确认合同解除行为效力的当事人不以非解除方为限,亦即发出解除合同通知的一方在对方针对解除合同通知提出异议后,亦可向法院提起诉讼或向仲裁机构申请仲裁，请求确认解除行为发生解除合同的效力。”[①]因此，《民法典》生效施行后，对于矿山企业发出异议通知的行为，银行也可主动向法院提起诉讼要求确认解除效力。

三、金融借款合同中，银行抽贷后贷款到期日的确定

金融借款中，银行宣布提前到期的，可以依据借款合同约定的计息标准、支付方式等条款，要求借款人在宣布的贷款到期日之日起还本付息；贷款到期日后借款人逾期不还款的，还将触发合同中约定的逾期罚息、复利等惩罚性条款，借款人因此需要支付高额的逾期贷款罚息及逾期支付利息的复利。

一般情况下银行宣布贷款提前到期，将通知送达借款人及保证人，送达时间为贷款提前到期日。但是，如银行没有履行通知义务或没有有效通知时，贷款到期日的确定日，将影响利息、罚息、复利等具体的计算期间，关系到借款人企业支付利息、复利及罚息的具体金额。司法实践中，法院对贷款到期日的确定存在下述两种情况：

（一）以诉讼材料送达之日为贷款提前到期日

银行诉请债务提前到期，没有效通知或没有履行通知义务的，应当以诉讼材料送达借款人的时间为宣布贷款提前到期日。如四川省高级人民法院(2014)川民初字第34号农行成都经开区支行与四川得阳化学公司等金融借款合同纠纷案中，四川省高级人民法院认为，农行成都经开区支行宣布借款提前到期，虽向四川得阳化学公司发出了书面通知，但该通知并未按照阳化学公司的法定住所地送达，不能证明该公司知晓成都经开区农行已行使该项权利，应以成都经开区农行起诉后，得阳化学公司收到应诉通知书的时间为借款合同的到期日。

此做法符合《民法典》规定。根据《民法典》第五百六十五条第二款的规定，如银行未向矿业企业发出提前抽贷通知或者发出的通知效力瑕疵，选择提起诉讼或仲裁且被人民法院或仲裁机构确认主张，“合同自起诉状副本或者仲裁申请书副本送达对方时解除”。

---

① 最高人民法院民法典贯彻实施领导小组主编：《中华人民共和国民法典合同编理解与适用（一）》，人民法院出版社2020年版，第656页。

（二）以银行起诉日为贷款提前到期日

江苏省高级人民法院（2014）苏商终字第00534号彭城农商行贾汪支行与鼎业管桩公司等金融借款合同纠纷案中，江苏省高级人民法院认为，彭城农商行贾汪支行未提供证据证明贷款于起诉前已宣布提前到期，因此，涉案借款到期日应为彭城农商行贾汪支行向法院起诉之日。

【风险提示】

在经济下行的情况下，企业本身融资困难重重，若再遭受银行提前抽回贷款，企业无疑会面临资金短缺造成的经营压力。律师建议企业：

1. 注重控制管理，在金融借款合同签订后，企业若出现合同约定或者《贷款通则》规定的银行可以提前抽贷的情形，企业可积极与银行提前协商，寻求其他的还款来源或提供其他增信担保措施，避免银行提前抽贷。

2. 重诺守信，严守合约和信用，如实提供股权、经营、财务、融资等明细，对股权、法定代表变更等重大事项，及时通知债权银行，做到不逃废银行债务、不擅自处置转移资产、不违约欠息欠贷。

3. 煤炭行业的企业受政府环境、产能政策及行业政策的影响较大，企业应当随时关注行业行政政策导向，提前及时调整资金安排及业务布局，防范因所处行业政策发生改变导致的流动资金周转不能，财务状况恶化或经营状况发生重大不利变化的风险。

4. 若因行业政策变化出现煤矿被关停、整改等情况，在银行宣布贷款提前到期时，可以提供财务状况良好、无涉诉信息等证据，进行自身经营状况没有受到重大不利影响的抗辩。

【相关法律法规】

《贷款通则》（1996年6月28日）

第七十一条　借款人有下列情形之一，由贷款人对其部分或全部贷款加收利息；情节特别严重的，由贷款人停止支付借款人尚未使用的贷款，并提前收回部分或全部贷款：

一、不按借款合同规定用途使用贷款的。

二、用贷款进行股本权益性投资的。

三、用贷款在有价证券、期货等方面从事投机经营的。

四、未依法取得经营房地产资格的借款人用贷款经营房地产业务的；依法取得经营房地产资格的借款人，用贷款从事房地产投机的。

五、不按借款合同规定清偿贷款本息的。

六、套取贷款相互借贷牟取非法收入的。

第七十二条　借款人有下列情形之一，由贷款人责令改正。情节特别严重或逾期不改正的，由贷款人停止支付借款人尚未使用的贷款，并提前收回部分或全部贷款：

一、向贷款人提供虚假或者隐瞒重要事实的资产负债表、损益表等资料的；

二、不如实向贷款人提供所有开户行、账号及存贷款余额等资料的；

三、拒绝接受贷款人对其使用信贷资金情况和有关生产经营、财务活动监督的。

有追索权保理的相关法律问题

【裁判规则】

保理业务是以债权人转让其应收账款为前提，集应收账款催收、管理、坏账担保及融资于一体的综合性金融服务。在有追索权保理场合下，基于同一保理法律关系范围内的融资担保法律关系与债权转让法律关系应合并审理，且保理商可以主张债务人履行应收账款清偿义务，亦可同时主张债权人承担回购义务。

【典型案例】

中国华融资产管理股份有限公司河南省分公司、马俊伟金融借款合同纠纷案[(2018)最高法民再192号]

【案情简介】

再审申请人(一审原告、反诉被告，二审被上诉人)：中国华融资产管理股份有限公司河南省分公司

再审申请人(一审被告)：马俊伟

被申请人(一审被告、反诉原告，二审上诉人)：青岛保税区华乐国际贸易公司

被申请人(一审被告)：河南天惠能源发展有限公司

一审被告：世纪金鹰能源控股有限公司

审理过程中，中国华融资产管理股份有限公司河南省分公司(以下简称华融资产河南分公司)于2018年8月6日向法院提交《诉讼主体变更申请书》，称中行自贸区分行已将案涉债权转让给该分公司，故申请替代中行自贸区分

行承担该案诉讼,其他各方当事人对此均无异议,故以下中行新区支行的权利义务由华融资产河南分公司继受。

一审法院认定事实:

1. 2013 年 4 月 12 日,中行新区支行和金鹰公司签订 2013 年 XQH 授字 014 号《授信额度协议》,主要约定:中行新区支行向金鹰公司提供 8000 万元授信额度;使用期限自协议生效之日起至 2014 年 4 月 1 日止等。同日,晶诚公司、王建华、马俊伟、郑磊、陈明蕾作为连带责任保证人分别与中行新区支行签订了《最高额保证合同》,该合同主要约定,保证人晶诚公司、王建华、马俊伟、郑磊、陈明蕾对金鹰公司的债务最高债权额 8000 万元[包括主债权本金及利息(包括法定利息、约定利息、复利、罚息)、违约金、损害赔偿金、实现债权的费用]提供连带责任保证,保证期间为借款期满后两年等。

2. 2013 年 4 月 28 日,金鹰公司向中行新区支行申请国内商业发票贴现业务,双方签订了 2013 年 XQH 融字 0428 号《国内商业发票贴现协议》及相关文件……当日,中行新区支行向天惠公司送达《应收账款债权转让通知书》,载明……中行新区支行于 2013 年 5 月 2 日为金鹰公司办理贴现融资,金额 17,697,280元,该贴现款项于 2013 年 10 月 23 日到期。截至 2014 年 3 月 4 日,该笔款项利息(含罚息)为 960,820.73 元。

3. 2013 年 6 月 25 日,金鹰公司向中行新区支行申请国内商业发票贴现业务,签订了《国内商业发票贴现协议》及相关文件;2013 年 6 月 25 日、2013 年 7 月 10 日,华乐公司分别向中行新区支行出具《应收账款债权转让确认书》,确认已收到金鹰公司出具的第 00929084～00929103 号、第 00954040～00954055 号商业发票……该两笔贴现款项分别于 2013 年 12 月 24 日、2014 年 1 月 8 日到期,截至 2014 年 3 月 4 日,该两笔款项利息(含罚息)为 1,308,061.07 元。

4. 在金鹰公司向华乐公司出具的第 00929084～00929103 号、第 00954040～00954055 号商业发票上,均加盖有“此发票项下应收账款已转让至中国银行河南省分行”字样。天惠公司、华乐公司未将应付金鹰公司的账款付至中行新区支行指定账户。

一审法院认为:中行新区支行与金鹰公司、晶诚公司、王建华、马俊伟、郑磊、陈明蕾、天惠公司、华乐公司分别签订的《授信额度协议》《最高额保证合同》《国内商业发票贴现协议》《应收账款债权转让确认书》等,系各方当事人真实意思表示，且不违反法律、行政法规的强制性规定，合法有效。(1)中行新区支行已经履行了向金鹰公司办理贴现融资的义务，协议期满后，金鹰公司未按约定偿还借款本息，已构成违约，应当承担违约责任，中行新区支行诉请金鹰公司偿还借款及利息，证据充分，应予支持；(2)晶诚公司、王建华、马俊伟、郑磊、陈明蕾作为保证人，在借款期满后未履行保证义务，中行新区支行有权要求晶诚公司、王建华、马俊伟、郑磊、陈明蕾按照《最高额保证合同》约定对金鹰公司的债务承担连带保证责任；(3)天惠公司、华乐公司未按《应收账款债权转让确认书》的承诺将应付金鹰公司的账款付至指定账户的情况下，中行新区支行有权向天惠公司、华乐公司追索金鹰公司在对应融资项下所欠融资本息、复利等一切费用；(4)《最高额保证合同》上有晶诚公司签章，其辩称不是法人行为，没有事实和法律依据，该辩解理由该院不予采纳；(5)华乐公司反诉称其是在重大误解的情况下签署了《应收账款债权转让确认书》，该确认书应予以撤销。一审法院认为，在《应收账款债权转让确认书》中，华乐公司确认已收到金鹰公司出具商业发票，而在每张发票上均加盖有“此发票项下应收账款已转让至中国银行河南省分行”字样，其诉称金鹰公司没有通知该发票项下应收账款已转让，存在重大误解的理由不足，华乐公司的反诉请求和理由不成立，该院不予支持。

一审法院判决：世纪金鹰能源控股有限公司于判决生效之日起十日内偿还中国银行股份有限公司郑州新区支行借款本金，晶诚公司、王建华、马俊伟、郑磊、陈明蕾对世纪金鹰能源控股有限公司的上述债务承担连带清偿责任；河南天惠能源发展有限公司对世纪金鹰能源控股有限公司应承担的融资本息承担连带清偿责任；青岛保税区华乐国际贸易公司对世纪金鹰能源控股有限公司应承担的融资本息承担连带清偿责任。

二审法院对一审法院查明的事实予以确认。

二审法院认为：中行新区支行起诉要求金鹰公司还款，晶诚公司、王建华、马俊伟、郑磊、陈明蕾承担担保责任，依据的是《授信额度协议》《最高额保证合同》《国内商业发票贴现协议》，当事人之间是借款担保合同纠纷。中行新区支行起诉天惠公司、华乐公司，依据的是天惠公司、华乐公司分别签章的《应收账款债权转让确认书》，当事人之间系合同债权转让纠纷，两者并非基于同一法律事实、同一法律关系，不应合并审理。华乐公司关于程序问题的上诉理由成立,该院予以支持。天惠公司虽然未上诉,但关于程序问题,应依法予以纠正。

二审法院判决:世纪金鹰能源控股有限公司偿还中国银行股份有限公司郑州新区支行借款本金及利息 2,268,881.80 元,晶诚(郑州)科技有限公司、王建华、马俊伟、郑磊、陈明蕾对世纪金鹰能源控股有限公司的上述债务承担连带清偿责任;河南天惠能源发展有限公司、青岛保税区华乐国际贸易公司对世纪金鹰能源控股有限公司应承担的融资本息不承担连带清偿责任。

再审法院对于一、二审判决查明的事实予以确认。

再审法院认为,根据华融资产河南分公司、马俊伟的再审请求以及华乐公司的答辩意见,该案再审争议焦点为:

一、本案融资担保法律关系与债权转让法律关系应否合并审理

该案涉及多方当事人、多份合同、多种法律关系,其中金鹰公司、天惠公司、华乐公司签订有煤炭买卖合同,各方形成买卖合同关系;中行新区支行、金鹰公司、晶诚公司、王建华、郑磊、陈明蕾签订有《授信额度协议》《国内商业发票贴现协议》《最高额保证合同》,各方形成融资担保法律关系,中行新区支行、天惠公司、华乐公司之间有《应收账款债权转让通知书》《应收账款债权转让确认书》,各方又形成债权转让法律关系。从上述合同及文件内容看,该案交易安排为,中行新区支行为金鹰公司提供贸易融资,但前提是金鹰公司将对天惠公司、华乐公司因履行双方买卖合同产生的应收账款债权转让给中行新区支行;天惠公司、华乐公司在应收账款债权转让后成为中行新区支行的债务人,向中行新区支行履行还款义务,以确保金鹰公司与中行新区支行《国内商业发票贴现协议》项下融资款的偿付;同时晶诚公司、王建华、郑磊、陈明蕾对金鹰公司的债务提供连带保证。上述交易系一整体安排。根据原中国银行业监督管理委员会颁布的《商业银行保理业务管理暂行办法》第六条关于"保理业务是以债权人转让其应收账款为前提,集应收账款催收、管理、坏账担保及融资于一体的综合性金融服务"的规定,该案业务即属于以应收账款合法、有效转让为前提的银行保理融资服务。

关于保理类型,金鹰公司与中行新区支行签订的《国内商业发票贴现协议》第二十二条约定:"如已贴现融资的应收账款至发票到期日后 30 天仍无法收回,保理商有权立即收回融资本息,并有权从卖方账户主动扣款或采取其他办法主动收款，直至收回融资本息。”金鹰公司向中行新区支行出具的《国内商业发票贴现融资申请书》第六条第三款约定：“……贵行保留一切必要措施向我司追索融资本息的权利……”据此应当认为，该案属于有追索权的保理。对于有追索权的保理，保理商在债权未获清偿的情况下，不仅有权请求基础合同的债务人向其清偿债务，同时有权向基础合同应收账款债权的让与人追索。该案中，中行新区支行即是同时向金鹰公司主张了追索权，又向天惠公司、华乐公司主张了应收账款债权。虽然中行新区支行基于不同的法律关系分别向多个债务人同时主张，但均在保理法律关系范围之内，目的只有一个，即追回向金鹰公司提供的保理融资款项。因此，该案应当合并审理，并根据各方法律关系认定各债务人的责任顺序和范围。二审法院在一审已经全案审理的情况下，以借款担保合同纠纷与债权转让纠纷并非基于同一法律事实、同一法律关系，不能合并审理为由，驳回中行新区支行对于天惠公司、华乐公司的起诉、华乐公司对中行新区支行的反诉，该处理不符合保理法律关系特征，割裂了多种法律关系之间的内在联系，增加了当事人的诉累，不利于纠纷一体化解决，该院予以纠正。

二、华乐公司提出的撤销两份《应收账款债权转让确认书》的反诉请求能否成立（略）

三、关于天惠公司、华乐公司的责任认定问题

关于各债务人的责任顺序和范围，因天惠公司、华乐公司系应收账款的付款人，其应首先就转让部分应收账款向中行新区支行承担偿付责任；如相关款项无法清偿，则金鹰公司应继续向中行新区支行承担补充清偿责任；晶诚公司、王建华、郑磊、陈明蕾应对金鹰公司所负债务承担连带保证责任。一审判决虽对该案各方当事人纠纷一并处理的总体思路正确，但对于各债务人责任顺序和范围的认定不当，该院予以纠正。中行新区支行虽然在该案中提出除金鹰公司之外的其他债务人承担连带清偿责任的诉请不能成立，但考虑清偿顺序和范围属于法律适用问题，该院根据该案情况予以相应调整。

再审法院判决：……（3）河南天惠能源发展有限公司向中国华融资产管理股份有限公司河南省分公司支付本息，利率以编号为 2013 年 XQH 融字 0428 号《国内商业发票贴现协议》《国内商业发票贴现融资申请书》的约定为准；（4）青岛保税区华乐国际贸易公司向中国华融资产管理股份有限公司河南省分公司支付本息利率分别以编号为 2013 年 XQH 融字 0625 号、0704 号《国内商业发票贴现协议》《国内商业发票贴现融资申请书》的约定为准;(5)世纪金鹰能源控股有限公司对前述第三项、第四项债务未能清偿部分承担还款责任;(6)晶诚(郑州)科技有限公司、王建华、郑磊、陈明蕾对上述第五项债务承担连带清偿责任,并有权在承担保证责任后向世纪金鹰能源控股有限公司追偿……

【规则解读】

一、保理法律关系的认定

根据《商业银行保理业务管理暂行办法》第六条的规定,保理业务是以债权人转让其应收账款为前提,集应收账款催收、管理、坏账担保及融资于一体的综合性金融服务。债权人将其应收账款转让给商业银行,由商业银行向其提供下列服务中至少一项的,即为保理业务:应收账款催收;应收账款管理;坏账担保;保理融资。

保理业务又根据商业银行在债务人破产、无理拖欠或无法偿付应收账款时,是否可以向债权人反转让应收账款、要求债权人回购应收账款或归还融资,分为有追索权保理和无追索权保理。有追索权保理是指在应收账款到期无法从债务人处收回时,商业银行可以向债权人反转让应收账款、要求债权人回购应收账款或归还融资。

在实践过程中,相较于传统类型的合同纠纷案件,保理合同案件属于新类型的案件。由于《合同法》没有关于保理合同的特殊化法律法规,直至《民法典》颁布,才将保理合同列为典型合同之一。根据《民法典》第七百六十一条的规定,保理合同是应收账款债权人将现有的或者将有的应收账款转让给保理人,保理人提供资金融通、应收账款管理或者催收、应收账款债务人付款担保等服务的合同。最高人民法院关于本案法律基础,是从保理法律关系涉及三方主体和两个合同来认定本案应为有追索权保理法律关系范围内的纠纷。

(一)保理法律关系涉及三方主体

三方主体为应收账款债权人、债务人和保理商。根据保理商的类型,主要包括中国银行保险监督管理委员会监督、审批及监管的银行类保理机构和国家商务部、各个地区的商务管机关审批监管的商业保理公司。

本案中,金鹰公司与天惠公司、华乐公司基于煤炭买卖关系,金鹰公司是作为出卖方供货后对于天惠公司、华乐公司享有应收账款的债权人,天惠公司、华乐公司系债务人需按时向金鹰公司履行付款义务。中行新区支行为保理商,在金鹰公司将其对天惠公司、华乐公司的应收账款债权转让为中行新区支行后,为金鹰公司提供贸易融资。

(二)保理法律关系涉及两个合同

一是债权人与债务人之间的基础合同,这是成立保理的前提条件,即金鹰公司、天惠公司、华乐公司签订的《煤炭买卖合同》;二是债权人与保理商之间的应收账款债权转让合同,这是保理合同关系的关键,本案为中行新区支行、天惠公司、华乐公司之间的《应收账款债权转让通知书》《应收账款债权转让确认书》,中行新区支行在明确债权转让后通过发票贴现方式为金鹰公司进行融资。

根据上述分析,本案所涉及法律关系项下的合同与单纯的借款合同有显著区别,故不应将保理合同简单视为借款合同。在本案法院审理过程中,二审法院依据《授信额度协议》《最高额保证合同》《国内商业发票贴现协议》,认定当事人之间是借款担保合同纠纷;依据《应收账款债权转让确认书》,认定当事人之间系合同债权转让纠纷,割裂了保理法律关系项下的多种法律关系之间的内在联系,因此,再审法院对此进行了纠正。

二、债务人抗辩涉案材料系伪造的应承担举证责任

在保理合同纠纷案件中,债务人抗辩保理商或债权人提交的基础合同、应收账款确认书等证据材料是伪造的,应当就这一事实承担举证责任。本案中,华乐公司主张,“其曾向金鹰公司询证案涉债权的转让情况,金鹰公司否认对应收账款债权进行了转让”,但其未就此提供证据,也未提供受其他欺诈或存在重大误解的其他证据。故法院认定中行新区支行向华乐公司送达的两份《应收账款债权转让确认书》为华乐公司真实意思表示。

实践过程中,确存在有部分债务人虚构基础合同、债务人与保理商串通,假借保理之名行借贷之实的情形或债权人虚构应收账款确认书等情形,针对该种情况,应从是否存在基础合同、保理商是否明知虚构基础合同、双方当事人之间实际的权利义务关系等方面审查,且承担举证责任一方应向法院提供能够证明涉案材料为虚构的证据,否则将承担举证不能的不利后果。

三、有追索权保理商的权利主张应合并审理

根据《民法典》第七百六十六条和第七百六十七条之规定，保理分为有追索权保理和无追索权保理。有追索权保理，系指保理人可以向应收账款债权人主张返还保理融资款本息或者回购应收账款债权，也可以向应收账款债务人主张应收账款债权，即保理商仅提供包括融资在内的金融服务，而不承担为债务人核定信用额度和提供坏账担保的义务。无论应收账款因何种原因不能收回，保理商都有权向债权人追索已付融资款项。在无追索权保理合同法律关系中，保理人应当向应收账款债务人主张应收账款债权，即保理商向债权人提供融资，并以新的债权人身份管理账户或向债务人收款，保理商实现债权所产生的任何获利或损失都由其自己承担，一旦应收账款由于债务人无力清偿等原因不能收回，就由无追索权保理合同的保理商而非债权人承担这个法律后果。

虽然有追索权的保理，是基于不同的法律关系分别向多个债务人同时主张，但是均在保理法律关系范围之内，目的只有一个，即保理商追回提供的保理融资款项，故应当合并审理并根据各方法律关系认定各债务人的责任顺序和范围。

本案中，有追索权的保理商中行新区支行为了保证保理债权的实现，向债权人和债务人同时主张清偿，向债权人金鹰公司主张清偿的依据是《国内商业发票贴现融资申请书》中“……贵行保留一切必要措施向我司追索融资本息的权利……”的追索权，向债务人天惠公司、华乐公司主张清偿的依据是应收账款转让获得的债权。

对于有追索权保理商同时主张债务人承担应收账款给付清偿义务以及债权人履行回购义务的问题应避免出现保理商“重复受偿”。本案中，最高人民法院对于合同主体承担责任的顺序予以示明。即天惠公司、华乐公司系应收账款的付款人，应当首先就转让部分应收账款向中行新区支行承担偿付责任；如果无法清偿的，金鹰公司应当向中行新区支行承担补充清偿责任。由此，说明了应收账款是保理合同履行的第一还款来源，也体现了不论何种原因应收账款无法收回情况下保理商享有追索权的特点。

【风险提示】

1. 在从事保理前，需审慎考察保理商身份。选择依法成立、具有从事保理

业务资质的保理商。

从事保理业务的保理商必须为商业银行或经有关主管部门批准设立的商业保理公司。对于无保理从业资质的单位与债权人订立的保理融资合同,只要其没有违反法律、法规的强制性规定,亦应尊重其意思自治,一般不认定为无效合同,而是按照实际的借贷法律关系处理。

2. 在有追索权融资型保理中,保理融资的还款仍是主要来源于债务人付款,而非债权人提供资金直接归还融资款,这也是保理融资与金融借款的不同之处。故对于应收账款转让手续、文书的效力具有极高的要求。债务人作为保理合同还款的顺位责任人应当对应收账款转让通知等材料进行认真核对审查后,再作出确认和承诺。如果因自身原因审查存在过错,即作出与事实不符的确认和承诺,使保理商确信应收账款真实存在并发放保理融资款,事后给保理商造成损失的,债务人应当承担侵权责任。

【相关法律法规】

《商业银行保理业务管理暂行办法》(2014 年 4 月 3 日)

第六条　本办法所称保理业务是以债权人转让其应收账款为前提,集应收账款催收、管理、坏账担保及融资于一体的综合性金融服务。债权人将其应收账款转让给商业银行,由商业银行向其提供下列服务中至少一项的,即为保理业务:

(一)应收账款催收:商业银行根据应收账款账期,主动或应债权人要求,采取电话、函件、上门等方式或运用法律手段等对债务人进行催收。

(二)应收账款管理:商业银行根据债权人的要求,定期或不定期向其提供关于应收账款的回收情况、逾期账款情况、对账单等财务和统计报表,协助其进行应收账款管理。

(三)坏账担保:商业银行与债权人签订保理协议后,为债务人核定信用额度,并在核准额度内,对债权人无商业纠纷的应收账款,提供约定的付款担保。

(四)保理融资:以应收账款合法、有效转让为前提的银行融资服务。

以应收账款为质押的贷款,不属于保理业务范围。

《商务部关于商业保理试点有关工作的通知》(2012 年 6 月 27 日)

一、试点内容设立商业保理公司,为企业提供贸易融资、销售分户账管理、客户资信调查与评估、应收账款管理与催收、信用风险担保等服务。

《应收账款质押登记办法》(2019 年 11 月 22 日)

第二条　本办法所称应收账款是指权利人因提供一定的货物、服务或设施而获得的要求义务人付款的权利以及依法享有的其他付款请求权,包括现有的和未来的金钱债权,但不包括因票据或其他有价证券而产生的付款请求权,以及法律、行政法规禁止转让的付款请求权。

本办法所称的应收账款包括下列权利:

(一)销售、出租产生的债权,包括销售货物,供应水、电、气、暖,知识产权的许可使用,出租动产或不动产等;

(二)提供医疗、教育、旅游等服务或劳务产生的债权;

(三)能源、交通运输、水利、环境保护、市政工程等基础设施和公用事业项目收益权;

(四)提供贷款或其他信用活动产生的债权;

(五)其他以合同为基础的具有金钱给付内容的债权。

通谋虚伪行为的认定及效力

【裁判规则】

债权转让中,债权出让人与债务人通谋所为的虚假意思表示,在当事人之间发生无效的法律后果,但虚假表示的无效不得对抗善意第三人,债务人无权以转让债权虚假对抗债权受让人。

【典型案例】

汇丰银行(中国)有限公司武汉分行、中铝华中铜业有限公司债权转让合同纠纷案[(2017)最高法民终332号]

【案情简介】

上诉人(原审原告):汇丰银行(中国)有限公司武汉分行

被上诉人(原审被告):中铝华中铜业有限公司

一审法院查明:2010年3月15日,汇丰银行武汉分行与鑫鹏公司签署《保理协议》和《授信函》,约定鑫鹏公司将其向"保理顾客"的应收账款债权转让给汇丰银行武汉分行或其指定的受让人,汇丰银行武汉分行向鑫鹏公司提供保理融资。

2010年3月23日,汇丰银行(中国)有限公司以邮政特快专递方式向华中铜业公司发送鑫鹏公司致华中铜业公司的书面通知:略

……

2014年7月16日,汇丰银行武汉分行工作人员与华中铜业公司工作人员施磊通过邮件方式对账,显示(截至对账日)华中铜业公司尚未支付的货款为201,489,628.21元。

自2010年3月至2014年7月,汇丰银行武汉分行以上述方式办理鑫鹏公司对华中铜业公司应收账款保理业务多达千余笔,华中铜业公司向汇丰银行武汉分行出具102份《承诺函》,《承诺函》记载的发票对应的应收账款累计3,088,328,379.07元。汇丰银行武汉分行自认:从2010年开展保理业务后,汇丰银行武汉分行通过鑫鹏公司的82×××12账户累计收到华中铜业公司支付的应收账款2,886,838,750.86元。

一审庭审中,双方当事人均认可,办理上述业务时均由鑫鹏公司工作人员将增值税发票原件送交华中铜业公司,华中铜业公司在格式的《发票签收联》《承诺函》加盖华中铜业公司市场营销部印章后再由鑫鹏公司将《发票签收联》《承诺函》等资料交汇丰银行武汉分行。

……

根据双方当事人的诉辩意见,一审法院归纳本案的争议焦点为:一是汇丰银行武汉分行与鑫鹏公司之间的债权转让是否真实、合法、有效;二是华中铜业公司市场营销部工作人员施磊的对账邮件能否作为确认华中铜业公司与汇丰银行武汉分行之间债权债务的依据;三是华中铜业公司是否履行了对汇丰银行武汉分行的全部付款义务。一审法院对当事人的上述争议焦点评判如下:

一、关于汇丰银行武汉分行与鑫鹏公司之间的债权转让是否真实、合法、有效的问题……汇丰银行武汉分行依据其与鑫鹏公司签订的保理协议,受让鑫鹏公司对华中铜业公司的应收账款债权,并向华中铜业公司通知了债权转让的事实,债权转让真实、合法、有效。即便编号2014-XPZL-001的《(阴极铜)购销合同》系鑫鹏公司工作人员变造,因华中铜业公司并不否认其与鑫鹏公司之间存在真实的买卖合同关系,且华中铜业公司市场营销部在长达四年向汇丰银行武汉分行出具102份《承诺函》均载明:鑫鹏公司(销货方)与贵行(保理银行)于2010年3月15日签订《保理服务授信函》及《保理协议》,我公司同意销货方将其与我公司产生的应收账款转让给贵行。且华中铜业公司已经向汇丰银行武汉分行指定的账户付款28亿余元。因此,华中铜业公司辩称其与鑫鹏公司的交易方式为现款现货,鑫鹏公司对华中铜业公司不享有应收账款债权、未收到债权转让通知的抗辩理由与查明的事实不符。虽然存在案外人鑫鹏公司涉嫌伪造合同、变造增值税发票骗取汇丰银行武汉分行贷款的事实，但不能以此否定华中铜业公司与鑫鹏公司之间的买卖关系，亦不能否定汇丰银行武汉分行与鑫鹏公司之间债权转让的效力。

二、关于华中铜业公司市场营销部工作人员施磊的对账邮件能否作为确认华中铜业公司与汇丰银行武汉分行之间债权债务依据的问题……该案中汇丰银行武汉分行未以签订合同或其他方式与华中铜业公司就债权转让的具体操作方式和对账、结算等事宜作出安排，华中铜业公司亦未授权特定人员与汇丰银行武汉分行进行对账，该案诉讼中华中铜业公司对施磊的行为亦未予追认。现有证据不能证明华中铜业公司向汇丰银行武汉分行指定的82×××12账户支付款项与电子邮件对账或增值税发票、《承诺函》载明的金额存在对应关系，也不存在双方依据电子邮件对账正式确定债权债务或承担违约责任的事实，且华中铜业公司举出反证证明其已经履行付款义务。因此，该案中不能仅以对账邮件确认双方之间债权债务，应当综合全案的证据和查明的事实予以认定。

三、关于华中铜业公司是否履行了对汇丰银行武汉分行的全部付款义务的问题……判断华中铜业公司向鑫鹏公司交付的28张157,500,000元银行承兑汇票和以信用证方式支付的47,495,142元是否应认定为履行付款义务，应考虑如下事实：(1)2010年3月15日鑫鹏公司向华中铜业公司发送书面通知，告知其将应收账款转让给汇丰银行武汉分行……(2)汇丰银行武汉分行办理鑫鹏公司保理业务的操作方式为：鑫鹏公司工作人员将购销合同项下的发票交华中铜业公司提示付款，并通知鑫鹏公司将发票项下应收账款转让给汇丰银行武汉分行；华中铜业公司核对购销合同和发票后签收发票，出具知晓鑫鹏公司将发票项下应收账款转让给汇丰银行武汉分行并确认按指示付款至鑫鹏公司在汇丰银行武汉分行开立的82×××12账户的《承诺函》；鑫鹏公司将发票复印件以及对应的华中铜业公司发票签收联、《承诺函》等文件交付汇丰银行武汉分行（并从汇丰银行武汉分行获得授信）。汇丰银行武汉分行通过电子邮件方式与华中铜业公司市场营销部不定期对账。上述操作方式是在业务实践中形成的，汇丰银行武汉分行并未以签订合同或其他方式与华中铜业公司就债权转让的具体操作方式和对账、结算等事宜作出安排。除不定期通过电子邮件对账外，汇丰银行武汉分行与华中铜业公司未发生其他联系。基于上述事实，结合汇丰银行武汉分行指定的收款账户为鑫鹏公司开立的账户，保理业务中的发票复印件、发票签收联、《承诺函》等文件均由鑫鹏公司传递，以及之前华中铜业公司以承兑汇票方式付款均由鑫鹏公司收取汇票、汇丰银行武汉分行未提出异议等事实，华中铜业公司有理由相信鑫鹏公司有权收取承兑汇票。故华中铜业公司向鑫鹏公司交付承兑汇票应认定为履行《承诺函》确定的付款义务。华中铜业公司以信用证方式向鑫鹏公司支付的47,495,142元，因华中铜业公司收到的提示付款的5张增值税发票明确记载以信用证方式付款，发票记载的内容应视为汇丰银行武汉分行的付款指示，或汇丰银行武汉分行知晓、认可发票载明的付款方式，故应认定为华中铜业公司履行付款义务。

一审法院判决：驳回汇丰银行武汉分行的诉讼请求。

二审期间，当事人围绕上诉请求依法提交了证据，二审组织当事人进行了证据交换和质证。一审法院查明的其他事实该院予以确认。

二审法院认为，该案的争议焦点问题为：一是汇丰银行武汉分行与鑫鹏公司、华中铜业公司是否有真实的债权转让关系，华中铜业公司应否向汇丰银行武汉分行承担付款责任；二是华中铜业公司向鑫鹏公司交付的28张银行承兑汇票以及2张信用证方式的付款能否作为华中铜业公司向汇丰银行武汉分行的还款；三是施磊对账的电子邮件能否作为认定华中铜业公司欠付货款的依据。

一、关于汇丰银行武汉分行与鑫鹏公司、华中铜业公司是否有真实的债权转让关系，以及华中铜业公司应否向汇丰银行武汉分行承担付款责任的问题。

经审理查明，鑫鹏公司与华中铜业公司有多年业务往来，双方存在真实的货物买卖合同关系，且自2010年至2014年鑫鹏公司将其对华中铜业公司的部分应收账款已经转让给汇丰银行武汉分行。华中铜业公司称2014年鑫鹏公司向汇丰银行武汉分行转让债权所涉的2014年长单合同（编号为2014－XPZL－001）虚假，应收账款债权不存在。但是华中铜业公司在2014年给汇丰银行武汉分行出具了11份《承诺函》，明确同意将2014年长单合同（编号为2014－XPZL－001）项下的应收账款转让给汇丰银行武汉分行，并承诺将相关款项付至指定账户。华中铜业公司明知2014年长单合同虚假且没有应收账款的情况下，却给汇丰银行武汉分行出具《承诺函》予以确认，与鑫鹏公司存在通谋行为。虽然《合同法》第八十二条规定，债务人接到债权转让通知后，债务人对让与人的抗辩，可以向受让人主张，但在债务人与让与人存在通谋的情况下是否仍然享有抗辩权,法律并没有明确规定。当事人从事民事活动,应当遵循诚信原则,秉持诚实,恪守承诺,如果允许明知转让虚假债权的债务人以转让债权不存在来抗辩,则明显有违诚实信用等民法基本原则。双方当事人通谋所为的虚假意思表示,在当事人之间发生绝对无效的法律后果,但在虚假表示的当事人与第三人之间并不当然无效。当第三人知道该当事人之间的虚假意思表示时,虚假表示的无效可以对抗该第三人;当第三人不知道当事人之间的虚假意思表示时,该虚假意思表示的无效不得对抗善意第三人。该案中,华中铜业公司没有证据证明汇丰银行武汉分行知道或应当知道2014年长单合同系变造以及华中铜业公司出具《承诺函》中承诺支付的款项已经支付给鑫鹏公司,因此,华中铜业公司不能免除其所承诺的付款责任。而且,一审判决认定债权转让的数额3,088,328,379.07元是依据华中铜业公司出具的102份《承诺函》载明的应收账款数额,并非依据2014年长单合同(编号为2014－XPZL－001)得出,即使2014年长单合同虚假亦不影响一审判决的该认定结果,故一审判决认定的应收账款数额并无不当。华中铜业公司以2014年长单合同虚假及应收账款不存在为由抗辩不应还款,该院不予支持。

二、关于华中铜业公司向鑫鹏公司交付的28张银行承兑汇票以及2张信用证方式的付款能否作为华中铜业公司向汇丰银行武汉分行的还款问题。

(一)关于华中铜业公司向鑫鹏公司交付的28张银行承兑汇票问题……华中铜业公司向鑫鹏公司交付的28张汇票符合约定的付款方式,应认定为已向汇丰银行武汉分行还款。

(二)关于2张信用证方式付款的问题……华中铜业公司通过信用证方式向鑫鹏公司支付5张发票对应的货款不符合约定,不应视为向汇丰银行武汉分行还款。一审判决对此认定错误,该院予以纠正。

三、施磊对账的电子邮件能否作为认定华中铜业公司欠付货款的依据。

虽然施磊与汇丰银行武汉分行通过电子邮件对账的行为系代表华中铜业公司的职务行为,但是,在华中铜业公司举出证据能够证明对账结果存在不准确不客观的情况下,不能仅以对账邮件确认双方之间债权债务,应当综合全案证据和双方的实际交易情况予以认定。

……因汇丰银行武汉分行主张按年利率10%计算利息的依据是2014年长单合同(编号为2014－XPZL－001),但该合同经公安机关调查系鑫鹏公司工作人员变造而成,华中铜业公司不予认可,汇丰银行武汉分行亦未能提供合同原件,因此对该合同的真实性该院不予采信,汇丰银行武汉分行要求依据该合同约定计算利息不能成立。按照《最高人民法院关于审理买卖合同纠纷案件适用法律问题的解释》第二十四条第四款规定:“买卖合同没有约定逾期付款违约金或者该违约金的计算方法,出卖人以买受人违约为由主张赔偿逾期付款损失的,人民法院可以中国人民银行同期同类人民币贷款基准利率为基础,参照逾期罚息利率标准计算。”因华中铜业公司每一笔还款与所转让的应收账款无法一一对应,故该院酌定从最后一份增值税发票开具之日后满三个月(双方约定的付款期限)起,即从 2014 年 10 月 15 日起按照中国人民银行同期同类人民币贷款基准利率的 1.3 倍计算利息。

二审法院判决:中铝华中铜业有限公司应于该判决生效后三十日内支付汇丰银行(中国)有限公司武汉分行 43,989,628.21 元及利息(从 2014 年 10 月 15 日起至实际付清之日止按照中国人民银行同期同类人民币贷款基准利率的 1.3 倍计算)。

【规则解读】

矿山企业生产经营管理中,为增加业绩、套取发票、资金借贷等原因,常有签订虚假交易合同的行为。对于该类行为的法律性质,我国《民法总则》第一百四十六条定性为通谋虚伪行为,《民法典》第一百四十六条承继了该原则。本案是虚假交易的典型案例,最高人民法院审理本案的裁判逻辑也具有典型性。

一、通谋虚伪表示立法情况

通谋,在汉语中用于形容“共同策划”。2017 年 10 月 1 日前,虽然《民法通则》第五十五条规定:“民事法律行为应当具备下列条件:(一)行为人具有相应的民事行为能力;(二)意思表示真实;(三)不违反法律或者社会公共利益。”要求民事法律行为应以意思表示真实为基本条件,但对于通谋虚伪意思表示及该意思表示下的隐匿行为的效力,并未作出相关规定。故司法审判中,若发生当事人通谋行为,法院所适用的法律通常为《合同法》第五十二条、《民法通则》第五十五条、第五十八条等有关“以合法形式掩盖非法目的”“恶意串通”等法律条文,认定相关民事法律行为无效。但若深入分析《民法通则》《合同法》的上述规定，便能发现，上述行为被认定无效的根本原因并非基于真实意思表示的欠缺，而是因为上述行为或者损害了第三方利益，或者系违反了法律禁止性规定，所以法律才不认可上述行为的法律效力。

2017 年 10 月 1 日生效实施的《民法总则》第一百四十六条正式确立了通谋虚伪表示制度，完善了我国在意思表示瑕疵方面的相关立法，自此，商事审判中有关通谋虚伪表示的案件明显增多，该条规定也成为商事法律适用中的重要法律依据。《民法典》第一百四十六条承继了通谋虚伪表示制度。

二、通谋虚伪行为的概念和构成

《民法典》第一百四十六条第一款规定："行为人与相对人以虚假的意思表示实施的民事法律行为无效。"该条第二款规定："以虚假的意思表示隐藏的民事法律行为的效力，依照有关法律规定处理。"上述条文确立了通谋虚伪表示制度，其中，该条第一款是关于通谋虚伪表示的规定，第二款则是关于隐藏行为的规定。

通谋虚伪表示又称通谋虚伪行为，最高人民法院在本溪北方煤化工有限公司、攀海国际有限公司股东出资纠纷案［（2016）最高法民终 745 号］中对这一概念进行了解释："通谋虚伪的行为指表意人与相对人进行通谋，双方一致对外作出虚假的、非自己真意的意思表示，双方合意造成订立某项法律行为的表面假象，但其真意并非追求有关法律行为的法律效果产生。"故当事人之间所为的民事行为若系通谋虚伪行为，则该行为仅仅为了造成订立了民事法律行为的假象，并不具有追求相关法律效果的目的，实际上以假意掩盖了真意。

根据上述法律规定及最高人民法院对通谋虚伪行为的概念解释，通谋虚伪行为的构成应具备如下条件：（1）当事人之间有意思表示的存在；（2）意思表示与内心真意不一致；（3）当事人之间存在主观上的通谋。

三、通谋虚伪行为与恶意串通、合法形式掩盖非法目的的区别

通谋虚伪意思表示是意思表示瑕疵的情形之一，在适用该条规定时，应与其他相近的法律规定相区别。

（一）通谋虚伪行为与恶意串通的区别

通谋虚伪与恶意串通在行为表现有一定相似性，因为作出恶意串通行为的双方，定然存在通谋行为，就某事项进行了积极的意思联络，但究其实质，双方又存在明显不同。《民法总则》生效后，立法明确了通谋虚伪与恶意串通的区分原则,《民法典》承继该原则。《民法典》第一百五十四条规定“行为人与相对人恶意串通,损害他人合法权益的民事法律行为无效”,第一百四十六条第一款规定“行为人与相对人以虚假的意思表示实施的民事法律行为无效”。

具体而言,通谋虚伪与恶意串通存在如下区别:

首先,通谋虚伪行为下,其表面行为是虚假的。恶意串通情形下,双方当事人作出的表意可能是真实的,比如,债权人与债务人签订借款合同,实际用途系为了偿还双方之间的旧贷,但其协商后告知第三人虚假的借款用途,骗取第三人提供担保。该种情形下,债权人与债务人虽然存在通谋行为,但确实是为了实现新的借款并为该笔债权提供担保,该表意是真实的。其次,通谋虚伪行为下的隐藏行为,在客观结果上,不一定会损害国家、集体、第三人利益,如爷爷拥有一套带学位的房子,为了满足孙子入学,将该房子以签订《房屋买卖合同》的方式交给儿子使用。恶意串通却具有以损害第三方利益的故意和目的。

(二)通谋虚伪行为与合法形式掩盖非法目的的区别

首先,通谋虚伪行为在客观不以损害国家、集体、第三人利益为目的。而合法形式掩盖非法目的行为,则是以合法的民事法律行为形式,达到实现非法目的的意图。其次,通谋虚伪行为,要求当事人存在通谋,双方对表意不真实具有主动积极的意思联络。合法形式掩盖非法目的行为,行为双方既可能出自意思联络,也可能未经通谋联络而由单方作出。

四、通谋虚伪行为的效力

《民法典》第一百四十六条区分了通谋虚伪行为下的伪装行为和隐藏行为,并对其法律效力进行了不同规定。

(一)伪装行为的效力

1. 伪装行为对内无效

伪装行为,即行为人和相对人因通谋所作出的虚假表意行为,因其不具有真实意思表示,而在通谋的当事人之间产生绝对无效的法律后果。本案中,鑫鹏公司与华中铜业公司通谋,由鑫鹏公司向汇丰银行武汉分行转让其对华中铜业公司的虚假应收账款,而华中铜业公司明知没有应收账款的情况下,却给汇丰银行武汉分行出具《承诺函》,确认债权转让金额,并承诺将相关款项支付至汇丰银行武汉分行指定账户。鑫鹏公司与华中铜业公司通过合意,给汇丰银行武汉分行造成了债权转让的假象,但实际上,鑫鹏公司与华中铜业公司的真意是不受上述意思表示的约束,也并不追求上述法律行为所产生的法律效果。故鑫鹏公司与华中铜业公司之间的上述行为因不具有真实意思表示而绝对无效。

2. 伪装行为对外不得对抗善意第三人

表意人与相对人通谋所为的虚伪意思表示,在当事人之间发生绝对无效的法律后果,但在当事人与第三人之间,该虚伪意思表示是否有效需要具体问题具体分析:

若第三人知道或者应当知道当事人之间系虚假表示的,虚假表示的无效可以对抗该第三人,第三人要求当事人履行上述虚假意思表示的,人民法院不予支持。

若第三人不知道当事人之间的虚假意思表示的,该第三人即为善意第三人,此时,基于民事活动的诚实信用原则,该善意第三人的利益应该得到法律的保护,故该虚假意思表示的无效不得对抗善意第三人。本案中,因鑫鹏公司与华中铜业公司有多年业务往来,双方存在真实的货物买卖合同关系,且自2010年至2014年鑫鹏公司将其对华中铜业公司的部分应收账款已经转让给汇丰银行武汉分行,且华中铜业公司也按照《承诺函》向汇丰银行武汉分行支付了所转让的应收账款。对鑫鹏公司所转让的其对华中铜业公司的债权,汇丰银行武汉分行可以产生信赖。后虽然2014年长单合同虚假,应收账款债权不存在,但华中铜业公司在明知的情况下,依然向汇丰银行武汉分行出具了同意付款的承诺函,对虚假的应收债权予以确认;且华中铜业公司也没有证据证明汇丰银行武汉分行知道或应当知道2014年长单合同系变造、合同项下债权虚假,在该种情况下,若允许华中铜业公司以债权虚假进行抗辩,免除华中铜业公司的付款责任,那么,对于善意第三人汇丰银行武汉分行来说是不公平、不公正的。故虽然《民法典》第一百四十六条未规定通谋虚伪行为不得对抗善意第三人,但司法实践中,人民法院仍应坚持保护善意第三人的基本理念,切实保护善意第三人的信赖利益,维护社会公平正义。

(二)隐藏行为的效力

隐藏行为,即伪装行为所遮掩的、属于表意人与相对人的真实意思行为。因为通谋虚伪行为不以损害国家、集体、第三人利益为目的,不存在必然的违法性,故隐藏行为的法律效力,需要依照《民法典》及有关民事法律行为效力的相关规定,综合判断其属于有效、无效还是效力待定,如符合《合同法》第五十二条规定情形之一,存在一方以欺诈、胁迫的手段订立合同,损害国家利益;恶意串通,损害国家、集体或者第三人利益;以合法形式掩盖非法目的;损害社会公共利益;违反法律、行政法规的强制性规定,隐藏行为形成的合同关系无效。

本案中,鑫鹏公司与华中铜业公司通谋,将虚假的债权转让给汇丰银行武汉分行,债权转让系通谋虚伪行为,其隐藏下的真实目的是通过上述假象获得汇丰银行武汉分行提供保理融资,因此,该隐藏行为不具有合法性,应属于无效行为。

【风险提示】

1. 企业在从事民事活动过程中,应坚持诚实信用原则,在不损害他人利益和社会公益的前提下,追求自己的合法利益。

2. 企业在进行商业交易过程中,对交易方、交易目的、交易资质、合同内容等事项,应当给予必要的审查,尽到该项交易所要求的己方的审慎注意义务,以便更好保护己方利益,防范法律风险的发生。

【相关法律法规】

《中华人民共和国民法典》(2020 年 5 月 28 日)

第一百四十三条　具备下列条件的民事法律行为有效:

(一)行为人具有相应的民事行为能力;

(二)意思表示真实;

(三)不违反法律、行政法规的强制性规定,不违背公序良俗。

第一百四十六条　行为人与相对人以虚假的意思表示实施的民事法律行为无效。

以虚假的意思表示隐藏的民事法律行为的效力,依照有关法律规定处理。

非真实买卖合同关系的认定及效力

【裁判规则】

买卖合同的签订并非为了实现货物买卖，而是基于其他交易目的，则基于买卖合同提出的诉求，法院将予以驳回；以前述不真实的买卖合同为依据主张的主债权不能成立，担保责任亦将不被支持。案件因事实不清发回重审，一审重新立案后，可对案件基本事实进行全部重新审理，突破发回重审的原因事实。

【典型案例】

云南铜业股份有限公司与昆明万宝集源生物科技有限公司买卖合同纠纷案[(2019)最高法民终1347号]

【案情简介】

上诉人(一审原告)：云南铜业股份有限公司

被上诉人(一审被告)：昆明万宝集源生物科技有限公司、云南中恒创新投资有限公司、云南恒宸房地产开发有限公司、高萍、黄佐兴、张世平、云南万龙投资有限公司、云南兰金商贸有限公司，张坤平

一审法院查明：2011年11月2日，万宝公司(卖方)与民生银行(贴现银行)签订了《办理卖方付息票据贴现业务合作协议》，约定民生银行承诺在万宝公司可用票据授信额度内，对万宝公司指定的供货企业持万宝公司交付、由万宝公司承兑的商业承兑汇票或民生银行承兑汇票的银行承兑汇票到民生银行办理贴现，民生银行经审核无误后，双方签订具体的票据贴现协议，民生银行按票面金额将款项划入供货企业存款账户，并从万宝公司存款账户中直接扣

票据贴现利息。

此后,万宝公司与云南铜业频繁签订买卖合同,各其他被上诉人提供担保。2013 年 1 月 10 日万宝公司向云南铜业出具债权确认书,载明:截至 2013 年 1 月 30 日,万宝公司共欠云南铜业货款本金 2.74 亿元,不包含违约金、利息、罚息等。违约金按照双方签订的《阴极铜买卖合同》约定执行。

一审法院认为,根据各方当事人的诉辩主张,本案的争议焦点为:一是云南铜业诉请万宝公司支付欠付货款能否得到支持;二是各担保人应否承担担保责任。

一、关于云南铜业诉请万宝公司支付欠付货款能否得到支持的问题。一审法院认为,该案系云南铜业基于其与万宝公司签订的 10 份《供货单》而提起的、诉请万宝公司支付欠付货款并由担保人承担担保责任的买卖合同纠纷。按照《民事诉讼法》第六十四条第一款“当事人对自己提出的主张,有责任提供证据”以及《最高人民法院关于适用〈中华人民共和国民事诉讼法〉的解释》第九十条第一款“当事人对自己提出的诉讼请求所依据的事实或者反驳对方诉讼请求所依据的事实,应当提供证据加以证明,但法律另有规定的除外”的规定,云南铜业应对其与万宝公司基于 10 份《供货单》建立了真实有效的买卖合同关系,且云南铜业已实际履行了供货义务承担举证责任。

根据在案证据,云南铜业(供方)与万宝公司(需方)签订 10 份《供货单》的当日,晋金公司(供方)、尚铭公司(供方)与云南铜业签有买卖合同,万宝公司(供方)与晋金公司(需方)、尚铭公司(需方)亦签订有买卖合同。从合同约定上来看,该案所涉铜产品买卖,系云南铜业从晋金公司、尚铭公司购买铜产品后,由云南铜业加价卖给万宝公司,再由万宝公司加价卖回给晋金公司、尚铭公司。晋金公司、尚铭公司在同一天就相同的铜产品低卖高买,而万宝公司按约定从云南铜业处低买高卖所赚取的差价,尚不足以支付万宝公司向民生银行支付的承兑汇票贴息款,买卖交易有违常理。从合同履行情况来看……该案中,虽云南铜业与万宝公司签订了 10 份《供货单》,万宝公司以开具承兑汇票、承兑汇票背书转让,及银行转款补齐差额款项的方式向云南铜业支付款项,云南铜业向万宝公司交付提货单,但结合云南铜业、万宝公司与民生银行、晋金公司、尚铭公司签订的相关协议及履行情况,该案买卖合同的签订目的,并非转移标的物所有权,而是以云南铜业票据贴现、万宝公司贴息的方式,由万宝公司获得商业承兑汇票贴现款，云南铜业、万宝公司之间未形成真实有效的买卖合同法律关系。按照《最高人民法院关于适用〈中华人民共和国民事诉讼法〉的解释》第九十条第二款“在作出判决前，当事人未能提供证据或者证据不足以证明其事实主张的，由负有举证证明责任的当事人承担不利的后果”的规定，应由云南铜业承担举证不能的责任，一审法院对云南铜业要求万宝公司支付欠付货款的诉请不予支持。对云南铜业提交的第三组证据中致云南铜业的函、特种转账借方凭证，因一审法院对云南铜业依买卖合同要求万宝公司支付欠付货款的诉请不予支持，云南铜业因票据贴现而被追索的情况及具体金额，与该案的审理无关，一审法院对该证据不予采信。对云南铜业向该院提交的调取(2013)昆民速初字第17号民事调解书卷宗档案的申请，一审法院不予准许。

二、各担保人应否承担担保责任的问题。一审法院认为，该案中，各担保人承担担保责任，须以万宝公司应向云南铜业支付欠付货款为前提，现该院对云南铜业诉请万宝公司支付欠付货款的诉请不予支持，故对云南铜业诉请各担保人就万宝公司欠付货款承担担保责任的诉请，一审法院亦不予支持。

一审法院判决驳回云南铜业全部诉讼请求。

二审法院认可一审法院查明事实。

二审法院认为该案的争议焦点为：一是一审判决是否超出法定审理范围；二是云南铜业主张主债务人万宝公司支付案涉款项的请求能否成立；三是各担保人是否应就该案承担担保责任。

1. 关于一审判决是否超出法定审理范围的问题。该院认为，该案系因原一审判决认定事实不清而被发回重审的案件，一审法院重新立案后应对案涉基本事实进行重新审理。云南铜业主张的一审法院不应重新审理的合同主债权，涉及各方当事人的权利义务，是对裁判结果有实质性影响的基本事实。一审法院对该基本事实进行重新审理并作出相关认定，具有事实和法律依据。云南铜业主张一审判决超出法定审理范围不能成立，该院不予采信。

2. 关于云南铜业主张主债务人万宝公司支付案涉款项的请求能否成立的问题。该院认为，云南铜业与万宝公司之间没有达成买卖货物的真实意思表示，案涉交易并无真实的货物流转，云南铜业以其与万宝公司之间存在买卖合同关系为由主张权利的诉讼请求不能成立。具体理由如下：

根据《民法总则》第一百四十三条的规定，意思表示真实系民事法律行为应当具备的有效条件之一。该案中，云南铜业与万宝公司之间没有形成买卖货物的真实意思表示，双方签订《供货单》及相关协议的目的，并非是买卖标的物，而是以云南铜业票据贴现、万宝公司贴息的方式，由万宝公司获得商业承兑汇票贴现款。首先，从案涉协议的整体约定来看，该案交易不符合正常市场买卖合同的基本交易特征。虽然云南铜业与万宝公司签订的《供货单》，案外人晋金公司、尚铭公司与云南铜业签订的《订单》《合同》，万宝公司与晋金公司、尚铭公司签订的《购销确认书》载明了买卖货物的具体内容、数量和价款，从形式上体现了货物买卖的意思表示。但是，从货物流向上来看，案涉 10 份《供货单》项下的货物均是在同一天由晋金公司和尚铭公司销售给云南铜业，经云南铜业销售给万宝公司，再由万宝公司最终销售给晋金公司和尚铭公司，即由晋金公司和尚铭公司最初出售货物并最终回购，使整个交易模式形成了自买自卖的闭环贸易。从资金流向上来看，均是云南铜业先将万宝公司背书转让的商业承兑汇票向民生银行申请贴现，并由万宝公司支付贴现利息，云南铜业获得贴现款或由万宝公司转款补齐差额款项后，云南铜业将款项转账给晋金公司、尚铭公司，经晋金公司、尚铭公司再次转账，最终实现款项转回万宝公司。其次，从案涉协议约定的合同价款来看，万宝公司按约从云南铜业处低买高卖赚取的合同差价，明显不足以支付其向民生银行支付的承兑汇票贴现利息，有违商业常理。同时，晋金公司和尚铭公司作为最初的出卖人以及最终的买受人，就相同的产品“低卖高买”，亦不符合买卖合同以营利为目的的交易特征。因此，云南铜业与万宝公司之间并非真实的买卖合同关系，而是通过闭环贸易形式的行为，实现商业承兑汇票贴现的真实目的。

根据《合同法》第一百三十条的规定，买卖合同是出卖人转移标的物的所有权于买受人，买受人支付价款的合同。从案涉协议的履行过程看，该案交易并无真实的货物流转。首先，云南铜业没有举示证据证明双方合同项下的标的物的实际状况以及合同标的物的交接过程。除书面提货单及提货单存根之外，该公司未举示证据证明案涉货物流转的其他证据。其次，提货单及提货单存根上均备注“过户给万宝公司”，云南铜业亦主张是以提货单备注过户且背书转让的方式履行的交货义务，但根据一审法院对提货单所载仓库进行的调查可知，万宝公司没有在仓库所属公司开户，无法进行过户，提货单不具备一般提货单的形式,欠缺卡号无法提货、开户,且提货单亦未在有效期内发生过提货。最后,万宝公司对交货方式的陈述相互矛盾。根据2018年4月23日一审法院对万宝公司法定代表人张坤平所做的询问笔录,张坤平陈述万宝公司是通过向云南铜业发传真,要求云南铜业将货物过户给晋金公司和尚铭公司,云南铜业对此不予认可;而万宝公司委托诉讼代理人在二审庭审中认可云南铜业陈述的交货方式,即通过提货单背书的方式履行的交货义务;万宝公司的两次陈述前后不一,违反禁反言原则。因此,提货单及提货单存根并不足以认定案涉交易中有真实的货物流转。

综合考察该案交易过程、相关证据以及各方陈述,云南铜业、万宝公司、晋金公司、尚铭公司之间并非真实的铜买卖关系,而是以铜买卖形式进行商业承兑汇票贴现,该案诉争云南铜业与万宝公司之间的买卖仅系上述闭环交易链条的其中一个环节,现有证据仅能证明交易过程中发生了资金的流转,而不能证明发生了真实的货物流转,不符合一般买卖合同的基本特征。云南铜业与万宝公司之间并无真实有效的买卖合同关系,一审法院对云南铜业依据买卖合同要求万宝公司支付欠付款项的诉请请求不予支持,具有事实和法律依据,该院予以维持。因该案所涉融资性贸易关系产生的纠纷,各方当事人可另寻法律途径解决。

关于各担保人是否应就该案承担担保责任的问题。如前所述,由于云南铜业以买卖合同为由主张的主债权不能成立,担保责任的问题亦无须审查。一审法院判令各担保人不就该案主债权承担担保责任的结果并无不当,该院予以支持。在云南铜业另行解决该案所涉融资性贸易关系产生的纠纷时,可继续就各担保人是否承担担保责任予以主张。

二审法院判决:驳回上诉,维持原判。

【规则解读】

一、因事实不清发回重审,一审重新立案后,可突破发回重审的原因事实,而对案件基本事实进行全面重新审理

首先,对因事实不清发回重审的案件,一审对案件基本事实进行全面审理有法律上的依据。《民事诉讼法》第一百七十条规定:"第二审人民法院对上诉案件,经过审理,按照下列情形,分别处理:……(三)原审判决认定基本事实不

清的，裁定撤销原判决，发回原审人民法院重审，或者查清事实后改判……”第四十条第二款规定：“发回重审的案件，原审人民法院应当按照第一审程序另行组成合议庭。”因此，对于因原一审判决认定事实不清而被发回重审的案件，一审法院重新立案后，需要查明案件基本事实、全面理清案件基础法律关系，以明确各方当事人的权利义务。反之，如果案件发回重审后，人民法院不对案件的基础事实进行全面审理，则极有可能遗漏案件重要事实，从而导致人民法院无法作出正确的裁判。

其次，对因事实不清发回重审的案件，一审对案件基本事实进行全面审理在司法实践中有迹可循。云南铜业与万宝公司买卖合同纠纷案，最高人民法院以无法查明担保人是否承担担保责任的事实发回重审，原一、二审庭审中，当事人亦并未对主债权的合法有效性提出质疑，原一审法院已认定案涉债权有效。案件发回重审后，人民法院为了确定本案基础法律关系，在审理中对基础债权的合法性进行了全面审查，最终作出云南铜业与万宝公司之间未形成真实有效的买卖合同法律关系，云南铜业主张的债权诉请不予支持的认定。同样，在北京市第三中级人民法院作出的（2019）京 03 民终 14679 号民事裁定书，二审法院结合案件一、二审提交的相关证据，认为对于案涉买卖合同是否实际履行及相关情况有待进一步查明，因此，撤销了北京市朝阳区人民法院作出的判决，将该案发回重审，要求在全面审查案件基本事实的基础上作出认定。

综上，对因事实不清发回重审的案件，人民法院重新立案后，可不受发回重审的原因事实限制，法院可根据案件争议焦点，对案件基本事实进行全面审理。

二、买卖合同的签订并非为了实现货物交易，而是基于其他交易目的，则基于买卖合同提出的诉求，法院将不予支持

（一）买卖双方具有实现标的物交易的真实意思表示，是买卖合同关系被依法认定的前提

买卖合同是出卖人转移标的物的所有权于买受人，买受人支付价款的合同。买卖合同作为典型的双务合同，要求出卖人负有依约向买受人交付标的物并转移该物的所有权的义务，而买受人则负有依约接受标的物并支付货款的义务。

《民法典》第一百四十三条规定："具备下列条件的民事法律行为有效：(一)行为人具有相应的民事行为能力；(二)意思表示真实；(三)不违反法律、行政法规的强制性规定，不违背公序良俗。"据此，买卖双方具有成立买卖合同的真实意思表示，是买卖合同法律关系被依法认定的基础，否则，若当事人签订买卖合同系为了隐藏其他真实交易目的，则所签订的《买卖合同》将被视为合同双方通谋虚伪的意思表示，就此实施的民事法律行为将因欠缺真实意思表示而会被人民法院认定无效。

(二)真实意思表示的认定方式

意思表示是行为人设立、变更、终止民事权利及民事义务的内在意思表现于外在的行为，行为人的内心意思具有较强的主观性，买卖合同双方是否具有货物交易的真实意思表示，在司法实践中，可通过一些具体方式予以认定：

1. 合同交易是否具有商业上的合理性

买卖合同的签订系合同双方为了通过标的物交易，实现自身生活、经营需要，从而达到预期的交易结果，若合同项下的交易方式不符合经济市场基本交易规律和商业规则，此等买卖合同可能会被认为不具有真实买卖目的。本案中，整个交易即为自买自卖的闭环贸易，而在最高人民法院作出的(2019)最高法民申6795号民事裁定书中，最高人民法院认为中铁公司、牛头山公司、西林公司、汇通达公司既是买方又是卖方，整个交易过程形成一个完整的闭环，从而与正常的货物交易过程明显不符，也是最终认定买卖合同关系不能成立的重要原因。

是否具有商业上的合理性，具体可以包括以下几个方面：从交易方式来看，买卖合同应符合基本交易特征，如合同应载明交易标的物的具体数量、质量、交付时间、交付地点、价款等基本要求；交易可以形成较长的上下游交易链条，但不会形成自买自卖的闭环交易。从合同价款上看，交易对价应符合市场交易规律，若交易方在同类标的物的购进和售出过程中，形成"低卖高买"现象，或虽然是"低买高卖"，但产生的溢价收益远远低于交易风险和交易成本的，该种交易则明显不符合买卖合同以营利为目的的商业常理，从而丧失了商业上的合理性。

2. 合同项下是否具有真实的货物流转

买卖合同关系中，买受人以取得货物所有权为交易目的，因此真实的货物流转是买卖合同履行过程中的一个重要特征。云南铜业与万宝公司买卖合同纠纷案中，最高人民法院认为云南铜业提供的证据，不足以认定案涉交易中有真实的货物流转，并结合交易方式等情形，认定双方并未建立真实有效的买卖合同关系。(2018)最高法民终786号民事判决书中，最高人民法院依法认定案涉协议的履行过程中无真实的货物流转，并结合其他因素最终认定案涉各方未依法成立买卖合同关系。

3. 合同各方所签订的并非真实的买卖合同，对此，相关的当事人是明知的

买卖合同项下，分别取得货款、标的物的所有权是出卖人和买受人最大的交易目的。因此，买卖合同的正常履行过程中，出卖人和买受人分别会对对方义务的履行给予极大关注，且货款支付和标的物的交付之间具有紧密的关联性。若合同双方不关心对方主要义务的履行情况，法院很有可能将其作为判断双方未建立真实买卖关系的重要依据。最高人民法院作出的(2018)最高法民申5600号民事裁定书中，即认为案涉合同约定的款项支付后，各方均未及时验货、提货。玉米保质期较短，但舜船发展公司于2013年9月23日收到完达山公司出具的关于玉米的《货权转移通知书》后，直到2015年6月19日才要求查验货物，与常理不符。在结合实际交易方式等因素后，最终认定舜船发展公司与完达山公司之间的《粮食销售合同》名为买卖，实为借贷，买卖行为虚假。

综上，买卖合同关系要被法院依法认定，应当符合以下三个条件：第一，买卖双方具有货物交易的真实目的，各方当事人就此意思表示真实；第二，出卖人应当将标的物交付给买受人(包括交付标的物或者交付提取标的物的单证)，即标的物的所有权发生转移；第三，买受人向出卖人支付标的物的价款。否则，买卖合同将因不符合法律的实质要求，而不能被法律支持和认定。

(三)买卖合同被认定无效后的处理

若当事人之间无成立买卖合同的真实意思表示，所签订的买卖合同实际系伪装行为，依法应认定为无效民事行为，当事人依据买卖合同提出的诉求，人民法院将不予支持，共同实施的隐匿行为的效力将根据相关法律规定进行认定，若该等隐匿的意思表示是合法有效的，当事人可基于该真实法律关系向责任方主张权利，若隐匿的意思表示不合法，则隐藏行为应属于无效行为。

三、主债权不成立，担保责任将不予支持

《民法典》第三百八十八条第一款规定："设立担保物权，应当依照本法和其他法律的规定订立担保合同。担保合同包括抵押合同、质押合同和其他具有担保功能的合同。担保合同是主债权债务合同的从合同。主债权债务合同无效的，担保合同无效，但是法律另有规定的除外。"第六百八十二条第一款规定："保证合同是主债权债务合同的从合同。主债权债务合同无效的，保证合同无效，但是法律另有规定的除外。"

依据上述法律规定，如果主合同被认定无效，则作为从合同的担保合同也无效。云南铜业、万宝公司买卖合同纠纷案中，作为主合同的买卖合同无效，因此作为从合同的担保合同也无效，最高人民法院据此认定，该担保合同项下的各担保人无须承担担保责任。

【风险提示】

在企业的日常经营中，买卖合同是最为常见的合同类型，也是最容易出现问题、引发纠纷的合同类型。因此，在买卖合同的签订及履行过程中，以下几点建议供参考。

1. 在合同磋商阶段，合同各方当事人应在平等、自愿基础上协商，确保合同各方能自由表达意志，合同约定能体现真实交易目的。

2. 合同签订阶段，应确保合同内容完备，具有《民法典》第四百七十条所规定的重要条款：（一）当事人的姓名或者名称和住所；（二）标的；（三）数量；（四）质量；（五）价款或者报酬；（六）履行期限、地点和方式；（七）违约责任；（八）解决争议的方法。除此之外，企业在签订买卖合同时还应对货物的包装方式、检验标准和方法、结算方式等条款作出更为详细的约定，避免日后因约定不清形成纠纷。

3. 合同履行阶段，合同各方应严格遵守合同约定，全面履行合同义务，出现问题应及时协商解决。

4. 合同终止后，应将合同及履行过程中产生的各项凭证及时、妥善归档，并至少留存三年。

【相关法律法规】

《中华人民共和国民法典》(2020 年 5 月 28 日)

第一百四十三条　具备下列条件的民事法律行为有效：

(一)行为人具有相应的民事行为能力；

(二)意思表示真实；

(三)不违反法律、行政法规的强制性规定,不违背公序良俗。

第五百九十五条　买卖合同是出卖人转移标的物的所有权于买受人,买受人支付价款的合同。

第五百九十六条　买卖合同的内容一般包括标的物的名称、数量、质量、价款、履行期限、履行地点和方式、包装方式、检验标准和方法、结算方式、合同使用的文字及其效力等条款。

第五百九十八条　出卖人应当履行向买受人交付标的物或者交付提取标的物的单证,并转移标的物所有权的义务。

第六百八十二条第一款　保证合同是主债权债务合同的从合同。主债权债务合同无效的,保证合同无效,但是法律另有规定的除外。

《中华人民共和国民事诉讼法》(2017 年 6 月 27 日修正)

第四十条　人民法院审理第二审民事案件,由审判员组成合议庭。合议庭的成员人数,必须是单数。

发回重审的案件,原审人民法院应当按照第一审程序另行组成合议庭。

审理再审案件,原来是第一审的,按照第一审程序另行组成合议庭;原来是第二审的或者是上级人民法院提审的,按照第二审程序另行组成合议庭。

第一百七十条　第二审人民法院对上诉案件,经过审理,按照下列情形,分别处理：

(一)原判决、裁定认定事实清楚,适用法律正确的,以判决、裁定方式驳回上诉,维持原判决、裁定；

(二)原判决、裁定认定事实错误或者适用法律错误的,以判决、裁定方式依法改判、撤销或者变更；

(三)原判决认定基本事实不清的,裁定撤销原判决,发回原审人民法院重审,或者查清事实后改判；

（四）原判决遗漏当事人或者违法缺席判决等严重违反法定程序的，裁定撤销原判决，发回原审人民法院重审。

原审人民法院对发回重审的案件作出判决后，当事人提起上诉的，第二审人民法院不得再次发回重审。

附　录

环境民事公益诉讼中企业代理方案的几个关键问题

2017年,陕西稼轩律师事务所能源中心接受某能源矿山企业委托,就某环境民事公益诉讼案件提供代理服务。该案件是陕西省第一起环境民事公益诉讼案件,案件审理过程与结果受到业界高度关注。同时,它也是能源中心环境公益诉讼的首单业务,对能源中心的法律专业素质提出挑战。接受委托之初,能源中心组织项目组全面收集项目信息,对法律适用、证据材料、诉讼思路等展开分析论证,经多轮专家沟通讨论及委托人汇报磋商,形成最终代理方案。经二审终审,能源中心成功维护了委托人合法权益,委托人合理地承担了其必须履行的环境义务。本案代理结束后,能源中心又陆续接受其他矿山企业委托,参与多起行政环境诉讼、环境侵权诉讼的全程处理,积累了一定的业务经验。总体而言,近年来,随着国家生态文明建设不断推进、环境公益诉讼制度日臻完善,环境诉讼在能源矿山企业争议类型中的比重有提升的趋势。相较于当前学术界、实务部门关于环境诉讼的论著而言,本文限于篇幅,仅从能源矿山企业角度出发,就如何应对环境民事公益诉讼,分析几个关键问题。稼轩能源中心组织编写的环境诉讼案例评析与实务指导将不日出版,会围绕环境诉讼实务展开详尽分析。

一、环境民事公益诉讼的原告:社会组织和检察院

环境民事公益诉讼是针对损害社会公共利益行为提起的,以保护社会共同利益为目的的司法救济,与针对维护私人人身、财产利益的环境私益诉讼相对应。因公益诉讼和私益诉讼的法益目标不同,我国相关法律明确规定,污染者可以同时成为公益诉讼和私益诉讼的被告,并不冲突。《最高人民法院关于审理环境民事公益诉讼案件适用法律若干问题的解释》(以下简称《环境民事

公益诉讼司法解释》)第二十九条规定:“法律规定的机关和社会组织提起环境民事公益诉讼的,不影响因同一污染环境、破坏生态行为受到人身、财产损害的公民、法人和其他组织依据民事诉讼法第一百一十九条的规定提起诉讼。”

按照《民事诉讼法》的规定,环境民事公益诉讼的原告应是“法律规定的机关和有关组织”,包括社会组织和人民检察院。

1. 符合条件的社会组织

综合《环境保护法》《环境民事公益诉讼司法解释》的相关规定,有资格提起环境公益诉讼的社会组织需满足以下条件:

(1)登记机构的级别符合要求,社会组织是在依法设区的市,自治州、盟、地区,不设区的地级市,直辖市的区以上人民政府民政部门登记。

(2)专门从事环境保护公益活动连续五年以上。“专门从事环境保护工作”,《环境民事公益诉讼司法解释》第四条解释为:社会组织章程确定的宗旨和主要业务范围是维护社会公共利益,且从事环境保护公益活动;社会组织提起的诉讼所涉及的社会公共利益,应与其宗旨和业务范围具有关联性。最高人民法院在指导案例 75 号“中国生物多样性与绿色发展基金会诉宁夏瑞泰科技股份有限公司等腾格里沙漠污染系列民事公益诉讼案”中认为,司法审判可从以下要素分析:“从章程规定的宗旨和业务范围是否包含维护环境公共利益;是否实际从事环境保护公益活动;以及提起环境公益诉讼所维护的环境公共利益是否与其宗旨和业务范围具有关联性等三个方面进行认定”①。

(3)社会组织在提起诉讼前五年内未因从事业务活动违反法律、法规的规定而受到行政、刑事处罚。

2. 人民检察院

2015 年 7 月 1 日,第十二届全国人民代表大会常务委员会第十五次会议通过《全国人民代表大会常务委员会关于授权最高人民检察院在部分地区开展公益诉讼试点工作的决定》,授权最高人民检察院在生态环境和资源保护、国有资产保护、国有土地使用权出让、食品药品安全等领域开展提起公益诉讼试点,试点地区确定为北京、内蒙古、吉林、江苏、安徽、福建、山东、湖北、广东、贵州、云南、陕西、甘肃十三个省、自治区、直辖市。2017 年,试点工作结束。

① 竺效主编:《环境公益诉讼案例精编》,中国人民大学出版社 2019 年版,第 23 页。

《民事诉讼法》正式确立了人民检察院在民事公益诉讼中的原告地位。2018年,最高人民法院、最高人民检察院联合发布《关于检察公益诉讼案件适用法律若干问题的解释》(以下简称《检察公益诉讼司法解释》),对检察院提起环境民事公益诉讼的具体规则作出一般规定。

按照现行相关法律规定,人民检察院有权以其名义提起环境民事公益诉讼,但社会组织在诉讼上有优先顺位,即环境民事公益诉讼应先由社会组织起诉,社会组织不起诉的,再由人民检察院提起诉讼。《民事诉讼法》第五十五条第二款规定:“人民检察院在履行职责中发现破坏生态环境和资源保护、食品药品安全领域侵害众多消费者合法权益等损害社会公共利益的行为,在没有前款规定的机关和组织或者前款规定的机关和组织不提起诉讼的情况下,可以向人民法院提起诉讼。前款规定的机关或者组织提起诉讼的,人民检察院可以支持起诉。”

鉴于人民检察院提起诉讼需以社会组织不起诉为前提,完善检察院和社会组织的顺序衔接,2018年《检察公益诉讼司法解释》首次确立“寻找机制”,将诉前程序改为公告程序。2016年,《人民检察院提起公益诉讼试点工作实施办法》(已废止)第十三条要求,“人民检察院在提起民事公益诉讼之前,应当履行以下诉前程序:(一)依法督促法律规定的机关提起民事公益诉讼;(二)建议辖区内符合法律规定条件的有关组织提起民事公益诉讼。有关组织提出需要人民检察院支持起诉的,可以依照相关法律规定支持其提起民事公益诉讼。法律规定的机关和有关组织应当在收到督促起诉意见书或者检察建议书后一个月内依法办理,并将办理情况及时书面回复人民检察院”。2016年,最高人民法院印发《人民法院审理人民检察院提起公益诉讼案件试点工作实施办法》规定,就人民检察院提起的民事公益诉讼,人民法院立案时应当审查人民检察院提起民事公益诉讼应当提交人民检察院已经履行督促或者支持法律规定的机关或有关组织提起民事公益诉讼的诉前程序的证明材料。但在《检察公益诉讼司法解释》中,诉前程序已经被公告程序取代。

《检察公益诉讼司法解释》第十四条规定,人民检察院提起民事公益诉讼应当提交检察机关已经履行公告程序的证明材料。第十三条规定,“人民检察院在履行职责中发现破坏生态环境和资源保护、食品药品安全领域侵害众多消费者合法权益等损害社会公共利益的行为,拟提起公益诉讼的,应当依法公告,公告期间为三十日。公告期满,法律规定的机关和有关组织不提起诉讼的,人民检察院可以向人民法院提起诉讼。"

二、环境诉讼的证据组织:生态环境损害鉴定要点

(一)专家证人的证据能力

在环境公益诉讼案件中,对于专业性的问题,原被告双方大多会聘请专家证人出庭作证,法院也会听取双方专家证人的意见。而对于一些鉴定费用过高,鉴定难度大的案件,此种情况下,法院一般也会通过法院委托专家,对于生态服务功能的损失以及修复方案、修复费用,征询专家意见,以专家意见作为裁判的依据。

专家证人,是指受当事人的聘请,以证人的身份,运用其知识、经验、技能对涉及与案件中的待证事实有关的专门性问题出具意见,并出庭进行说明、接受质询的具有专门知识的人。《最高人民法院关于适用〈中华人民共和国民事诉讼法〉的解释》第一百二十二条规定:"当事人可以依照民事诉讼法第七十九条的规定,在举证期限届满前申请一至二名具有专门知识的人出庭,代表当事人对鉴定意见进行质证,或者对案件事实所涉及的专业问题提出意见。具有专门知识的人在法庭上就专业问题提出的意见,视为当事人的陈述。"《最高人民法院关于民事诉讼证据的若干规定》(以下简称《证据规则》)第八十三条规定:"当事人依照民事诉讼法第七十九条和《最高人民法院关于适用〈中华人民共和国民事诉讼法〉的解释》第一百二十二条的规定,申请有专门知识的人出庭的,申请书中应当载明有专门知识的人的基本情况和申请的目的。人民法院准许当事人申请的,应当通知双方当事人。"第八十四条规定:"审判人员可以对有专门知识的人进行询问。经法庭准许,当事人可以对有专门知识的人进行询问,当事人各自申请的有专门知识的人可以就案件中的有关问题进行对质。有专门知识的人不得参与对鉴定意见质证或者就专业问题发表意见之外的法庭审理活动。"

1. 专家证人可以书面形式提供证人证言。一般情况下,当事人应当在案件受理之后向人民法院提出聘请专家证人出庭的申请,以便人民法院进行资格审查。当人民法院准许当事人的申请并告知当事人后,当事人应当在举证期限届满前将其聘请的专家证人出具的书面意见提交给人民法院,以便人民法院能在开庭审理前组织当事人进行证据交换。当事人在举证期限内提交专家证人书面意见确有困难的,应当在举证期限内向人民法院申请延期举证,经人民法院准许,可以适当延长举证期限。

人民法院对专家证人的资格审查,主要考虑两个因素:(1)专业性。专家证人应具有与案件所涉及的某一特定领域或特定行业内的专家所应具备的专门知识、技能和经验。申请人需要提供其聘请的专家证人的学历、学位、职称、学术成果和科研成果(包括获奖情况)的证明文件。(2)道德性。人民法院审查专家证人是否有不良道德记录,包括在以往诉讼过程中其作为专家证人是否出具过有违职业道德的意见,是否靠剽窃他人学术成果、技术成果而成名的不道德行为。

2. 对专家证人证言的质证是庭审中一个相当重要的环节,关系到法庭对专家证言如何采信的问题。对出庭的专家证人的质询程序可归纳为:如果案件中只有一方聘请专家证人的,则由该方就其所要证明的事实向专家进行询问,由专家证人就案件涉及的专门性问题所提出的意见向法庭展示;然后由另一方进行询问,审判人员也可以对出庭的专家证人进行询问。如果案件的各方当事人均聘请了专家证人的,对出庭的专家证人的质询,可以参照《证据规则》规定的质证顺序进行,审判人员也可以对出庭的专家证人进行询问。必要时,经人民法院准许,可以由当事人各自聘请的专家证人就案件中的专门性问题进行对质。

如果应当出庭的专家证人不存在法律规定的可以不出庭的理由而不出庭,而原告方及其聘请的律师、专家证人对该专家证人就案件所涉及的专门性问题所提出的意见持有异议的,则该专家证人所提出的意见不能为人民法院所采信。

(二)鉴定机构的选取

截至目前,环境保护部[①]分别于2014年1月3日、2016年2月4日、2020年5月19日公布了三批环保鉴定机构,共推荐评估机构42家。但该推荐机构不具强制性。各级环境保护主管部门也可以向当事人推荐没有列入该名录的鉴定评估机构从事环境损害鉴定评估工作。

---

① 2018年,环境保护部撤销,现为生态环境部。

表 1　我国环保鉴定机构

序号	机构名称	协作单位
1	中国环境监测总站	/
2	环境保护部华南环境科学研究所	/
3	环境保护部环境规划院环境风险与损害鉴定评估研究中心	国家环境分析测试中心
4	中国环境科学学会环境损害鉴定评估中心	清华大学环境质量检测中心
5	天津市环境污染损害鉴定评估中心	天津市环科检测技术有限公司
6	浙江省环境保护科学设计研究院	/
7	安徽省环境科学研究院	安徽省环境监测中心站
8	山东省环境科学研究院	/
9	湖南省环境保护科学研究院	/
10	广东省环境科学研究院	广东省环境监测中心
11	重庆市环境科学研究院（重庆市环境监测中心）	重庆市环境工程评估中心
12	昆明环境污染损害司法鉴定中心	昆明市环境监测中心
13	中国环境科学研究院	/
14	环境保护部南京环境科学研究所	/
15	北京市环境保护科学研究院	/
16	山西省环境污染损害司法鉴定中心	/
17	辽宁省环境科学研究院	/
18	黑龙江省环境科学研究院	/
19	上海市环境科学研究院	/
20	江苏省环境科学研究院	/
21	福建省环境科学研究院	福建历思司法鉴定所
22	河南省环境保护科学研究院	/
23	湖北省环境科学研究院	/
24	广西环境监测中心站	/
25	四川省环境保护科学研究院	/
26	贵州省环境科学研究设计院	/

续表

序号	机构名称	协作单位
27	甘肃省环境科学设计研究院	/
28	新疆环境保护科学研究院	/
29	绍兴市环境监测中心站	绍兴市环保科技服务中心
30	辽宁大学	/
31	江西省环境保护科学研究院	/
32	山东省生态环境规划研究院	/
33	河南省地质矿产勘查开发局第二地质环境调查院	/
34	中国地质大学(武汉)	/
35	武汉大学	/
36	陕西省地质调查实验中心	/
37	宁夏环境科学研究院(有限责任公司)	/
38	河北中旭生态环境损害司法鉴定中心	/
39	内蒙古环投环境损害司法鉴定中心	/
40	大连理工大学司法鉴定中心	/
41	吉林省中实环境技术开发集团有限公司	/
42	青海省环境科学研究设计院司法鉴定中心	/

在环境诉讼进程中,原告、被告可以单方委托鉴定机构出具鉴定结论。但如果双方当事人均不认可对方的鉴定结论,便应遵循人民法院的关于鉴定机构选择的程序:(1)工作人员告知双方当事人在选择程序中的权利、义务;(2)工作人员向双方当事人提供名册中的相关鉴定机构情况,当事人阅读资料后协商选择双方认可的专业机构,并告知鉴定承办人;(3)双方当事人通过协商方式选择鉴定机构。协商一致的,依双方当事人共同意见确定鉴定机构;协商不一致的,由人民法院依法指定鉴定机构;(4)一方当事人要求采用指定方式选择(或摇号方式选择),而另一方当事人无故缺席的,按一方当事人的要求进行选择鉴定机构;(5)重新鉴定的案件,采用公开摇号的方式选择鉴定机构。名册中的鉴定机构仅有一家时,在不违反回避规定的前提下,即为本案的鉴定机构。

一旦选定鉴定机构,双方当事人均应当对鉴定机构作出的结论予以尊重,可以对鉴定结论中有异议的事项进行举证、质证。如果当事人对人民法院委托的鉴定部门作出的鉴定结论有异议申请重新鉴定,除提供证据证明外,还应当符合以下四项情形之一:(1)鉴定机构或者鉴定人员不具备相关鉴定资格的;(2)鉴定程序严重违法的;(3)鉴定结论明显依据不足的;(4)经过质证认定不能作为证据使用的其他情形。对于第3、4种情形,可由邀请的专家证人进行举证、质证。法庭最终采信的标准仍应取决于专家证言、鉴定结论的科学性、真实性程度。

(三)鉴定结论的支撑资料

2020年,生态环境部联合国家市场监督管理总局发布环境损害赔偿鉴定的六项国家标准,也是司法审判中关于鉴定结论证据能力的认定依据。六项标准于2021年1月1日起施行,包括:

1.《生态环境损害鉴定评估技术指南 总纲和关键环节 第1部分:总纲》(GB/T 39791.1-2020)

2.《生态环境损害鉴定评估技术指南 总纲和关键环节 第2部分:损害调查》(GB/T 39791.2-2020)

3.《生态环境损害鉴定评估技术指南 环境要素 第1部分:土壤和地下水》(GB/T 39792.1-2020)

4.《生态环境损害鉴定评估技术指南 环境要素 第2部分:地表水和沉积物》(GB/T 39792.2-2020)

5.《生态环境损害鉴定评估技术指南 基础方法 第1部分:大气污染虚拟治理成本法》(GB/T 39793.1-2020)

6.《生态环境损害鉴定评估技术指南 基础方法 第2部分:水污染虚拟治理成本法》(GB/T 39793.2-2020)

根据鉴定标准要求,申请鉴定人应向鉴定机构提供鉴定支撑材料。从司法诉讼的角度分析,作为环境诉讼中的污染者,矿山企业的举证责任主要集中在不存在环境损害的客观事实、环境侵权与侵权损害后果之间不存在因果关系这两方面,其需围绕这两个鉴定方向收集支撑资料。

我国民事诉讼通常遵循"谁主张,谁举证"原则,即当事人对自己提出的诉讼请求所依据的事实或者反驳对方诉讼请求所依据的事实有责任提供证据加以证明，没有证据或者证据不足以证明当事人的事实主张的，由负有举证责任的当事人承担不利后果。但在某些法定情形下，会导致通常情形下本应由提出主张的一方当事人（原告）就某种事由不负担举证责任，而由他方当事人（被告）就某种事实存在或不存在承担举证责任，如果该方当事人不能就此举证证明，则推定原告的事实主张成立，这被称为举证责任倒置原则。《民法典》第一千二百三十条规定："因污染环境、破坏生态发生纠纷，行为人应当就法律规定的不承担责任或者减轻责任的情形及其行为与损害之间不存在因果关系承担举证责任。"环境侵权诉讼便是适用举证责任倒置，如果污染者（矿山企业）不能提供证据证明不存在污染事实、或污染事实与其行为不存在因果关系，便需要承担环境侵权赔偿责任。证明方向包括：

1. 并未排放能够造成环境损害的侵权物

出具具有相应资质的鉴定机构的能够证明其没有排放的鉴定结论。此外，该公司的企业生产记录、排污申报、环境保护设施运行记录或者企业生产事故排放记录，以及证明该公司没有排放侵权物、不能到达环境损害地点的证据，也可达到上述证明目的。

2. 证明环境损害是环境侵权以外的原因所致

通过举证环境保护行政主管部门及其他环境监督管理部门的调查处理报告、法定鉴定机构出具的鉴定报告，以及有关专家出具的鉴定意见等，来证明环境损害是该公司以外的原因所致。

3. 用排除法来推定行为与环境损害事实之间不具备因果关系

当直接、确切地证明环境侵害行为与环境损害事实之间的因果关系存在困难时，可以采用穷尽一切可能的举证方式，通过全面排查环境损害可能发生的一切可能的事实，用排除法来推定环境侵害行为与环境损害事实之间不具备因果关系。

4. 证明对环境损害及时采取有效、合理措施，已将污染范围控制并积极配合行政机关治理。

三、生态民事侵权赔偿的特殊性：生态修复费用

在环境诉讼中，矿山企业作为侵权方通常会被要求承担恢复生态环境、支付生态修复费用、赔偿损失等侵权责任。其中，支付生态修复费用和赔偿损失对企业造成直接资金压力，是能源化工企业的利益焦点。鉴于生态修复费用是环境诉讼侵权责任方式的特有情形，从以下几个方面对此作简要介绍：

（一）承担生态修复费用是恢复原状这一民事侵权责任方式的转化形式

在民事侵权案件中，侵权人应承担的侵权赔偿责任包括赔偿损失、恢复原状、停止侵害、赔礼道歉等。恢复原状和赔偿损失是财产损害最常用的用以弥补经济损失的责任方式，且由于两者的适用依据和补偿目的并不相同，两者可以同时适用。但根据"损害填平原理"，如果被侵权方要求恢复原状，则损害赔偿不能超出财产总价值，"若修理后不能完全达到受损前状况的，行为人还应当对该财产的价值贬损部分予以赔偿"①。在司法实践中，一般侵权案件被侵权方可以根据财产的可修复性、赔偿金额大小等诉求选择赔偿损失或恢复原状。而在环境侵权纠纷中，恢复原状的适用方式与一般侵权纠纷不同，表现在以下三个方面：

1. 恢复原状是首先适用的责任方式。《最高人民法院关于审理生态环境损害赔偿案件的若干规定（试行）》第十一条规定："被告违反国家规定造成生态环境损害的，人民法院应当根据原告的诉讼请求以及具体案情，合理判决被告承担修复生态环境、赔偿损失、停止侵害、排除妨碍、消除危险、赔礼道歉等民事责任。"第十二条第一款规定："受损生态环境能够修复的，人民法院应当依法判决被告承担修复责任，并同时确定被告不履行修复义务时应承担的生态环境修复费用。"第十三条规定："受损生态环境无法修复或者无法完全修复，原告请求被告赔偿生态环境功能永久性损害造成的损失的，人民法院根据具体案情予以判决。"《环境民事公益诉讼司法解释》第二十条规定："原告请求修复生态环境的，人民法院可以依法判决被告将生态环境修复到损害发生之前的状态和功能。无法完全修复的，可以准许采用替代性修复方式。人民法院可以在判决被告修复生态环境的同时，确定被告不履行修复义务时应承担的生态环境修复费用；也可以直接判决被告承担生态环境修复费用。"

2. 恢复原状和损害赔偿同时适用时，损害赔偿不以修复为限。"根据环境保护法确定的损害担责原则，在受损生态环境具有可修复性时，侵权行为人在承担对受损生态环境恢复原状的责任方式即承担环境修复费用的同时，仍然

---

① 王胜明：《中华人民共和国侵权责任法释义》，法律出版社 2010 年版，第 81 页。转引自最高人民法院民法典贯彻实施工作领导小组主编：《中华人民共和国民法典总则编理解与适用》（下），人民法院出版社 2020 年版，第 899 页。

要承担对受损生态环境修复期间生态环境服务功能受损造成的损失赔偿责任。”①《环境民事公益诉讼司法解释》第二十一条规定,“原告请求被告赔偿生态环境受到损害至修复完成期间服务功能丧失导致的损失、生态环境功能永久性损害造成的损失的,人民法院可以依法予以支持”;第二十四条第一款规定,“人民法院判决被告承担的生态环境修复费用、生态环境受到损害至修复完成期间服务功能丧失导致的损失、生态环境功能永久性损害造成的损失等款项,应当用于修复被损害的生态环境”。

3. 恢复原状可以是侵权人自行完成,也可以是政府部门代为履行。法院可根据案件情况和侵权人的履行能力,选择判决侵权人承担自行修复或替代性修复、支付生态环境修复费用。如果判决侵权人承担生态修复费用,则不再要求其自行履行修复责任。

(二)环境侵权人同时承担生态修复费用和环境功能损失费

如前分析,环境侵权赔偿中恢复原状和损害赔偿同时适用。《生态环境损害赔偿制度改革方案》规定,生态环境损害赔偿范围包括清除污染费用、生态环境修复费用、生态环境修复期间服务功能的损失、生态环境功能永久性损害造成的损失以及生态环境损害赔偿调查、鉴定评估等合理费用。

生态环境修复费用包括制定、实施修复方案的费用,修复期间的监测、监管费用,以及修复完成后的验收费用、修复效果后评估费用等。根据《环境民事公益诉讼司法解释》第二十三条的规定,生态环境修复费用难以确定或者确定具体数额所需鉴定费用明显过高的,人民法院可以结合污染环境、破坏生态的范围和程度,生态环境的稀缺性,生态环境恢复的难易程度,防治污染设备的运行成本,被告因侵害行为所获得的利益以及过错程度等因素,并可以参考负有环境资源保护监督管理职责的部门的意见、专家意见等,予以合理确定。

生态环境服务功能损失费,一些法律文书也称为生态环境服务功能赔偿金,目前尚无统一概念。2020 年,生态环境部颁布六项新国家标准,其中《生态环境损害鉴定评估技术指南 总纲和关键环节 第 1 部分:总纲》(GB/T 39791.1 - 2020)的术语界定部分提出:生态服务功能是指生态系统在维持生命的物质循

① 顾金才、蔡鹏:《浅析生态环境损害赔偿诉讼案件审理的三大要点——评江苏省人民政府诉安徽海德化工科技有限公司生态环境损害赔偿一案》,载《法律适用》2019 年第 20 期。

环和能量转换过程中,为人类与生物提供的各种惠益,通常包括供给服务、调节服务、文化服务和支持功能。生态环境恢复是采取必要、合理的措施将受损生态环境及其服务功能恢复至基线并补偿期间损害的过程,包括环境修复和生态服务功能的恢复。按照恢复目标和阶段不同,生态环境恢复可分为基本恢复、补偿性恢复和补充性恢复。期间损害是自生态环境损害发生到恢复至基线期间,生态系统提供服务功能的丧失或减少。

综合上述概念,生态环境服务功能损失费,包括生态环境修复期间服务功能的损失费、生态环境功能永久性损害造成的损失费,可理解为受损生态环境从损害发生到其恢复至基线状态期间提供生态系统服务损失量对应的经济价值。

《民法典》第一千二百三十五条规定:"违反国家规定造成生态环境损害的,国家规定的机关或者法律规定的组织有权请求侵权人赔偿下列损失和费用:(一)生态环境受到损害至修复完成期间服务功能丧失导致的损失;(二)生态环境功能永久性损害造成的损失;(三)生态环境损害调查、鉴定评估等费用;(四)清除污染、修复生态环境费用;(五)防止损害的发生和扩大所支出的合理费用。"在司法诉讼中,鉴于生态环境修复费用和服务功能损失费的专业性,通常依据法院委托或双方自行共同委托鉴定部门的鉴定结论确认金额。如被侵权人要求矿山企业承担生态环境损害调查、鉴定评估等费用;清除污染以及防止损害的发生和扩大而支出的合理费用;合理的律师费以及为诉讼支出的其他合理费用,也会得到法院支持。

对矿山企业建设工程工期管理的建议

矿山企业经营发展离不开工程建设。在司法实践中，矿山工程建设纠纷的处理思路和其他工程建设有共同性，所依据的法律依据仍以《民法典》《最高人民法院关于审理建设工程施工合同纠纷案件适用法律问题的解释（一）》等为主。在司法实践中，能否准确认定工期延误责任，确定工期是否顺延及顺延天数，是认定承发包双方工期逾期违约金及工期逾期损失的关键。承包人为了避免发包人追究工期违约责任，或能够在因发包人导致工期延误情形下成功获赔停窝工损失，理应在施工合同履行过程中加强工期管理。本文对最高人民法院近年来涉及工期争议问题的裁判观点进行分析，通过讨论工期鉴定的必要性、工期延误责任认定、工期顺延天数认定、工期逾期损失认定的司法观点，依据《建筑法》《民法典》等法律法规以及《建设工程施工合同（示范文本）》（GF－2017－0201）通用条款的内容，结合工期管理问题提出法律建议。

本文原文曾获得中国建设工程论坛法律评论2018年度优秀论文荣誉称号，法律出版社2019年出版的《中国建设工程论坛法律评论（第九辑）》对本文进行全文收录。因为《民法典》及相应司法解释颁行生效，所以本文进行了相应修订。

一、盲目启动工期司法鉴定并非认定工期争议问题的科学做法

第一，在建设工程合同纠纷中，涉及工期鉴定的案件可谓稀少，而工期争议是绝大多数此类案件都会涉及的问题。这是因为，工期鉴定除了根据合同约定外，最主要的依据是发包方、承包方之间的施工进度计划、联系单、签证等文件以及建筑行业的施工组织设计规范（目前主要执行的国家标准为GB/T 50502－2009，交通、水利、能源等特殊领域的建设工程另执行其他国家标准）、建设工程定额工期规范（目前主要执行《建筑安装工程工期定额》），而且受制于鉴定人员的专业水平。所以，鉴定材料的多少、鉴定人员的素质和工作态度、实际施工水平较社会一般施工水平的优劣、施工事项的事实难度（因为有关行业规范是根据社会一般施工水平以及一般施工项目的难度制定的）都会影响最终的鉴定结果。也就是说，在很多情况下，鉴定的最终结果具有不确定性。[①]

第二，从最高人民法院关于工期鉴定问题的司法观点可以看出启动工期鉴定和做出较为明确的鉴定结论还是依赖于相关证据的充足性。

观点一：工期顺延问题由各方当事人根据工程实际情况加以确认，并非必须通过鉴定才能确定的事实。

裁判要旨：（2016）最高法民申2327号青海福音公司、甘肃红旗公司建设工程合同纠纷再审审查与审判监督民事裁定书中的观点认为，“本院经审查认为，原审判决认定红旗公司要求顺延工期的主张部分成立，有包括福音公司、红旗公司和监理公司在施工过程中签订的会议纪要、工作联系单、签证单等证据佐证，上述证据能够证明红旗公司具有要求顺延工期的意思表示和需要顺延的具体天数，原审判决认定该项事实不缺乏证据证明。工期顺延问题由各方当事人根据工程实际情况加以确认，并非必须通过鉴定才能确定的事实，福音公司单方委托进行的工期延误咨询报告不足以推翻原审判决认定的事实，对其该项申请再审理由本院不予采纳”。

观点二：发包人未提出证据证明工期延误的事实，亦未证明工期延误的损失，则无法启动司法鉴定。

裁判要旨：（2016）最高法民终360号中天公司与昌泰公司、唐山公司建设工程施工合同纠纷二审民事判决书中的观点认为：一审认为因案涉工程已完成整机试运行168小时，并办理了相关验收手续，按照合同约定达到了竣工验收条件。同时，中天公司和昌泰公司已进行了工程结算，结算文件中除注明垫资款利息单独核算外，没有标注其他未结事宜。在工程已竣工验收并已结算的情况下，昌泰公司反诉主张质量和工期延误赔偿并无事实依据，故对其诉请和鉴定申请不予支持。二审依据《民事诉讼法解释》第九十条规定，“在作出判决前，当事人未能提供证据或者证据不足以证明其事实主张的，由负有举证证明责任的当事人承担不利后果。昌泰公司提出因中天集团浙江公司原因导致工期延误，中天集团浙江公司应承担工期延误的违约责任，但昌泰公司并未提

① 冯永强：《律师对建设工程工期司法鉴定的把控之一——鉴定启动前的把控》，载北京和铭律师事务所网：http://www.bjhmls.com/html/flsw/gongqiyanwuzeren/2019/0405/429.html。

供证据支持其主张,本院对其该项主张不予支持”。

观点三:工期延误损失鉴定报告因依据不足无法确定工程延误工期及损失,法院无法采信。

裁判要旨:最高人民法院(2014)民一终字第 310 号中国建筑股份有限公司与昆山市超华投资发展有限公司建设工程施工合同纠纷二审民事判决书中的观点认为,根据原告的申请,一审法院于 2012 年 3 月 29 日委托金永诚公司对涉案工程因工期延误给中建公司造成的实际损失进行鉴定。金永诚公司于 2013 年 10 月 10 日出具《超华商贸城工期延误损失的鉴定报告》。鉴定意见认为:(1)虽然工期实际造成了延误,但现场未发生全面停工现象;(2)所有资料中,工期延误未有明确的时间界限,不能准确判定工期延误时工程所处状态;(3)中建公司未按合同约定履行工期索赔的程序;(4)设计变更及工程量的增加(补充协议)未明确施工工期。最终,法院依据双方举证和案件查明的事实确定了工期延误责任,以及双方的工期逾期损失。

第三,针对工期争议案件,是否要启动工期鉴定应当根据司法解释的规定对案件可能涉及的工期争议事实问题进行全面梳理,并判断能否凭一般的生活常识得出结论。

《最高人民法院关于审理建设工程施工合同纠纷案件适用法律问题的解释(一)》(以下简称《建设工程司法解释(一)》)第十条规定,“当事人约定顺延工期应当经发包人或者监理人签证等方式确认,承包人虽未取得工期顺延的确认,但能够证明在合同约定的期限内向发包人或者监理人申请过工期顺延且顺延事由符合合同约定,承包人以此为由主张工期顺延的,人民法院应予支持。当事人约定承包人未在约定期限内提出工期顺延申请视为工期不顺延的,按照约定处理,但发包人在约定期限后同意工期顺延或者承包人提出合理抗辩的除外”。

二、工期争议问题司法认定的第一步——确定工期延误的事实及责任

通过研究最高人民法院的裁判逻辑,可以发现认定工期争议问题需要三个步骤,可以简化总结为“定性—定量—定损”,即第一步:确定工期延误的事实及工期责任承担;第二步:确定工期顺延天数;第三步:确定工期逾期损失。

(一)确定工期延误的事实。发包人依据开工、竣工时间,举证证明实际工期长于约定工期的,完成承包人对工期迟延负责的初步举证责任。承包人抗辩对实际工期迟延不负责任或者不应负完全责任并举证证明。比如,(2015)民一终字第249号甘肃红旗公司与青海福音公司建设工程施工合同纠纷二审民事判决书中,法院查明:关于案涉4号楼及地下室工程是否存在延期交付的问题。2011年9月20日,福音公司与红旗公司签订《建设工程施工合同》,约定案涉4号楼及地下室建设工程工期为2011年9月18日至2012年10月1日,共计469天;实际竣工时间为2013年11月6日,逾期竣工401天,福音公司诉称红旗公司应承担逾期竣工违约金6,436,050元。红旗公司辩称因福音公司的各种原因造成工期延误,不应承担违约责任。

认定工期是否延误,审判过程中需要对开工时间、竣工时间进行明确认定。对于开工时间可以根据《建设工程司法解释(一)》第八条来确定,对于竣工时间可以根据《建设工程司法解释(一)》第九条来确定。

(二)明确工期延误的责任,确定工期是否顺延。"工期顺延",实际上是承包、发包双方根据法律及合同约定,对"工期延误"这一事实状态所作的针对合同工期相关约定的变更。即尽管存在工期延误事实,但因满足了法律规定或双方约定的某些条件,进而双方就该事件引起的延误天数予以顺延达成一致。《民法典》第七百九十八条规定:"隐蔽工程在隐蔽以前,承包人应当通知发包人检查。发包人没有及时检查的,承包人可以顺延工程日期,并有权请求赔偿停工、窝工等损失。"《建设工程施工合同纠纷司法解释(一)》第十条规定:"当事人约定顺延工期应当经发包人或者监理人签证等方式确认,承包人虽未取得工期顺延的确认,但能够证明在合同约定的期限内向发包人或者监理人申请过工期顺延且顺延事由符合合同约定,承包人以此为由主张工期顺延的,人民法院应予支持。当事人约定承包人未在约定期限内提出工期顺延申请视为工期不顺延的,按照约定处理,但发包人在约定期限后同意工期顺延或者承包人提出合理抗辩的除外。"

依据上述规定,对发包人而言,同意工期顺延则意味着同时产生以下三个法律后果:一是,因该事件引起的工期延误天数,承包人无须承担工期违约责任;二是,因该事件引起的承包人停工、窝工等损失,发包人需要承担赔偿责任;三是,因部分事件引起的承包人合理利润的损失,发包人需要承担赔偿责任。

承包人一定要重视工期索赔,尽可能地及时形成签证文件顺延工期,以应对发包人方随时可能提出的工期违约金索赔。索赔是指在合同履行过程中,对于非自己的过错,而是应由对方承担责任的情况造成的实际损失,向对方提出经济补偿和(或)工期顺延的要求。在司法实践中,承包人经常会因为未依照合同约定的索赔程序要求和实体要求提出工期顺延,从而承担不利后果。本文以责任是否归属于承包人为分类方式(发包人原因及客观原因,承包人原因,多种事件造成的工期迟延),分别讨论三种情况下承包人的应对措施:

1. 因发包人、或其他原因造成的工期延期。

建议一:承包人可以针对以下事由提出工期索赔。(1)发包人方不能提供工作场地的;(2)发包人方未及时办理施工证照造成的工期延长的;(3)发包人方增加工作量造成的工期延长的;(4)发包人方未及时提供施工图纸影响关键线路施工的;(5)发包人方设计变更未提前通知,影响关键线路施工的;(6)发包人方供应材料不及时或供应材料存在质量问题,影响关键线路施工的;(7)发包人方直接发包的其他工程未能及时进场,或其未按照总包方的施工计划进行施工,造成项目整体工期延后的;(8)发包人未能支付工程款影响工程施工,且经承包人书面提醒后仍无改观,造成后续工程无法顺利进展的;(9)发包人方未及时对单项工程进行验收,导致整体工程无法继续施工或导致整体工程无法办理验收的;(10)因发包人原因无法办理竣工手续的;(11)因发包人原因无法办理备案手续的;(12)不可抗力导致工程无法施工的;(13)合同约定执行政策、法规、规章和政府命令,因前述法律法规变化导致工程无法继续施工的。

在司法实践中,以上事由存在,并不一定意味着法院会认定是发包人原因造成工期延误,还要判断以上事件造成影响的严重性。比如,最高人民法院(2015)民一终字第9号浙江环宇建设集团有限公司与唐山市南北房地产开发有限公司建设工程施工合同纠纷二审民事判决书中的观点认为:"关于南北公司是否存在迟延支付工程款的违约行为问题。双方在《建设工程施工合同》中约定,南北公司于每月10日根据环宇公司上报的已完成工程量并经其确认后,给付75%工程进度款。但双方并未按照该约定履行。后双方商定环宇公司完成工程面积65,751平方米时为南北公司第一次付款时间。环宇公司在完成约定的施工面积后发函要求南北公司于2011年5月10日前支付75%工程款,但南北公司未能按时支付。后在环宇公司的多次催告下,南北公司于2011年8月25日前陆续支付工程款共计3300万元,但并未达到双方约定的已完成工程价款的75%,故南北公司存在迟延支付工程款的违约行为。"该案通过查明事实,认定发包人支付工程款严重违约,最终确认因发包人原因导致的工期延误。除工程款欠付是否达到根本性违约外,还要考虑设计变更等因素是否影响到关键线路施工,客观原因的发生是否足以引起承包人停工,等等。

建议二:提出以上事项的索赔报告、会议纪要、施工进度表等能够证明工期延误责任的证据,在制作时应明确表述工期延误责任、延期时间、关键线路的标注等。一份完整的工期索赔报告,应当具备详尽的能够证明工期延期事实、工期延期责任、要求工期顺延天数的事实证据。以一份工期索赔报告的目录为例:

目　录

一、工程联系函　编号:32 ………… 01

二、延长工期报审表　编号:附件一 ………… 02

三、工期每延长一天之成本测算表　编号:附件二 ………… 03

四、顺驰凤凰城二期工程BLOCK(2#)标段工程款调减下浮率　编号:附件三………… 04、05

五、外脚手架拆除、大型机械退场时间表　编号:附件四………… 06

六、工期延长之成本测算(分阶段)　编号:附件五~附件十一 …. 07~13

七、欠付工程款之利息计算　编号:附件十二、十三….. 14、15

八、延长工期报审表的证明材料:

(1)合同相关条款 ………… 16

(2)2005年9月23日园区建设工程质量安全监督站的《停工通知单》;1页 ………… 17

(3)2005年9月24日苏州顺驰地产有限公司凤凰城项目部的《工作联系函》;1页 ………… 18

(4)2005年10月25日园区建设工程质量安全监督站的《复工通知书》;1页 ………… 19

(5)王宁、朱成国、监理部于05年10月31日核定的《凤凰城BLOCK2施工进度》;1页 ………… 20

(6)第24次工程例会纪要;2页　2005年11月16日《工作联系函》08;1页。 ………… 21~23

(7)2006年1月20日《工作联系函》TG-01;2页、2006年3月5日《建设单位工程联系单》;1页 ………… 24~26

(8)2005年10月26日《工作联系函》;1页 ………… 27

(9)2006年7月28日铝合金门窗进场报验单;1页 ………… 28

(10)《凤凰城二期Block(2#)标段施工总进度计划》;1页 ………… 29

(11)《凤凰城二期Block(2#)标段11号楼主体分部工程质量验收报告》;1页 ………… 30

(12)业主与我方相关人员核定签字确认的BLOCK二标05年10月~07年5月的工程进度款;15页 …. 31~45

(13)2007年5月17日第五十五次工程例会; ………… 46~48

(14)第十九号工作联系函、文件收发记录; ………… 49~51

(15)第33次工程例会纪要;实际工程进度款支付情况详见银行转帐凭证; ………… 52~99

(16)每周工程列会关于工程进度、工程进度款支付、分包进场等条款;

九、说明:

a、部分文本材料为复印件,原件留存本公司以备查阅;

b、2005年11月25日召开第24次工程例会之后,因工程停工,例会停止召开,至到2006年3月份方才重新执行工程例会制度,每次工程例会内容请查阅业主方工程部资料;

c、各类设备、材料、工具等的租赁价格请参照市场价,若需要查看合同原件,我方也可提供;

图1　工期索赔报告目录

上述报告的提出，即使不被发包人签认，在司法认定过程中，也是强有力的能够证明工期延期责任及工期顺延天数的证据。如发包人不能提出证据反驳，那么承包人的索赔报告反映的事实加以送达发包人签收的证据，就很有可能被法院采信或作为认定工期争议问题的依据。

同时，搜集、锁定证明关键线路证据是施工管理过程中的难点。实践中，承包人以发包人提供图纸不及时、重大设计变更、发包人提供材料不及时或发包人提供材料有质量问题为由主张工期顺延的，还必须存在以上因素影响了关键线路施工。而"关键线路"在施工过程中是不断发生变化的，因此，当工期争议发生时，举证关键线路受到影响就成了难题。因此，建议承包人在施工管理过程中做到以下几点：①

第一，总包单位给发包人报送的施工图纸、进度计划、进度网络图，在每一版上都应该标注"关键线路"的字样，调整后的每一版图纸也都应当标注总承包单位认为的关键线路。

第二，如果不能保证所有的关键线路都作标注，至少要确保在施工图纸上标明特别重要的"关键线路"。

第三，在总包单位向发包人报送施工方案的时候，也应该将实际施工的进度表和发包人审批确认的工期进度计划表进行比较，将在关键线路上延误的天数也一并标明。

第四，如果延误事件对关键线路造成了影响，总承包单位应当及时致函发包人或者主张索赔。在函件或者索赔报告中，除了说明延误时间以及对于工期造成的延误，还必须主动提出哪些是关键线路以及关键线路受到了怎样的影响。

非关键线路的大量设计变更也有可能会影响工期，在司法实践中，也存在相关判例。比如：(2017)最高法民申5047号江苏省房地产投资有限责任公司徐州分公司建设工程施工合同纠纷再审审查与审判监督民事裁定书中的观点认为："房投徐州分公司和盐城二建在案涉《建设工程施工合同》中将设计变更和工程量增加作为工期顺延的情形。而根据相关施工资料，从主体封顶至竣工验收期间存在大量的工程变更，且鉴定机构亦认定辅线变更仍然会影响整

---

① 于园园、宋乔松：《工期索赔的关键及开工日期、竣工日期的认定》，载威科先行法律信息库：http://law.wkinfo.com.cn/professionalarticles/detail/NjAwMDAwMTk3NjE%3D?searchId=1f46ced199e343c6827c05954b5bbe8f&index=1&q=工期索赔的关键及开工日期、竣工日期的认定。

个工程的整体竣工验收。房投徐州分公司虽主张该阶段工期延误系由于盐城二建原因导致,但并没有证据予以证明。因此,一、二审判决认定由房投徐州分公司承担从主体封顶至竣工验收期间的工期延误责任并无不当。房投徐州分公司关于案涉工程的变更皆是辅线变更,对工期无实质性影响,一、二审法院采信鉴定结论属于事实认定错误等申请再审理由均不能成立。"因此,这一案件提示承包人,要完整地收集、准备所有有可能影响工期延期的证据。在索赔过程中,要充分利用动态网络分析法观察关键线路及非关键线路的变化。①

另外,在发包人同意顺延工期的情形下,承包人应及时将顺延日期及确定的损失赔偿与发包人形成签证文件。实践中,存在发包人要求就承包人的诸多索赔事项统一由一份补充协议调价确认的情况,承包人应当要求在补充协议中明确调价事项及具体原因。如果是政府投资建设项目,当事人明确约定须以政府审计结论作为结算工程款依据的情形。这种"一揽子"调价补充协议有可能会面临因为超过概算,而无法顺利通过政府审计的情况。

建议三:承包人应当在合同约定的期限内按照约定程序向发包人提出索赔。2017 版《建设工程施工合同(示范文本)》第 19.1 条"承包人的索赔"规定,根据合同约定,承包人认为有权得到追加付款和(或)延长工期的,应按以下程序向发包人提出索赔:

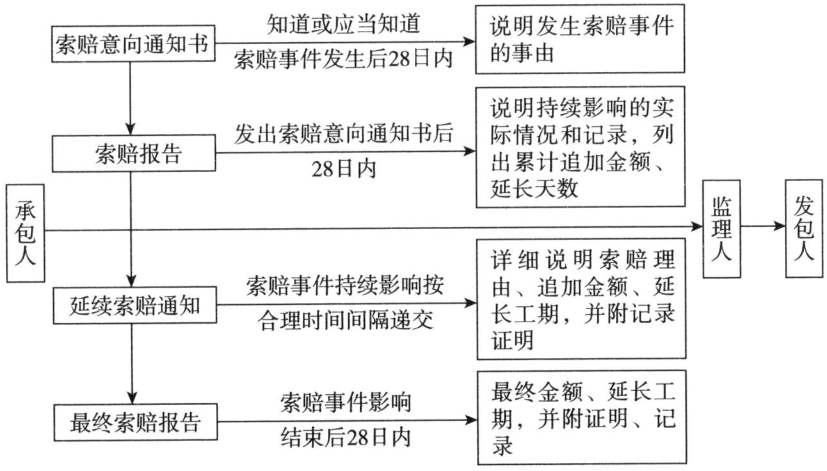

图 2　索赔程序

① 柯洪、王金枝、陈曲:《多事件工期迟延索赔方法研究》,载《工程管理学报》2015 年第 3 期。

2017 版《建设工程施工合同(示范文本)》第 19.2 条规定,发包人对承包人索赔的处理程序如下:

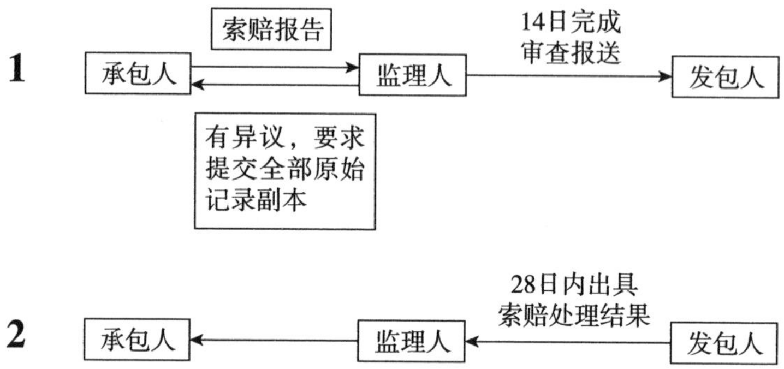

图 3 对承包人索赔的处理

对于发包人主张承包人未在规定时间内提出申请而不能顺延工期,司法认定的标准较为灵活。比如:《浙江省高级人民法院民事审判第一庭关于审理建设工程施工合同纠纷案件若干疑难问题的解答》(2012 年 4 月)第六条规定:"发包人仅以承包人未在规定时间内提出工期顺延申请而主张工期不能顺延的,该主张不能成立。但合同明确约定不在规定时间内提出工期顺延申请视为工期不顺延的,应遵从合同的约定。"这一问题将在本文中关于工期损失认定部分展开讨论。

2. 发包人主张因承包人原因导致的工期延误时,承包人的应对措施如下:因承包人施工投入不到位或出现质量问题进行返工等违约行为导致的工期延误,承包人自然应当在合同履行过程中尽力减小因违约行为造成的损失,缩小自身会承担的违约责任。这里要讨论的是在争议解决过程中发包人提出反诉主张因承包人原因导致工期延误时,承包人为了自证清白的抗辩思路。

观点一:施工进度延误,不能代表整个工期的延误。

最高人民法院(2015)民一终字第 9 号浙江环宇建设集团有限公司与唐山市南北房地产开发有限公司建设工程施工合同纠纷二审民事判决书中的观点认为:南北公司主张的工程超期违约金 16,116,789.13 元,分为两部分:一部分是施工过程中的延期,另一部分是竣工工期的延误。关于施工过程中的延期,南北公司认为环宇公司的施工进度没有达到施工组织设计的要求,考虑到施工过程中存在设计变更、欠付进度款等影响施工进度的因素，且施工进度不能代表整个工期的延误。从南北公司和环宇公司多次信函往来看，南北公司从未提出过施工进度延误工期的索赔，现南北公司主张施工进度中的工期延误损失依据不足。

面对这种情况，承包人的举证要细致化、解构化，仔细分析每个施工进度是否延误及延误的原因，并将计划工期和实际工期如图 4 所示进行逐一对比，说明即使工期迟延也非承包人原因，而承包人反而因为赶工减少了工期延误天数，最终证明发包人的主张不符合客观事实。

例如，最高人民法院(2014)民一终字第 310 号中国建筑股份有限公司与昆山市超华投资发展有限公司建设工程施工合同纠纷二审民事判决书中的观点(图 4、图 5 为本文作者根据判决内容总结)：

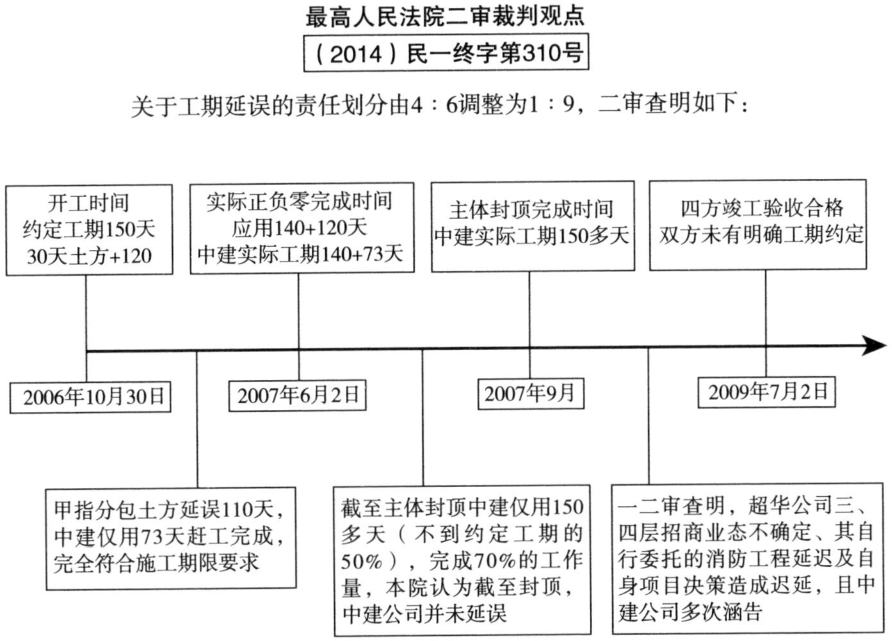

图 4 最高人民法院二审裁判观点

关于工期延误的责任划分由4：6调整为1：9
二审查明如下

超华公司主张	证据	二审法院认为
1 中建公司有人工、机械不足至已浇垫层开裂	2006年12月28日工地例会纪要	中建公司有人工、机械不足至已浇垫层开裂的问题，但超华公司并无充分证据证明人工、机械不足导致其土方施工延迟
2 中建公司堆放的钢筋及搭建的木工棚对部分场地造成了一定影响	2007年1月19日超华公司发出的工作联系函	延误工期也只有21天
3 中建公司分包其部分消防工程、安装工程，造成迟延	无	未提供证据支持，不予采信
4 超华公司提出其并未影响幕墙施工、不对该项延期负责	无	中建公司提交报告反映幕墙施工延迟原因：双方未签署外墙施工备忘录及超华公司多次修改设计，长期未形成书面文件，导致外饰面工程停顿的问题，实为超华公司对幕墙另行招标、调整设计、安装观光电梯等原因造成。审理中，超华公司提出其并未影响幕墙施工、不对该项延期负责，但并未提供相应的证据证明，本院对此不予采信

图5　二审对关于工期延误的责任划分查明情况

观点二：发包人从未就工期索赔事项向承包人依据合同约定的程序及其他要求提出过。

根据2017版《建设工程施工合同（示范文本）》第19.3条关于发包人索赔的内容：根据合同约定，发包人认为有权得到赔付金额和（或）延长缺陷责任期的，监理人应向承包人发出通知并附有详细的证明。

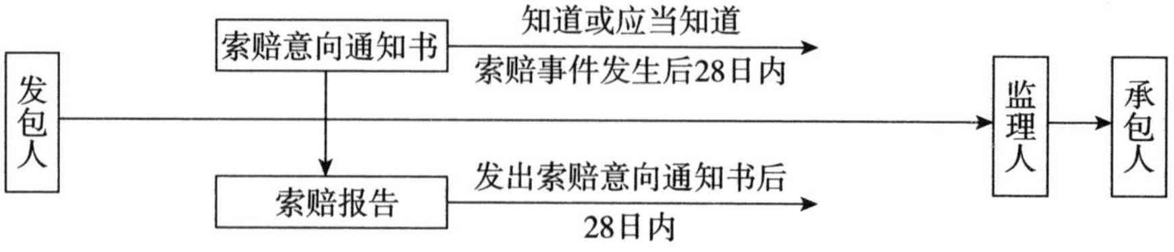

图6　索赔程序的发包人

2017 版《建设工程施工合同(示范文本)》第 19.4 条对发包人索赔的处理如下：

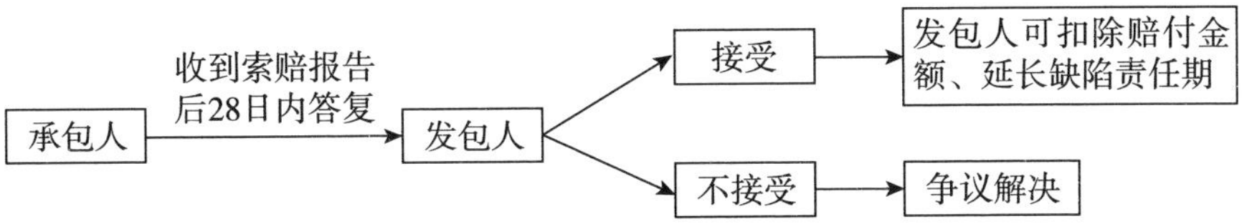

图 7　对发包人索赔的处理

最高人民法院(2015)民一终字第 9 号浙江环宇建设集团有限公司与唐山市南北房地产开发有限公司建设工程施工合同纠纷二审民事判决书中的观点认为：南北公司主张的工程超期违约金 16,116,789.13 元……从南北公司和环宇公司多次信函往来看，南北公司从未提出过施工进度延误工期的索赔，现南北公司主张施工进度中的工期延误损失依据不足。

(2017)最高法民终 841 号贵州湘能实业有限公司、湖南涟邵建设工程(集团)有限责任公司建设工程合同纠纷二审民事判决书中的观点认为：关于湘能公司抗辩因涟邵公司工程延期，故应依照约定以违约金抵扣相应的工程款的主张能否成立的问题。第一，本案涉案的施工合同均约定：工程量以实际施工为准，工期随着实际施工工程量的变化而未按照签订合同时的约定完成实属正常。且本案涉案工程在竣工验收、结算，湘能公司向其母公司报告结算结果等环节中，湘能公司均未对工程期限提出异议；第二，在湘能公司向其母公司黑金时代公司上报结算报告并得到复核意见后，湘能公司再次与涟邵公司在《往来账款询证函》中确认了工程欠款的数额，此数额应视为双方对工程款、违约金等相关事项处理结算后确定的最终数额，故湘能公司的主张不能成立。

由上述两个案例可以看出，程序问题的背后仍然是事实查明问题，判决中论述发包人在结算过程中未对工程期限提出异议，是为了更充分地论证发包人的主张证据不足。因此，不能将这类程序问题，简单地理解为法院认为超过诉讼时效或未依约定程序提出从而丧失实体权利。

3. 在多事件工期迟延情况下，承包人的应对措施：多事件工期迟延事件中各迟延方所造成的工期迟延相互交叉影响，并不单纯地能够归责于承包、发包某一方，同时既有可以顺延工期的原因，又有不可顺延工期的原因，最终迟延事件的责任划分又涉及工期损失的认定。因此，作为承包人一方，如何提供证据帮助法院在多事件工期迟延事件发生后明确各责任方的迟延责任，公平合理地定量处理各方的迟延责任比例，是解决此类工期争议避免承担不必要损失的前提。

观点一：认定发包人与承包人共同造成工期延误，从而认为发包人严重违约，对发包人提出的承包人应当承担工期责任损失主张不予支持。最高人民法院（2007）民一终字第10号①中建三局建发工程有限公司与陕西西岳山庄有限公司、第三人中建三局第三建设工程有限公司建设工程施工合同纠纷二审案的判决认为：关于支付拖延工期罚金的请求。涉案工程迟延交付的原因：一是西岳山庄办理工程报建手续迟延，取得建设工程开工许可证的日期晚于合同约定的开工日期4个多月，取得《国有土地使用证》的日期晚于合同约定的工程竣工日期。二是西岳山庄提供施工图纸迟延，并且未在开工前解决施工所需的供水、供电。按图施工是建设工程的客观要求，但时至2002年3月19日，西岳山庄尚未向三公司交付施工图纸，水、电供应不足，导致三公司不能正常施工。三是西岳山庄没有按进度付足工程款，严重影响施工。三公司也存在施工现场人员和设备不足，施工管理不严和返工等情况，影响了施工进度。有鉴于此，一审认定西岳山庄与三公司共同造成工期延误并无不当。由于西岳山庄存在严重违约，对其关于三公司应当承担赔偿责任的主张，该院不予支持。

观点二：将责任划分到发包人承担主要责任，承包人承担次要责任，从而认定发包、承包双方各自承担因工期逾期造成的损失。（2016）最高法民终476号成都大鼎置业有限公司、成都市第四建筑工程公司建设工程施工合同纠纷二审民事判决书认为：工程逾期竣工存在多方面原因，在工程施工中双方未按照约定程序和行业惯例提出工期索赔申请。综合《建设工程施工合同》《备忘录》约定及双方实际履约情况，大鼎公司应对分包工程逾期承担主要责任，四建公司自身有逾期施工行为，且未尽到协调义务，作为总承包方应对工程逾期承担部分责任。工程逾期后，发包方与承包方均有损失。因大鼎公司对逾期交工应承担主要责任，其主张四建公司承担逾期交工违约金1亿元缺乏充足依据，不予支持。四建公司亦应自担损失，其要求大鼎公司支付逾期支付工程

---

① 《最高人民法院公报》2007年第12期(总第134期)。

进度款垫资款和逾期退还履约保证金违约金,不予支持。

对于司法认定划分工期责任的方法问题,在工程索赔专业中推行的“初始迟延决定工期,责任比例分摊费用”的原则能够较为合理地处理多事件工期迟延责任划分问题。[①] 本文通过介绍这一原则,以期能够在司法实践中作为参考。

(1)初始迟延决定工期。由于作用于某项工序上的初始迟延事件已经造成工程迟延,其决定性的作用使其他后续发生的原因将不会再造成更多的迟延,所以在多事件迟延情形下,导致工期迟延的直接原因即为引起初始迟延事件的原因。因此,初始迟延决定工期索赔和工期损失责任方,在逻辑上是合理的。就承包人而言,按照此原则处理工期迟延问题可能会带给承包人一定程度的压力与损失,但通过吸取经验教训,势必会大大提升承包人的管理能力及风险控制水平,这对承包人而言具有丰厚的长远利益。

(2)责任比例分摊费用。施工合同实施的根本目标是完成一个符合合同意图的工程,合理地分担合同风险和追究过失责任是实现这一根本目标的内在要求和外在表现。在多事件迟延时段内,各种原因共同作用造成总的费用损失,但若由初始拖延责任人承担拖延期间的全部费用损失,不仅违背了相关法律及合同条款的规定,没有遵循公平原则,且会给该方造成巨大的经济损失,导致资金不能按时到位、工程质量不合格等后果,最终将严重影响实现合同的根本目标。而采用责任比例分摊费用进行迟延各责任方费用损失的分担,能够使各责任方在遵循相关合同条款及法律法规的情形下,按照公平合理、实现合同目标的原则进行索赔工作。且迟延责任各方为了实现合同的最终目标,很可能在特定的环境下互相让步来消化风险因素,这也进一步增加了迟延各责任方友好协商、共同化解合同风险的可能性,为多事件工期迟延的顺利解决及实现共赢的局面奠定基础。

三、工期争议问题司法认定的第二步——确定工期顺延的天数

实践中,双方一般都会在合同中通过列举等方式详细约定工期可以顺延的情形以及申请工期顺延的程序和要求。但是,如果需要顺延工期,顺延工期的天数如何确定?施工企业咨询律师关注的首先是发包人支付拖欠的工程款,当被律师反问及工程工期状况时,大多数施工企业给出的回答往往都很笼

---

① 柯洪、王金枝、陈曲:《多事件工期迟延索赔方法研究》,载《工程管理学报》2015 年第 3 期。

统:实际的竣工日期确实是晚了,但是工期延误是由发包人造成的可以顺延。顺延的天数和延误的天数差不多可以抵销的。而当被继续追问顺延天数是怎么得出时,施工企业的回答大多也很雷同,比如,发包人未按期办出施工许可证延迟,晚了两个月;发包人没有按期提供图纸,晚了一个月;发包人在施工过程中大量修改设计,这个过程持续进行了六个多月,初步算下来因为发包人的原因,工期应该顺延九个多月,正好与延误的总工期天数抵销,所以工期应该没有问题。

(一)在履约过程中,承包人应重视施工进度计划表的编制

不少施工企业管理人员都以上述思路来计算工期顺延天数。暂且不论施工企业是否按照约定程序完成了工期签证,这样计算工期顺延的思路是不准确的。从法律的角度看,工期顺延天数的计算并不是将单个事件引起的工期延误天数的简单相加,一般情况下,发生在关键线路上的事件造成工期延误的,工期才予以顺延,并且如果同时发生多起影响工期的事件,也不能简单将多起事件分别引起的工期延误天数相加。因此,承包人一定要重视施工进度计划表的编制工作。控制工期最为重要的依据就是施工进度计划表。施工进度计划表经发包人批准后,对承发包双方具有合同约束力。施工过程中,如果实际施工进度落后于施工进度计划,则应按照合同约定确定工期延误的责任,并由责任方按照合同约定承担不利后果。然而,大多数情况下,施工企业尤其是具体承接工程的项目经理,对施工进度计划表的编制往往不够重视。有的项目经理仅仅是将投标时提交的粗略的施工进度计划加以简单修改,使整个进度计划的工期在合同约定的总工期内,就向发包人提交了,未针对具体项目的特点、规模和技术难度来制订符合工程实际的施工进度计划。此做法为工期的控制留下了风险隐患。当施工过程中出现多事件工期延误的情形时,施工企业往往找不到具体的参照依据来计算延误天数。举例来说,有的发包人在开工前未按约一次性提供全部施工图纸,而是在施工过程中陆续分批下发。一方面,对于新收到的图纸,需要一边审图一边施工;另一方面,还可能存在发包人对已下发图纸进行反复、多次修改的情形。由于图纸的设计、修改、审图、深化及施工过程中存在诸多细节,每次延迟发图或对原有图纸的修改,都可能对整个工程的工期造成影响,而依据一份粗糙的施工进度计划很可能无从计算因发包人提供图纸延误导致的工期顺延天数。如果施工企业有着详细精确

的施工进度计划表,只需将每份图纸的签收记录、会审及交底记录与施工进度计划表进行比照,计算工期顺延天数就便捷多了。

当然,一份好的施工进度计划表,是施工企业进行自我保护的利器。但它同时也是一把“双刃剑”,如果因为施工企业因自身原因导致未能按照进度计划施工的,同样也面临相应的工期违约风险。在约定了节点工期的项目中,这种风险更为突出。①

(二)在争议解决阶段,承包人应当条分缕析地呈现工期延误天数

比如,最高人民法院(2015)民一终字第249号甘肃红旗公司与青海福音公司建设工程施工合同纠纷二审民事判决书中,一审法院将红旗公司提出的延误工期的事实逐笔进行分析如下(图8为本文作者根据判决内容总结):

	顺延证据	可顺延工期
4号楼增加16层工程量是否顺延工期	福音公司认可顺延30天,2012年6月8日的《工程联系单》证明因业主变更停工8天	38天
4号楼楼内装修交叉施工影响正常施工是否顺延工期	仅辩称交叉施工货运电梯影响施工进度,冬休期间影响。要求顺延98天	不予顺延,未依约提出表明认可
4号楼一层厨房扩建工程是否顺延工期	2013年4月10日,福音公司向红旗公司下发《工作联系单》,福音公司未提交由其他施工队完成的证据。红旗要求顺延60天	60天
4号楼地下室通道改造工程是否顺延工期	2013年9月21日,福音公司与红旗公司签订《福茵·长乐港湾项目(地下室电梯通道改造)补充协议(二)》,红旗公司依约完成,要求顺延62天	62天
其他顺延的事项	计日工:2012年8月14日《工程签证单》变更消防立管位置;2012年11月6日《工程签证单》改造部分管道;2013年4月17日《工程签证单》排水沟改造;2013年7月28日《工程联系单》电梯通道改造,以上事项均经福音公司、红旗公司、监理公司签字认可,属于变更增加项目	由于未约定增加工期,考虑到红旗公司已实际完成以上工程量的施工,故酌情顺延30天

图8　一审法院对延误工期的分析

① 周月萍:《如何确定工期顺延天数》,载百度文库2016年3月24日:https://wenku.baidu.com/view/14a652a8e45c3b3566ec8ba9.html。

综上，福音公司与红旗公司签订的《建设工程施工合同》中约定的案涉4号楼及地下室建设工程的工期自2011年9月18日至2012年10月1日，实际于2013年11月6日竣工验收，工期逾期401天，依据前述事实，4号楼增加16层的工程量顺延38天，一层厨房扩建工程顺延60天，地下室通道改造工程顺延62天，其他顺延项目顺延30天，合计顺延190天，红旗公司还应承担逾期工期211天的违约责任，依据工期每延误一天，按工程总造价33,379,177元的万分之五支付逾期竣工违约金的约定，红旗公司应承担3,521,503元的违约金。

法院根据承包人提出的具体能够证明工期顺延日期的证据作出了判决，承包人的这一做法，为自身有效地避免了不必要的损失，值得同行借鉴。

四、工期延误损失的司法观点及对承包人的管理建议

关于因工期延误造成的损失，在确定了工期延误事实和工期延误责任及顺延天数的前提下，可以依据合同约定的违约金条款确定。或者依据当事人提供的损失证据，通过司法鉴定结论确定损失数额。笔者通过针对最高人民法院的近年案例分析，总结出工期损失的认定的若干观点：

观点一：证明损失实际支出，是工期逾期损失能够最终被法院支持的最重要依据。

例如，最高人民法院(2014)民一终字第310号中国建筑股份有限公司与昆山市超华投资发展有限公司建设工程施工合同纠纷二审民事判决书中，承包人中建公司主张的4771.741万元损失，最终法院认可了其中的1321万元(一审确认部分)+188.6797万元(二审增加确认部分)，而发包人超华公司反诉的357.84万元损失因为未提供实际支出证据完全未被支持，仔细研究中建公司关于损失的举证得出如下：

首先看原告中建公司证明工期责任及损失的举证：

原告主张	延期责任	延期损失证据
1. 结构期间窝工损失 384. 2437 万元	被告直接发包的土方施工单位长荣公司未按工期要求完成土方工程,延误 110 天。其间原告人员处于窝工状态	1. 经审批的施工组织设计,证明现场人数和窝工人数。 2. 工程联系单 003#证明人工单价为 50 元/工日。 3. 对分包报告的处理意见汇报及复函、分包结算会签单
2. 结构期间赶工损失 991. 1550 万元	由于土方施工单位的延误,主体结构工程需赶工 110 天	1. 经审批的施工组织设计,证明赶工期及期间的施工人数。 2. 工程进度计划报审表、超华公司签收的赶工方案。 3. 租赁合同、材料数量变更通知单。 4. 劳务分包合同、分包结算会签审批表、证明赶工期间给予分包单位新顺公司赶工费 210 万元、洪州公司 110 万元。 5. 关于开展竞赛的通知、评比结果,赶工期间奖励费 17 万元
3. 脚手架等周转材料费用 431. 295 万元(后变更为 399. 4 万元)	由于外墙的装饰设计方案和指定施工单位未及时确定,加之施工过程中方案反复变更及审核不及时	1. 2007 年 3 月 20 日审批的工程进度计划审批表(实际拆除时间为 2008 年 8 月 28 日),证明增加使用天数 322 天。 2. 租赁合同,证明钢管、扣件单价;安全网发票、竹笆片发票,证明安全网、竹笆片单价。 3. 工程联系单 0003 号,证明人工单价
4. 工期延误致人工费增加 832. 7620 万元	结构封顶后,被告因三、四层业态未确定等原因造成工期延误 480 天	1. 对分包报告的处理意见汇报及复函、分包结算会签审批表,证明 ±0. 00 以上结构部分人工费增加 125 万元,其中新顺公司 83. 304 万元、洪州公司 41. 9 万元。 2. 苏建价(2008)66 号文件,证明各类人工单价。 3. 二结构及初装修等合同清单,证明人工数量和投标人工单价。 4. 安装工程分包合同、支付证明等,证明分包合同价 33 元/工日,后调整为 58 元/工日,已向瑞远公司支付人工涨价补偿 180 万元

原告主张	延期责任	延期损失证据
5. 工期延误致管理费用增加 646.3784 万元	同上	1. 经审批的施工组织设计、证明管理人员、保安、场地工人人数。 2. 人员工资发放票据,证明人员工资发放情况
6. 结构封顶后窝工费用增加 223.3540 万元	同上	1. 经审批的施工组织设计,证明现场人数及窝工人数。 2. 工程联系单 003#,证明窝工单价
7. 因延误工期造成资金成本增加 1262.5527 万元,提供了利息计算表		8. 鉴定机构按合同约定的施工期间自开工之日 2006 年 10 月 31 日计算至竣工验收之日 2009 年 7 月 2 日止,得出材料价差 1550.52 万元,应由被告承担

图 9　中建公司举证证明工期责任及损失

审理中,中建公司提供了与分包单位的合同、结算单、付款凭证及分包单位出具的证明等证据证明原告认为是实际发生的损失,主张应由被告超华公司承担:

(1)已向新顺公司支付工期奖、赶工费、前期窝工费共计 420 万元。

(2)向瑞远公司支付窝工损失、人工费补偿 287 万元。

(3)向洪州公司支付赶工费、工期奖及窝工补偿共计 215 万元。

(4)向勇强公司支付脚手架周转材料费 399 万元。

以上四项共计 1321 万元(包含在 4771.7410 万元中)。而最终一、二审法院在原告索赔的 4771.7410 万元损失中仅仅认可了 1321 万元这部分,一审法院理由如下:“工期延误给原告造成实际损失 1321 万元。原告主张工期延误损失 4771.7410 万元,计算的主要依据基于施工组织计划,虽然原告 2006 年 10 月编制的施工组织设计经总监理工程师审核,但施工过程中各阶段的实际施工人数和材料、设备的使用情况与施工组织计划中确定的人数及设备不一致。另外,因设计变更等原因,无法确定工期延误的时段,故原告以施工组织计划为依据,主张延期损失证据不足。

对于原告与分包单位结算中支付的窝工、赶工补偿、脚手架等实际支付费用 1321 万元,有原告提供的分包单位申报表、书面证明、双方结算单及付款凭证等证据证明,被告虽不予确认,但对真实性未提出充分的反驳证据,可以认定该部分损失已实际发生。考虑双方对工期延误的过错责任,本院酌定由被告承担该部分损失的60%计792.6万元,40%由原告自行承担。”

最高人民法院二审认为:一审判决认定中建公司1321万元实际损失的事实清楚,该院予以维持。另外,二审法院在此基础上增加认可了188.6797万元损失,二审法院论述理由:(由本文作者根据判决内容整理)

中建公司主张(一审判决认定的主要是结构封顶前的停窝工损失)	证据	二审法院认为
1. 在结构封顶后因工期延长仍发生窝工损失223万元	仅证明工期延期事实,并无损失发生依据	结构封顶后虽确有工期延长事实存在,但中建公司并未举证证明停、窝工损失已实际发生,也未提供损失的计算依据,其请求该部分损失的证据不足,本院不予支持
2. 增加管理费646万元	管理人员工资、保安人员工资、场地工工资、办公费、办公设施摊销费、活动房租赁费、生活水电费、差旅费等	管理人员工资、办公费、办公设施摊销费、差旅费等均属公司正常开支,不属工期延长的直接损失,上述费用根据不足,本院不予支持; 但因工期延长,活动房租赁期相应延长,多支出的租赁费116万元、为维护施工现场安全多支出的保安人员工资45万元以及多支出的生活水电费27万元,提供了合同、支出凭据等证据,证明上述188万元费用发生于所涉项目,应属于工期延长增加的费用,一审判决未予支持不当,本院予以纠正
3. 增加人工费832万元	未提供该部分支出凭据	本案项目采用工程量报价单报价,施工中的分部分项综合单价均已包含人工费成本,而根据双方合同,该综合单价属充分考虑风险因素后的最终综合单价,中建公司请求增加人工费,没有合同依据且无事实依据,本院不予支持

图10 中建与超华案二审改判支持188万元中建公司直接损失

综上,该院在一审认定工期延误损失1321万元的基础上再行增加工期延误损失1,886,797元,即工期延误损失共计15,096,797元。该损失由超华公司承担90%责任,即13,587,113元,由中建公司自行承担10%责任,即1,509,680元。

相似观点的案例还有:(2017)最高法民终730号中国建筑第六工程局有限公司、哈尔滨凯盛源置业有限责任公司建设工程施工合同纠纷二审民事判决书中认为:因讼争建设项目已被中建六公司转包给实际施工人施工,缺乏证明窝工损失名目的证据,所示证据不足以证实窝工损失的具体内容。

对承包人的管理建议:由以上观点可以看出,承包人在争议解决过程中,对于工期逾期损失的举证一定要详细具体,提供合同、结算单、对账单、申报表、与以上证据有关联性的实际支出凭证,逻辑完整地证明实际支出的事实。而仅仅依靠施工组织设计这一类证据无法获得法院支持。当然,这就必须要求承包人在履约过程中加强管理,做到有逻辑地保留管理上述合同、结算单和与以上证据明确对应的财务支出凭证。另外,建议承包人在起诉主张实际损失时,也本着实事求是的原则,如果主张的损失本身就没有实际支出的证据能够证明,建议就不要贸然提出,使承包人为此支出不必要的诉讼费用。

观点二:因承包人提供证据不符合双方履约过程中已经形成的工作惯例,推定损失发生依据不足,不予认可。

例如,最高人民法院(2014)民一终字第56号中铁二十二局集团第四工程有限公司与安徽瑞讯交通开发有限公司、安徽省高速公路控股集团有限公司建设工程施工合同纠纷二审民事判决书①认为:对于2004年至2005年第一次停工期间人员、机械设备停窝工费用不确定部分的造价6,929,833.87元,经查明,该部分诉请款项是指:2004年12月的统计表中,只有12月1日至6日的明细,没有其他天数的明细;2004年1~6月和2005年1~3月,只有现场监理人员签字确认的每月停窝工情况统计表,没有现场监理人员签字确认的每日停窝工情况统计表。上述事实表明,该不确定部分停窝工损失款项虽然有每月的总统计表,但没有与此总统计表一一对应的每日索赔签证统计表,这同案涉

① 《最高人民法院公报》2016年第4期(总第234期)。

工程针对确定部分停窝工损失的通常做法不符,一审法院未支持中铁公司针对该不确定部分停窝工损失的诉请,并无不当。中铁公司上诉请求瑞讯公司赔偿该部分损失,理据不足,应予驳回。

对承包人的管理建议:本案中,未被认可部分的款项因为不符合其余证据形式,应当具有而不具有与每月停窝工损失一一对应的每日停窝工损失统计表而未被最高人民法院支持。因此,建议承包人在索赔过程中,严格按照合同约定,按照履行过程中形成的通常做法依程序报送发包人,形成更加能够还原案件事实、证明力更强的签证文件。

观点三:因违约金部分已经弥补了因逾期竣工导致的直接经济损失,因此违约金之外另行主张的间接损失,不予支持。

例如,最高人民法院(2015)民一终字第249号甘肃红旗公司与青海福音公司建设工程施工合同纠纷二审民事判决书中"关于红旗公司应否承担福音公司逾期开业损失的问题",法院认为:福音公司主张,因4号楼及地下室工程逾期竣工,导致福音公司投资的福茵长乐酒店延期开业333天,造成直接营业损失33,023,160.43元,请求由红旗公司赔偿。该院认为,红旗公司逾期竣工,法院已根据双方合同约定,判令红旗公司按照工程总造价万分之五承担违约金,这部分赔偿已弥补了福音公司因涉案工程逾期竣工导致的直接经济损失。福音公司主张的福茵长乐国际大酒店延期开业损失,不属于本案直接经济损失,且酒店经营存在商业风险,这种风险的存在不能使损失确定化。因此,福音公司该项主张不能得到支持,一审法院的认定并无不当。

观点四:未经充分举证,且超出订立合同时所能预见的间接损失不予支持。

例如,(2017)最高法民终428号广厦公司、中建二局建设工程施工合同纠纷二审民事判决书中"关于商品房销售逾期交房损失的问题",最高人民法院认为:因广厦公司违约造成逾期完工,故由此造成的逾期交房损失应由广厦公司自行承担,且如一审法院所述,逾期交房还涉及案外人锦城公司是否承担责任的问题,同时,逾期交房违约金并非存在法院生效判决的认定,对于该部分损失广厦公司亦未充分举证,且商品房逾期交房损失属于间接损失,一审法院认定超出中建二局二公司预见亦并无不妥,故广厦公司该部分损失不应予以支持。

再如,前述最高人民法院(2014)民一终字第310号二审中增加认可188.6797万元承包人的损失问题,法院认为:管理人员工资、办公费、办公设施摊销费、差旅费等均属公司正常开支,不属工期延长的直接损失,中建公司请求上述费用的根据不足,本院不予支持;但因工期延长,中建公司活动房租赁期限相应延长,为此多支出的租赁费1,162,000元、为维护施工现场安全多支出的保安人员工资453,180元以及多支出的生活水电费271,617元,中建公司提供了合同、支出凭据等证据,证明上述费用发生于所涉项目,应属于工期延长增加的费用,一审判决未予支持不当,本院予以纠正。

对承包人的管理建议:建议承包人在项目管理过程中加强证据意识,对遭受损失留存完整的证据资料,形成完善的证据链条。通过总结以上司法观点呈现给承包人,以期为承包人在合同签约,日常管理及工期损失争议解决过程中提供参考。

观点五:根据工期责任划分对应工期延误造成损失,承发包人均有损失的情况下,各自造成的损失相抵销。

例如,(2016)最高法民终476号大鼎公司成都四建建设工程施工合同纠纷二审民事判决书认为:2013年9月23日,监理公司向大鼎公司回函称,对理由、证据不充足的延期索赔事项,总包未在有效时间内补充相关资料;对持续事件按程序未收到任何索赔意向申请报告。监理部按监理程序,认为甲乙双方已达成协议或一方放弃了权利。大鼎公司在履行合同过程中未提出工期索赔,仅在2013年8月22日向四建公司提出逾期交工赔偿。说明工程逾期竣工存在多方面原因,在工程施工中双方未按照约定程序和行业惯例提出工期索赔申请。最高人民法院认为,综合《施工合同》《备忘录》约定及双方实际履约情况,大鼎公司应对分包工程逾期承担主要责任,四建公司自身有逾期施工行为,且未尽到协调义务,作为总承包方应对工程逾期承担部分责任。工程逾期后,发包方与承包方均有损失。因大鼎公司对逾期交工应承担主要责任,其主张四建公司承担逾期交工违约金1亿元缺乏充足依据,不予支持。四建公司亦应自担损失,其要求大鼎公司支付逾期支付工程进度款垫资款和逾期退还履约保证金违约金,不予支持。

再如,最高人民法院(2013)民一终字第111号也持相同观点。

对承包人的管理建议:依据上述裁判观点,承包人应当在诉讼过程中,针对发包人提出的逾期交工违约金反诉，应大量举证因发包人原因在履约过程中导致工期迟延的证据，证明工期延误责任全部或主要应当由发包人承担。当然，这些证据的准备，一定是承包人在履约过程中加强工期管理的结果，参见前文不再赘述。

观点六：因承包人擅自停工等原因造成的损失，不予支持。

例如，(2017)最高法民终428号广厦公司、中建二局建设工程施工合同纠纷二审民事判决书中“关于赔偿施工现场遗留的物资损失、赔偿施工现场遗留的周转物资材料、设备租金损失等问题”，最高人民法院认为：承包人主张施工现场遗留的物资及施工现场遗留的周转物资材料、设备租金损失，应当对施工现场留有物资及周转物资材料等提交证据证明，亦要证明该物资及周转材料由广厦公司占有，现承包人并未提交相应证据，对于该事实无法进行确认。且根据2012年10月15日工程项目监理机构发出的监理人联系单来看，中建二局二公司系(擅自退场)自行拆除相应建筑材料，不能证明该材料继续留在施工现场。以上损失并无证据支持，该院不予认可。

对承包人的管理建议：在发包人欠付工程款等原因造成承包人被迫停工退场的情形下，承包人应当通过各种可能的方式固定现场损失证据，避免实际遭受损失但无法提供证据被法院认可。另外，在合同签约阶段承包人应注意，不要在合同中约定不停工、或约定“当业主出现资金困难时承包人给予资金支持”等类似内容，因为从合同法的角度看，承包人在合同中做的上述承诺具有法律效力，一旦业主方出现资金困难，承包人便失去了停工权利。当项目前景看好的时候，业主方为了项目利益，会通过融资或向承包人妥协的方式，促使项目早日完工。反之，如果项目前景不好，业主既不会为了融资而增加项目成本也不会对承包人进行任何合同外的妥协，如此，承包人会陷入进退两难之境地，要么硬着头皮垫资到最后，要么违反合同强行停工，无论哪一种方式，显然对承包人不利。①

观点七：建设工程施工合同无效，工期逾期损失的认定规则。

《建设工程施工合同纠纷司法解释(一)》第六条规定：“建设工程施工合

---

① 孙玉军：《房地产市场不景气情况下业主故意拖延工期的风险及应对措施》，载微信公众号“上海建纬律师事务所”2016年2月25日，https://mp.weixin.qq.com/s/KB5VHEpvseoDUL5g06_VVg。

同无效,一方当事人请求对方赔偿损失的,应当就对方过错、损失大小、过错与损失之间的因果关系承担举证责任。损失大小无法确定,一方当事人请求参照合同约定的质量标准、建设工期、工程价款支付时间等内容确定损失大小的,人民法院可以结合双方过错程度、过错与损失之间的因果关系等因素作出裁判。"关于这一规定的产生背后的裁判逻辑如下:

1. 建设工程合同无效,当事人应参照合同约定赔偿对方因此造成的损失

例如,(2017)最高法民申2885号华都公司建设工程施工合同纠纷再审裁定书中就"关于原审判决认定'延误工期违约金'是否缺乏证据证明及适用法律错误的问题"认为:本案《建设工程施工合同》无效,当事人无权主张延误工期违约金,但当事人可就因对方过错造成的相关损失主张权利。华都公司分包的门窗工程施工不及时导致农垦公司延误工期25天,必然给农垦公司造成一定窝工损失。二审法院从双方当事人纠纷一次性解决的角度出发,依法酌定一审中认定的230,445.83元延误工期违约金为农垦公司的窝工损失,并不缺乏证据证明,适用法律亦无不当。

另外,《广东省高级人民法院关于审理建设工程施工合同纠纷案件若干问题的意见》(粤高法〔2006〕37号)也认为:建设工程施工合同无效,但按照该解释第二条的规定可参照合同约定计算工程价款的,如承包人存在延期完工或者发包人存在延期支付工程款的情形,当事人应参照合同约定赔偿对方因此造成的损失。

2. 建设工程施工合同无效,工期损失赔偿范围的认定

发包方与第三方签订合同导致的违约责任损失能否作为建设工程施工合同无效的过错赔偿范围?

原最高人民法院李琪法官在《建筑时报》发表的《施工合同被确认无效后的过错赔偿责任》一文中认为:发包方与第三方签订的合同导致的违约责任损失能否作为建设工程施工合同无效过错责任赔偿范围,应区别情况看待。在符合一定条件下可以纳入。其理由是:第一,从解释论,《合同法》第五十八条[①]规定的过错赔偿责任,并不仅限于"订立合同过程中",合同无效并不完全排除相关内容对当事人的拘束力,特别是在合同仅违反法律、行政法规有关程序性

① 该条对应《民法典》第一百五十七条。

规定而当事人意思表示真实且不损害国家、集体和他人利益之情形。第二，合同尽管嗣后被确认为无效，在合同无效责任规定并不明确情况下，仍应适用诚实信用原则确定当事人的过错。第三，从平衡当事人利益角度也应将符合一定条件的发包人与第三方的违约责任损失纳入合同无效过错责任赔偿范围，即根据具体案情，根据无效合同当事人订立合同的过错、履行符合真实意思表示的合同过程中诚实信用原则违反程度、无效合同当事人的过错与损失之间的因果关系等角度综合分析。

例如，最高人民法院（2013）民一终字第 1 号联华公司与广厦公司建设工程施工合同纠纷二审民事判决书中，一审法院观点：由于本案不易计算过错与损失之间的数额，综合衡量全案，酌情裁量广厦公司赔偿联华公司实际损失 465.24 万元的 60%。二审法院观点：本院认为，联华公司主张 465.24 万元违约金及返租租金能否予以支持，需要从三个方面进行审查：一是导致《施工合同》无效的过错，二是在履约中当事人诚实信用义务违反的程度，三是所主张款项能否列入无效合同过错赔偿范围。

工期损失认定原则：无效合同的工期违约金认定

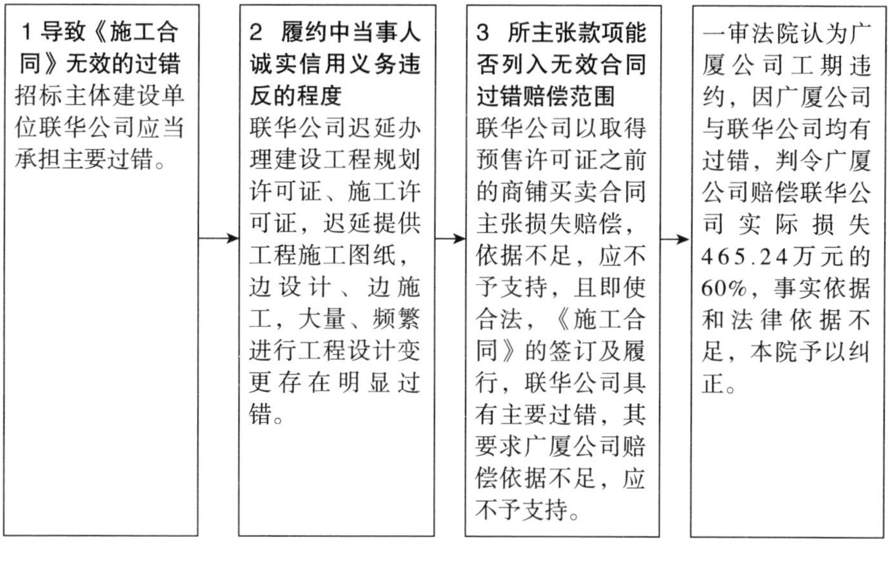

图 11　最高人民法院对此案的裁判逻辑

本案中,最高人民法院最终认为,发包人联华公司作为招标主体,应当对合同无效承担主要过错,且在施工履行过程中迟延办证,大量频繁设计变更违反诚实信用原则,且以取得预售许可证前的房屋买卖合同损失主张损失赔偿依据不足,因此承包人无须对发包人的损失承担赔偿责任。这样的论述逻辑,值得承包人在类似案件中总结运用。

再如,美兰公司与大华公司建设工程纠纷案中①,一审认为:美兰公司与第三方签订的《房屋买卖合同》违约损失,不属于无效合同赔偿范围,判决驳回美兰公司诉讼请求。二审观点:施工合同已被生效判决认定无效,依据《合同法》第五十八条规定,本案双方对于合同无效均有过错。大华公司如依诚实信用原则施工,工程按期交付,美兰公司向实际购房户支付的465万元逾期交房违约金可以避免。大华公司施工过程中存在现场作业面劳力投入不足,窝工,返工、工程被整改,曾经因使用无合格证的钢筋被暂停施工等情况;出具承诺书后,未按承诺完成约定工程量,大华公司应承担过错责任。对于因无效合同美兰公司实际赔偿购房户违约金465万元应纳入无效合同过错赔偿范围。酌情裁量大华公司赔偿465万元的30%。

本案中,第一,大华公司存在现场作业面劳力投入不足,窝工返工、工程被整改,曾经因使用无合格证的钢筋被暂停施工等情况;特别是出具承诺书后,未按承诺完成约定工程量,存在一定的过错。第二,就本案而言,发包方出于对承包方能按期完工的信赖,与第三方签订《房屋买卖合同》并确定违约责任。在合同无效情况下,发包方难以向承包方主张合同违约责任,在合同被确认无效且承包方在履行合同过程中的确存在过错情况之下,不将该损失纳入合同无效过错赔偿范围,无疑与“有损失有救济”的原则相悖。第三,该案中,大华公司在履行合同过程中,已经明知美兰公司与第三人签订《房屋买卖合同》,逾期完工将导致美兰公司逾期交房并承担违约责任,该损失的发生与大华公司订约过错及履约过错均有关系,其应对过错承担相应责任。第四,大华公司如果不存在延误工期情形,工程按期竣工,美兰公司如期交房,可以不必承担逾期交房违约损失。该损失的发生与大华公司违反诚实信用原则存在过错延误

① 李琪:《施工合同被确认无效后的过错赔偿责任》,载微信公众号“地产与工程法律观察”2017年5月2日,https://mp.weixin.qq.com/s/vnUcnqVphOzIJkuVdqi4YQ。

工期有因果关系。

观点八：未依据合同约定提出工期延期报告、停工窝工损失索赔申请即视为放弃主张索赔的适用前提。

《建设工程施工合同纠纷司法解释（一）》第十条规定："当事人约定顺延工期应当经发包人或者监理人签证等方式确认，承包人虽未取得工期顺延的确认，但能够证明在合同约定的期限内向发包人或者监理人申请过工期顺延且顺延事由符合合同约定，承包人以此为由主张工期顺延的，人民法院应予支持。当事人约定承包人未在约定期限内提出工期顺延申请视为工期不顺延的，按照约定处理，但发包人在约定期限后同意工期顺延或者承包人提出合理抗辩的除外"。

根据上文列举案例中涉及这一问题的最高人民法院观点，我们将这一情况的适用前提总结为以下几个方面：（1）合同是否有效；（2）另一方的过错程度；（3）另一方是否在履约过程中明知顺延工期及损失的发生；（4）主张损失的一方是否提交证据证明损失已经实际支出。（如图12所示）

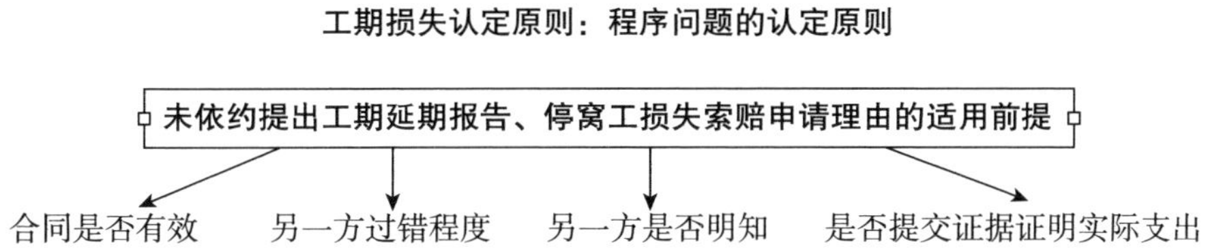

图12 最高人民法院裁判逻辑总结

例如，最高人民法院（2014）民一终字第310号中国建筑股份有限公司与昆山市超华投资发展有限公司建设工程施工合同纠纷二审民事判决书中对于中建公司未按约定提出工期索赔请求问题的论述分析如下：

超华公司认为根据合同约定只有承包人延误工期才需承担相应损失，因发包人原因导致工期延误可按实际延误时间签证顺延，而不是赔偿

经查，双方所订“协议书”第六条虽只约定对承包人延误工期进行处罚，对发包人延误工期可顺延工期，但对是否赔偿并不明确；“通用条款”第十二条约定，因发包人原因造成停工的，不仅需顺延工期，而且还需赔偿承包人由此造成的损失。据此，一审法院认定由发包人承担延误工期损失，具有合同根据。

同时，中建公司亦未按约提出工期索赔请求，故中建公司的索赔请求不应予以支持

同时，“通用条款”第十三条及第三十六条，双方虽对工期顺延及索赔程序进行了约定，但并未明确承包人未提出工期顺延或未按约定程序索赔或不及时索赔的法律后果。据此，超华公司认为中建公司在工程交工后予以索赔不应支持的合同根据不足，本院不予采信

根据本院二审查明的事实，中建公司在施工期间就工期延误及损失问题多次向超华公司提交报告。根据合同法第283条、第284条之规定，中建公司请求有关停工、窝工、机械设备调迁、材料、构件积压等损失和实际费用，有事实和法律根据，也有相应的合同根据。超华公司关于其不应承担工期延误损失的主张，缺乏事实依据和法律依据，本院不予支持。

图 13　程序问题的背后

二审法院认为工期延误损失应当赔偿与一审法院论述的比较：一审法院认为，该案工程除材差之外，其他损失均发生在不同施工阶段，原告虽然未按合同约定在索赔事件终了后 28 日内向工程师送交索赔损失及相关资料，但原告多次在工地例会中提及因被告原因造成工期延误的问题，并于 2007 年 9 月 19 日、10 月 29 日、2008 年 1 月 25 日、3 月 10 日、7 月 31 日、2009 年 5 月 12 日分别向被告提交报告，并抄送监理工程师。报告中指出因土方工程延误、高温天气等严重影响工程进度，要求顺延工期，并在 2008 年 7 月 31 日的报告中提到“目前我项目部非生产性支出及工作量不饱满而造成的损失累计达六七百万元，而且由于现在的市场物价上通货膨胀严重，更加重了我司的负担及损失，届时希望能在结算中得到解决”，表明原告并未放弃对损失赔偿的主张。被告虽否认收到原告送交的 2009 年 5 月 12 日报告，对其他五份报告均未作出书面答复意见，但对原告索赔意向是明知的，其仅以原告未及时申报为由主张原告丧失索赔权无法律依据，亦有违公平原则，该辩解理由不能成立。原告有

权就因工期延误造成的实际损失主张赔偿。

一审法院仅从事实角度论述发包人对索赔事项“明知”，二审法院在此基础上补充论述并引用了合同“通用条款”，指出“协议书”中对是否赔偿损失约定不明，使论述更加合理完整。

对承包人的管理建议：第一，在签约阶段争取约定对等的工期责任。行业内，施工合同中一般会约定较重的总包方的工期延误责任，但对业主方原因造成的工期延长责任约定的较轻或根本没有约定。例如，上述案例中，双方协议书中约定，仅对承包人工期违约进行处罚，发包人延误工期可顺延工期，但不赔偿承包人因此遭受的损失。在此情况下，业主延长工期的直接成本非常低，当项目前景不好的时候，这种低成本的延长工期会进一步促使业主把工程进度放缓。第二，在履约阶段，承包人要严格按照合同约定的程序向发包人提出证据完备的工期违约损失索赔，即使未成功形成签证文件，也便于在诉讼中证明发包人明知损失的实际发生。第三，在争议解决阶段，承包人要擅用通用条款内容当作工期损失得到支持的合同依据，来保护自身利益不受到损失。